梁启超 文选

下卷

夏晓虹 编

海峡出版发行集团 | 福建教育出版社

目　录

文学编

论小说与群治之关系 …………………………… 3
《晚清两大家诗钞》题辞 ………………………… 7
　（一）………………………………………… 7
　（二）………………………………………… 8
中国韵文里头所表现的情感 …………………… 16
　一 …………………………………………… 17
　二 …………………………………………… 18
　三 …………………………………………… 18
　四 …………………………………………… 23
　五 …………………………………………… 36
　六 …………………………………………… 45
　七 …………………………………………… 50
　八 …………………………………………… 61

九 ………………………………………	68
十 ………………………………………	75
中学以上作文教学法（节录） ………	81
二 ………………………………………	81
三 ………………………………………	83
四 ………………………………………	84
五 ………………………………………	87
六 ………………………………………	89
七 ………………………………………	90
八 ………………………………………	92
九 ………………………………………	94
情圣杜甫 ………………………………	99
一 ………………………………………	99
二 ………………………………………	99
三 ………………………………………	101
四 ………………………………………	103
五 ………………………………………	106
六 ………………………………………	108

七	110
八	111

美术与生活 …………………………………… 112

屈原研究 …………………………………… 116
一	116
二	118
三	121
四	125
五	128
六	132
七	134

稷山论书诗序 …………………………………… 137

书法指导 …………………………………… 139

学术编

论学术之势力左右世界 …………………………………… 155

论中国学术思想变迁之大势（节录） ………… 161
  第一章 总论 …………………………………… 161

第三章　全盛时代 …………………………… 164
　　　第四节　先秦学派与希腊印度学派比较 …… 164
　　　　甲　与希腊学派比较 ………………………… 164
清代学术概论（节录） ……………………………… 171
　　一 ………………………………………………… 171
　　二 ………………………………………………… 173
　　三 ………………………………………………… 176
　　九 ………………………………………………… 177
　　十三 ……………………………………………… 179
　　十七 ……………………………………………… 180
　　二十 ……………………………………………… 182
　　二十三 …………………………………………… 184
　　二十五 …………………………………………… 186
　　二十六 …………………………………………… 188
　　二十九 …………………………………………… 191
　　三十三 …………………………………………… 193
老子哲学（节录） ………………………………… 196
　　二　老子的学说 ………………………………… 196

第一　本体论 …………………………………… 196
　　　第二　名相论 …………………………………… 201
　　　第三　作用论 …………………………………… 207

孔子（节录） …………………………………………… 216
　　第三节　孔学提纲 ……………………………………… 216
　　　（一）学 ………………………………………………… 216
　　　（二）一贯　忠恕 ……………………………………… 217
　　　（三）仁　君子 ………………………………………… 219
　　　（五）礼 ………………………………………………… 221
　　　（六）乐 ………………………………………………… 226
　　　（七）名 ………………………………………………… 228
　　　（八）性命 ……………………………………………… 230
　　　（九）鬼神　祭祀 ……………………………………… 232

　　第六节　结论 …………………………………………… 234
　　　（一）时中的孔子 ……………………………………… 234

墨子学案（节录） ……………………………………… 239
　　第二自序 ………………………………………………… 239
　　第二章　墨学之根本观念——兼爱 ………… 240

5

先秦政治思想史（节录） …………… 246
　序论 …………………………………… 246
　　第三节　研究法及本书研究之范围 ……… 246
　本论 …………………………………… 248
　　第二十三节　结论 …………………… 248

东原哲学（节录） ………………… 251
　二　着手研究东原哲学以前应注意的几个问题
　　………………………………………… 251

王阳明知行合一之教（节录） ……… 255
　一　引论 ………………………………… 255

儒家哲学（节录） ………………… 258
　第一章　儒家哲学是什么？ …………… 258
　第二章　为什么要研究儒家哲学？ …… 262

古书真伪及其年代（节录） ………… 266
　总论 …………………………………… 266
　　第三章　辨伪学的发达 ……………… 266
　　第五章　伪书的分别评价 …………… 274

治学编

西学书目表（节录） ………… 279
 序例 ………… 279
 《读西学书法》结语 ………… 280
湖南时务学堂学约十章 ………… 284
东籍月旦（节录） ………… 290
 叙论 ………… 290
莅北京大学校欢迎会演说辞 ………… 292
学问之趣味 ………… 298
科学精神与东西文化 ………… 301
 一 ………… 301
 二 ………… 303
 三 ………… 306
治国学的两条大路 ………… 308
国学入门书要目及其读法（节录） ………… 317
 附录二 治国学杂话 ………… 317
要籍解题及其读法（节录） ………… 321
 《史记》 ………… 321

《诗经》……327
指导之方针及选择研究题目之商榷（节录）……332
　（甲）指导之方针……332
　（乙）选择研究题目之商榷……335

人生编

校刻浏阳谭氏《仁学》序……339
重印郑所南《心史》序……341
苾同学欢迎会演说辞……343
"知不可而为"主义与"为而不有"主义……345
趣味教育与教育趣味……353
　一……353
　二……354
　三……356
敬业与乐业……358
为学与做人……362
东南大学课毕告别辞……367
知命与努力……374

北海谈话记 ················ 380

文化编

复古思潮平议 ················ 391
五十年来中国进化概论 ············ 398
    （一） ················ 398
    （二） ················ 399
    （三） ················ 401
    （四） ················ 403
    （五） ················ 405
什么是文化？ ················ 406
人生观与科学——对于张丁论战的批评（其一）
················ 412
    （一） ················ 412
    （二） ················ 413
非"唯" ················ 417

家书编

与李蕙仙（1898年11月26日）……………… 423

与李蕙仙（1900年5月24日）……………… 425

与梁思顺（1913年1月30—31日）………… 428

与梁思顺（1916年2月8日）………………… 429

与梁思顺（1916年3月20—21日）………… 430

与梁思顺（1919年1月13日）……………… 432

与梁思顺（1922年11月26—29日）………… 434

与梁思顺（1923年5月8日）………………… 437

与梁思成（1923年5月）……………………… 439

与梁思顺（1923年11月5日）……………… 440

与孩子们（1925年7月10日）……………… 442

与梁思顺、梁思成、梁思永、梁思庄

（1925年10月3日）……………………… 446

与孩子们（1926年10月4日）……………… 449

与孩子们（1927年2月6—16日）…………… 450

与孩子们（1927年8月29日）……………… 454

与孩子们（1927年11月23日—12月5日）……

………………………………………………… 458

文学编

论小说与群治之关系

欲新一国之民，不可不先新一国之小说。故欲新道德，必新小说；欲新宗教，必新小说；欲新政治，必新小说；欲新风俗，必新小说；欲新学艺，必新小说；乃至欲新人心，欲新人格，必新小说。何以故？小说有不可思议之力支配人道故。

吾今且发一问：人类之普通性，何以嗜他书不如其嗜小说？答者必曰：以其浅而易解故，以其乐而多趣故。是固然；虽然，未足以尽其情也。文之浅而易解者，不必小说；寻常妇孺之函札，官样之文牍，亦非有艰深难读者存也，顾谁则嗜之？不宁惟是，彼高才赡学之士，能读《坟》《典》《索》《邱》，能注虫鱼草木，彼其视渊古之文，与平易之文，应无所择，而何以独嗜小说？是第一说有所未尽也。小说之以赏心乐事为目的者固多，然此等顾不甚为世所重；其最受欢迎者，则必其可惊、可愕、可悲、可感，读之而生出无量噩梦，抹出无量眼泪者也。夫使以欲乐故而嗜此也，而何为偏取此反比例之物而自苦也？是第二说有所未尽也。吾冥思之，穷鞫之，殆有两因：凡人之性，常非能以现境界而自满足者也。而此蠢蠢躯壳，其所能触能受之境界，又顽狭短局而至有限也。故常欲于其直接以触以受之外，而间接有所触有所受，所谓身外之身，世界外之世界也。此等识想，不独利根众生有之，即钝根众生亦有焉。而导其根器使日趋于钝、日趋于利者，其力量无大于小说。小说者，常导人游于他境界，而变换其常触常受之空气者也。此其一。人之恒情，于其所怀抱之想像，所经阅之境界，往往有行之不知、习矣不察者；无论为哀、为乐、为怨、为怒、为恋、为骇、为忧、为惭，常若知其然而不知其所以然。欲摹写其情状，而心不能自喻，口不能自宣，笔不能自传。有人焉和盘托出，澈底而发露之，则拍案叫绝曰：善哉善哉，如是如是。所谓"夫子言之，于我心有戚戚焉"。感人之深，莫此为甚。此其二。此二者实文章之真谛，笔舌之能事。苟能批此窾、导此窍，则无论为何等之文，皆足以移人。而诸文之中能极其妙而神其技者，莫小说若，故曰小说为文学之最上乘也。由前之说，则理想派小说尚焉；由后之说，则写实派小说尚焉。小说种目虽多，未有能出此两派范围外者也。

抑小说之支配人道也，复有四种力：一曰熏。熏也者，如入云烟中而为其所烘，如近墨朱处而为其所染。《楞伽经》所谓"迷智为识，转识成智"者，皆恃此力。人之读一小说也，不知不觉之间，而眼识为之迷漾，而脑筋为之摇飏，而神经为之营注；今日变一二焉，明日变一二焉，刹那刹那，相断相续；久之而此小说之境界，遂入其灵台而据之，成为一特别之原质之种子。有此种子故，他日又更有所触所受者，旦旦而熏之，种子愈盛，而又以之熏他人，故此种子遂可以遍世界。一切器世间、有情世间之所以成、所以住，皆此为因缘也。而小说则巍巍焉具此威德以操纵众生者也。二曰浸。熏以空间言，故其力之大小，存其界之广狭；浸以时间言，故其力之大小，存其界之长短。浸也者，入而与之俱化者也。人之读一小说也，往往既终卷后数日或数旬而终不能释然。读《红楼》竟者必有余恋有余悲，读《水浒》竟者必有余快有余怒。何也？浸之力使然也。等是佳作也，而其卷帙愈繁事实愈多者，则其浸人也亦愈甚。如酒焉，作十日饮，则作百日醉。我佛从菩提树下起，便说偌大一部《华严》，正以此也。三曰刺。刺也者，刺激之义也。熏浸之力利用渐，刺之力利用顿；熏浸之力在使感受者不觉，刺之力在使感受者骤觉。刺也者，能使人于一刹那顷，忽起异感而不能自制者也。我本蔼然和也，乃读林冲雪天三限，武松飞云浦厄，何以忽然发指？我本愉然乐也，乃读晴雯出大观园，黛玉死潇湘馆，何以忽然泪流？我本肃然庄也，乃读实甫之《琴心》《酬简》，东塘之《眠香》《访翠》，何以忽然情动？若是者，皆所谓刺激也。大抵脑筋愈敏之人，则其受刺激力也愈速且剧，而要之必以其书所含刺激力之大小为比例。禅宗之一棒一喝，皆利用此刺激力以度人者也。此力之为用也，文字不如语言。然语言力所被不能广不能久也，于是不得不乞灵于文字。在文字中，则文言不如其俗语，庄论不如其寓言。故具此力最大者，非小说末由。四曰提。前三者之力，自外而灌之使入；提之力，自内而脱之使出，实佛法之最上乘也。凡读小说者，必常若自化其身焉，入于书中，而为其书之主人翁。读《野叟曝言》者必自拟文素臣，读《石头记》者必自拟贾宝玉，读《花月痕》者必自拟韩荷生若韦痴珠，读《梁山泊》者必自拟黑旋风若花和尚。虽读者自辩其无是心焉，吾不信也。夫既化其身以入书中矣，则当其读此书时，此身已非我有，截然去此界以入于彼界，所谓华严楼阁，帝网重重，一毛孔中万亿莲花，一弹指顷百千浩劫，文字移人，至此而极。然则吾书中主人翁而华盛顿，则读者将化身为华盛顿；主人翁而拿破仑，则读者将化身为拿破仑；主人翁而释迦、孔子，则读者将化身为释迦、孔子，有断然也。度世之不二法门，岂有过此！此四力者，可以卢牟一世，亭毒群伦，教主之所以能立教门，政治家所以能组织政党，莫不赖是。文家能得其一，则为文豪；能兼其四，则为文圣。有此四力而用之于善，则可以福亿兆人；有此四力而用之于恶，则可以毒万千载。而此四力所最易寄者惟小说。可爱哉小说！可畏哉小说！

  小说之为体其易入人也既如彼，其为用之易感人也又如此，故人类之普通性，嗜他文终不如其嗜小说。此殆心理学自然之作用，非人力之所得而易也；此天下万国凡有血气者莫不皆然，非直吾赤县神州之民也。夫既已嗜之矣，且遍嗜之矣，则小说之在一群也，既已如空气如菽粟，欲避不得避，欲屏不得屏，而日日相与呼吸之餐嚼之矣。于此其空气而苟含有秽质也，其菽粟而苟含有毒性也，则其人之食息于此间者，必憔悴，必萎病，必惨死，必堕落，此不待蓍龟而决也。于此而不洁净其空气，不别择其菽粟，则虽日饵以参苓，日施以刀圭，而此群中人之老病死苦，终不可得救。知此义，则吾中国群治腐败之总根原，可以识矣。吾中国人状元宰相之思想何自来乎？小说也。吾中国人佳人才子之思想何自来乎？小说也。吾中国人江湖盗贼之思想何自来乎？小说也。吾中国人妖巫狐鬼之思想何自来乎？小说也。若是者，岂尝有人焉提其耳而诲之，传诸钵而授之也？而下自屠爨贩卒、妪娃童稚，上至大人先生、高才硕学，凡此诸思想必居一于是，莫或使之，若或使之，盖百数十种小说之力，直接间接以毒人，如此其甚也。（即有不好读小说者，而此等小说，既已渐溃社会，成为风气，其未出胎也，固已承此遗传焉，其既入世也，又复受此感染焉，虽有贤智，亦不能自拔，故谓之间接。）今我国民惑堪舆，惑相命，惑卜筮，惑祈禳，因风水而阻止铁路、阻止开矿，争坟墓而阖族械斗、杀人如草，因迎神赛会而岁耗百万金钱、废时生事、消耗国力者，曰惟小说之故。今我国民慕科第若膻，趋爵禄若鹜〔鹜〕，奴颜婢膝，寡廉鲜耻，惟思以十年萤雪、暮夜苞苴，易其归骄妻妾、武断乡曲一日之快，遂至名节大防，扫地以尽者，曰惟小说之故。今我国民轻弃信义，权谋诡诈，云翻雨覆，苛刻凉薄，驯至尽人皆机心，举国皆荆棘者，曰惟小说之故。今我国民轻薄无行，沉溺声色，绻恋床第，缠绵歌泣于春花秋月，销磨其少壮活泼之气，青年子弟，自十五岁至三十岁，惟以多情多感、多愁多病为一大事业，儿女情多，风云气少，甚者为伤风败俗之行，毒遍社会，曰惟小说之故。今我国民绿林豪杰，遍地皆是，日日有桃园之拜，处处为梁山之盟，所谓"大碗酒，大块肉，分秤称金银，论套穿衣服"等思想，充塞于下等社会之脑中，遂成为哥老、大刀等会，卒至有如义和拳者起，沦陷京国，启召外戎，曰惟小说之故。呜呼！小说之陷溺人群，乃至如是，乃至如是！大圣鸿哲数万言谆诲之而不足者，华士坊贾一二书败坏之而有余。斯事既愈为大雅君子所不屑道，则愈不得不专归于华士坊贾之手。而其性质其位置，又如空气然，如菽粟然，为一社会中不可得避、不可得屏之物，于是华士坊贾，遂至握一国之主权而操纵之矣。呜呼！使长此而终古也，则吾国前途，尚可问耶，尚可问耶？故今日欲改良群治，必自小说界革命始；欲新民，必自新小说始。

（原刊 1902 年 11 月 14 日《新小说》第 1 号）

《晚清两大家诗钞》题辞

（一）

晚清两大家诗是甚么？一部是元和金亚匏先生的《秋蟪吟馆诗》，一部是嘉应黄公度先生的《人境庐诗》。我认这两位先生是中国文学革命的先驱，我认这两部诗集是中国有诗以来一种大解放。这诗钞是我拿自己的眼光，将两部集里头最好的诗——最能代表两先生精神，而且可以为解放模范的，钞将下来，所钞约各占原书三分一的光景。

我为什么忽然编起这部书来呢？我想，文学是人生最高尚的嗜好，无论何时，总要积极提倡的。即使没有人提倡他，他也不会灭绝。不惟如此，你就想禁遏他，也禁遏不来。因为稍有点子的文化的国民，就有这种嗜好；文化越高，这种嗜好便越重。但是若后〔没〕有人往高尚的一路提倡，他却会委靡堕落，变成社会上一种毒害。比方男女情爱，禁是禁不来的，本质原来又是极好的，但若不向高尚处提，结果可以流于丑秽。还有一义，文学是要常常变化更新的，因为文学的本质和作用，最主要的就是"趣味"。趣味这件东西，是由内发的情感和外受的环境交媾发生出来。就社会全体论，各个各个时代趣味不同；就一个人而论，趣味亦刻刻变化。任凭怎么好的食品，若是顿顿照样吃，自然讨厌；若是将剩下来的嚼了又嚼，那更一毫滋味都没有了。我因为文学上高尚和更新两种目的，所以要编这部书。

我又想，文学是无国界的，研究文学，自然不当限于本国。何况近代

7

以来，欧洲文化，好像万流齐奔，万花齐苗。我们侥幸生在今日，正应该多预备"敬领谢"的帖子，将世界各派的文学尽量输入。就这点看来，研究外国文学，实在是比研究本国的趣味更大益处更多。但却有一层要计算到，怎么叫做输入外国文学呢？第一件，将人家的好著作，用本国语言文字译写出来；第二件，采了他的精神，来自己著作，造出本国的新文学。要想完成这两种职务，必须在本国文学上有相当的素养。因为文学是一种"技术"，语言文字是一种"工具"。要善用这工具，才能有精良的技术；要有精良的技术，才能将高尚的情感和理想传达出来。所以讲别的学问，本国的旧根柢浅薄些，都还可以；讲到文学，却是一点儿偷懒不得。我因为在新旧文学过渡期内，想法教我们把向来公用的工具，操练纯熟，而且得有新式运用的方法，来改良我们的技术，所以要编这部书。

（二）

我要讲这两部诗的价值，请先将我向来对于诗学的意见，略略说明。

诗，不过文学之一种，然确占极重要之位置。在中国尤甚。欧洲的诗，往往有很长的。一位大诗家，一生只做得十首八首，一首动辄数万言。我们中国却没有。有人说是中国诗家才力薄的证据，其实不然。中国有广义的诗，有狭义的诗。狭义的诗，《三百篇》和后来所谓"古、近体"的便是；广义的诗，则凡有韵的皆是。所以赋亦称"古诗之流"，词亦称"诗余"。讲到广义的诗，那么从前的"骚"咧，"七"咧，"赋"咧，"谣"咧，"乐府"咧，后来的"词"咧，"曲本"咧，"山歌"咧，"弹词"咧，都应该纳入诗的范围。据此说来，我们古今所有的诗，短的短到十几个字，长的长到十几万字，也和欧人的诗没甚差别。只因分科发达的结果，"诗"字成了个专名，和别的有韵之文相对待，把诗的范围弄窄了。后来做诗的人在这个专名底下，摹仿前人，造出一种自己束缚自己的东西，叫做什么"格律"，诗却成了苦人之具了。如今我们提倡诗学，第一件是要把"诗"字广义的观念恢复转来，那么自然不受格律的束缚。为什么呢？凡讲格律的，诗有诗的格律，赋有赋的格律，词有词的格律。专就诗论，古体有古体的格律，近体有近体的格律。这都是从后起的专名产生出来。我们既知道赋呀词呀……呀都是诗，要作好诗，须把这些的精神都镕纳在里头，这还有什么格律好讲呢？只是独往独来，将自己的性情和所感触的对象，用极淋漓极微眇的笔力写将出来，这才算是真诗。这是我对于诗的头一种见解。

格律是可以不讲的，修辞和音节却要十分注意。因为诗是一种技术，而且是一种美的技术。若不从这两点着眼，便是把技术的作用全然抹杀，虽有好意境，也不能发挥出价值来。所谓修辞者，并非堆砌古典僻字，或卖弄浮词艳藻，这等不过不会作诗的人，借来文饰他的浅薄处。试看古人名作，何一不是文从字顺，谢去雕凿？何尝有许多深文谜语来？虽然，选字运句，一巧一拙，而文章价值，相去天渊。白香山诗，不是说"老妪能解"吗？天下古今的老妪，个个能解；天下古今的诗人，却没有几个能做。说是他的理想有特别高超处吗？其实并不见得。只是字句之间，说不出来的精严调协，令人读起来，自然得一种愉快的感受。古来大家名作，无不如是。这就是修辞的作用。所谓音节者，亦并非讲究"声病"，这种浮响，实在无足轻重。但"诗"之为物，本来是与"乐"相为体用，所以《尚书》说："诗言志，歌永言，声依永，律和声。"古代的好诗，没有一首不能唱的。那"不歌而诵"之赋，所以势力不能和诗争衡，就争这一点。后来乐有乐的发达，诗有诗的发达，诗乐不能合一。所以乐府咧，词咧，曲咧，层层继起，无非顺应人类好乐的天性。今日我们做诗，虽不必说一定要能縠入乐，但最少也要抑扬抗坠，上口琅然。近来欧人倡一种"无韵诗"，中国人也有学他的。旧诗里头，我只在刘继庄的《广阳杂记》，见过一首，系一位和尚做的，很长，半有韵，半无韵。继庄说他是天地间奇文，我笨得很，却始终不能领会出他的好处。但我总以为音节是诗的第一要素，诗之所以能增人美感，全赖乎此。修辞和音节，就是技术方面两根大柱。想作名诗，是要实质方面和技术方面都下工夫。实质方面是什么？自然是意境和资料。若没有好意境好资料，算是实质亏空，任凭恁样好的技术，也是白用。若仅有好意境好资料，而词句冗拙，音节饾饤，自己意思，达得不如法，别人读了，不能感动，岂不是因为技术不縠，连实质也遭〔糟〕蹋了吗？这是我对于诗的第二种见解。

因这种见解，我要顺带着评一评白话诗问题。我并不反对白话诗，我当十七年前，在《新民丛报》上做的诗话，因为批评招子庸《粤讴》，也曾很说白话诗应该提倡。其实白话诗在中国并不算什么稀奇，自寒山、拾得以后，邵尧夫《击壤集》全部皆是，王荆公集中也不少。这还是狭意的诗。若连广义的诗算起来，那么周清真、柳屯田的词，什有九是全首白话。元、明人曲本，虽然文白参半，还是白多。最有名的《琵琶记》，佳处都是白话。在我们文学史上，白话诗的成绩，不是已经粲然可观吗？那些老先生忽然把他当洪水猛兽看待起来，只好算少见多怪。至于有一派新进青年，主张白话为唯一的新文学，极端排斥文言，这种偏激之论，也和那些老先生不相上下。就实质方面论，若真有好意境好资料，用白话也做得出好诗，用文言也做得出好诗。如其不然，文言诚属可厌，白话还加倍可厌。这是大众承认，不必申说了。就技术方面论，却很要费一番比较研究。我不敢说白话诗永远不能应用最精良的技术，但恐怕要等到国语经几番改良蜕变以后；若专从现行通俗语底下讨生活，其实有点不够。第一，凡文以词约义丰为美妙，总算得一个原则。拿白话和文言比较，无论在文在诗，白话总比文言冗长三分之一。因为名词动词，文言只用一个字的，白话非用两个字不能成话。其他转词助词等，白话也格外用得多。试举一个例：杜工部《石壕吏》的"存者且偷生，死者长已矣"，译出白话来是："活着的捱一天是一天，死过的算永远完了。"我这两句还算译得对吗，不过原文十字变成十七字了。所以讲到修洁两个字，白话实在比文言加倍困难。第二，美文贵含蓄，这原则也该大家公认。所谓含蓄者，自然非廋词谜语之谓，乃是言中有意，一种匣剑帷灯之妙，耐人寻味。这种技术，精于白话的人，固然也会用，但比文言总较困难。试拿宋代几位大家的词一看，同是一人，同写一样情节，白话的总比文言的浅露寡味。可见白话本身，实容易陷入一览无余的毛病。（容易二字注意，并不是说一定。）更举一个切例：本书中黄公度的《今别离》四首，大众都认他是很有价值的创作。试把他翻成白话，或取他的意境自做四首白话，不惟冗长了许多，而且一定索然无味。白话诗含蓄之难，可以类推。第三，字不彀用，这是做"纯白话体"的人最感苦痛的一桩事。因为我们向来语文分离，士大夫不注意到说话的进化，"话"的方面，却是绝无学问的多数人，占了势力，凡传达稍高深思想的字，多半用不着。所以有许多字，文言里虽甚通行，白话里却成僵弃。我们若用纯白话体做说理之文，最苦的是名词不彀。若一一求其通俗，一定弄得意义浅薄，而且不正确。若做英文，更添上形容词动词不彀的苦痛。陶渊明的"暧暧远人村，依依生晚烟"，李太白的"黄河从西来，窈窕入远山"，这种绝妙的形容词，我们话里头就没有方法找得出来。杜工部的"欲觉闻晨钟，令人发深省"，"深省"两个字，白话要用几个字呢？字多也罢了，意味却还是不对。这不过随手举一两个例，若细按下去，其实触目皆是。所以我觉得极端的"纯白话诗"，事实上算是不可能。若必勉强提倡，恐怕把将来的文学，反趋到笼统浅薄的方向，殊非佳兆。以上三段，都是从修辞的技术上比较研究。第四，还有音节上的技术。我不敢说白话诗不能有好音节，因为音乐节奏，本发于人性之自然，所以山歌童谣，亦往往琅琅可听，何况文学家刻意去做，那里有做不到的事？现在要研究的，还是难易问题。我也曾读过胡适之的《尝试集》，大端很是不错，但我觉得他依着词家旧调谱下来的小令，格外好些。为什么呢？因为五代两宋的大词家，大半都懂音乐，他们所创的调，都是拿乐器按拍出来。我们依着他填，只要意境字句都新，自然韵味双美。我们自创新音，何尝不能？可惜我们不懂音乐，只成个"有志未逮"。而纯白话体有最容易犯的一件毛病，就是枝词太多，动辄伤气。试看文言的诗词，"之乎者也"，几乎绝对的不用。为什么呢？就因为他伤气，有妨音节。如今做白话诗的人，满纸"的么了哩"，试问从那里得好音节来？我常说，"做白话文有个秘诀"，是"的么了哩"越少用越好，就和文言的"之乎者也"，可省则省，同一个原理。现在报章上一般的白话文，若叫我点窜，最少也把他的"的么了哩"删去一半。我们看《镜花缘》上君子国的人掉书包，满嘴"之乎者也"，谁不觉得头巾俗气，可厌可笑？如今做白话文的人，却是"新之乎者也"不离口，还不是一种变相的头巾气？做文尚且不可，何况拿来入诗！字句既不修饰，加上许多滥调的语助辞，真成了诗的"新八股腔"了。

　　以上所说，是专就技术上研究白话诗难工易工的问题，并不是说白话诗没有价值。我想白话诗将来总有大成功的希望，但须有两个条件：第一，要等到国语进化之后，许多文言，都成了"白话化"。第二，要等到音乐大发达之后，做诗的人，都有相当音乐智识和趣味。这却是非需以时日不能。现在有人努力去探辟这殖民地，自然是极好的事。但绝对的排斥文言，结果变成奖厉俗调，相习于粗糙浅薄，把文学的品格低下了，不可不虑及。其实文言白话，本来就没有一定的界限。"暮投石壕村，有吏夜捉人。老翁逾墙走，老妇出门看"，算文言呀，还是算白话？"浔阳江头夜送客，枫叶荻花秋瑟瑟。主人下马客在船，举酒欲饮无管弦"，算文言呀，还是算白话？再高尚的，"行行重行行，与君生别离"，"采菊东篱下，悠然见南山"，算文言呀，还是算白话？就是在律诗里头，"尚想旧情怜婢仆，也曾因梦送钱财。情知此恨人人有，贫贱夫妻百事哀"，算文言呀，还是算白话？那最高超雄浑的，"吴楚东南坼，乾坤日夜浮。亲朋无一字，老病有孤舟"，算文言呀，还是算白话？若说是定要满纸"的么了咧"……定要将《石壕吏》三四两句改作"有一位老头子爬墙头跑了，一位老婆子出门口张望张望"，才算白话，老实说，我就不敢承教。若说我刚才所举出的那几联都算得白话，那么白话文言，毕竟还有什么根本差别呢？老实讲一句，我们的白话文言，本来就没有根本差别。最要紧的，不过语助词有些变迁或是单字不便上口，改为复字。例如文言的"之""者"，白话变为"的"；文言的"矣"，白话变为"了"；文言的"乎""哉"，白话变为"么""吗"；文言单用"因"字"为"字，白话总要"因为"两字连用；文言"故"字"所以"字随便用，白话专用"所以"。"的""了""么""吗"，固然是人人共晓；"之""者""矣""乎""哉"，何尝不也是人人共晓？《论语》只用"斯"字，不用"此"字。后人作文，若说定要把"此"改作"斯"才算古雅，固然可笑；若说"斯"字必不许用，又安有此理？"能饮一杯无?"古文应作："能饮一杯乎?"白话应作："能饮一杯么?"其实"乎""无""么"三字原只是一字，不过口音微变，演成三体。用"乎"用"无"用"么"，尽听人绝对的自由选择，读者一样的尽人能解。近来有人将文言比欧洲的希腊文、拉丁文，将改用白话体比欧洲近世各国之创造国语文学，这话实在是夸张太甚，违反真相。希腊、拉丁语和现在的英、法、德语，语法截然不同，字体亦异，安能不重新改造？譬如我中国人治佛学的，若使必要诵习梵文，且著作都用梵文写出，思想如何能普及？自然非用本国通行文字写他不可。中国文言、白话的差别，只能拿现在英国通俗文和索士比亚时代英国古文的差别做个比方，绝不能拿现在英、法、德文和古代希腊、拉丁文的差别做个比方。现代英国人，排斥希腊、拉丁，是应该的，是可能的；排斥《索士比亚集》，不惟不应该，而且不可能。因为现代英文和《索士比亚集》并没有根本不同，绝不能完全脱离了他，创成独立的一文体。我中国白话之与文言，正是此类。何况文字不过一种工具，他最要紧的作用，第一，是要把自己的思想和感情完全传达出来；第二，是要令对面的人读下去能确实了解。就第二点论，读"活着的挨一天是一天，死过的算永远完了"这两句话能彀了解的人，读"存者且偷生，死者长已矣"这两句话，亦自会了解。质言之，读《水浒传》《红楼梦》能完全了解字句的人，读《论语》《孟子》也差不多都了解；《论语》《孟子》一字不解的，便《水浒》《红楼》亦那里读得下去？——这专就普通字句论。若书中的深意，自然是四种书各各都有难解处；又字句中仍有须特别注释的，四种书都有。——就第一点论，却是文言、白话，各有各的特长。例如描写社会实状委曲详尽，以及情感上曲折微妙传神之笔，白话最擅长；条约、法律等条文，非文言不能简明正确；普通说理、叙事之文，两者皆可，全视作者运用娴熟与否为工拙。我这段话自问总算极为持平，所以我觉得文言白话之争，实在不成问题。一两年来，大家提倡白话，我是极高兴。高兴什么？因为文学界得一种解放。若翻过来极端的排斥文言，那不是解放，却是别造出一种束缚了。标榜白话文的格律义法，还不是"桐城派第二"？这总由脱不了二千年来所谓"表章甚么罢黜甚么"的劣根性，我们今日最宜切戒。依我的主张，是应采绝对自由主义。除了用艰僻古字，填砌陈腐典故，以及古文家缛笔肤语，应该排斥外，只要是朴实说理，恳切写情，无论白话、文言，都可尊尚，任凭作者平日所练习以及一时兴会所到，无所不可。甚至一篇里头，白话、文言，错杂并用，只要调和得好，也不失为名文。这是我对于文学上一般的意见。

专就讨论，第一，押险韵，用僻字，是要绝对排斥的；第二，用古典作替代语，变成"点鬼簿"，是要绝对排斥的；第三，美人芳草，托兴深微，原是一种象征的作用，做得好的自应推尚，但是一般诗家陈陈相袭，变成极无聊的谜语，也是要相对排斥的；第四，律诗有篇幅的限制，有声病的限制，束缚太严，不便于自由发摅性灵，也是该相对的排斥。然则将来新诗的体裁该怎么样呢？第一，四言，五言，七言，长短句，随意选择；第二，骚体，赋体，词体，曲体，都拿来入诗，在长篇里头，只要调和得好，各体并用也不妨；第三，选词以最通行的为主，俚语俚句，不妨杂用，只要能调和；第四，纯文言体或纯白话体，只要词句显豁简炼，音节谐适，都是好的；第五，用韵不必拘拘于《佩文诗韵》，且至唐韵、古音，都不必多管，惟以现在口音谐协为主，但韵却不能没有，没有只好不算诗。白话体自然可用，但有两个条件，应该注意：第一，凡字而及句法有用普通文言可以达意者，不必定换俚字俗语，若有意如此，便与旧派之好换僻字自命典雅者，同属一种习气，徒令文字冗长惹厌；第二，语助辞愈少用愈好，多用必致伤气，便像文言诗满纸"之乎者也"，还成个什么诗呢？若承认这两个条件，那么白话诗和普通文言诗，竟没有很显明的界线，寒山、拾得、白香山，就是最中庸的诗派。我对于白话诗的意见大略如此。

　　因为研究诗的技术方面，涉及目前一个切要问题，话未免太多了。如今要转向实质方面。我们中国诗家有一个根本的缺点，就是厌世气味太重。我的朋友蒋百里曾有一段话，说道："中国的哲学，北派占优势；可是文学的势力，实在是南派较强。南派的祖宗，就是那怀石沉江的屈子。他的一个厌世观，打动了多少人心。所以贾长沙的哭，李太白的醉，做了文人一种模范。到后来末流，文人自命清高，对于人生实在生活，成一种悲观的态度，好像'世俗'二字，和'文学'是死对头一般。"（《改造》第一号《谈外国文学之先决条件》）这段话真是透辟。我少年时亦曾有两句诗，说道："平生最恶牢骚语，作态呻吟苦恨谁。"（《饮冰室诗稿》）我想，我们若不是将这种观念根本打破，在文学界断不能开拓新国土。第二件，前人都说，诗到唐朝极盛；我说，诗到唐朝始衰。为什么呢？因为唐以诗取士，风气所趋，不管什么人都学诌几句，把诗的品格弄低了。原来文学是一种专门之业，应该是少数天才俊拔而且性情和文学相近的人，屏弃百事，专去研究他，做成些优美创新的作品，供多数人赏玩。那多数人只要去赏玩他，涵养自己的高尚性灵便毂了，不必人人都作，这才是社会上人才经济主义。如今却好了，科学既废，社会对于旧派的词章家，带一种轻薄态度，做诗不能换饭吃。从今以后，若有喜欢做诗的人，一定是为文学而研究文学，根柢已经是纯洁高尚了。加以现代种种新思潮输入，人生观生大变化，往后做文学的人，一定不是从前那种消极理想。所以我觉得，中国诗界大革命，时候是快到了。其实就以中国旧诗而论，那几位大名家所走的路，并没有错。其一，是专玩味天然之美，如陶渊明、王摩诘、李太白、孟襄阳一派；其二，是专描写社会实状，如杜工部、白香山一派。中国最好的诗，大都不出这两途；还要把自己真性情表现在里头，就算不朽之作。往后的新诗家，只要把个人叹老嗟卑，和无聊的应酬交际之作一概删汰，专从天然之美和社会实相两方面着力，而以新理想为之主干，自然会有一种新境界出现。至于社会一般人，虽不必个个都做诗，但诗的趣味，最要涵养，如此然后在这实社会上生活，不至干燥无味，也不至专为下等娱乐所夺，致品格流于卑下。这是我对于诗的第三种见解。

　　金、黄两先生的诗，能毂完全和我理想上的诗相合吗？还不能，但总算有几分近似了。我如今要把两先生所遭值的环境和他个人历史，简单叙述，再对于他的诗略下批评。（未完）

　　（1920年10月作，收入《饮冰室合集·文集》第十五册，中华书局1936年1月初版）

中国韵文里头所表现的情感

本学期在清华学校讲国史,校中文学社诸生,请为文学的课外讲演,辄拈此题。所讲现未终了,讲义随讲随编,其预定的内容略如下:

一——二　导言

三　奔迸的表情法

四——五　回荡的表情法

六　附论新同化之西北民族的表情法

七——八　蕴藉的表情法

九　附论女性文学与女性情感

十　象征派的表情法

十一　浪漫派的表情法

十二　写实派的表情法

十三　文学里头所显的人生观

十四　表情所用文体的比较

右讲稿皆于著史之暇闲日抽余晷草之;其脱略舛谬处,自知不少——即如第三讲中论奔迸的表情法所引《陇头歌》,细思实当改入第四讲中论吞咽式表情法条下——今因《改造》杂志索稿,匆匆检付,无暇覆勘校改。惟自觉用表情法分类以研究旧文学,确是别饶兴味。前人虽间或论及,但未尝为有系统的研究。不揣愚陋,辄欲从此方面引一端绪;其疏舛之处,极盼海内同嗜加以是正。

校中参考书缺乏,且时日匆促,故所引作品,仅凭记忆所及,读者幸勿责其罣漏。

　　　　　　十一，三，二十五，在清华学校。启超。

一

　　天下最神圣的莫过于情感：用理解来引导人，顶多能叫人知道那件事应该做，那件事怎样做法，却是被引导的人到底去做不去做，没有什么关系；有时所知的越发多，所做的倒越发少。用情感来激发人，好像磁力吸铁一般，有多大分量的磁，便引多大分量的铁，丝毫容不得躲闪，所以情感这样东西，可以说是一种催眠术，是人类一切动作的原动力。

　　情感的性质是本能的，但他的力量，能引人到超本能的境界；情感的性质是现在的，但他的力量，能引人到超现在的境界。我们想入到生命之奥，把我的思想行为和我的生命迸合为一；把我的生命和宇宙和众生迸合为一；除却通过情感这一个关门，别无他路。所以情感是宇宙间一种大秘密。

　　情感的作用固然是神圣，但他的本质不能说他都是善的都是美；他也有很恶的方面，他也有很丑的方面。他是盲目的，到处乱碰乱迸，好起来好得可爱，坏起来也坏得可怕。所以古来大宗教家大教育家，都最注意情感的陶养，老实说，是把情感教育放在第一位。情感教育的目的，不外将情感善的美的方面尽量发挥，把那恶的丑的方面渐渐压伏淘汰下去。这种工夫做得一分，便是人类一分的进步。

　　情感教育最大的利器，就是艺术：音乐美术文学这三件法宝，把"情感秘密"的钥匙都掌住了。艺术的权威，是把那霎时间便过去的情感，捉住他令他随时可以再现；是把艺术家自己"个性"的情感，打进别人们的"情阈"里头，在若干期间内占领了"他心"的位置。因为他有恁么大的权威，所以艺术家的责任很重，为功为罪，间不容发。艺术家认清楚自己的地位，就该知道：最要紧的工夫，是要修养自己的情感，极力往高洁纯挚的方面，向上提絜，向里体验，自己腔子里那一团优美的情感养足了，再用美妙的技术把他表现出来，这才不辱没了艺术的价值。

二

我这篇讲演，说的是中国韵文里头所表现的情感。"韵文"是有音节的文字，那范围，从《三百篇》《楚辞》起，连乐府歌谣古近体诗填词曲本乃至骈体文都包在内（但骈体文征引较少）。我所征引的只凭我记忆力所及，自然不能说完备，但这些资料，不过借来举例，倒不在乎备不备，我想怎么多也彀了。我所征引的，都是极普通脍炙人口的作品，绝不搜求隐僻，我想这种作品，最合于作品代表的资格。

我这回所讲的，专注重表现情感的方法有多少种？那样方法我们中国人用得最多用得最好？至于所表现的情感种类，我也很想研究；但这回不及细讲，只能引起一点端绪。我讲这篇的目的，是希望诸君把我所讲的做基础，拿来和西洋文学比较，看看我们的情感，比人家谁丰富谁寒俭？谁浓挚谁浅薄？谁高远谁卑近？我们文学家表示情感的方法，缺乏的是那几种？先要知道自己民族的短处去补救他，才配说发挥民族的长处，这是我讲演的深意。现在请入本题：

三

向来写情感的，多半是以含蓄蕴藉为原则，像那弹琴的弦外之音，像吃橄榄的那点回甘味儿，是我们中国文学家所最乐道。但是有一类的情感，是要忽然奔迸一泻无余的：我们可以给这类文学起一个名，叫做"奔迸的表情法"。例如碰着意外的过度的刺激，大叫一声或大哭一场或大跳一阵，在这种时候，含蓄蕴藉，是一点用不着。例如《诗经》：

"蓼蓼者莪，匪莪伊蒿。哀哀父母，生我劬劳！"《蓼莪》）
"彼苍者天，歼我良人！如可赎兮，人百其身。"《黄鸟》）

前一章是父母死了，悲哀到极处，"哀哀……劬劳"八个字，连泪带血迸出来。后一章是秦穆公用人来殉葬,看的人哀痛怜悯的感情,迸在这四句里头,成了群众心理的表现。

"风萧萧兮易水寒,壮士一去兮不复还!"

这是荆轲行刺秦始皇临动身时,他的朋友高渐离歌来送他;只用两句话,一点扭控也没有,却是对于国家对于朋友的万斛情感,都全盘表出了。

古乐府里头有一首《箜篌引》,不知何人所作:据说是有一个狂夫,当冬天早上,在河边"被发乱流而渡",他的妻子从后面赶上来要拦他,拦不住,溺死了;他妻子做了一首"引",是:

"公无渡河!公竟渡河!堕河而死,将奈公何?"

又有一首《陇头歌》,也不知谁人所作,大约是一位身世很可怜的独客。那歌有两叠,是:

"陇头流水,流落四下,念吾一身,飘然旷野。
陇头流水,呜声呜咽,遥望秦川,肝肠断绝。"

这些都是用极简单的语句,把极真的情感尽量表出;真所谓"一声《河满子》,双泪落君前"。你若要多着些话,或是说得委婉些,那么真面目完全丧掉了。

"力拔山兮气盖世!时不利兮骓不逝!骓不逝兮可奈何!虞兮虞兮奈若何!"(《虞兮歌》)
"大风起兮云飞扬!威加海内兮归故乡!安得猛士兮守四方!"(《大风歌》)

前一首是项羽在垓下临死时对着他爱妾虞姬唱的；把英雄末路的无限情感都涌现了。后一首是汉高祖做了皇帝过后回到故乡，对那些父老唱的，一种得意气概尽情流露。

"陟彼北芒兮，噫！顾瞻帝京兮，噫！宫阙崔巍〔嵬〕兮，噫！民之劬劳兮，噫！辽辽未央兮，噫！"（《五噫歌》）

这一首是后汉时梁鸿做的。满肚子伤世忧民的热情，叹了五口大气，尽情发泄，极文章之能事。

"上邪！我欲与君相知，长命无绝衰。山无陵，江水为竭；冬雷震震，夏雨雪；天地合；乃敢与君绝。"（《上邪曲》）

这类一泻无余的表情法，所表的什有九是哀痛一路。这首歌却是写爱情，像这样斩钉截铁的赌咒，正表示他们的恋爱到"白热度"。

正式的五七言诗，用这类表情法的很少，因为多少总受些格律的束缚，不能自由了。要我在各名家诗集里头举例，几乎一个也举不出（也许是我记不起）。独有表情老手的杜工部，有一首最为怪诞！

"剑外忽传收蓟北，初闻涕泪满衣裳。却看妻子愁何在，漫卷诗书喜欲狂。白日放歌须纵酒，青春结〔作〕伴好还乡。便从巴峡穿巫峡，直下襄阳到〔向〕洛阳。"

凡诗写哀痛，愤恨，忧愁，悦乐，爱恋，都还容易；写欢喜真是难。即在长短句古体里头也不易得；这首诗是近体，个个字受"声病"的束缚，他却做得如此淋漓尽致！那一种手舞足蹈的情形，读了令人发怔，据我看过去的诗没有第二首比得上了。

此外这种表情法，我能举得出的很少。近代人吴梅村，诗格本不算高，但他的集中却有一首，确能用这种表情法。那题目我记不真，像是

《送吴季子出塞》。他劈空来怎么几句：

"人生千里与万里，黯然消魂别而已！君独何为至于此？生非生兮死非死，山非山兮水非水。……"

他送的人叫做吴汉槎，是前清康熙间一位名士，因不相干的事充军到黑龙江，许多人替他叫冤，都有诗送他，梅村这首算是最好；好处是把无穷的冤抑，用几句极粗重的话表尽了。

词里头这种表情法也很少，因为词家最讲究缠绵悱恻，也不是写这种情感的好工具。若勉强要我举个例，那么，辛稼轩的《菩萨蛮》上半阕：

"郁孤台下清江水，中间多少行人泪。西北是〔望〕长安，可怜无数山。……"

这首词是在徽、钦二宗北行所经过的地方题壁的，稼轩是比岳飞稍为晚辈的一位爱国军人，带着兵驻在边界，常常想要恢复中原，但那时小朝廷的君臣都不许他；到了这个地方，忽然受很大的刺激，由不得把那满腔热泪都喷出来了。

吴梅村临死的时候，有一首《贺新郎》，也是写这一类的情感，那下半阕是：

"故人慷慨多奇节，恨〔为〕当年沉吟不断，草间偷活。艾炙眉头瓜喷鼻，今日须难决绝。早患苦重来千叠。脱屣妻孥非易事，竟一钱不值何消说。……"

梅村因为被清廷强奸了当"贰臣"，心里又恨又愧，到临死时才尽情发泄出来，所以很能动人。

曲本写这种情感，应该易些，但好的也不多。以我所记得的，独《桃花扇》里头，有几段很见力量。那《哭主》一出，写左良玉在黄鹤楼开宴，正饮得热闹时，忽然接到崇祯帝殉国的急报，唱道：

"高皇帝，在九京，不管亡家破鼎。那知你〔他〕圣子神孙，反不如飘蓬断梗！十七年忧国如病，呼不应天灵祖灵，调不来亲兵救兵。白练无情，送君王一命！……"

"官车出，庙社倾，破碎中原费整。养文臣帷幄无谋，谇武夫疆场不猛。到今日山残水剩，对大江月明浪明，满楼头呼声哭声。这恨怎平，有皇天作证。……"

那《沉江》一出，写清兵破了扬州，史可法从围城里跑出，要到南京，听见福王已经投降，哀痛到极，迸出来几句话：

"抛〔撒〕下俺断蓬船，撇〔丢〕下俺无家犬！呼天叫地〔叫地呼天〕千百遍，归无路，进又难前！……累死英雄，到此日看江山换主，无可留恋。"

唱完了这一段，就跳下水里死了。跟着有一位志士赶来，已经救他不及，便唱道：

"……谁知歌罢剩空筵？长江一线，吴头楚尾路三千，尽归别姓，雨翻云变！寒涛东卷，万事付空烟！……"

这几段，我小时候读他，不知淌了几多眼泪。别人我不知道，我自己对于满清的革命思想，最少也有一部分受这类文学的影响。他感人最深处，是一个个字，都带着鲜红的血呕出来。虽然比前头所举那几个例说话多些，但在这种文体不得不然，我们也不觉得他话多。

凡这一类，都是情感突变，一烧烧到"白热度"；便一毫不隐瞒，一毫不修饰，照那情感的原样子，迸裂到字句上。我们既承认情感越发真越发神圣，讲真，没有真得过这一类了。这类文学，真是和那作者的生命分劈不开！——至少也是当他作出这几句话那一秒钟时候，语句和生命是迸合为一。这种生命，是要亲历其境的人自己创造，别人断乎不能替代。如"壮士不还""公无渡河"等类，大家都容易看出是作者亲发的情感。即如《桃花扇》这几段，也因为作者孔云亭是一位前明遗老，（他里头还有一句说：那晓得我老夫就是戏中之人？）这些沉痛，都是他心坎中原来有的，所以写得能毅如此动人，所以这一类我认为情感文中之圣。

这种表现法，十有九是表悲痛；表别的情感，就不大好用。我勉强找，找得《牡丹亭·惊梦》里头：

"原来是姹紫嫣红开遍，似这般都付与断井颓垣！"

这两句的确是属于奔迸表情法这一类。他写情感忽然受了刺激，变换一个方向，将那霎时间的新生命迸现出来，真是能手。

我想：悲痛以外的情感，并不是不能用这种方式去表现。他的诀窍，只是当情感突变时，捉住他"心奥"的那一点，用强调写到最高度。那么，别的情感，何尝不可以如此呢？苏东坡的《水调歌头》，便是一个好例：

"明月几时有，把酒问青天。不知天上宫阙，今夕是何年？我欲乘风归去，又恐琼楼玉宇，高处不胜寒……"

这全是表现情感一种亢进的状态；忽然得着一个"超现世的"新生命。令我们读起来，不知不觉也跟着到他那新生命的领域去了。这种情感的这种表现法，西洋文学里头恐怕很多，我们中国却太少了。我希望今后的文学家，努力从这方面开拓境界。

四

这一回讲的，我也起他一个名，叫做"回荡的表情法"。是一种极浓厚的情感蟠结在胸中,像春蚕抽丝一般,把他抽出来。这种表情法,看他专从热烈方面尽量发挥,和前一类正相同;所异者,前一类是直线式的表现,这一类是曲线式或多角式的表现;前一类所表的情感,是起在突变时候,性质极为单纯,容不得有别种情感搀杂在里头。这一类所表的情感,是有相当的时间经过,数种情感交错纠结起来,成为网形的性质。人类情感,在这种状态之中者最多,所以文学上所表现,亦以这一类为最多。

这类表情法,在《诗经》中可以举出几个绝好模范:

"鸱鸮鸱鸮!既取我子,无毁我室!恩斯勤斯,鬻子之闵斯。

迨天之未阴雨,彻彼桑土,绸缪牖户;今女下民,或敢侮予。

予手拮据,予所捋荼;予所蓄租,予口卒瘏;曰予未有室家。

予羽谯谯,予尾翛翛,予室翘翘,风雨所漂摇,予维音哓哓。"

(《鸱鸮》)

《三百篇》的作者,百分之九十九没有主名,独这一篇因《尚书·金縢》所记,我们确知系出周公手笔,是当管蔡流言王业漂摇的时候,作来感悟成王的。他托为一只鸟的话,说经营这小小的一个巢,怎样的担惊恐,怎样的挨辛苦,现在还是怎样的艰难。没有一句动气话,没有一句灰心话;只有极浓极温的情感,像用深深的刀痕刻镂在字句上。那情感的丰富和醇厚,真可以代表"纯中华民族文学"的美点。他那表情方法,是用螺旋式,一层深过一层。

"弁彼鸒斯,归飞提提,民莫不穀,我独于罹。何辜于天,我罪伊何?心之忧矣,云如之何?

踧踧周道,鞫为茂草,我心忧伤,惄焉如捣。假寐永叹,维忧用老;心之忧矣,疢如疾首。

维桑与梓,必恭敬止。靡瞻匪父,靡依匪母。不属于毛,不离于里;天之生我,我辰安在?……"(《小弁》)

这诗共八章，为省时间起见，仅引三章，其实全篇是无一处不好的。这诗也大概寻得出主名，是周幽王宠爱褒姒，把太子废了，太子的师傅代太子做这篇诗来感动幽王，幽王到底不听，周朝不久也被犬戎灭了；算是历史上很有关系的一篇文学。这诗的特色，是把磊磊堆堆蟠郁在心中的情感，像很费力的才吐出来；又像吐出，又像吐不出，吐了又还有。那表情方法，专用"语无伦次"的样子，一句话说过又说，忽然说到这处，忽然又说到那处。用这种方式来表现这种情绪，恐怕再妙没有了。

"彼黍离离，彼稷之苗；行迈靡靡，中心摇摇。知我者谓我心忧，不知我者谓我何求！悠悠苍天，此何人哉？

彼黍离离，彼稷之穗；行迈靡靡，中心如醉。知我者谓我心忧，不知我者谓我何求！悠悠苍天，此何人哉？"（《黍离》）

这首诗依旧说是宗周亡了过后，那些遗民，经过故都凭吊感触做出来，大约是对的。他那一种缠绵悱恻回肠荡气的情感，不用我指点，诸君只要多读几遍，自然被他魔住了。他的表情法，是胸中有种种甜酸苦辣写不出来的情绪，索性都不写了，只是咬着牙龈长言永叹一番，便觉得一往情深，活现在字句上。

"肃肃鸨翼，集于苞棘。王事靡盬，不能蓺黍稷。父母何食！悠悠苍天，曷其有极！"（《鸨羽》）

"泛彼柏舟，亦泛其流。耿耿不寐，如有隐忧。微我无酒，以敖以游。

我心匪鉴，不可以茹；亦有兄弟，不可以据。薄言往愬，逢彼之怒。

我心匪石，不可转也；我心匪席，不可卷也；威仪棣棣，不可选也。

忧心悄悄，愠于群小，觏闵既多，受侮不少。静言思之，寤辟有摽。

日居月诸，胡迭而微。心之忧矣，如匪浣衣。静言思之，不能奋飞。"（《柏舟》）

那《鸨羽》篇，大为是当时人民被强迫去当公差，把正当职业都担阁了，弄到父母挨饿。那《柏舟》篇，大约是一位女子，受了家庭的压迫，有冤无处愬。都是表一种极不自由的情感。他的表情法，和前头那三首都不同：他们在饮恨的状态底下，情感才发泄到喉咙，又咽回肚子里去了。所以音节很短促，若断若续；若用曼声长谣的方式写这种情感便不对。

这五篇都是回荡的表情法，却有四种不同的方式，我们可以给他四个记号：

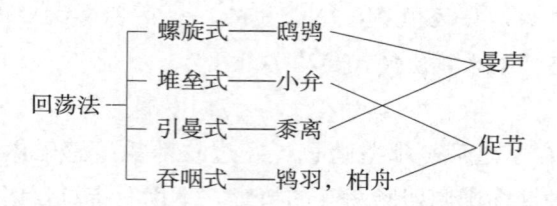

回荡法 ┬ 螺旋式──鸱鸮 ──┐   ┌ 曼声
       ├ 堆垒式──小弁 ──┼───┤
       ├ 引曼式──黍离 ──┤   └ 促节
       └ 吞咽式──鸨羽，柏舟

《诗经》中这类表情法，真是无体不备，像这样好的还很多，《小雅》什有九皆是。真所谓"温柔敦厚"；放在我们心坎里头是暖的。《诗经》这部书所表示的，正是我们民族情感最健全的状态；这一点无论后来那位作家，都赶不上。

《楚辞》的特色，在替我们文学界开创浪漫境界，常常把情感提往"超现实"的方向，这一点下文再说。他的现实方面，还是和《三百篇》一样路数，缠绵悱恻，怨而不怒，试举数段为例：

"……入溆浦余儃佪兮，迷不知吾所如；深林杳以冥冥兮，猿狖之所居。山峻高以蔽日兮，下幽晦以多雨；霰雪纷其无垠兮，云霏霏而承宇。哀吾生之无乐兮，幽独处乎山中；吾不能变心而从俗兮，固将愁苦而终穷。……"（《涉江》）

"……忠何罪以遇罚兮，亦非余心之所志；行不群以颠越兮，又众兆之所咍。纷逢尤以离谤兮，謇不可释；情沉抑而不达兮，又蔽而莫之白。心郁邑而侘傺兮,又莫察余之中情;固烦言不可结诒兮,愿陈志而无路。退静默而莫余知兮,进号呼又莫吾闻;申侘傺之烦惑兮,中闷瞀之忳忳。……"(《惜诵》)

"曼余目以流观兮,冀一反之何时;鸟飞反故乡兮,狐死必首丘;信非吾罪而弃逐兮,何日夜而忘之。"(《哀郢》)

"……忳郁邑余侘傺兮,吾独穷困乎此时也;宁溘死以流亡兮,余不忍为此态也。"(《离骚》)

"制芰荷以为衣兮,集芙蓉以为裳;不吾知其亦已兮,苟余情其信芳。高余冠之岌岌兮,长余佩之陆离;芳与泽其杂糅兮,唯昭质其犹未亏。忽反顾以游目兮,将往观乎四荒;佩缤纷其繁饰兮,芳菲菲其弥章。人生各有所乐兮,余独好修以为常;虽体解吾犹未变兮,岂余心之可惩。"(同上)

屈原的情感,是烦闷的;却又是浓挚的,孤洁的,坚强的。浓挚、孤洁、坚强三种拼拢一处,已经有点不甚相容,还凑着他那种境遇,所以变成烦闷。《涉江》那段,用象征的方式,烘托出烦闷;《惜诵》那段,写无伦次的烦闷状态,和前文所引的《小弁》,同一途径;《哀郢》那段,把浓挚的情感尽量显出;《离骚》两段,专表他的孤洁和坚强。屈原是有洁癖的人,闹到情死;他的情感,全含亢奋性,看不出一点消极的痕迹。

宋玉便不同了。他代表的作品是《九辩》,完全和屈原是两种气味:

"悲哉秋之为气也!萧瑟兮草木摇落而变衰;憭栗兮若在远行,登山临水兮送将归。泬寥兮天高而气清,寂寥兮收潦而水清。憯凄增欷兮薄寒之中人,怆怳懭悢兮去故而就新。坎廪兮贫士失职而志不平,廓落兮羁旅而无友生,惆怅兮而私自怜。……"(《九辩》)

这篇全是汉晋以后那种叹老嗟卑的颓废情感所从出,比屈原差得远了。但表情的方法,屈、宋都是一样,我譬喻他像一条大蛇,在那里蟠——蟠——蟠!又像一个极深极猛的水源,给大石堵住,在石罅里头到处喷迸。这是他们和《三百篇》不同处。

《楚辞》多半是曼声；很少促节，大抵这一体与促节不甚相宜。独有淮南小山《招隐士》，是别调，全篇都算得促节，如：

"王孙游兮不归，春草生兮萋萋，岁暮兮不自聊，蟪蛄鸣兮啾啾，块兮轧，山曲岪〔第〕，心淹留兮恫慌忽，罔兮沕，憭兮栗，虎豹穴，丛薄深林兮人上栗。"

但这种促节不全属吞咽一路；像《哀郢》那几句，的确写饮恨的情感，却仍是曼声。

汉魏六朝五言诗的表情法，都走微婉一路，容下文再说。要看他们热烈的情感，还是从乐府里找。试举几首为例：

(1)
"悲歌可以当泣，远望可以当归。
思念故乡，郁郁累累。
欲归家无人，欲渡河，河无船。
心思不能言，肠中车轮转。"
(2)
"秋风萧萧愁杀人，出亦愁，入亦愁。
座中何人，谁不怀忧，令我白头。
胡地多悲风，树木何修修。
离家日趋远，衣带日趋缓；心思不能言，肠中车轮转。"
(3)
"来日大难，口燥唇干；今日相乐，皆当喜欢。……
月没参横，北斗阑干，亲交在门，饥不及餐。……"
(4)
"出东门不顾，归来入门怅欲悲。
盎中无斗储，还视桁上无悬衣。

拔剑出门去，儿女牵衣啼。
他家但愿富贵，贱妾与君共𫗦糜。
共𫗦糜；上用仓浪天故，下为黄口小儿。
今时清廉难犯，教言君（复）自爱莫为非。
今时清廉难犯，教言君（复）自爱莫为非。
行吾！去为迟；（注）行吾之"吾"字，疑即"乎"字同音通用。
平慎行，望君归。"

（5）

"有所思，乃在大海南；何用问遗君，双珠玳瑁簪。
用玉绍缭之；闻君有他心，拉杂摧烧之。
摧烧之，当风扬其灰；从今已往，勿复相思。
相思与君绝，鸡鸣狗吠（兄嫂）当知之。
妃呼豨！秋风肃肃晨风飔；东方须臾高知之。"（注）"妃呼豨"，感叹辞。

　　这些乐府，不惟不能得作者主名，并不能确指年代，大约是汉以后唐以前几百年间的作品。此外还有许多好的，因为他是另外一种表情法，等到下文别段再讲。读这几首，大略可以看得出当时平民文学的特采，是极真率而又极深刻，后来许多专门作家都赶不上。李太白刻意学这一体，但神味差得远了。

　　汉代大文学家很少，流传下来最有名的是几篇赋，都不是表情之作。五言诗初发轫，没有壮阔的波澜；摹仿《三百篇》取蕴藉一路的较多些，很回荡的可以说没有。勉强举一两首，如苏武的：

"结发为夫妻，恩爱两不疑。欢娱在今夕，燕婉及良时。
征夫怀往路，起视夜何其。参辰皆已没，去去从此辞。
行役在战场，相见未有期。握手一长叹，泪为生别滋。
努力爱春华，莫忘欢乐时。生当复归来，死当长相思。"

枚乘的：

"行行重行行，与君生别离。相去万余里，各在天一涯。
道路阻且长，会面安可知？胡马依北风，越鸟巢南枝。
相去日已远，衣带日已缓。浮云蔽白日，游子不顾返。
思君令人老，岁月忽已晚。弃捐莫〔勿〕复道，努力加餐饭。"

两首皆写男女别时别后的情爱，前一首近于螺旋式，后一首近于吞咽式。当时作品中，只能到这种境界而止；往前比，比不上《三百篇》《楚辞》；往后比，比不上唐人，同时的，也比不上平民文学的"乐府"。到三国时建安七子，渐渐把五言成立一个规模，内中以曹子建为领袖。子建《赠白马王彪》一首，可算得在五言诗里头别出生面，开后来杜工部一路。这诗很长，录之如下：

"谒帝承明庐，逝将归旧疆。清晨发皇邑，日夕过首阳。伊洛广且深，欲济川无梁。泛舟越洪涛，怨彼东路长。顾瞻恋城阙，引领情内伤。太谷何寥廓，山树郁苍苍。霖雨泥我涂，流潦浩纵横。中逵绝无轨，改辙登高冈。修坂造云日，我马玄以黄。

玄黄犹能进，我思郁以纡。郁纡将何念，亲爱在离居。本图相与偕，中更不克俱。鸱枭鸣衡轭，豺狼当路衢。苍蝇间白黑，谗巧反亲疏。欲还绝无蹊，揽辔止踟蹰。

踟蹰亦何留，相思无终极。秋风发微凉，寒蝉鸣我侧。原野何萧条，白日忽西匿。归鸟赴乔林，翩翩厉羽翼。孤兽走索群，衔草不遑食。感物伤我怀，抚心长太息。

太息将何为，天命与我违。奈何念同生，一往形不归。孤魂翔故域，灵柩寄京师。存者忽已过，亡没身自衰。人生处一世，去若朝露晞。年在桑榆间，影响不能追。自顾非金石，咄唶令心悲。

心悲动我神，弃置莫复陈。丈夫志四海，万里犹比邻。恩爱苟不亏，在远分日亲。何必同衾帱，然后展殷勤？忧思成疾疢〔疢〕，毋

〔无〕乃儿女仁。仓卒骨肉情,能不怀苦辛?

　　苦辛何虑思,天命信可疑。虚无求列仙,松子久吾欺。变故在斯须,百年谁能持?离别永无会,执手将何时?王其爱玉体,俱享黄发期。收泪即长路,援笔从此辞。"

　　大抵情感之文,若写的不是那一刹那间的实感,任凭多大作家,也写不好。子建这诗有篇序,说是同白马王、任城王三兄弟入朝。任城王死去,到还国时,"有司以二王归藩,道路宜异止宿〔宿止〕,意毒恨之;盖以大别在数日,是用自剖,愤而成篇"云云。兄弟的真爱情,从肺腑流出,所以独好。

　　此后阮嗣宗几十首的《咏怀》,大部分也是表情感的热烈方面。内中如"二妃游江滨","嘉树下成蹊","平生少年时","湛湛长江水","徘徊蓬池上","独坐空堂上","驾言发魏都","一日复一夕","嘉时在今辰"等篇,都是回肠荡气的作品。陶渊明虽然是淡远一路(下文别论),但集中《咏荆轲》《拟古》里头的"荣荣窗下兰","辞家夙严驾","迢迢百尺楼","种桑长江边",《杂诗》里头的"白日沦西河","忆我少年〔壮〕时"等篇,都是表现他的阳性情感,应属于这一类。此外如鲍明远的《行路难》,潘安仁的《悼亡》,都也有好处。

　　中古以降的诗,用这种表情法用得最好的,我可以举出一个人当代表。什么人?杜工部!后人上杜工部的徽号叫做"诗圣",别的圣不圣,我不敢说,最少"情圣"两个字,他是当得起。他有他自己独到的一种表情法,前头的人没有这种境界,后头的人逃不出这种境界。他集中的情诗太多了,我只随意举出人人共读的几首为例:

　　"客行新安道,喧呼闻点兵。借问新安吏,县小更无丁。府帖昨夜下,次选中男行。中男绝短小,何以守王城?肥男有母送,瘦男独伶俜。白水暮东流,青山犹〔闻〕哭声。莫自使眼枯,收汝泪纵横。眼枯即见骨,天地终无情。……"(《新安吏》)

　　"四郊未宁静,垂老不得安。子孙阵亡尽,焉用身独完?投杖出

门去，同行为辛酸。……老妻卧路啼，岁暮衣裳单。孰知是死别，且复伤其寒。此去必不归，还闻劝加餐。……"(《垂老别》)

这类是由"同情心"发出来的情感。工部是个多血质的人，他《自京赴奉先咏怀》那首诗里头说："穷年忧黎元，叹息肠内热。"又说："彤庭所分帛，本自寒女出。鞭挞其夫家，聚敛贡城阙。"又说："朱门酒肉臭，路有冻死骨。"他还有一首诗道："堂前扑枣任西邻，无食无儿一妇人。不为困穷宁有此，只缘恐惧转相〔须〕亲。"集里头像这样的还多，都是同情心的表现。他的眼睛，常常注视到社会最底下那一层；他最了解穷苦人们的心理。所以他的诗因他们触动情感的最多，有时替他们写情感，简直和本人自作一样。"三吏""三别"，便是模范的作品。后来白香山的《秦中吟》《新乐府》，也是这个路数，但主观的讽刺色彩太重，不能如工部之哀沁心脾。

（1）

"少陵野老吞声哭，春日潜行曲江曲。江头宫殿锁千门，细柳新蒲为谁绿？……明眸皓齿今何在，血污游魂归不得。清渭东流剑阁深，去住彼此无消息。人生有情泪沾臆，江水江花岂终极？黄昏胡骑尘满城，欲往城南忘南北。"(《哀江头》)

（2）

"……腰下宝玦青珊瑚，可怜王孙泣路隅。问之不肯道姓名，但道困苦乞为奴。已经百日窜荆棘，身上无有完肌肤。……豺狼在邑龙在野，王孙善保千金躯。不敢长语临交衢，且为王孙立斯须。……"(《哀王孙》)

（3）

"忆昔开元全盛日，小邑犹藏万家室；稻米流脂粟米白，公私仓廪俱丰实；九州道路无豺虎，远行不劳吉日出；齐纨鲁缟车班班，男耕女桑不相失；宫中圣人奏《云门》，天下朋友皆胶漆；百余年间未灾变，叔孙礼乐萧何律。岂闻一绢直万钱，有田种谷今流血；洛阳宫

殿烧焚尽，宗庙新除狐兔穴。伤心不忍问耆旧，复恐更〔初〕从乱离说。……"（《忆昔》）

这都是他遭值乱离所现的情感；集中这一类，多到了不得，这不过随意摘几首；前两首是遭乱的当时做的，后一首是过后追想的。后人都恭维他的诗是诗史；但我们要知道他的诗史，每一句每一字都有个"杜甫"在里头。

"死别已吞声，生别常恻恻。江南瘴疠地，逐客无消息。故人入我梦，明我长相忆。恐非平生魂，路远不可测。魂来枫林青，魂返关塞黑。君今在罗网，何以有羽翼？落月满屋梁，犹疑照颜色。水深波浪阔，毋使蛟龙得。"（《梦李白》）

这是他梦见他流在夜郎的朋友李白，梦后写的情感；他是个最多情的人，对于好些朋友，都有诗表示热爱，这首不过其一。他对于自己身世和家族，自然用情更真切了。试举他几首：

(1)

"……老妻寄异县，十口隔风雪。谁能久不顾，庶往共饥渴？入门闻号咷，幼子饿已卒。吾宁舍一哀，里巷亦呜咽。所愧为人父，无食致夭折。……"（《自京赴奉先咏怀》）

(2)

"去年潼关破，妻子隔绝久。今夏草木长，脱身得西走。麻鞋见天子，衣袖露两肘。朝廷愍生还，亲故伤老丑。……寄书问三川，不知家在否？比闻同罹祸，杀戮到鸡狗。山中漏茅屋，谁复依户牖？摧颓苍松根，地冷骨未朽。几人全性命，尽室岂相偶？……自寄一封书，今已十月后；反畏消息来，寸心亦何有？……"（《述怀》）

(3)

"长镵长镵白木柄，我生托子以为命！黄独无苗山雪盛，短衣数

33

挽不掩胫；此时与子空归来，男呻女吟四壁静。呜呼！二歌兮歌始放，邻里为我色惆怅。"

"有弟有弟在远方，三人各瘦何人强？生别展转不相见，胡尘暗天道路长。前飞驾〔鴐〕鹅后鹙鸧，安得送我置汝旁。呜呼！三歌兮歌三发，汝归何处收兄骨！"

"有妹有妹在钟离，良人早没诸孤痴。长淮浪高蛟龙怒，十年不见来何时。扁舟欲往箭满眼，杳杳南国多旌旗。呜呼！四歌兮歌四奏，林猿为我啼清昼。"（《同谷七歌》中三首）

读这些诗，他那浓挚的爱情，隔着一千多年，还把我们包围不放哩。那《述怀》里头，"反畏消息来"一句，真深刻到十二分；那《七歌》里头"长镵"一首，意境峭入，这些地方，我们应该看他的特别技能。

他常常用很直率的语句来表情。举他一个例：

"忆年十五心尚孩，健如黄犊走复来。庭前八月梨枣熟，一日上树能十回。即今倏忽已五十，坐卧只多少行立。强将笑语供主人，悲见生涯百忧集。入门依旧四壁空，老妻睹我颜色同。痴儿未知父子礼，叫怒索饭啼门东。"（《百忧集行》）

用近体来写这种蟠薄郁积的情感本来极不易，这种门庭，可以说是他一个人开出。我最喜欢他《喜达行在所》三首里头那第三首的头两句：

"死去凭谁报，归来始自怜。"

仅仅十个字，把那虎口余生过去现在的甜酸苦辣，一齐迸出，我真不晓得他有多大笔力。此外好的很多，凭我记忆最熟的背他几首：

(1)
"国破山河在，城春草木深。感时花溅泪，恨别鸟惊心。烽火连三月，家书抵万金。白头搔更短，浑欲不胜簪。"

（2）

"带甲满天地，胡为君远行。亲朋尽一哭，鞍马去孤城。……"

（3）

"亦知戍不返，秋至拭清砧。已近苦寒月，况经长别心。宁辞捣熨倦，一寄塞垣深。用尽闺中力，君听空外音。"

（4）

"今夜鄜州月，闺中只独看。遥怜小儿女，未解忆长安。香雾云鬟湿，清辉玉臂寒。何时倚虚幌，双照泪痕干。"

（5）

"野老篱前江岸回，柴门不正逐江开。渔人网集澄潭下，估客船从返照来。长路关心悲剑阁，片云何意傍琴台。王师未报收东郡，城阙秋生画角哀。"

（6）

"岁暮阴阳催短景，天涯霜雪霁寒宵。五更鼓角声悲壮，三峡星河影动摇。野哭千家闻战伐，夷歌几处起渔樵。卧龙跃马终黄土，人事音书漫寂寥。"

他的表情方法，可以说是《鸱鸮》诗或《黍离》诗那一路，不是《小弁》诗那一路，和《楚辞》更是不同。他向来不肯用语无伦次的表现法，他所表现的情，是越引越深，越拶越紧。我想这或是时代色彩，到中古以后，那"《小弁》风"的堆垒表情法，怕不好适用，用来也很难动人了。至于那吞咽式，他却常用，《梦李白》那首，便是这一式的代表。但杜诗到底是曼声的比促节的好。

工部表情的好诗，绝不止前头所举的这几首（无论古近体）；我既不是做古诗的选本，只好从略；还有些属于别种表情法的，下文另讲。但我们要知道，这种表情法，可以说是杜工部创作；最少亦要说到了他才成功；所以他在我们文学界占的位置，实在不同寻常；同时高、岑、王、李那些大家，都不能和他相提并论。后来这种表情法，虽然好的作品不少，都是受他影响，恕我不征引了。

别的我虽然打定主意不征引，独有元微之《悼亡》的七律三首，我不能不征引。因为他是这一类的表情法，却是杜工部以外的一种创作：

"谢公最小偏怜女，自嫁黔娄百事乖。顾我无衣搜荩箧，泥他沽酒拔金钗。野蔬充膳甘长藿，落叶添薪仰古槐。今日俸钱过十万，与君营奠复营斋。"

"昔日戏言身后事，今朝都到眼前来。衣裳已施行看尽，针线犹存未忍开。尚想旧情怜婢仆，也曾因梦送钱财。诚知此恨人人有，贫贱夫妻百事哀。"

"闲坐悲君亦自悲，百年多是几多时。邓攸无子寻知命，潘岳悼亡犹费辞。同穴窅冥何所望，他生缘会更难期。惟将终夜常开眼，报答平生未展眉。"

这三首诗所表的情感之浓挚，古人后人都有的；但他用白话体来做律诗，在极局促的格律底下，赤裸裸把一团真情捧出，恐怕连杜老也要让他出一头地哩。

五

回荡的表情法，用来填词，当然是最相宜；但向来词学批评家，还是推尊蕴藉，对于热烈盘礴这一派，总认为别调。我对于这两派，也不能偏有抑扬（其实亦不能严格的分别），但把回肠荡气的名作，背几阕来当代表：

初期的大词家，当然推李后主。他是一位"文学的亡国之君"，有极悲痛的情感，却不敢公然暴露，自然要用一种蟠郁顿挫的方式表他，所以最好。他代表的作品是：

(1)

"春花秋月何时了！往事知多少？小楼昨夜又东风，故国不堪回

首月明中。 雕阑玉砌应犹在，只是朱颜改。问君能有几多愁，恰似一江春水向东流。"(《虞美人》)

(2)

"帘外雨潺潺，春意阑珊。罗衾不耐五更寒。梦里不知身是客，一晌贪欢。 独自莫凭阑；无限江山。别时容易见时难。流水落花春去也，天上人间。"(《浪淘沙》)

这两首词音节上虽然仍带含蓄，也算得把满腔愁怨尽情发泄了。所以宋太祖看见，竟自赐他牵机药，要他的命。

宋徽宗的身世，和李后主一样，他有一首《燕山亭》，写得亦是这一类情感；但用的是吞咽式，觉得分外凄切。今录他下半阕：

"凭寄离恨重重，这双燕何曾会人言语。天遥地远万水千山，知他故宫何处。怎不思量，除梦里有时曾去。无据，和梦也新来不做！"

词中用回荡的表情法用得最好的，当然要推辛稼轩。稼轩的性格和履历，前头已经说过：他是个爱国军人，满腔义愤，都拿词来发泄；所以那一种元气淋漓，前前后后的词家都赶不上。他最有名的几首，是：

(1)

"更能消几番风雨，匆匆春又归去。惜春长怕花开早，何况落红无数。春且住，见说道天涯芳草无归路。怨春不语，算只有殷勤画檐蛛网，尽日惹飞絮。 长门事，准拟佳期又误。蛾眉曾有人妒。千金纵买相如赋，脉脉此情谁诉？君莫舞，君不见玉环飞燕皆尘土。闲愁最苦。休去倚危阑，斜阳正在烟柳断肠处。"(《摸鱼儿》)

(2)

"野塘花落，又匆匆过了清明时节。划地东风欺客梦，一枕云屏寒怯。曲岸持觞，垂杨系马，此地曾经别。楼空人去，旧游飞燕能说。 闻道绮陌东头，行人长见，帘底纤纤月。旧恨春江流不尽，新

恨云山千叠。料得明朝，尊前重见，镜里花难折。也应惊问近来多少华发。"（《念奴娇》）

(3)

"绿树听啼〔鹈〕鸠。更那堪杜鹃声住，鹧鸪声切。啼到春归无啼处，苦恨芳菲都歇。算来〔未〕抵人间离别。马上琵琶关塞黑，更长门翠辇辞金阙。看燕燕，送归妾。　将军百战身名裂，向河梁回头万里，故人长绝。易水萧萧西风冷，满座衣冠似雪。正壮士悲歌未彻。啼鸟还知如许恨，料不啼清泪长啼血。谁伴我，醉明月？"（《贺新郎》）

凡文学家多半寄物托兴，我们读好的作品原不必逐首逐句比附他的身世和事实。但稼轩这几首有点不同，他与时事有关，是很看得出来；大概都是恢复中原的希望已经断绝，发出来的感慨。《摸鱼儿》里头"长门""蛾眉"等句，的确是对于宋高宗不肯奉迎二帝下诛心之论；所以《鹤林玉露》批评他，说："斜阳烟柳"之句，在汉、唐时定当贾祸；又说："高宗看见这词，很不高兴，但终不肯加罪，可谓盛德。"诗人最喜欢讲怨而不怒，像稼轩这词，算是怨而怒了。《念奴娇》那首，题目是《书东流村壁》；正是徽、钦北行经过的地方，所以把他的"旧恨新恨"一齐招惹出来。《贺新郎》那首，是和他兄弟话别之作，自然把他胸中垒块，尽情倾吐。所以这三首都是有"本事"藏在里头，不能把他当一般伤春伤别之作。

前两首都是千回百折，一层深似一层，属于我所说的螺旋式。后一首却是堆垒式，你看他一起手硬磞磞的举了三个鸟名，中间错错落落引了许多离别的故事，全是语无伦次的样子，却是在极倔强里头，显出极妩媚。《三百篇》《楚辞》以后，敢用此法的，我就只见这一首。

这一派的词，除稼轩外，还有苏东坡、姜白石都是大家。苏、辛同派，向来词家都已公认；我觉得白石也是这一路，他的好处，不在微词而在壮采。但苏、姜所处的地位，与辛不同，辛词自然格外真切，所以我拿他来做这一派的代表。

稼轩的词风，不甚宜于吞咽式；但里头也有好的。如：

"宝钗分，桃叶渡，烟柳暗南浦。怕上层楼，十日九风雨。断肠点点飞红，都无人管，倩谁劝流莺声住？　鬓边觑，试把花卜归期，才簪又重数。罗帐灯昏，哽咽梦中语。是他春带愁来，春归何处？却不解带将愁去。"（《祝英台近》）

这首很有点写出幽咽的情绪了。但仍是曼声，不是促节。促节的圣手，要推周清真，其次便数柳耆卿。各录他的代表作品一首：

（1）
"柳阴直，烟里丝丝弄碧。隋堤上曾见几番，拂水飘绵送行色。登临望故国，谁识，京华倦客。长亭路年去岁来，应折柔条过千尺。
闲寻旧踪迹，又酒趁哀弦，灯照离席。梨花榆火催寒食。愁一箭风快，半篙波暖，回头迢递便数驿。望人在天北。　凄恻，恨堆积。渐别浦萦回，津堠岑寂。斜阳冉冉春无极。念月榭携手，露桥闻笛。沉思前事，似梦里，泪暗滴。"（《兰陵王》）（清真）

（2）
"寒蝉凄切，对长亭晚，骤雨初歇。都门帐饮无绪，正留恋处，兰舟催发。执手相看泪眼，竟无语凝咽。念去去，千里烟波，暮霭沉沉楚天阔。　多情自古伤离别，更那堪冷落清秋节。今宵酒醒何处？杨柳岸，晓风残月。此去经年，应是良辰好景虚设。便总〔纵〕有千种风情，待〔更〕与何人说？"（《雨霖铃》）（耆卿）

这两首算得促节的模范，读起来一个个字都是往嗓子里咽。当时有人拿耆卿的"晓风残月"和东坡的"大江东去"比较，估算两家品格的高下，其实不对。我们应该问那一种情感该用那一种方式。

吞咽式用到最刻入的，莫如李清照女士的《壶中天慢》和《声声慢》，今录他一首：

"寻寻觅觅，冷冷清清，凄凄惨惨切切〔戚戚〕。乍暖还寒时候，最难将息。三杯两盏淡酒，怎敌他晓来风急？雁过也，正伤心，却是旧时相识。　满地黄花堆积，憔悴损，如今有谁堪摘？守着窗儿，独自怎生得黑！梧桐更兼细雨，到黄昏点点滴滴。这次第，怎一个愁字了得！"（《声声慢》）

清照是当时金石学家赵明诚的夫人，他们夫妇学问都好，爱情浓挚。可惜明诚早死，清照过了半世寡妇的生涯。他这词，是写从早至晚一天的实感，那种茕独恓惶的景况，非本人不能领略，所以一字一泪，都是咬着牙根咽下。

还有一位不是词家的陆放翁，却有一首吞咽式的好词：

"红酥手，黄藤〔縢〕酒，满城春色宫墙柳。东风恶，欢情薄，一怀愁绪，几年离索。错错错！　春如旧，人空瘦，泪痕红浥鲛绡透。桃花落，闲池阁，山盟虽在，锦书难托。莫莫莫！"（《钗头凤》）

读这首词要知道他的本事：原来放翁夫人，是他母族的表妹，结婚后不晓得为什么，他老太太发起脾气来，逼他们离婚，后来两个人都各自改婚了，但爱情总是不断。有一天放翁在一个地方名叫沈园，碰着他故妻，情感刺激到了不得，所以填这首词。后来直到六七十岁，每入城一次，总到沈园落一回眼泪；晚年还有一首诗："梦断香销四十年，沈园花〔柳〕老不飞绵。此身行作稽山土，犹吊遗踪一怅然。"这是和《孔雀东南飞》同性质的一出悲剧，所以他这词极能动人。

清朝好词不少。内中最特别的，算顾梁汾贞观寄吴汉槎的两首：

"季子平安否？便归来生平〔平生〕万事，那堪回首？行路悠悠谁慰藉，母老家贫子幼。记不起从前杯酒。魑魅搏人应见惯，料输他覆雨翻云手。冰与雪，周旋久。　泪痕莫滴牛衣透。数天涯依然骨肉，几家能彀？比似红颜多薄命〔命薄〕，争〔更〕不如今还有？只绝塞苦寒难受！廿载包胥承一诺，盼乌头马角总〔终〕相救。置此札，君怀袖。

"我亦飘零久。十年来深恩负尽，死生师友。宿昔齐名非忝窃，试看杜陵消瘦，曾不灭〔减〕夜郎僝僽。薄命长辞知己别，问人生到此凄凉否？千万恨，为君剖。　兄生辛未吾丁丑。共些时冰霜摧折，早衰蒲柳。词赋从今须少作，留取心魂相守。但愿得河清人寿，归日急翻行戍稿，把虚名料理传身后。言不尽，观顿首。"（《贺新郎》）

这两首和元微之那三首《悼亡》，算得过去文学界的双绝。

他是"三板一眼"唱得出来的一封信，以体裁论，已算创作。他的好处，全在句句都是实感，没有浮光掠影的话，有点子血性的人，读了不能不感动。后来成容若用尽力量把吴汉槎救回，全是受了这两首词的刺激。容若赠梁汾的《贺新郎》，末几句："绝塞生还吴季子，算眼前此外皆闲事。知我者，梁汾耳。"就是这两首词结束的历史。所以我说情感是一种催眠术。

清代大词家固然很多，但头两把交椅，却被前后两位旗人——成容若、文叔问占去，也算奇事！容若的词，自然以含蓄蕴藉的小令为最佳；但我们要知道这个人有他特别的性格：他是当时一位权相明珠的儿子，是独一无二的一位阔公子，他父母又很钟爱他；就寻常人眼光看来，他应该没有什么不满足。他不晓为什么，总觉得他所处的环境是可怜的。他的夫人早死，算是他极惨痛的一件事，但不能便认为总原因；说他无病呻吟，的确不是，他受不过环境的压迫，三十多岁便死了。所以批评这个人只能用两句旧话，说："古之伤心人，别有怀抱。"他的文学，常常表现出这种狂热的怪性。我们试背他几首：

(1)

"辛苦最怜天上月：一昔如环，昔昔都成玦。若似月轮终皎洁，不辞冰雪为卿热。　无那尘缘容易绝，燕子依然，软踏帘钩说。唱罢秋坟愁未歇，春丛认取双飞〔栖〕蝶。"（《蝶恋花》）

(2)

"如〔而〕今才道当时错，心绪低〔凄〕迷；红泪偷垂，满眼春风百事非。 情知此后来无计，强说欢期；一别如斯，落尽梨花月又西。"（《采桑子》）

像这类的作品，真所谓"哀乐无端"，情感热烈到十二分，刻人到十二分。许多人说《红楼梦》的宝玉，写的就是成容若，我们虽然不愿意轻率附会，但容若的奇情，只怕有点像宝玉哩。

文叔问的词格，很近稼轩、白石，但幽咽的作品，比他们多；此处怕要算填词界最后的一个名家了。他的名作，我不大背得出，只记得几句：

"……延伫，销魂处，早漏泄幽盟，隔帘鹦鹉。残花过影，镜中情事如许。西风一夜惊庭绿，问天上人间见否？……"（《月下笛》）

题目是《戊戌八月十三日宿王御史宅闻邻笛》，咏的是戊戌政变时事，"隔帘鹦鹉"指袁世凯泄漏我们的秘密；"一夜惊庭绿"等语，很表得出当时社会一般人对于这件事的情感。

此外宋、清两代这类表情法的好词还很多，我所举的也不能都算得代表的作品，不过凭我记得的背背罢了。

曲本里头，用回荡表情法用得好的很不少，《西厢记》《琵琶记》里头就有好些，可惜我背不出来。我脑子里头印得最深的，是《牡丹亭》的《寻梦》：

"最撩人春色是今年。少什么高就低来〔低就高来〕粉画垣。原来春心无处不飞悬。哎！睡荼蘼抓住了裙衩线，恰便是花似人心向好处牵。

"为什呵玉真重溯武陵源？也则为水点花飞在眼前。是天公不费买花钱，则咱人心上有啼红怨。唉！孤负了春三二月天。

"……

"偶然间，心似缱，梅树边。这般花花草草由人恋，生生死死随人愿,便酸酸楚楚无人怨。……

"……一时间望一时间望眼连天,忽忽地伤心自怜。知怎生,情怅然,知怎生,泪暗悬。

"春归人面,整相看,无一言。我待要折我待要折的那柳枝儿问天,我如今悔我如今悔不与题笺。……

"为我慢归休缓留连。听听这不如归春暮天。难道我再难道我再到这亭园,则挣的个长眠和短眠。……"

像这种文学,不晓得怎么样的沁人心脾!像我们这种半百岁数的人,自信得过不会偷闲学少年,理会什么闲愁闲恨,却是一日念他百回也不厌。

其次便是《长生殿》的《弹词》。他写李龟年流落江南,带着个琵琶卖技换饭吃,一面弹,一面唱出那种今昔兴亡之感。那龟年初出台唱的是:

"不提防余年值乱离,逼拶得歧路遭穷败!受奔波,风尘颜面黑;叹衰残,霜雪鬓须白。今日个流落天涯,只留得琵琶在!……"

跟着唱完了十几段,那听的人觉得他形迹蹊跷,苦苦盘问他是谁;他让人瞎猜了一大堆,才自己说明来历道:

"俺只为家亡国破兵戈沸,因此上孤身流落在江南地。……您官人絮叨叨苦问俺为谁,则俺老伶工名唤龟年身姓李。"

中间唱的那十几段,段段都好,尤为精采的是写马嵬坡兵变那一段:

"恰正好呕呕哑哑霓裳歌舞,不提防扑扑突突渔阳战鼓。划地里出出律律纷纷攘攘奏边书,急得个上上下下都无措。早则是喧喧嗾嗾惊惊遽遽仓仓卒卒挨挨拶拶出延秋西路,銮舆后携着个娇娇滴滴贵妃同去。又只见密密匝匝的兵恶恶狠狠的话闹闹炒炒轰轰骁骁四下喧呼，生逼散恩恩爱爱疼疼热热帝王夫妇。霎时间画就这一幅惨惨凄凄绝代佳人绝命图。"

这种文学，不是曲本不能有。他的激刺性，比杜工部的《哀江头》、白香山的《长恨歌》，只怕还要强几倍哩！那整出的结构，像神龙夭矫，非全读看不出来。

凡长篇的写情韵文，煞尾总须用些重笔，像特别拿电气来震荡几下，才收束得住。如《离骚》讲了许多漫游宽解的话，最后几句是：

"陟升皇之赫戏兮，忽临睨乎〔夫〕旧乡。仆夫悲余马怀兮，蜷局顾而不行。"

《招魂》说了一大堆及时行乐的话，最后几句是：

"皋兰被径兮斯路渐；湛湛江水兮上有枫；目极千里兮伤春心。魂兮归来哀江南。"

都是用这种方法，把全篇增几倍精采。曲本里头得这诀窍的，要算《桃花扇》最后《余韵》那出的《哀江南》：

"山松野草带花挑，猛抬头秣陵重到！残军留废垒，瘦马卧空壕。村郭萧条，城对着夕阳道。1.

"野火频烧，护墓长楸多半焦；田〔山〕羊群跑，守陵阿监几时逃。鸽翎蝠粪满堂抛，枯枝败叶当阶罩。谁祭扫？牧儿打碎龙碑帽。2.

"横白玉八根柱倒，堕红泥半堵墙高。碎琉璃瓦片多，烂翡翠窗棂少。舞丹墀燕雀常朝，直入宫门一路蒿，住几个乞儿饿殍。3.

"问秦淮旧日窗寮，破纸迎风，坏槛当潮。目断魂销，当年粉黛，何处笙箫？罢灯船端阳不闹，收酒旗重九无聊。白鸟飘飘，绿水滔滔，嫩黄花有些蝶飞，瘦〔新〕红叶无个人瞧。4.

"你记得跨青溪半里桥，旧长〔红〕板没一条。秋水长天人过少。冷清清的落照，剩一树柳弯腰。5.

"行到那旧院门何用轻敲，也不怕小犬哮哮。无非是断井颓巢，不过些砖苔砌草。手种的花条柳梢，尽意儿采樵。这黑灰是谁家的厨灶？6.

"俺曾见金陵玉树〔殿〕莺啼晓，秦淮水榭花开早，谁知道容易冰消？眼看他起朱楼，眼看他宴宾客，眼看他楼塌了。这青苔碧瓦堆，俺曾睡风流觉。将五十年兴亡看饱。那乌衣巷不姓王，莫愁湖鬼夜哭，凤凰台栖枭鸟。残山梦最真，旧境丢难掉。不信这舆图换稿，挡〔诌〕一套《哀江南》，放悲声唱到老。"7.

《桃花扇》是明末南京的历史剧，借秦淮河里头几个人物写兴亡之感。末后这一出《余韵》，把几位遗老，扮作渔翁樵夫，发他们的感慨。《哀江南》这一首，是那樵夫唱的，是全剧的收场；所以把全剧关系地点，逐一描写他的现状，作个总结。第一段写南京城，第二段写孝陵，第三段写皇宫，都是亡国后公共的悲感。第四段写秦淮，第五段写河上的长桥，第六段写河那边的旧院（当时冶游胜处），都是剧中人物怅触旧游的特别悲感。第七段是把各种情感归拢起来，带血带泪，尽情倾吐，真所谓"悲歌当哭"了。有了这出，能把剧中情节，件件都再现一番，令他印象更深。

这种表情法，是文学上最通用的，我们中国人也用得很精熟，能彀尽态极妍。我们从《三百篇》起到曲本止，把那代表的名作比较比较，也看得出进化的线路。

<h1 style="text-align:center">六</h1>

我讲完了回荡写情法，要附带着论一件事：
我们的诗教，本来以温柔敦厚为主，完全表示诸夏民族特性，《三百

篇》就是唯一的模范。《楚辞》是南方新加入之一种民族的作品，他们已经同化于诸夏，用诸夏的文化工具来写情感，搀入他们固有思想中那种半神秘的色彩，于是我们文学界添出一个新境界。汉人本来不长于文学，所以承袭了《三百篇》《楚辞》这两份大遗产，没有什么变化扩大。到了"五胡乱华"时候，西北方有好几个民族加进来，渐渐成了中华民族的新分子；他们民族的特性，自然也有一部分溶化在诸夏民族的里头，不知不觉间，便令我们的文学顿增活气；这是文学史上很重要的关键，不可不知。

这种新民族特性，恰恰和我们的温柔敦厚相反，他们的好处，全在伉爽真率。《三百篇》里头，只有《秦风》的《小戎》《驷驖》《无衣》诸篇，很有点伉爽真率气象，这就是西戎系的秦国民族性和诸夏不同处；可惜春秋以后，秦国的文学作品，没有一篇流传。燕赵古称多慷慨悲歌之士，文学总应该有异采；可惜除了《易水歌》之外，也看不着第二首。到五胡南北朝时候，西北蛮族，纷纷侵入，内中以鲜卑人为最强盛。鲜卑人在诸蛮族中，文化像是最高，后来同化于我们也最速。他们像很爱文学和音乐，唐代流传的"马上乐"，什有九都出鲜卑。他们初初学会中国话，用中国文字表他情感，完全现出异样的色彩。试写他几首：

"上马不捉鞭，反折杨柳枝。蹀座吹长笛，愁杀行客儿。
"腹中愁不乐，愿作郎马鞭。出入擐郎臂，蹀座郎膝边。
"放马两泉泽，忘不着连羁。担鞍逐马走，何得见马骑？
"遥看孟津河，杨柳郁婆娑。我是虏家儿，不解汉儿歌。
"健儿须快马，快马须健儿。跛跋黄尘下，然后别雄雌。"
　　右《折杨柳歌》
"男儿欲作健，结伴不须多。鹞子经天飞，群雀两向波。
"放马大泽中，草好马着膘。牌子铁裲裆，钜鉾鸜尾条。
"前行看后行，齐着铁裲裆。前头看后头，各着铁钜鉾。
"男儿可怜虫，出门怀死忧。尸丧狭谷中，白骨无人收。"
　　右《企喻歌》
"新买五尺刀，悬着中梁柱。一日三摩挲，剧于十五女。

"客行依主人,愿得主人强。猛虎依深山,愿得松柏长。"

右《琅琊王歌》

"慕容攀墙视,吴军无边岸。我身分自当,枉杀墙外汉。"
"慕容愁愤愤,烧香作佛会。愿作墙里燕,高飞出墙外。"

右《慕容垂歌》

"可怜白鼻䯄,相将入酒家。无钱但共饮,画地作交赊。
"何处䵷觞来,两颊色如火。自有桃花容,莫言人劝我。"

右《高阳乐人歌》

"李波小妹字雍容,褰裳逐马如转〔卷〕蓬,左射右射必叠双。女子尚如此,男子安可逢?"

右《李波小妹歌》

读这几首,可以大略看出他们"虏家儿"是怎么个气象了。他们生活是异常简单,思想是异常简单,心直口直,有一句说一句,他们的情感,是"没遮拦"的,你说好也罢,说他坏也罢,总是把真面孔搬出来。别的且不管他,专就男女两性关系而论,也看出许多和从前文学态度不同的表现。试举他几首:

"青青黄黄,雀石颓唐。槌杀野牛,押杀野羊。
"驱羊入谷,自羊在前。老女不嫁,蹋地唤天。
"侧侧力力,念郎〔君〕无极。枕郎左臂,随郎转侧。
"摩捋郎须,看郎颜色。郎不念女,各自努力。"

右《地驱歌》

"烧火烧野田,野鸭飞上天。童男娶寡妇,壮女笑杀人。"

右《紫骝马歌》

"谁家女子能行步,反着夹禅后裙露。天生男女共一处,愿得两个成翁妪。
"华阴山头百丈井,下有流水彻骨冷。可怜女子能照影,不见其余见斜领。

47

"黄桑柘屐蒲子履，中央有丝两头系。小时怜母大怜婿，何不早嫁论家计?"

右《捉搦歌》

像这种毫不隐瞒毫不扭捏的表情，在《三百篇》和汉、魏人五言诗里头，绝对的找不出来。这些都是北朝文学；试拿来和并时的南朝文学比较，像那有名的《子夜》《团扇》《懊侬》《青溪》《碧玉》《桃叶》各歌曲，虽然各有各的妙处；但前者以真率胜，后者以柔婉胜，双方的分野，显然可见。

经南北朝几百年民族的化学作用，到唐朝算是告一段落。唐朝的文学，用温柔敦厚的底子，加入许多慷慨悲歌的新成分，不知不觉，便产生出一种异彩来。盛唐各大家，为什么能在文学史上占很重的位置呢？他们的价值，在能洗却南朝的铅华靡曼，参以伉爽真率；却又不是北朝粗犷一路。拿欧洲来比方，好像古代希腊、罗马文明，搀入些森林里头日耳曼蛮人色彩，便开辟一个新天地。试举几位代表作家的作品，如李太白的：

"金尊清酒斗十千，玉盘珍羞直万钱。停杯投箸不能食，拔剑四顾心茫然。欲渡黄河冰塞川，将登太行雪满山。闲来垂钓碧溪上，忽复乘槎〔舟〕梦日边。行路难，行路难！多歧路，今安在？长风破浪会有时，直挂云帆济沧海！"（《行路难》）

杜工部的：

"朝进东门营，暮上河阳桥。落日照大旗，马鸣风萧萧。平沙列万幕，部伍各见招。中天悬明月，令严夜寂寥。悲笳数声动，壮士惨不骄。借问大将谁，恐是霍嫖姚。"（《后出塞》）

"挽弓当挽强，用箭当用长。射人先射马，擒贼先擒王。杀人亦有限，立国自有疆。苟能制侵陵，岂在多杀伤？"（《前出塞》）

高适的：

"汉家烟尘在东北，汉将辞家破残贼。男儿本自重横行，天子非常赐颜色。……山川萧条极边土，胡骑凭陵杂风雨。战士军前半死生，美人帐下犹歌舞。大漠穷秋塞草腓，孤城落日斗兵稀。身当恩遇常轻敌，力尽关山未解围。铁衣远戍辛勤久，玉箸应啼别离后。少妇城南欲断肠，征人蓟北空回首。边庭飘飖那可度？绝域苍茫无所有。杀气三时作阵云，寒声一夜传刁斗。……"（《燕歌行》）

这类作品，不独《三百篇》《楚辞》所无，即汉、魏、晋、宋也未曾有。从前虽然有些摹写侠客的诗，但豪迈气概，总不能写得尽致。内中鲍明远最喜作豪语，但总有点不自然。所以这种文学，可以说是经过一番民族化合以后，到唐朝才会发生。那时的音乐和美术，都很受民族化合的影响；文学自然也逃不出这个公例。

写关塞景况，寓悲壮情感，是唐以后新增的诗料。（前此虽有，但不多，且不好）。词曲以缘情绮靡为主，用这种资料却不多，范文正有一首最好：

"塞外〔下〕秋来风景异，衡阳雁去无留意。四面边声连角起；千嶂里，长烟落日孤城闭。 浊酒一杯家万里，燕然未勒归无计。羌管悠悠霜满地；人不寐，将军白发征夫泪。"

词里头的苏辛派，自然都带几分这种色彩。内中最粗豪的，如稼轩的：

"醉里挑镫〔灯〕看剑，醒来〔梦回〕吹角连营。八百里分麾下炙，五十弦翻塞外声，沙场秋点兵。 马作的卢飞快，弓如霹雳弦惊。了却君王天下事，赢得生前身后名，可怜白发生。"（《破阵子》）

名家的词，最粗犷的莫过刘后村，几乎全部集都是这一类的话。他最著名的一首是：

"何处相逢，登宝钗楼，访铜雀台。唤厨人斫就，东溟鲸脍；围人呈罢，西极龙媒。天下英雄，使君与操，余子何〔谁〕堪共酒杯？车千乘，载燕南代北，剑客奇才。 酒〔饮〕酣鼻息如雷，谁信被晨鸡催唤回？叹年光过尽，功名未立；书生老矣，气运〔机会〕方来。使李将军，遇高皇帝，万户侯何足道哉？推衣起，但凄凉感旧，慷慨生哀。"（《沁园春》）

这一派词，我本来不大喜欢，因为他有烂名士爱说大话的习气。但他确带点北朝气味，在文学史上应备一格的。

曲本里头，有一首杂剧，像是明末清初的作品，演的是"鲁智深醉打山门"。那鲁智深拜别他的师父时，唱道：

"漫洒英雄泪，相离处士家。谢你慈悲剃度在莲台下；没缘法转眼分离乍。赤条条来去无牵挂。那里讨烟蓑雨笠卷单行，一任俺芒鞋破钵随缘化。"

也是刻意从粗犷一面做，因为替粗犷的人表情，不如此便失真了。

七

这回讲的，是含蓄蕴藉的表情法。这种表情法，向来批评家认为文学正宗；或者可以说是中华民族特性的最真表现。这种表情法，和前两种不同：前两种是热的，这种是温的；前两种是有光芒的火焰；这种是拿灰盖着的炉炭。这种表情法也可以分三类：第一类是：情感正在很强的时候，他却用很有节制的样子去表现他；不是用电气来震，却是用温泉来浸；令人在极平淡之中，慢慢的领略出极渊永的情趣。这类作品，自然以《三百篇》为绝唱。如：

"瞻彼日月，悠悠我思，道之云远，曷云能来！"

如：

"昔我往矣，杨柳依依；今我来思，雨雪霏霏。行路迟迟，载渴载饥。"

如：

"君子于役，不知其期。曷至哉？鸡栖于埘；日之夕矣，牛羊〔羊牛〕下来。君子于役，如之何勿思？"

拿这类诗和前头几回所引的相比较：前头的像外国人吃咖啡，炖到极浓，还搀上白糖牛奶；这类诗像用虎跑泉泡出的雨前龙井，望过去连颜色也没有；但吃下去几点钟，还有余香留在舌上。他是把情感收敛到十足，微微发放点出来；藏着不发放的还有许多，但发放出来的，确是全部的灵影，所以神妙。

汉魏五言诗，以这一类为正声。如李陵的：

"携手上河梁，游子暮何之？徘徊蹊路侧，恨恨不能辞。行人难久留，各言长相思。安知非日月？弦望自有时。努力崇明德，皓首以为期。"

那神味和"瞻彼日月"一章完全相同，真算得"含毫邈然"。又如《古诗十九首》里头的：

"迢迢牵牛星，皎皎河汉女。纤纤擢素手，札札弄机杼。终日不成章，泣涕零如雨。河汉清且浅，相去复几许？盈盈一水间，脉脉不得语。"

"涉江采芙蓉,兰泽多芳草。采之欲遗谁?所思在远道。还顾望旧乡,长路漫浩浩。同心而离居,忧伤以终老。"

这类诗都是用淡笔写浓情,算得汉人诗格的代表。后来如曹子建的:

"高台多悲风,朝日照北林。之子在万里,江湖迥且深。……"

阮嗣宗的:

"嘉时在今辰,零雨洒尘埃。临路望所思,日夕复不来。……"

陶渊明的:

"……情通万里外,形迹滞江山。君其爱体素,来会在何年。"

谢玄晖的:

"大江流日夜,客心悲未央。徒念关山近,终知返路长。……"

都是这一派。汉、魏、六朝诗,这一类的好作品很多。

这一派,到初唐时,变了样子:他们把这类诗改做"长言永叹"的形式,很有些长篇。但着墨虽多,依然是以淡写浓;我譬喻他,好像一桌极讲究的素菜全席。有张若虚一首,可算代表作品:

"春江潮水连海平,海上明月共潮生;滟滟随波千万里,何处春江无月明?江流宛转绕芳甸,月照花林皆如〔似〕霰;空里流霜不觉飞,汀上白沙看不见。江天一色无纤尘,皎皎空中孤月轮;江畔何时〔人〕初见月,江月何年初照人?人生代代无穷已,江月年年望相似;不知江月待何人,但见长江送流水。白云一片去悠悠,青枫江上不胜愁；谁家今夜扁舟子，何处相思明月楼？可怜楼上月徘徊，应照离人妆镜台；玉户帘中卷不去，捣衣砧上拂还来。此时相望不相闻，愿逐月华流照君；鸿雁长飞光不度，鱼龙潜跃水成纹。昨夜闲潭梦落花，可怜春半不还家；江水流天〔春〕去欲尽，江潭落月复西斜。斜月沉沉藏海雾，碣石潇湘无限路；不知乘月几人归，落月摇情满江树。"（《春江花月夜》）

这首诗读起来，令人飘飘有出尘之想。"江畔何人初见月，江月何年初照人"，"谁家今夜扁舟子，何处相思明月楼"，这类话，真是诗家最空灵的境界。全首读来，固然回肠荡气；但那音节，既不是哀丝豪竹一路，也不是急管促板一路；专用和平中声，出以摇曳；确是《三百篇》正脉。

初唐佳作，都是这一路；虽然悲慨的情感，总用极和平的音节表他。如李峤的：

"……自从天子去〔向〕秦关，玉辇金舆〔车〕不复还；珠帘羽帐长寂寞，鼎湖龙髯安可攀？千龄人事一朝空，四海为家此路穷；雄豪意气今何在？坛场宫馆尽蒿蓬。道旁〔路逢〕故老长叹息，世事回环不可测；昔时青楼对歌舞，今日黄埃聚荆棘。山川满目泪沾衣，富贵荣华能几时？不见只今汾水上，惟有年年秋雁飞。"（《汾阴行》）

相传唐明皇幸蜀时候，听人背这首诗，泪数行下，叹道："李峤真才子！"这种诗的品格高下，别一问题；但确是初唐代表，确是中国诗界传统的正声。后来白香山从这里一转手，吴梅村再从这里一转手，但可惜越转越卑弱。

盛唐以后，这一派自然也不断，好的作品自然也不少；但在古体里头，已经不很通用，因为五古很难出汉魏范围，七古很难出初唐范围。倒是近体很从这方面开拓境界，因为近体篇幅短，非用含蓄之笔，取弦外之音，便站不住。内中五律七绝为尤甚。唐人著名的七绝，和孟、王、韦、柳的五律，都是这一派。杜工部诗虽以热烈见长，他的五律，如"凉风起天末"、"今夜鄜州月"、"幽意忽不惬"等篇,也是这一派。

王渔洋专提倡神韵,他所标举的话,这"不着一字,尽得风流","羚羊挂角,无迹可寻",虽然太偏了些,但总不能不认为诗中高调。我想:他这种主张是对的,但这类诗做得好不好,全问意境如何。我们若依然仅有《三百篇》,汉、魏、初唐人的意境,任凭你运笔怎样灵妙,也不能出他们的范围;只有变成打油派,令人讨厌。我们生当今日,新意境是比较容易取得的;那么,这一派诗,我们还是要尽力的提倡。

第二类的蕴藉表情法,不直写自己的情感,乃用环境或别人的情感烘托出来。用别人情感烘托的,例如《诗经》:

"陟彼冈兮,瞻望兄兮。兄曰'嗟!予弟行役,夙夜必偕;上慎旃哉,犹来无死!'……"(《陟岵》)

这篇诗三章,第一章父,第二章母,第三章兄。不说他怎样的想念爷妈哥哥,却说爷妈哥哥怎样的想念他。写相互间的情感,自然加一层浓厚。

用环境烘托的,例如《诗经》:

"我徂东山,慆慆不归;我来自东,零雨其濛。鹳鸣于垤,妇叹于室;洒扫穹窒,我征聿至。有敦瓜苦,烝在栗薪;自我不见,于今三年。"(《东山》)

且不说回家会着家人的情况,但对一件极琐碎的事物——柴堆上头一棚瓜说:"咱们违教三年了。"言外的感慨,不知有多少。

古乐府《孔雀东南飞》,最得此中三昧。兰芝和焦仲卿言别,该篇中最悲惨的一段,他却悲呀泪呀……不见一个字。但说:

"妾有绣腰襦,葳蕤自生光;红罗复斗帐,四角垂香囊;箱奁六七十,绿碧青丝绳;物物各自异,种种在其中。人贱物亦鄙,不足迎

新〔后〕人；留待作遗施，于今无会因。……"(《古诗为焦仲卿妻作》)

专从纪念物上头讲，用物来做人的象征；不说悲，不说泪，倒比说出来的还深刻几倍。到别小姑时，却把悲情尽地发泄了。

"却与小姑别，泪落连珠子：'新妇初来时，小姑始扶床；今日被驱遣，小姑如我长。勤心养公姥，好自相扶将。初七及下九，嬉戏莫相忘。'……"(同上)

兰芝的眼泪，不向丈夫落，却向小姑落。和小姑说话，不说现时的凄惨，只叙过去的情爱；没有怨恨话，只有宽慰和劝勉的话。只这一段，便能把兰芝极高尚的人格极浓厚的爱情，全盘涌现出来。

后来用这类表情法，也是杜工部最好。如他的《羌村》三首：

"峥嵘赤云西，日脚下平地。柴门鸟雀噪，归客千里至。妻孥怪我在，惊定还拭泪。世乱遭飘荡，生还偶然遂。邻人满墙头，感叹亦歔欷。夜阑更秉烛，相对如梦寐。

"晚岁迫偷生，还家少欢趣。娇儿不离膝，畏我复却去。忆昔好追凉，故绕池边树。萧萧北风劲，抚事煎百虑。赖知禾黍收，已觉糟床注。如今足斟酌，且用慰迟暮。

"群鸡正乱叫，客至鸡斗争。驱鸡上树木，始闻叩柴荆。父老四五人，问我久远行。手中各有携，倾榼浊复清。苦辞酒味薄，黍地无人耕；兵革既未息，儿童尽东征。请为父老歌，艰难愧深情。歌罢仰天叹，四座泪纵横。"

这三首实写自己情感的地方很少；(第二首有少欢趣煎百虑等语，在三首中这首却是次一等。)只是说日怎么样，云怎么样，鸟怎么样，鸡怎么样，老妻怎么样，儿子怎么样，邻居怎么样；合起来，他所谓"死去凭谁报，归来始自怜"的情感，都表现出了。还有《北征》里头的一段，也是这种笔法：

"……况我堕胡尘，及归尽华发。经年至茅屋，妻子衣百结。……平生所娇儿，颜色白胜雪；见耶背面啼，垢腻脚不袜。床前两小女，补绽才过膝；海图坼波涛，旧绣移曲折；天吴及紫凤，颠倒在裋褐。……那无囊中帛，救汝寒凛栗？粉黛亦解苞，衾裯稍罗列。瘦妻面复光，痴女头自栉；学母无不为，晓妆随手抹；移时施朱铅，狼籍画眉阔。……问事竟挽须，谁能即嗔喝？……"

这种诗所用表情技术，可以说和《陟岵》同一样。不写自己情感，专写别人情感。写别人情感，专从极琐末的实境表出，这一点又是和《东山》同样。这一类诗，我想给他一个名字，叫做"半写实派"：他所写的事实，是用来做烘出自己情感的手段，所以不算纯写实；他所写的事实，全用客观的态度观察出来，专从断片的表出全相，正是写实派所用技术，所以可算得半写实。

第三类蕴藉表情法，索性把情感完全藏起不露，专写眼前实景（或是虚构之景），把情感从实景上浮现出来。这种写法，《三百篇》中很少；勉强举个例，如：

"春日载阳，有鸣仓庚。女执懿筐，遵彼微行，爰求柔桑。春日迟迟，采蘩祁祁。女心伤悲，殆及公子同归。"（《七月》）

这是专从节物上写那种和乐融泄的景象，作者的情绪，自然跟着表现出来。

但这首还有人在里头，带着写别人的情感，不能纯粹属于此类。此类的真正代表，可以举出几首。其一，曹孟德的：

"东临碣石，以观沧海。水何澹澹，山岛竦峙。树木蘩〔丛〕生，百草丰茂。秋风萧瑟，洪波涌起。日月之行，若出其中；星汉粲烂，

若出其里。"(《观沧海》)

这首诗仅仅写映在他眼中的海景,他自己对着这景有什么感触,一个字未尝道及。但我们读起来,觉得他那宽阔的胸襟,豪迈的气概,一齐流露。

北齐有一位名将斛律光〔金〕,是不识字的,有一天皇帝在殿上要各人做诗,他冲口做了一首,便成千古绝唱。那诗是:

"敕勒川,阴山下,天似穹庐,笼盖四野。天苍苍,野茫茫,风吹草低见牛羊。"(《敕勒歌》)

这诗是独自一个人骑匹马在万里平沙中所看见的宇宙。他并没说出有什么感想,我们读过去,觉得有一个粗豪沉郁的人格活跳出来。

阮嗣宗《咏怀》里头有一首:

"独坐空堂上,谁可与欢者?出门临永路,不见行车马。登高望九州,悠悠分旷野。孤鸟西北飞,离兽东南下。日暮思亲友,晤言用自写。"

这首诗一起一结,虽然也轻轻的点出他的情感。但主要处全在中间几句,从环境上写出那种百无聊赖哀乐万端的情绪,把那位哭穷途的先生全副面孔活现出来。

杜工部用这种表情法也用得最好。试举他两首:

"竹凉侵卧内,野月满庭隅。重露成涓滴,稀星乍有无。暗飞萤自照,水宿鸟相呼。万事干戈里,空悲清夜徂。"(《倦夜》)

这首诗题目是"倦夜",看他前面仅仅三十个字,从初夜到中夜到后夜,初时看见月看见露,月落了看见星看见萤,天差不多亮了听见水鸟,写的全是自然界很微细的现象，却是通宵睡不着很疲倦的人才能看出。那"倦"的情绪，自在言外，末两句一点便毅。又：

"风急天高猿啸哀，渚清沙白鸟飞回。无边落木萧萧下，不尽长江滚滚来。……"（《登高》）

这首是工部最有名的七律，小孩子都读过的。假令我们当作没有读过，掩住下半首，闭眼想一想情形，谁也该想得到是在长江上游——四川、湖北交界地方秋天一个独客登高时候所见的景物。底下"万里悲秋常作客，百年多病独登台"那两句，不过章法结构上顺手一点，其实不用下半首，已经能把全部情绪表出。

须知这类诗和单纯写景诗不同：写景诗以客观的景为重心，他的能事在体物入微；虽然景由人写，景中离不了情，到底是以景为主。这类诗以主观的情为重心，客观的景，不过借来做工具；试把工部的"竹凉侵卧内"和王右丞的：

"万壑树参天，千山响杜鹃。山中一夜雨，树杪百重泉。……"

比较，便见得王作是纯客观的，杜作是主观气分甚重。

第四类的蕴藉表情法，虽然把情感本身照原样写出，却把所感的对象隐藏过去，另外拿一种事物来做象征。这类方法，《三百篇》里头很少——前所举《鸱鸮》篇，可以归入这类；"山有榛，隰有苓"，"谁能烹鱼，溉之釜鬵"等篇，也带点这种气味；但属少数，且不纯粹——因为《三百篇》的原则，多半是借一件事物起兴，跟着便拍归本旨，像那种打灯谜似的象征法，那时代的诗人不大用他。但作诗的人虽然如此，后来读诗的人却不同了。试打开《左传》一看，当时凡有宴会都要赋诗，赋诗的人在《三百篇》里头随意挑选一篇借来表示自己当时所感。同一篇诗，某甲借来表这种感想，某乙也可以借来表那种感想。拿我们今日眼光看去，很有些莫名其妙。所以我说：《三百篇》的作家没有象征派，然而《三百篇》

久已作象征的应用。

纯象征派之成立,起自《楚辞》。篇中许多美人芳草,纯属代数上的符号,他意思别有所指。如《离骚》中:

"览相观于四极兮,周流乎天余乃下。望瑶台之偃蹇兮,见有娀之佚女。吾令鸩为媒兮,鸩告余以不好。雄鸠之鸣逝兮,余犹恶其佻巧。心犹豫而狐疑兮,欲自适而不可。凤皇既受诒兮,恐高辛之先我。欲远集而无所止兮,聊浮游以逍遥。及少康之未家兮,留有虞之二姚。理弱而媒拙兮,恐导言之不固。世溷浊而嫉贤兮,好蔽美而称恶。……"

又:

"时缤纷其变易兮,又何可以淹留?兰芷变而不芬〔芳〕兮,荃蕙化而为茅。何昔日之芳草兮,今直为此萧艾也?……余以兰为可恃兮,羌无实而容长。委厥美以从俗兮,苟得列乎众芳。椒专佞以慢慆〔慆〕兮,榝又(欲)充夫佩帏。既干进而务入兮,又何芳之能祇〔祗〕?固时俗之从流兮,又孰能无变化?览椒兰其若兹兮,又况揭车与江蓠〔离〕。……"

这类话若不是当作代数符号看,那么,屈原到处调情到处拈酸吃醋,岂不成了疯子?蕙会变茅,兰会变艾,天下那有这情理?太史公说得好:"其志洁,故其称物芳。"他怀抱着一种极高尚纯洁的美感,于无可比拟中,借这种名词来比拟。他既有极秾温的情感本质,用他极微妙的技能,借极美丽的事物做魂影,所以着墨不多,便尔沁人心脾。如:

"惜吾不及见古人兮,吾谁与玩此芳草?"(《思美人》)

如:

"沅有芷兮澧有兰，思公子兮未敢言。"（《湘夫人》）

如：

"夫人自有兮美子，荪何为兮愁苦？"（《少司命》）

如：

"心不同兮媒劳，恩不甚兮轻绝。"（《湘君》）

这都是带一种神秘性的微妙细乐，经千百年后按奏，都能使人心弦震荡。

自《楚辞》开宗后，汉魏五言诗，多含有这种色彩。如"庭中有奇树"，"迢迢牵牛星"等篇，乃至张平子的《四愁》，都是寄兴深微一路，足称《楚辞》嗣音。

中晚唐时，诗的国土，被盛唐大家占领殆尽；温飞卿、李义山、李长吉诸人，便想专从这里头辟新蹊径。飞卿太靡弱，长吉太纤仄，且不必论；义山确不失为一大家。这一派后来衍为西昆体，专务掉搯词藻，受人诟病。近来提倡白话诗的人不消说是极端反对他了。平心而论，这派固然不能算诗的正宗，但就"唯美的"眼光看来，自有他的价值。如义山集中近体的《锦瑟》《碧城》《圣女祠》等篇，古体的《燕台》《河内》等篇，我敢说他能和中国文字同其运命。就中如《碧城》三首的第一首：

"碧城十二曲阑干，犀辟尘埃玉辟寒。阆苑有书多附鹤，女床无树不栖鸾。星沉海底当窗见，雨过河源隔座看。若使晓珠明又定，一生长对水晶盘。"

这些诗，他讲的什么事，我理会不着；拆开一句一句的叫我解释，我连文义也解不出来。但我觉得他美，读起来令我精神上得一种新鲜的愉快。须知：美是多方面的，美是含有神秘性的。我们若还承认美的价值，对于这种文学，是不容轻轻抹煞啊！

八

现在要附一段专论女性文学和女性情感。

《三百篇》中——尤其《国风》——女子作品，实在不少。如《绿衣》《燕燕》《谷风》《泉水》《柏舟》《载驰》《氓》《竹竿》《伯兮》《君子于役》《狡童》《褰裳》《鸡鸣》，或传说上确有作者主名，或从文义推测得出。我们因此可想见那时候女子的教育程度和文学兴味比后来高些；或者是男女社交不如后世之闭绝，所以他们的情感有发舒之余地，而且能传诵出来。内中有好几篇最能发挥女性优美特色。如：

"黾勉同心，不宜有怒。采葑采菲，无以下体。德音莫违，及尔同死。"（《谷风》）

如：

"匪我愆期，子无良媒。将子毋怒，秋以为期。"（《氓》）

这两首都是弃妇所作，追述从前爱情，有不堪回首之想。一种温厚朒笃之情，在几句话上全盘托出。又如：

"君子于役，苟无饥渴。"（《君子于役》）

伤离念远，四个字抵得千百句话。又如：

"泛彼柏舟，在彼中河。髧彼两髦，实为我仪。之死矢靡他。母也天只，不谅人只。"（《柏舟》）

这首相传是卫共姜所作,父母逼他离婚,他不肯。那坚强的意志和专一肫笃的爱情都表现出来。却是怨而不怨,纯是女子身分。又如:

"载驰载驱,归唁卫侯。驱马悠悠,言至于漕。大夫跋涉,我心则忧。

既不我嘉,不能旋反;视尔不臧,我思不远。既不我嘉,不能旋济;视尔不臧,我思不閟。

陟彼阿丘,言采其蝱。女子善怀,亦各有行。许人尤之,众稚且狂。

我行其野,芃芃其麦。控于大邦,谁因谁极?大夫君子,无我有尤。百尔所思,不如我所之。"(《载驰》)

这首是许穆夫人所作。他是卫国女儿,卫国亡了,他要回去省视他兄弟,许国人不许他,因作此诗。一派缠绵悱恻,把女性优美完全表出。

女子很少专门文学家,不惟中国,外国亦然。想是成年以后受生理上限制所致。汉魏以来女性作品,如秦嘉妻徐淑,如班婕妤,各有一两首,都很平平。蔡文姬的《胡笳十八拍》,似是唐人所谱。《悲愤》两首,大概是真。他遭乱被掠入匈奴,是人生极不幸的遭际。他自己说:

"薄志节兮念死难,虽苟活兮无形颜。"

可怜他情爱的神圣,早已为境遇所牺牲了;所剩只有母子情爱,到底也保不住。他诗说:

"……已得自解免,当复弃儿子。……儿前抱我颈,问'母欲何之。人言母当去,岂复有还时?阿母常仁恻,今何更不慈?我今〔尚〕未成人,奈何不顾思?'见此崩五内,恍惚生狂痴,号泣手抚摩,当发复回疑。……"

我们读这诗，除了同情之外，别无可说。他的情爱到处被蹂躏，他所写全是变态，但从变态中还见出爱芽的实在。

窦滔妻苏蕙的《回文锦》，真假不敢断定，大约真的分数多。这个作品技术的致巧，不惟空前，或者竟可说是绝后。但太雕凿违反自然了。他说："非我佳人（指窦滔）莫之能解"，只能算是他两口子猜谜，不能算文学正宗。若说这作品在我们文学史上有价值，只算他彀代表女性细致头脑的部分罢了。

苏伯玉妻《盘中诗》：

"山树高，鸟鸣悲。泉水深，鲤鱼肥。空仓雀，常苦饥。吏人妇，会夫稀。出门望，见白衣。谓当是，而更非。还入门，中心悲。……"

这首不敢断定必为女性作品，但情绪写得很好。

古乐府中有几首，不得作者主名，不知为男为女。假定若出女子，便算得汉魏间女性文学中翘楚了。如：

"上山采蘼芜，下山逢故夫。长跪问故夫，'新人复何如？''新人虽然〔言〕好，未若故人姝。颜色类相似，手爪不相如。'新人从门入，故人从阁去。新人工织缣，故人工织〔纨〕素。织缣日一匹，织〔纨〕素五丈余。将缣来比素，新人不如故。"

又如：

"……夫婿从南〔门〕来，斜倚西北眄。语卿'且勿眄，水清石自见。'石见何累累，远行不如归。"

这类诗很表示女性的真挚和纯洁，我们若认他是女性作品，价值当不在《谷风》《氓》之下。

唐宋以后，闺秀诗虽然很多，有无别人捉刀，已经待考；就令说是真，彀得上成家的可以说没有。词里头算有几位，宋朱希真的《断肠词》，李易安的《漱玉词》，清顾太清的《东海渔歌》，可以说不愧作者之林。内中惟易安杰出，可与男子争席，其余也不过尔尔。可怜我们文学史上极贫弱的女界文学，我实在不能多举几位来撑门面。

男子作品中写女性情感——专指作者替女性描写情感，不是指作者对于女性相互间情感——以《楚辞》为嚆矢。前段所讲"美人芳草"就是这一类。如：

"君不行兮夷犹，蹇谁留兮中洲？美要眇兮宜修，沛吾乘兮桂舟。令沅湘兮无波，使江水兮安流。望夫君兮未来，吹参差兮谁思？……"（《湘君》）

"帝子降兮北渚，目眇眇兮愁予。袅袅兮秋风，洞庭波兮木叶下。……沅有茝兮澧有兰，思公子兮未敢言。荒忽兮远望，观流水兮潺湲。……"（《湘夫人》）

"入不言兮出不辞，乘回风兮载云旗。悲莫悲兮生别离，乐莫乐兮新相知。荷衣兮蕙带，倏而来兮忽而逝。夕宿兮帝郊，君谁须兮云之际？与汝游兮九河，冲风至兮水扬波。与汝沐兮咸池，晞汝发兮阳之阿。……"（《少司命》）

这几首都是描写极美丽极高洁的女神，我们读起来，和看见希腊名雕温尼士女神像同一美感，可谓极技术之能事。这种文学优美处，不在字句艳丽而在字句以外的神味。后来摹仿的很多，到底赶不上。李义山的《重过圣女祠》：

"白石岩扉碧藓滋，上清沦谪得归迟。一春梦雨常飘瓦，尽日灵风不满旗。……"

全从以上几首脱胎。飘逸华贵诚然可喜，但女神的情感，便不容易着一字了。

汉魏古诗，写两性间相互情爱者很多，专描女性者颇少，今不细论。六朝时南北人性格很有些不同，在他们描写女性上也可以看出。北朝写女性之美，专喜欢写英爽的姿态。如：

"……好妇出迎客，颜色正敷愉。伸腰再拜跪，问客平安无。请客北堂上，坐客青氍毹。清白各异樽，酒上正华疏。酌酒持与客，客言主人持。却略再拜跪，然后持一杯。谈笑未及竟，左顾敕中厨，促令办粗饭，慎莫使稽留。废礼送客出，盈盈府中趋。送客亦不远，足不过门枢。……"（《陇西行》）

读起来仿佛入到欧洲交际社会，一位贵妇人极和霭〔蔼〕极能干的美态，活现目前。又如：

"……朝辞爷娘去，暮宿黄河边。不闻爷娘唤女声，但闻黄河流水鸣溅溅。旦辞黄河去，暮至黑山头。不闻爷娘唤女声，但闻燕山胡骑声啾啾。……可汗问所欲，木兰不用尚书郎。愿借明驼千里足，送儿还故乡。……"（《木兰词》）

这首写女子从军，虽然是一种异态，但决非南朝人意想中所能构造。最妙者是刚健之中处处含婀娜，确是女性最优美之点。

南朝人便不同了。他们理想中女性之美，可以拿梁元帝的《西洲曲》做代表：

"忆梅下西洲，折梅寄江北。单衫杏子红，双鬓鸦雏色。西洲在何处？两桨桥头渡。日暮伯劳飞，风吹乌桕树。树下即门前，门中露翠钿。开门郎不至，出门采红莲。采莲南塘秋，莲花过人头。低头弄莲子，莲子清〔青〕如水。置莲怀袖中，莲心彻底红。忆郎郎不至，仰首视〔望〕飞鸿。飞鸿满汀〔西〕洲，望郎上青楼。楼高望不见，尽日阑干头。阑干十二曲，垂手明如玉。卷帘天自高，海水摇空绿。海水梦悠悠，君愁我亦愁。南风知我意，吹梦到西洲。"

这首诗写怀春女儿天真烂漫的情感，总算很好，所写的人格，亦并不低下。但总是南派委靡的情绪，和北派截然两样。后来作家，大概脱不了这窠臼。

唐诗写女性最好的，莫过于杜工部的《佳人》：

"绝代有佳人，幽居在空谷。自云良家子，零落依草木。……在山泉水清，出山泉水浊。侍婢卖珠回，牵萝补茅屋。摘花不插鬓，采柏动盈掬。天寒翠袖薄，日暮倚修竹。"

工部理想的佳人，品格是名贵极了，性质是高抗极了，体态是幽艳极了，情绪是秾至极了。有人说这首诗便是他自己写照，或者不错。总之描写女性之美，我说这首是千古绝唱。

太白《长干曲〔行〕》摹仿《西洲》很像，写小家儿女的情爱，也还逼真。但价值不过尔尔。

李义山写女性的诗，几居全集三分之一，但义山是品性堕落的诗人，他理想中美人不过倡妓，完全把女子当男子玩弄品，可以说是侮辱女子人格。义山天才确高，爱美心也很强，倘使他的技术用到正途，或者可以做写女性情感的圣手，看他《悼亡》诸作可知。可惜他本性和环境都太坏，仅成就得这种结果。不惟在文学界没有好影响，而且留下许多遗毒，真是我们文学史上一件不幸了。

词里头写女性最好的，我推苏东坡的《洞仙歌》：

"冰肌玉骨，自清凉无汗。水殿风来暗香满。绣帘开，一点明月窥人，人未寝，欹枕钗横鬓乱。　起来携素手，庭户无声，时见疏星度河汉。试问夜如何？夜已三更，金波淡玉绳低转。但屈指西风几时回〔来〕，又不道流年暗中偷换。"

好处在情绪的幽艳，品格的清贵，和工部《佳人》不相上下。稼轩的：

"蓦然回首，那人却在，灯火阑珊处。"（《青玉案》）

白石的：

"想佩环夜月〔月夜〕归来，化作此花幽独。"（《疏影》）

都能写出品格。柳屯田写女性词最多，可惜毛病和义山一样，藻艳更在义山下。

曲本每部总有女性在里头，但写得好的很少。因为他们所构曲中情节，本少好的，描写曲中人物，自然不会好。例如《西厢记》一派，结局是调情猥亵，如何能描出清贵的人格？又如《琵琶记》一派，主意在劝惩，并不注重女性的真美。所以曲本写女性虽多，竟找不出能令我心折的作品。内中惟汤玉茗是最浪漫忒的人。《牡丹亭·惊梦》里头，确有些新境界。如：

"可知我常一生儿爱好是天然。恰三春好处无人见。……"

"爱好是天然"这句话，真所谓为爱美而爱美，从前没有人能道破，写女性高贵，此为极品了。底下跟着衍这段意思，也有许多名句。如：

"朝飞暮卷，云霞翠轩；雨丝风片，烟波画船：锦屏人忒看得韶光贱。"

如：

"则为俺生小婵娟，拣名门一例一例里神仙眷；甚良缘把青春抛得远；俺的睡情谁见？……"

如：

"则为你如花美眷，似水流年。是答儿闲寻遍，在幽闺自怜。"

这些词句，把情绪写得像酒一般浓，却不失闺秀身分。在艳词中算是最上乘了。

这段末后，还有几句话要讲讲：近代文学家写女性，大半以"多愁多病"为美人模范，古代却不然。《诗经》所赞美的是"硕人其颀"，是"颜如舜华"；《楚辞》所赞美的是"美人既醉，朱颜酡（些），嫭光眇视，目层〔曾〕波（些）"；汉赋所赞美的是"精耀华烛，俯仰如神"，是"翩若惊鸿，矫若游龙"；凡这类形容词，都是以容态之艳丽和体格之俊健合构而成。从未见以带着病的恹弱状态为美的。以病态为美，起于南朝，适足以证明女学界的病态。唐宋以后的作家，都汲其流，说到美人便离不了病，真是文学界一件耻辱。我盼望往后文学家描写女性，最要紧先把美人的健康恢复才好。

九

欧洲近代文坛，浪漫派和写实派迭相雄长。我国古代，将这两派划然分出门庭的可以说没有；但各大家作品中，路数不同，很有些分带两派倾向的。今先说浪漫的作品。

《三百篇》可以说代表诸夏民族平实的性质，凡涉及空想的一切没有。我们文学含有浪漫性的自《楚辞》始。春秋战国时候的中原人都来说"楚人好巫鬼"，大抵他们脑海中，含有点野蛮人神秘意识，后来渐渐同化于诸夏，用诸夏公用的文化工具表现他们的感想，带着便把这种神秘意识放进去，添出我们艺术上的新成分。这种意识，或者从远古传来，乃至和我们民族发源地有什么关系也未可知。试看，《楚辞》里头讲昆仑的最多——大约不下十数处。像是对于昆仑有一种渴仰，构成他们心中极乐国土。这种思想渊源，和中亚细亚地方有无关系，今尚为历史上未决问题。

他们这种超现实的人生观，用美的形式发摅出来，遂为我们文学界开一新天地。《楚辞》的最大价值在此。

《楚辞》浪漫的精神表现得最显者，莫如《远游》篇。他起首那段有几句：

"惟天地之无穷兮，哀人生之长勤。往者余弗及兮，来者吾不闻。"（《远游》）

屈原本身有两种矛盾性：他头脑很冷，常常探索玄理，想像"天地之无穷"；他心肠又很热，常常悲悯为怀，看不过"民生之多艰"（《离骚》语）。他结果闹到自杀，都因为这两种矛盾性交战，苦痛忍受不住了。他作品中把这两种矛盾性充分发挥，有一半哭诉人生冤苦，有一半是寻求他理想的天国。《远游》篇就是属于后一类。他说：

"载营魄而登霞兮，掩浮云而上征。命天阍其开关兮，排阊阖而望予。召丰隆使先导兮，问太微之所居。集重阳入帝宫兮，造旬始而观清都。朝发轫于太仪兮，夕始临乎于微闾。屯余车之万乘兮，纷溶与而并驰。驾八龙之婉婉兮，载云旗之逶蛇。建雄虹之采旄兮，五色杂而炫耀。服偃蹇以低昂兮，骖连蜷以骄骜。骑胶葛以杂乱兮，斑漫衍而方行。撰余辔而正策兮，吾将过乎句芒。历太皓以右转兮，前飞廉以启路。阳杲杲其未光兮，凌天地以径度。……"（同上）

如此之类有好几段，完全是幻构的境界。最末一段道：

"经营四方兮，周流六漠。上至列缺兮，降望大壑。下峥嵘而无地兮，上寥廓而无天。视倏忽而无见兮，听惝恍而无闻。超无为以至清兮，与泰初而为邻。"（同上）

这类文学，纯是求真美于现实界以外，以为人类五官所能接触的境界都是污浊,要搬开他别寻心灵净土。《离骚》《涉江》中一部分,也是这样。

《招魂》——据太史公说也是屈原所作。其想像力之伟大复杂实可惊。前半说上下四方到处痛苦恐怖的事物,都出乎人类意境以外。后半说浮世的快乐,也全用幻构的笔法写得淋漓尽致。末后一段说这些快乐,到头还是悲哀,以"魂兮归来哀江南"一句,结出作者情感根苗。这篇名作的结构和思想,都有点和噶特的《浮士达》相仿佛。

《楚辞》中纯浪漫的作品,当以《九歌》的《山鬼》为代表,今录其全文:

"若有人兮山之阿,被薜荔兮带女萝。既含涕〔睇〕兮又宜笑,子慕余兮善窈窕。

乘赤豹兮从文狸,辛夷车兮结桂旗。被石兰兮带杜蘅,折芳馨兮遗所思。

余处幽篁兮终不见天,路险艰〔难〕兮独后来。

表独立兮山之上,云容容兮而在下。杳冥冥兮羌昼晦,东风飘兮神灵雨。

留灵修兮憺忘归,岁既晏兮孰华予?

采三秀兮于山间,石磊磊兮葛蔓蔓。思〔怨〕公子兮憺〔怅〕忘归,君思我兮不得闲。山中人兮芳杜若,饮石泉兮荫松柏。君思我兮然疑作。

雷填填兮雨冥冥,猿啾啾兮又夜鸣;风飒飒兮木萧萧,思公子兮徙〔徒〕离忧。"(《山鬼》)

这篇和《远游》《离骚》《招魂》等篇作法不同:那几篇都写作者自身和所构幻境的关系,这篇完全另写一第三者作影子。我们若把这篇当画材,将那山鬼的环境面影性格画来,便活现出屈原的环境面影性格。这种纯粹浪漫的作法,在我们文学界里头,当以此篇为嚆矢。

陶渊明的《〈桃花源诗〉序》,正是浪漫派小说的鼻祖。那首诗自然也是浪漫派绝好韵文。里头说的：

"……相命肆〔肆〕农耕，日入随〔从〕所憩。桑竹垂余荫，菽稷随时艺。春蚕收长丝，秋熟靡王税。荒路暧交通，鸡犬互鸣吠。……童孺纵行歌，斑〔班〕白欢游诣。草荣识节和，木衰知风厉。虽无纪历志，四时自成岁。怡然有余乐，于何劳智慧？……"

这是渊明理想中绝对自由绝对平等无政府的互助的社会状况，最主要的精神是"超现实"。但他和《楚辞》不同处，在不带神秘性。

神仙的幻想，在我们文学界中很占势力，这种幻想，自然是导源于《楚辞》，但后人没有屈原那种剧烈的矛盾性，从形式上模仿蹈袭，往往讨厌。如曹子建也有一首《远游篇》，读去便味如嚼蜡。嵇中散的《游仙诗》，也看不出什么异彩。到郭景纯十几首《游仙》，便瑰丽多了。其中如：

"翡翠戏兰苕，容色更相鲜。绿萝结高林，蒙茏盖一山。中有冥寂士，静啸抚清弦。放情凌霄外，嚼蕊挹飞泉。……"

虽然纯从《山鬼》篇脱胎，却把幽愤境界变为飘逸。又如：

"杂县寓鲁门，风暧将为灾。吞舟涌海底，高浪驾蓬莱。神仙排云出，但见金银台。陵阳挹丹溜，容成挥玉杯。姮娥扬妙音，洪崖颔其颐。升降随长烟，飘飘戏九垓。奇龄迈五龙，千岁方婴孩。燕昭无云〔灵〕气，汉武非仙才。"

这类诗像是佛教入中国后，参些印度人梵天的幻想。但每首总爱把作者的宇宙观人生观直白点出，未免有些词费。

浪漫派文学，总是想像力愈丰富愈奇诡便愈见精采。这一点，盛唐大家李太白，确有他的特长。如他的《公无渡河》全从古乐府《箜篌引》敷演出来。《箜篌引》十六个字千古绝唱，如何可拟作？他这首的前半"黄河西来决昆仑，……其害乃去茫然风沙"，已经把这条黄河写得像有神秘性。到下半首依传说略叙事实后更虚构可怖的幻象，说：

"被发之叟狂而痴，清晨径流欲奚为？旁人不惜妻止之，公无渡河苦渡之。虎可搏，河难凭，公果溺死流海湄。有长鲸白齿若雪山，公乎公乎挂骨于其间。《箜篌》所谣〔悲〕竟不还。"

这诗把原来的《箜篌引》，赋与一种浪漫性，便成创作。又如《飞龙引》的：

"……载玉女，过紫皇。紫皇乃赐白兔所捣之药方。后天而老凋三光。下视瑶池见王母，蛾眉萧飒如秋霜。"

如《蜀道难》的：

"……蚕丛及鱼凫，开国何茫然？尔来四万八千岁，不与秦塞通人烟。西当太白有鸟道，可以横绝峨眉颠。地崩山摧壮士死，然后天梯石栈相钩连。……"

太白集中像这类的很多，都可以证明他想像力之伟大，能构造出别人所构不出的境界。他还有两首词，把他的美感表得十分圆满。词调是《桂殿秋》，文如下：

"仙女下，董双成。汉殿夜凉吹玉笙。曲终却从仙官去，万户千门惟月明。"

"河汉女，玉炼颜。云軿往往在人间。九霄有路去无迹，袅袅香风生佩环。"

后来这类作品，我最爱者为王介甫的《巫山高》二首：

"巫山高，十二峰。上有往来飘忽之猿猱，下有出没瀺灂之蛟龙，中有倚薄缥缈之神宫。神人处子冰雪容，吸风饮露虚无中，千岁寂寞无人逢，邂逅乃与襄王通。丹崖碧嶂深重重，白月如日明房栊，象床玉几来自从，锦屏翠幔金芙蓉。阳台美人多楚语，只有纤腰能楚舞，争吹凤管鸣鼍鼓。那知襄王梦时事，但见朝朝暮暮长云雨。"

"巫山高，偃薄江水之滔滔；水于天下实至险，山亦起伏为波涛。其巅冥冥不可见，崖岸斗绝悲猿猱；赤枫青栎生满谷，山鬼白日樵人遭。窈窕阳台彼神女，朝朝暮暮能云雨；以云为衣月为褚，乘光服暗无留阻。昆仑曾城道可取，方丈蓬莱多伴侣；块独守此嗟何求，况乃低徊梦中语。"

这类诗词，从唯美的见地看去，很有价值。他们并无何种寄托，只是要表那一片空灵纯洁的美感。太白、介甫一流人，胸次高旷，所以能有这类作品。像杜工部虽然是情圣，他却不会作此等语。

苏东坡也是胸次高旷的人，但他的文学不含神秘性，纯浪漫的作品较少。他贬谪琼州的时候，坐在山轿子上打盹，正在遇雨，梦中得了十个字的名句："千山动鳞甲，万壑〔谷〕酣笙钟。"醒来续成一首诗道：

"四洲环一岛，百洞蟠其中。我行西北隅，如度月半弓。登高望中原，但见积水空。此身将〔生当〕安归？四顾真途穷。眇观大瀛海，坐咏谈天翁。茫茫太仓间〔中〕，稊〔一〕米谁雌雄？幽怀忽破散，咏啸来天风。千山动鳞甲，万壑〔谷〕酣笙钟。焉〔安〕知非群仙，《钧天》宴未终？喜我归有期，举酒属青童。急雨岂无意，催诗走群龙。梦中忽变色，笑电亦改容。应怪东坡老，颜衰语徒工。久矣此妙声，不闻蓬莱宫。"

他作诗时候所处的境界，恰好是最浪漫的；他便将那一刹那间的实感写出来，不觉便成浪漫派中上乘作品。

浪漫派特色，在用想像力构造境界。想像力用在醇化的美感方面，固然最好。但何能个个人都如此？所以多数走入奇谲一路。《楚辞》的《招魂》已开其端绪，太白作品，也半属此类。中唐以后，这类作风益盛。韩昌黎的《陆浑山火和皇甫湜》《孟东野失子》《二鸟诗》等篇，都带这种色彩。我们可以给他一个绰号，叫做"神话文学"。神话文学的代表作品，应推卢玉川。他有名的《月蚀诗》二千多字，完全像希腊神话一般，内中一段：

"……传闻古老说，蚀月虾蟆精。径圆千里入汝腹，汝此痴骸阿谁生？……忆昔尧为天，十日烧九州，金铄水银流，玉烛丹砂焦，六合烘为窑，尧心增百忧。帝见尧心忧，勃然发怒决洪流，立拟沃杀九日妖；天高日走沃不及，但见万国赤子䪥䪥生鱼头。此时九御导九日，争持节幡麾幢旒，驾车六九五十四头蛟，螭虬掣电九火辀。汝若蚀开䶩䶟轮，御辔执索相爬钩；推荡䍦䐬入汝喉，红鳞焰鸟烧口快，翎鬣倒侧声醶邹，撑肠柱〔拄〕肚礧块〔傀〕如山丘，自可饱死更不偷，不独填饥坑，亦解尧心忧。……"

又如《与马异结交诗》中一段：

"伏羲〔神农〕画八卦，凿破天心胸。女娲本是伏羲妇，恐天怒，捣炼五色石，引日月之针五星之缕把天补。补了三日不肯归婿家，走向日中放老鸦，月里栽桂养虾蟆。天公发怒化龙蛇。此龙此蛇得死病，神农合药救死命。天怪神农党龙蛇，罚神农为牛头令载元气车。不知药中有毒药，药杀元气天不觉。……"

这种诗取采资料，都是最荒唐怪诞的神话，还添上本人新构的幻想，变本加厉。这种诗好和歹且不管他，但我们不能不承认作者胆量大，替诗界作一种解放。又不能不承认是诗界一种新国土，将来很有继续开辟的余地。

玉川最喜欢把人类意识赋与人类以外诸物。《观放鱼歌》"漓鶒鹢鸥凫，喜观争叫呼。小虾亦相庆，绕岸摇其须"便是。他还有二十首小诗，设为石，竹，井，马兰，蛱蝶，虾蟆，相互谈话。内中石说道："我在天地间，自是一片物。可得杠压我，使我头不出。"他所假设一场谈话，虽然没有甚么深奥哲理，但也算诗界一种创作，比陶渊明的《形影神问答》进一步。

同时李长吉也算浪漫派的别动队。他的诗字字句句都经过千锤百炼，但他的特别技能不仅在字句的锤炼，实在想像力的锤炼。他的代表作品，如《金铜仙人辞汉歌》：

"茂陵刘郎秋风客，夜间〔闻〕马嘶晓无迹；画栏桂树悬秋香，三十六宫土花碧。魏官牵车指千里，东关酸风射眸子；空将汉月出宫门，忆君清泪如铅水。衰兰送客咸阳道，天若有情天亦老；携盘独出月荒凉，渭城已远波声小。"

此外如"昆山玉碎凤皇叫，芙蓉泣露香兰笑"，如"女娲炼石补天处，石破天惊逗秋雨"，如"洞庭雨脚来吹笙，酒酣喝月使倒行"，如"银浦流云学水声"，如"呼龙耕烟种瑶草"，如"南风吹山作平地，帝遣天吴移海水"，此等语句，不知者以为是卖弄词藻，其实每一句都有他特别的意境。大抵长吉脑里头幻象很多，每一个幻象，他自己立限只许用十来个字把他写出。前人评他做诗是"呕心"，真不错。这种诗自然不该学，但我们不能不承认他在文学史上的价值。

十

现在要讲写实派。写实派作法，作者把自己情感收起，纯用客观态度描写别人情感。作法要领，是要将客观事实照原样极忠实的写出来，还要写得详尽。因为如此，所以所写的多是三几个寻常人的寻常行事或是社会上众人共见的现象，截头截尾单把一部分状态委细曲折传出。简单说，是专替人类作断片的写照。

这种作品，在《三百篇》里头不能说没有，如《卫风》的《硕人》，《郑风》的《大叔于田》《褰裳》，《豳风》的《七月》，都有点这种意思。但《三百篇》以温柔敦厚为主，不肯作露骨的刻画，自然不能当这派作品的模范。《楚辞》纯属浪漫的作风，和这派正极端反对，当然没有可征引了。

汉人乐府中有一首《孤儿行》，可以说是纯写实派第一首诗。全录如下：

"孤儿生，孤儿遇生命当独〔独当〕苦。
父母在时，乘坚车驾驷马；父母已去，兄嫂令我行贾。
南到九江，东到齐与鲁，腊月来归，不敢自言苦。
头多虮虱，面目多尘土。
大兄言办饭，大嫂言视马；上高堂行趣殿，下堂孤儿泪下如雨。
使我朝行汲暮得水，来归手为错，足下无菲。
怆怆履霜，中多蒺藜。拔断蒺藜，肠肉中怆欲悲；泪下渫渫，清涕累累。
冬无复襦，夏无单衣。居生不乐，不如早去下从地下黄泉。
春气动，草萌芽；三月蚕桑，六月收瓜，将是瓜车，来还到〔到还〕家。
瓜车反覆，助我者少，啖瓜者多。愿还我蒂，兄与嫂严独且急，归当与校计。
乱曰：里中一何譊譊！愿欲寄尺书将与地下父母，兄嫂难与久居。"

这首诗只是写寻常百姓家一个可怜的孩子，将他日常经历直叙，并不下一字批评。读起来能令人同情心到沸度，可以说是写实派正格。

《孔雀东南飞》，是最有结构的写实诗。他写十几个人问答语，各人神情毕肖，真是圣手。内中"妾有绣丝〔腰〕襦……""着我绣夹裙……"

"青雀白鹄舫……"三段，铺叙实物，尤见章法。可惜所铺叙过于富丽，稍失写实家本色。又篇末松梧交枝、鸳鸯对鸣等语，已经搀入象征法。虽然如此，这诗总算写实妙品。

魏晋写实的五言，以左太冲《娇女诗》为第一：

"吾家有娇女，皎皎颇白皙。小字为织〔纨〕素，口齿自清历。鬓发覆广额，双耳似连璧。明朝弄梳台，黛眉类扫迹。浓朱衍丹唇，黄吻烂〔澜〕漫赤。娇语若连琐，忿速乃明慧。握笔利彤管，篆刻未期益。执书爱绨素，诵习矜所获。其姊字惠芳，面目灿如画。轻妆喜娄边，临镜忘纺绩。举觯拟京兆，立的成复易。玩弄眉颊间，剧兼机杼役。从容好赵舞，延袖像飞翮。上下弦柱际，文史辄卷襞。顾盼〔眄〕屏风画，如见己〔已〕指摘。丹青日尘暗，明义为隐赜。驰骛翔园林，果不〔下〕皆生摘。红葩缀紫蒂，萍实骤抵掷。贪华风雨中，倏忽数百适。务蹑霜雪戏，重綦常累积。并心注肴馔，端坐理盘槅。翰墨戢闲案，相与数离逖。动为炉钲屈，屣履任之适。止为荼〔茶〕荍据，吹呴对鼎𰾀。脂腻漫白袖，烟熏〔薰〕染阿锡。衣被皆重池，难与次〔沉〕水碧。任其孺子意，羞受长者责。瞥闻当予杖，掩泪俱向壁。"

这首诗活画出两位天真烂漫、性情活泼、娇小玲珑、又爱美又不懂事的女孩子。尤当注意者，太冲对于这两位女孩子，取什么态度，有何等情感，诗中一个字没有露出。他的目的全在那映到他眼里的小女孩子情感；他用极冷静的态度忠实观察他忠实描写他，所以入妙。后来模仿这首诗的不少，但都赶不上他。如李义山的《骄儿诗》，即是其中之一首。依着《骄儿诗》看来，义山那位衮师少爷顽劣得可厌，是不管他；——也许是义山照样写实，那么少爷虽不好，诗还是好。但那诗中说旁人对于他儿子怎样批评，又说他自己对于儿子怎样希望，还把自己和儿子比较，发一段牢骚，这是何苦呢？我们拿这两首诗比一比，便可以悟出写实派作法的要诀。

前回曾举出杜工部半写实派的几首诗。其实工部纯写实派的作品也很不少而且很好。如：

"献凯日继踵，两蕃静无虞。渔阳游〔豪〕侠地，击鼓吹笙竽。云帆转辽海，粳稻来东吴。越裳〔罗〕与楚练，照耀舆台躯。主将位益崇，气骄凌上都。边人不敢议，议者死路衢。"（《后出塞》）

这首诗是安禄山还未造反时作的，所指就是安禄山那一班军阀。仅仅六十个字，把他们豪奢骄蹇情形都写完了。他却并没有一个字批评，只是用巧妙技术把实况描出，令读者自然会发厌恨忧危种种情感。这是写实文学最大作用。又如：

"三月三日天气新，长安水边多丽人。态浓意远淑且真，肌理细腻骨肉匀。绣罗衣裳照暮春，蹙金孔雀银麒麟。头上何所有，翠为匌叶垂鬓唇；背后何所见，珠压腰衱稳称身。就中云幕椒房亲，赐名大国虢与秦。紫驼之峰出翠釜，水精之盘行素鳞。犀箸厌饫久未下，鸾刀缕切空纷纶。黄门飞鞚不动尘，御厨络绎送八珍。箫鼓哀吟感鬼神，宾从杂遝实要津。后来鞍马何逡巡，当轩下马入锦茵。杨花雪落覆白蘋，青鸟飞去衔红巾。炙手可热势绝伦，慎莫近前丞相嗔。"

又如：

"步屧随春风，村村自花柳。田翁逼社日，邀我尝春酒。酒酣夸新尹，畜眼未见有。回头指大男，'渠是弓弩手。名在飞骑籍，长番岁时久。前日放营农，辛苦救衰朽。差科死则已，誓不举家走。今年大作社，拾遗能住否？'叫妇开大瓶，盆中为吾取。感此气扬扬，须知风化首。语多虽杂乱，说尹终在口。朝来偶然出，自卯将及酉。久客惜人情，如何拒邻叟？高声索果栗，欲起时被肘。指挥过无礼，未觉村野丑。月出遮我留，仍嗔问升斗。"

这首和前两首不同：前两首是一般写实家通行作法，专写社会黑暗方面；这首却是写社会光明方面。读起来令人感觉乡村生活之优美，那"田父"一种真率气象以及他对于社交之亲切对于国家义务之认真，都一一流露。

写实家所标旗帜，说是专用冷酷客观，不搀杂一丝一毫自己情感，这不过技术上的手段罢了。其实凡写实派大作家都是极热肠的。因为社会的偏枯缺憾，无时不有，无地不有，只要你忠实观察，自然会引起你无穷悲悯。但倘若没有热肠，那么他的冷眼也决看不到这种地方，便不成为写实家了。杜工部这类写实文学开派以后，继起的便是白香山。香山自己说：

"惟歌生民病，……甘受时人嗤。"

他自己编定诗集，用诗的性质分类，第一类便是"讽喻"。讽喻类主要作品是十首《秦中吟》和五十首《新乐府》。这六十首诗，可以说完成写实派壁垒，替我们文学史吐出光焰万丈。但他的作风，与纯写实派有点不同：每篇之末，总爱下主观的批评，不过批评是"微而婉"罢了。里头纯客观的只有几首。如：

"帝城春欲暮，喧喧车马度。共道牡丹时，相随买花去。贵贱无常价，酬直看花数。灼灼百朵红，戋戋五束素。上张幄幕庇，旁织巴篱护。水洒复泥封，移来色如故。家家习为俗，人人迷不悟。有一田舍翁，偶来买花处。低头独长叹，此叹无人喻。一丛深色花，十户中人赋。"（《秦中吟·买花》）

如：

"卖炭翁，伐薪烧炭南山中。满面尘灰烟火色，两鬓苍苍十指黑。卖炭得钱何所营，身上衣裳口中食。可怜身上衣正单，心忧炭贱愿天寒。夜来城上〔外〕一尺雪，晓驾炭车辗冰辙。牛困人饥日已高，市南门外泥中歇。翩翩两骑来是谁，黄衣使者白衫儿。手把文书口称

敕，回车叱牛牵向北。一车炭重千余斤，官〔宫〕使驱将惜不得。半匹红纱一丈绫，系向牛头充炭直。"《新乐府·卖炭翁》）

像这类不将批评主意明点出来的，约居全部十分之一，其余都把自〔己〕对于这件事情的意见说出。他的《新乐府自序》说：

"……首句标其目，卒章显其志，三百篇〔《诗》三百〕之义也。其辞质而径，欲见之者易喻也。其言直而切，欲闻之者深诫也。其事核而实，使采之者传信也。……"

他并不是为诗而作诗，他替那些穷苦的人们提起公诉，他向那些作恶的人们宣说福音。所以他不采那种藏锋含蓄的态度，将主观的话也写出来。但是以作风论，我们还认他是写实派，因为他对于客观写得极忠实极详尽。

写实派固然注重在写人事的实况，但也要写环境的实况。因为环境能把人事烘托出来。写环境实况的模范作品，如鲍明远《芜城赋》中一段：

"泽葵依井，荒葛胥〔罥〕涂。坛罗虺蜮，阶斗䴥鼯。木魅山鬼，野鼠城狐，风嗥雨啸，昏见晨趋。饥鹰厉吻，寒鸱吓雏。伏虣藏虎，乳血餐肤。崩榛塞路，峥嵘古馗。白杨早落，塞草前衰。棱棱霜气，蔌蔌风威。孤蓬自振，惊沙坐飞。灌莽杳而无际，丛薄纷其相依。通池既已夷，峻隅又已颓。直视千里外，唯见起黄埃。凝思寂听，心伤已摧。"

所写全是客观现象，然而读起来自然会令情感涌出。妙处全在铺叙得淋漓透彻。学写实派的不可不知。

（原刊1922年2月15日、4月15日《改造》第4卷第6、8号，不全，收入《（乙丑重编）饮冰室文集》卷七十一，中华书局1926年9月初版）

中学以上作文教学法（节录）

二

孟子说："能与人规矩，不能使人巧。"文章做得好不好，属于巧拙问题；巧拙关乎天才，不是可以教得来的。如何才能做成一篇文章，这是规矩范围内事；规矩是可以教可以学的。我不敢说，懂了规矩之后便会巧；然而敢说懂了规矩之后，便有巧的可能性。又敢说不懂规矩的人，绝对不会巧；无规矩的，绝对不算巧。所以本讲义所讲，只是规矩，间有涉及巧的方面，不过作为附带。

诸君听这段话，切勿误认我所讲的与什么文章轨范什么桐城义法同类。那种讲法，都是于规矩外求巧，他所讲的规矩，多半不能认为正当规矩。我所要讲的，只是极平实简易，而经过一番分析，有涂径可循的规矩。换句话说：就是怎样的结构成一篇妥当文章的规矩。

结构成一篇妥当文章，有最低限度的要求，是"该说的话，——或要说的话不多不少地照原样说出，令读者完全了解我的意思"。这个要求，看似寻常，其实实行做到，极不容易。试把它分析一下：

（1）该说的话　该说的话，是构成文章必要的原料。作文第一步，先把原料搜集齐备，便要判断那种原料是要的，那种是不要的。要不要的标准，要相题而定。——又要看时候如何，又要看作者地位如何，又要看读者地位如何。例如作一篇《南开暑期学校记》和作一篇《论暑期学校之功用》，关于暑期学校的原料可以彼此通用的虽然甚多，然而两篇所应去应取当然不同。同是这两个题目，今年作的，和三两年后作的，所说话当然不同。同是作记，以南开为主体，与以暑期学校为主体，所该说的话当然各各不同。同是作论，对办学的人说，和对学生说，所该说的话，当然各各不同。该说的不说，不该说的说，都是文家第一大忌。该说的不说，我们在古人文中很难举出确例，因为我们认为该说的话，也许作者当时实在没有完备的材料；然而也有许多地方可以看得出来。例如司马迁作的《孟子荀卿列传》，他所根据的资料——《孟子》《荀子》两部书现在尚存，我们子细研究一下，便发见出传中该说而未说的话很多。不该说而说，可以算是二千年来文人通病。有名的六朝骈体文，和唐宋八家文，依我看来，总是可以不说的话居十之八九。因为他们不是有话在肚子里要说才做文，乃是因为要做文才勉强找话来说。还有许多话，在这个人是该说的，在那个人是不该说的；在这时候是该说的，在那时候是不该说的。例如最近黎黄陂复职前所发的"鱼电"，可以说是人人该说的话，也可以说是黄陂无论何时都该说的话，独有黄陂自己打定主意承认复职前之数日，便不该说。学作文的人，先要自己定出个立脚点，然后根据这立脚点把该说的话定出个范围。这是第一种规矩。这种规矩是有普遍原则可以求得的。

（2）要说的照原样说出　原样有两种：一、客观的原样；二、主观的原样。客观的原样，指事物之纯粹客观性，像画画一般，画某人便的确是某人，画那处风景便的确是那处风景。这是做记载文最必要的条件。主观的原样，指作者心里头的印象，要把他毫厘不爽的复现到纸墨上来。两者之中，尤以主观的为最紧要。因为任凭你如何主张纯客观的作品，那客观的事物总须经过一番观察审定别择才用来入文，不能绝对的与主观相离。文家临到下笔时，已经把一切客观的都成为"主观化"了。所以能毅把主观的原样完全表出，便算尽文章能事。但这句话却很不容易实现。我们拿着一个题目，材料也有了，该说话的范围也定了，但对于所有材料，往往就苦于无法驾驭。有时材料越发多越发弄得狼狈，闹到说得一部分来丢了一部分，把原有的意思都走了；又或意思格格不达，写到纸上的和怀在心中的完全两样。想医第一种病，最紧要是把思想理出个系统来，然后将材料分种类分层次令他配搭得宜。想医第二种病，最要紧是提清主从关系，常常顾着主眼所在，一切话都拥护这主眼，立于辅助说明的地位。这又是作文最重要的规矩。这种规矩也是有普遍原则可以求得的。

（3）令读者完全了解　这句话看着像很容易，其实不然。我自己读许多有名的古文，便不了解他真意何在。所以令人不了解之故有四〔二〕：其一，谬为高古，搬上满纸难字或过去的文法，令人连句也点不断，段落也分不清。其二，没有论理学的修养。

三

今论记载文作法。凡叙述客观的事实者为记载文。其种类可大别为四：

一、记物件之内容或状态。　如替一部书作提要，替一幅图画作记，说明一种制度的实质，说明一件东西的特性之类。

二、记地方之形势或风景。　记形势的如方志之类，记风景的如游记之类。

三、记个人言论行事及性格。　简单的如列传之类，详细的如行状年谱之类。其中复可分为一人专传，多人合传。

四、记事件之原委因果。　小之记一人一家所发生的事件，大之记关于全国家全人类的事件。短之记以一日或几点钟为起讫的事件，长之记数千年继续关系不断的事件。

右四类中，第一类最为易记。因为范围是有限制的，观察力容易集中；性质是固定的，让我们慢慢地翻来覆去观察不会变样子。第二类也还易记。因为性质虽然不免变化，比较的还属固定；空间的范围虽然复杂，可以由我们画出界限部分来。第三类的记载便较难。头一件，因为人类生活总须有相当的时间经过才能表明，而时间最是变动不居的。第二件，因为要想明白一个人的真相，不能光看他外表的行事还要看他内在的精神；不能专从大处看，有时还要从小处看；所以作一篇好传记，实不容易。至于第四类的记载便更难了。要知道一件事的原委因果，总要把时间关系、空间关系观察清楚；把人的要素物的要素分析明白。种种极复杂状态都拼拢在一处，非大大的费一番组织工夫，不能记述得恰好。无论做何类记载文，有两个原则总要严守的：

第一，要客观的忠实。　记载文既以叙述客观的事实为目的，若所记的虚伪或讹舛或阙漏，便是与目的相反。所以对于材料之搜集要求其备，鉴别要求其真，观察要求其普遍而精密。尤要者，万不可用主观的情感夹杂其中，将客观事实任意加减轻重。要而言之，凡作一篇记载之文，便要预备传到后来作可靠的史料；一面对于事实负严正责任，一面对于读者负严正责任。学生初学作文时给他这种观念，不惟把"文德"的基础立得巩固，即以文体论，也免了许多枝叶葛藤。

第二，叙述要有系统。　客观的事实，总是散漫的断续的，若一条一条的分开胪列——像孔子所作《春秋》一般，只能谓之记载，不能谓之文。既要作文，总须设法把散漫的排列起来，把断续的连贯起来。未动笔以前，先要观察事实和事实的关系，究竟有多少处主要脉络，把全篇组织先立出个系统，然后一切材料能由我自由驾驭。教学生作文从此入手，不惟文章容易成就，而且可以养成他部分的组织能力。

四

以上泛论记载文的纲领已完，以下便举实例分论各种作法。

记载文有把客观事实全部记载者。例如韩昌黎《画记》（《古文辞类纂》卷五十一），记的是一幅田猎人物画手卷。用四百多个字，把画中人马及其他动物杂器物五百多件全部叙入，能令我们读起来仿佛如见原画。我常推他是《昌黎集》中第一杰作。他这篇杰作，实很费一番组织工夫才能构成。他先把全画人物分为四大部，一人，二马，三其他动物，四杂器物。第一第二部用列举的记叙法，第三第四部用概括的记叙法。他把这个组织系统先行立定，再行驾驭画中的材料。写人的状态应最详，他便用精密的列举，先写大人，后写妇人小孩；大人之中，先写骑马的，次写别种动作的；骑马之中又种种分类，别种动作中又种种分类，叙明作某种状态者若干人，某种状态者又若干人。而总结之以"凡人之事三十有二，为人大小百二十有三，而莫有同者焉。"次叙马，亦列举其状态，而不举每种状态所占之马数。总结处却与叙人同一笔法，说道："凡马之事二十有七，马大小八十有三，而莫有同者焉。"次叙其他动物，则但云："牛大小十一头，橐驼三头……"但举其数，不复写其状态。次叙杂器物，则分兵器服用器游戏器三类，统记其总数"二百五十有一具"，更不分记某器有若干具了。其余山水树林等情形，文中一字不见，但我们从他写人、马状态里头大约可以推度得出来。这篇文用那么短篇幅，写那么琐屑复杂的状态，能令人对于客观的原样一目了然，而且在文章上很发生美感。问他何以能如此呢？主要工夫全在有系统的分类观察。把主从轻重先弄明白，再将主要部分一层一层的详密分类，自然能以简御繁。我们想练习观察事物的方法，这便是一个模范。

这种叙述法，施诸一幅呆板的画或尚适用，因为画中人物虽然复杂，毕竟同属画出来的东西，想把他全部叙下，还有办法。若所叙的对象含有各种不同性质，你想要全部一丝不漏都叙下，结果一定闹到主从不分明，把应叙倒反落掉，令读者如堕五里雾中了。所以叙事文通例，总是限于部分的记述。纸面的记述虽仅限于一部分而能把全部的影子摄进来，便算佳文。

部分记述之主要方法有四：

一、侧重法。

二、类概法。

三、鸟瞰法。

四、移进法。

侧重法专注意题中某一点或某几点，其余或带叙或竟不叙。最显著的例，如陈群等之《魏律序略》（《晋书·刑法志》引）。目的专在记魏律与秦汉律篇章之异同。起首便说道："旧律所难知者，由于六篇篇少故也。篇少则文荒，文荒则事寡，事寡则罪漏。是以后人少增，更与本体相离。今制新律，宜都总事类，多其篇条。"这几句把改律的动机和宗旨都简单明了提出。以下便将旧律某篇某篇如何不合论理如何不便事实，据何种理由增加某篇挪动某条。末后总结一笔："凡所定增十三篇，故就五篇合十八篇。于正律九篇为增，于旁章科令为省矣。"全文不过七百字，然而叙述得非常得要领。我们试把他仔细研究一遍，便可以制成一个极明了的"汉魏律篇章对照表"。他对于许多法律上重要问题，都没有提及，所记专集中于这一点。正惟集中于这一点，所以对于这部分确能充分说明，遂成为天地间有用且不朽之文。

凡遇着一个廓大的题目，应该叙述的有许多部分，最好专择一部分为自己兴味所注者以之为主，其余四方八面的观察都拱卫着他，自然会把这部分的真相看得透说得出。别的部分，只好让别人去研究说明。这种方法，虽然可以说是文家取巧，其实也是做学问切实受用的一种涂径。

侧重法只要能把所重的说得透切，本来无论侧重那一点皆可。但能毅把题目最重的地方看清楚，然后用全力侧重他，自然更好。我刚才说过："部分的叙述，须能把全部影子摄进来。"想以部分摄全部，非从最重要处落脉不可。比方攻击要塞，侧重法是专打一个炮台，所打的若是主力炮台，自然比打普通炮台效力更大了。例如有一个题目在此："记德国新宪法。"不会用侧重法的人，想要把全宪法各部分平均叙述，一定闹到写了几万字还是茫然无头绪。会用侧重法的人，便只认定某几点重要，其余都不管。但是同一样的侧重法，侧重得握要不握要，文章价值自分高下。例如侧重新宪法和旧宪法比较，看帝制与共和异同何在，原不失为一种好方法。但关于共和之建设，各国大略相同，就令从这方面详细解剖，仍不足以说明德宪特色。我有位朋友张君劢做过这一篇文，专把德宪中关于"生产机关社会有"的条文，和关于"生计会议"的组织及权限详细说明，其余多半从略。这便是极有价值的一篇文字。因为这两点是从来别国宪法所未有，德国新宪能在今后立法界有绝大价值，就靠这两点。

凡一件事实，总容得许多观察点。所以一个题目，容得有许多篇好文章。教授学生时，最好是择些方面多的题目，先令学生想想这题目可以有几个观察点；等他们答完之后，教师把几个正当观察点逐一指出，然后令各生自认定一个观察点做去；既认定时，便切戒旁骛以免思路混杂。凡所有资料，皆凭这观察点为去取。经过几回这样的训练，学生自然会把侧重法应用得很好了。

但前文讲的观察点之比较选择，万不要忘却。倘若所选之点太不关痛痒，总不能成为正当的好文章。例如《史记·管晏列传》，叙个人关涉琐事居大半。太史公自己声明所侧重的观察点，说道："至其书世多有之，是以不论，论其轶事。"他既有了这几句话，我们自然不能责备他不合章法。但替两位政治家作传，用这种走偏锋的观察法，无论如何我总说是不该。

五

类概或类从法者，所记述的对象，不能有所偏重，然而又不能遍举，于是把他分类，每类絜出要领，把所有资料，随类分隶。这种模范作品，最可学的是《史记·西南夷列传》：

> "西南夷君长以什数，夜郎最大。其西靡莫之属以什数，滇最大。自滇以北君长以什数，邛都最大。此皆魋结、耕田、有邑聚。
> 其外，西自同师以东，北至楪榆，名为嶲、昆明。皆编发，随畜迁徙；毋常处，毋君长。地方可数千里。
> 自嶲以东北君长以什数，徙、筰都最大。自筰以东北君长以什数，冉、駹最大。其俗或土著或移徙。在蜀之西，自冉、駹以东北君长以什数，白马最大。皆氐类也。
> 此皆巴蜀西南外蛮夷也。"

这篇传叙的川边、川南、云南、贵州一带氐羌苗蛮诸种族，情形异常复杂，虽在今日，尚且很难理清头绪。太史公却能用极简净的笔法把形势写得了如指掌。他把他们分为三大部，用土著游牧及头发的装束等等做识别。每一大部中复分为若干小部，每小部举出一个或两个部落为代表。代表者之特殊地位固然见出，其他散部落亦并不罣漏。到下文虽然专记几个代表国——如滇、夜郎等——的事情，然已显出这些事情是西南夷全体的关系。这是详略繁简的最好标准。

凡记载条理纷繁之事物，欲令眉目清楚，最好用这方法。用这方法最要注重的工夫是分类。分类所必要的原则有三：第一要包括，第二要对等，第三要正确。包括是要所分类能包含该事物之全部；对等是要所分类性质相等；正确是要所分类有互排性不相含混。例如说中国有汉满蒙回藏五族，这个分类便不包括，因为把苗子猡猡等族漏掉了。例如把日月及金木水火土五星名为七曜，便是不对等。因为日月和五行星不同性质。例如把中国书分为经史子集四部，便是不正确，因为有许多书可以入这部也可以入那部，或者入这部不对入那部也不对。分类本来是一件极难的事，以严格论，每种事物，非专门家不能为适当的分类。但要想学生心思缜密，非教他们多做这层工夫不可。学做记事文，尤以此为紧要涂径。好在学生学别种功课时，已经随时得有分类的智识。教授作文时，一面把他们已学过的功课当题目，叫他们就所听受者加详加密分类；一面别出新题目叫他们自己找标准去分类。如此则作文科与别科互相联络，学生无形间可以两面受益。

把类分清之后，要看文章的体裁篇幅何如。若是一篇长文乃至著一部书应该逐类都详细说明，那便循着步骤说去就是了。倘若限于篇幅要有剪裁，那么学《史记·西南夷列传》，先将眉目提清，再把各类的重要部分重笔特写以概其余，这是作文求简絜的最好法门。

试再举两个分类的例：各史《儒林传》，自《晋书》以下，都不分类了，我们读起来，便觉得流派不明。《史记》《汉书》《后汉书》所叙各儒者，都不以年代为次，但以各人所专经分类。《后汉书》更分得清晰，每部经分今文家古文家，两家中又分派，每派各举出几个代表人物，读过去自然把一代经术源流派别都了然。所以《晋书》以下的《儒林传》可以说是无组织的，前三史是有组织的，《后汉书》是组织得最精密巧妙的。

又如魏默深著的《元史》，体例和旧史很有不同，他立的传很少，应立传的都把他分类。他只用开国功臣平金功臣平蜀功臣平宋功臣某朝相臣某朝文臣治历治水诸臣等等名目做列传标题，把人都纳在里头。于是凡关于这一类人所做的事都归拢在一处。每篇之首，把事的大纲提絜清楚，用几个重要人物做代表，其余二三等人附带叙入，事迹既免罣漏，又免重复，又主从分明。比较各史，确应认为有进步的组织。这段话讲的是著书体例，教学生作文或说不到此。但以文章构造的理法论，构造几十卷书和构造几百字的短文不外一理。总要令学生知道怎样才算有组织，怎样才算组织得好。做有组织的文字，下笔前甚难，下笔后便容易；做无组织的文恰恰相反。同是一种材料，组织得好，费话少而能令读者了解且有兴趣，组织得不好便恰恰相反。想学记载文的组织文吗？分类便是最重要的一步工夫了。

六

  鸟瞰法和前两法不同：前两法都要精密的观察，鸟瞰法只要大略观察。像一只鸟飞在空中，拿斜眼一瞥下面的人民城郭；像在腾高二千尺的飞机上头用照相镜照取山川形势。这种观察法，在学问上很是必要。前人有两句诗说得好："不识庐山真面目，只缘身在此山中。"若仅有部分的精密的观察，结果会闹成显微镜的生活，镜圈里的情形虽然看得无微不至，圈子外却是茫然。如此则部分与部分间的相互关系看不出来，甚至连部分的位置也是模糊，决不能算是看出该事物的真相。鸟瞰法虽然是只得着一个朦胧影子，但这影子却是全个的。

  这个方法，凡做一部书的提要或做一个人的略传一件事的略记，都要用他。而且在一篇长文中总须有地方用他。所以要学。

  鸟瞰法的最好模范，莫如《史记·货殖列传》。从"汉兴海内为一"起到"燕代田畜而事蚕"止，这几大段讲的是当时经济社会状况。物的方面把各地主要都市所在，与及物产的区画，交通的脉络；人的方面把各地历史的关系，人民性质遗传上的好处坏处，习惯怎样养成，职业怎样分布；都说到了。他全篇大略分六部：一关中（陕西）。当时帝都，把陇（甘肃）蜀（四川）附入。二三河（河南）。把种、代、赵、中山（山西及直隶之一部）附入。又附论郑、卫（河南）。三燕（直隶）。把辽东附入。四齐、鲁（山东）。五梁、宋（山东、河南间）。六三楚。西楚指江淮上游一带（湖北及河南、四川之各一部），东楚指江淮下游一带（江苏、安徽附浙江），南楚指东南大部分（安徽、江西、湖南、广西、广东）。他分类不见得十分正确，所论亦互有详略，加以太史公一派固有的文体很有些缭纠，像不容易理出头绪，但他能把各地的特点说出，各地相互间的关系处处保联络，确是极有价值的一篇大文。

鸟瞰法的文做得好不好，全看他能不能提挈起全部的概要。试举两篇同题目的为例：汉朝的高诱做了一篇《吕氏春秋序》（现在冠于原书篇首），清朝的汪中也同样有一篇（《述学·补遗》）。高诱的钞《史记·吕不韦列传》占了四分之三，都是说吕氏的故事，其实吕氏并非学者，这书又是他的门客所编，与本人无甚关系，况且这些话《史记》都说过，何必再说呢？末段才说到这书的内容，说："此书所尚，以道德为标的，以无为为纲纪，以忠义为品式，以公方为检格。……"全是空话，而且四句之中便有重复，我们读了绝不能对于这部书得何等印象。汪中的便不是这样：他说他某篇某篇采自儒家言，某篇某篇采自道家言，某篇某篇采自法家墨家兵家农家言。末后总结说："是书之成，不出于一人之手，故不名一家之学；而为后世《修文御览》《华林编略》（类书）之所托始，《艺文志》列之杂家，良有以也。"我们读了这篇序，就令看不见原书，然而全书的规模性质都可以理会了。

七

移进法和前三项不同。前三项都是立在一个定点上从事观察。或立在旁边，或立在高头；或精密的观察局部，或粗略的观察全体。要之作者拣择一个定点站住，自然邀同读者也站定这一点，把我观察所得传达给他。移进法恰与相反：作者不站定一点，循着自己所要观察的路线，挪动自己去就他。自然也邀同读者跟着自己走，沿路去观察。这种作法，《汉书·西域传》便是一个好例。

《西域传序》先叙述西域交通的两条路。说道："自玉门、阳关出西域有两道。从鄯善傍南山北波河（颜注云，波河循河也。）西行至莎车为南道。南道西逾葱岭则出大月氏、安息。自车师前王庭随北山波河西行至疏勒为北道。北道西逾葱岭则出大宛、康居、奄蔡。"因为这些地方初通中国，一般人不知其所在，不能像什么关中、河内、燕、蓟、齐、鲁，提起名来大家都会想象他在某地点。所以这篇转换一种记载法：先把两条大路点清眉目后，入本传正文，就跟着路线叙去。路线是从南道往，从北道归。头一段说："出阳关自近者始曰婼羌。……西北至鄯善乃当道云。"自此便顺着南道叙鄯善、且末；……经过葱岭中的西夜、子合；度岭叙罽宾、安息、大月氏；算是南道的最远点。跟着趋北，叙北道最远点的康居、大宛；……回头入葱岭，叙捐毒、莎车、疏勒；……顺着北道东归，最后到车师前后王庭而止。其不当两大路之冲者，则随其所附近之路线插叙。每叙一国，都记明去长安若干千里。他这种组织法，和本书的《地理志》迥别。好像带着我们沿着这两条路线往返旅行一遍。能彀令我们容易明白且有兴味。

　　和这个一样的作法，如柳子厚的游记：内中《始得西山宴游记》《钴鉧潭记》《钴鉧潭西小邱记》《至小邱西小石潭记》《袁家渴记》《石渠记》《石涧记》《小石城山记》等一连十多篇，其字句之研炼，笔法之隽拔，人人共赏，不必我再下批评。最妙是把他逐日发见的名胜，挨次分篇叙述；令我们读起来好像跟他去游览，和他得同等的快乐。这就是移进法的好处。

　　移进法自然用在地理方面的记载最相宜，因为观察点跟着地段挪移是最便的。但跟着时间挪移也可以。就历史的记载而论，纪传体是站在一个定点上观察的，编年体就是跟着时间挪移的。所以《左传》《通鉴》里头许多好文章，极能引人入胜。还有许多好小说，令读者不能中断，非追下去看完不可，都因为用移进法用得入妙。

　　所写对象本来有空间时间的层次，作文时一步一步移进去，自是这一类作法的正格。亦有本身原无层次，作者自己创造出层次来移进。汪容甫有篇名作《广陵对》，便是绝好模范。汪是扬州人，这篇《广陵对》是说扬州在历史上的关系，替自己乡土大吹特吹，用近人通用的命题，也可以标为"历史的扬州"。扬州史迹本来甚多，若平铺直叙说去，不惟无味，亦且一定错乱罣漏。他把所有史迹先行分类：最初所叙一类，是没有什么成功然而关系很重大的。从楚、汉之交的召平说起，次以汉末三国的臧洪，东晋祖约、苏峻构难时的郗鉴，桓元僭逆时的刘毅，萧梁侯景作乱时的祖皓、来嶷，唐武后革命时的徐敬业，宋篡周时的李重进，宋亡时抗拒蒙古的李庭芝，明亡时抗拒满洲的史可法。恁么多件事并为一类，都是忠愤爱国的一流。总束一句道："历十有八姓二千余年而亡城，降子不出于其间。"引起读者的眼光看扬州成了忠义之乡了。然而这些什有九都是失败的史迹，而且主其事者多半不是扬州人。于是他进一步，叙本土人有成功者为一类。内中又分两小类：先从守境之功说起，叙三国时陈登的匡琦之战，南宋时韩世忠的大仪之战，宋、元之交赵葵的新塘之战。继叙进取建设之功，则晋拒苻秦时谢玄的淝水之战，隋平陈时贺若弼的白水冈之战，五代朱温割据时杨行密的清口之战。令我们读起来，便觉得扬州地方真是举足可以为轻重于天下；扬州人之武勇真个如荼如火。末后一段，叙扬州人在扬州以外所做的事，历举十几位，各种人物都有。又把我们眼光引到别方面去，觉得扬州真是人才渊薮了。这篇文章，字字句句都洗炼，笔笔都跳荡，固然是他特别令人可爱的原因。然而最主要者实在他的章法；本来只有许多平面的材料，他会把他分类，造出层次，从这个观察点移到那个观察点，每移一度，令人增加一重趣味。这可以说是故意造作出来的移进法。我们懂得这种法门，无论遇着什么题目都可以应用了。

八

以上四法，在第一第二两类记载文——即记物件之内容或状态记地方之形势或风景——最为适用。因为这两类所记载都属事物的静态，专用"物理的或数理的观察法"便彀。至于第三第四两类——即记人记事——最要紧的是能写出他的动态，非兼用"化学的观察法"不可。以下当别论这两类文的作法。

凡记述一个人，最要紧的是写出这个人与别人不同之处。人类性格，什有八九是共通的；尤其在同一时代同一社会之人，相类似之点尤多，好像用同式的模子铸出来一般。虽然，人类之所以异于他物者，因为人类性格只有相类似不会相雷同，所以一个模子可以铸几千万绝对同样式的钱，一个马群可以养出千百个绝对同性质的马，一个社会中想找两个绝对同样的人断断找不出。相类似是人类的群性，不雷同是人类的个性。个性惟人类才有，别的物都不能有。凡记人的文字，唯一职务在描写出那人的个性。

　　近世写实派文学大家莫伯桑初学作文时，他的先生教他：同时观察十个车夫的动作，作十篇文章把他们写出，每篇限一百字。这是从最难求出个性处刻意去求，这种个性发见得出，别的自然容易了。莫伯桑经过这一番训练之后，文思大进，后来常常举以教人。《水浒传》写一百零八个强盗，要想写得个个面目不同，虽然不算十分成功，但总有十来个各各表出他的个性，这部书所以成为不朽之作就在此。懂得这种道理，对于传记文作法便有入手处了。

　　小说体的文，写个人特性，全凭作者想像力如何；传记体的文，写个人特性，全凭作者观察力如何。有了相当的想像力观察力，怎样才能把所想像所观察尽量的恰肖的传出，全凭作者技术如何。技术千变万化，虽然没有什么原则可指。但古今中外传记名手，大率有一种最通用的技术是：凡足以表现传中人个性的言论行事，无论大小，总要淋漓尽致委曲详尽的极力描写，令那人人格跃然于纸上。宁可把别方面大事抛弃，而在这种关键中绝不爱惜笔墨。这种作法，在欧洲则布鲁特奇之《英雄传》，在中国则司马迁之《史记》，最能深入其中三昧。试将《史记》杂举几篇为例：

　　一、《廉颇蔺相如传》　记蔺相如完璧归赵及渑池之会两事，从始至末一言一动都记得不漏，这是详记大事之法。因为这两件大事最足表现相如的个性，所以专用重笔写他，其余小事都不叙。廉颇的大事，三回伐齐，两回伐魏，一回伐燕，传中前后只用三四十个字便算写过，绝不写他如何作战如何战胜，因为这些战术战功是良将所通有，不足以特表廉颇的人格。倒是廉颇怎样的妒忌蔺相如，经相如退让之后怎样的肉袒谢罪；失势得势时候怎么的对付宾客；晚年亡命在外思念故国怎么的"一饭斗米肉十斤被甲上马示尚可用"；这些小事写得十分详细。读之便可以知道廉颇为人短处在褊狭，长处在重意气识大体。

　　二、《郦食其列传》　食其想见汉高祖，找同里骑士做引线，教他几句话，说道："臣里中有郦生，年六十余，长八尺，人皆谓之狂生，生自谓我非狂生。"记他自己这几句话，便把一位胸有经纬倜傥不群的老名士活画出来。又写他初见高祖时高祖怎样的"倨床使两女子洗足"，郦生怎样的"长揖不拜"；高祖怎样骂，郦生怎样的和他对骂，说道："足下欲诛无道秦，不宜倨见长者。"到后来郦生说齐归汉，齐人上了当责备他，他说："而公不为若更言。"（老子不和你说费话）便摄衣就烹。这些话本来都是小节，太史公却处处注意，务将他话的原样和说话的神气都传出，便能把这位老名士的人格活现。

三、《信陵君列传》 说他怎样的待侯嬴，怎样的待朱亥，怎样的待博徒毛公卖浆薛公，这几件事说得委曲详尽，几占全篇之半；而且把他的事业，都穿插在这几个人身上。便活画出极有奇气的一位贵公子，而且把当时社会背景，都刻画出来。

九

记事文——即前述第四类所谓记一事之原委因果者，在各种记载文中最为难做。因为凡事情总不会孤立，孤立的事情，便无记载之价值。凡一篇记事文总是把许多人许多时候的动作聚拢一处来记。严格的说：并非记一件事，乃是记一组事；并非把各件各件叙述得详明正确便算了，一定要把许多性质不同的事前后八面相照应厘然成为一组，所以甚难。

难固然是难，但也有个很简易的方法。什么方法呢？"整理空间时间的关系"。因为凡同一时间所发生的事实必异其空间，同一空间所发生的事实必异其时间。作者但能把这两种关系观察清楚叙述得有法度，自然会把满盘散沙的事件弄成一组了。

记事文最难的莫如记战争。学会记战争，别的文自迎刃而解。因为战争非一人所为，其成败因果，非一人一时一地之事。倘使有一部分叙述得罣漏或错误，便把全篇弄成不可解。所以教授记事文作法，最好将下文所列《左传》《通鉴》中之战记令学生先行细读，再由教师综合比较，向学生说明记载原则：

《左传》：

秦晋韩原之战，

晋楚城濮之战，

晋齐鞌之战，

晋楚邲之战，

晋楚鄢陵之战，

吴楚柏举之战。

《资治通鉴》：

秦汉之交巨鹿之战，

王莽时昆阳之战，

三国时赤壁之战，

东晋时淝水之战。

此外好的还不少，为参考用自然愈多愈妙，头一步讲习，就恁么多篇也毂引例说明之用了。

一回大战争所包含的事实如此其复杂，若要一一记载无遗，实为事势上所绝对不可能。善作战记的人，专以叙述胜败因果为主要目的。于是定出一个原则：凡有关于胜败者虽小必录，无关于胜败者虽大必弃。守定这个原则，对于材料去取便有把握。

材料搜齐选定之后怎样排列呢？就要从时间空间两方面分别整理。

就时间论，每回战争总可分为三大段：

一战前　所应叙述者为战争动机，两造准备，两造心理状态，两造行动及其位置等等。

二战时　两造接触之实况。

三战后　战事之收束及因战争发生之直接影响间接影响。

战纪通例，大率叙战前者居十之七八，叙战时及战后者不过居其二三。因为胜败原因，多半在开火以前便已决定。且每回战事，也是事前酝酿甚久，一到开火，事势便急转直下，事实上时间分配，战前和战时差不多也是八与二之比例。所以注重战前是普遍原则。像《通鉴》昆阳之战，叙战时几占三分之一，实属一种例外。《左传》每篇叙战时实况的文句都极简，最奇怪的如邲之战全文六千多字，内中确为叙战时实况者，只有"车驰卒奔乘晋军"七个字，而且连这七个字也属空话，然而两方胜败原因，已能令读者了然。其余各篇，写战时的语句都极少，诸君试回去细细校阅，自能见出。战后收束，如鞌之战韩之战邲之战都叙得较详，几占全文六分之一或五分之一，因为战后所发生的影响，能令从前局面生大变动而且为后来新事实的原因，所以比较的要详叙。

聚集大多数人在一大空间内行动，非先明了各部分所占的位置不可，所以记载时要整理空间。战纪通例，大率叙战前事实时，先把地理上形势随时逗点，令读者对于这方面知识得有准备，叙到临战时，才把当时形势明显指出。因为两造位置屡屡转移，所以到临时点叙最好。但也不一定，有时亦在一篇之首先叙清楚。倘若位置始终无大变化，便可以如此办法。

整理空间，莫如用图。没有图的文章，能令读者可以据文制图，便是佳文。例如《通鉴》巨鹿之战：

"章邯已破项梁，以为楚地兵不足忧，乃渡河北击赵，大破之，引兵至邯郸。……张耳与赵王歇走入巨鹿城，王离围之。陈余北收常山兵，得数万人，军巨鹿北，章邯军巨鹿南棘原。赵数请救于楚。……楚王召宋义……置以为上将军，项羽为次将……以救赵。……齐将田都助楚救赵。……宋义行至安阳留四十六日不进。……

章邯筑甬道属河饷王离，王离兵食多，急攻巨鹿。巨鹿城中食尽，兵少。……陈余使五千人先当秦军，至皆没。当是时，齐师燕师皆来救赵，张敖亦北收代兵得万余人来，皆壁余旁，未敢击秦。项羽已杀卿子冠军（宋义）乃渡河救巨鹿。……绝章邯甬道，王离军乏食。……项羽乃悉引兵渡河，……围王离，与秦军遇，九战，大破之。章邯引兵却。……"

我们根据这段记事，便可以制图，见如下：

巨鹿战役图

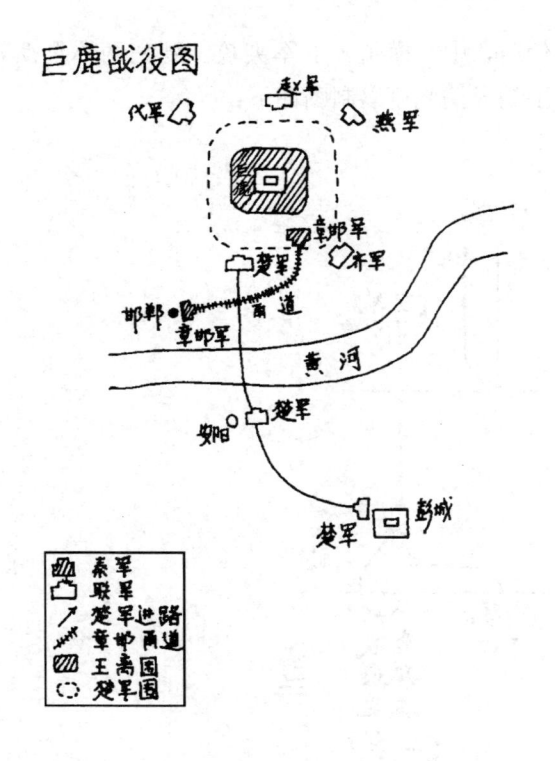

《左传》城濮之役，详略两军将帅及战时行动如下：

"晋，原轸将中军，郤溱佐之，狐毛将上军，狐偃佐之，栾枝将下军，胥臣佐之。……晋师陈于莘北。胥臣以下军之佐当陈、蔡。（楚）子玉以若敖之六卒将中军，子西将左，子上将右。胥臣蒙马以虎皮，先犯陈、蔡，陈、蔡奔，楚右师溃。狐毛设二旆而退之；栾枝使舆曳柴而伪遁；楚师驰之。原轸、郤溱以中军公族横击之；狐毛、狐偃以上军夹攻子西；楚左师溃。楚师败绩。子玉收其卒而止，故不败。"

观此知楚右军乃是用陈、蔡两国兵组织，晋拿下军之一半对付他，因为他不是楚人，力较脆弱，先破他以挫敌锋。楚中军是精锐所萃，不动他。第二步便以全力对付楚左军。本来楚左军正面之敌是晋上军，至是晋三军协力专向他，下军伪遁，中军横击，上军夹攻。到楚两翼全溃，中军无战斗勇气，战事便算了结。据此可以制图如下：

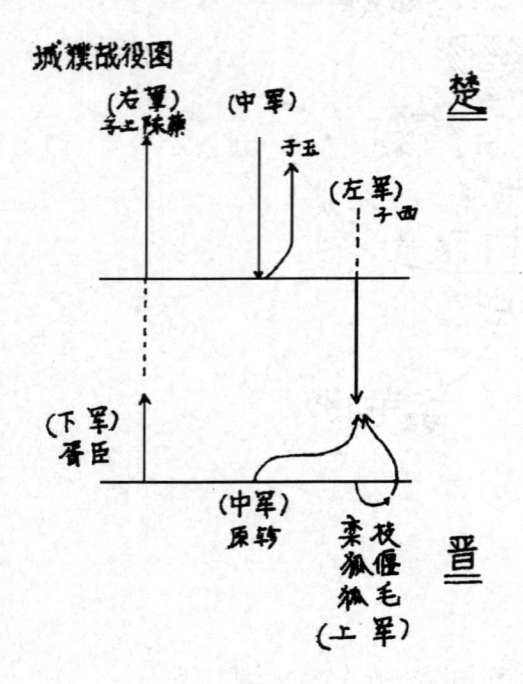

城濮战役图

（下略）

（原刊 1922 年 5 月 15 日《改造》第 4 卷第 9 号，未完）

情圣杜甫

一

今日承诗学研究会嘱托讲演，可惜我文学素养很浅薄，不能有甚么新贡献，只好把咱们家里老古董搬出来和诸君摩挲一番，题目是"情圣杜甫"。在讲演本题以前，有两段话应该简单说明：

第一，新事物固然可爱，老古董也不可轻轻抹杀。内中艺术的古董，尤为有特殊价值。因为艺术是情感的表现，情感是不受进化法则支配的；不能说现代人的情感一定比古人优美，所以不能说现代人的艺术一定比古人进步。

第二，用文字表出来的艺术——如诗词歌剧小说等类，多少总含有几分国民的性质。因为现在人类语言未能统一，无论何国的作家，总须用本国语言文字做工具；这副工具操练得不纯熟，纵然有很丰富高妙的思想，也不能成为艺术的表现。

我根据这两种理由，希望现代研究文学的青年，对于本国二千年来的名家作品，着实费一番工夫去赏会他。那么，杜工部自然是首屈一指的人物了。

二

杜工部被后人上他徽号叫做"诗圣"。诗怎么样才算"圣"，标准很难确定，我们也不必轻轻附和。我以为工部最少可以当得起情圣的徽号。因为他的情感的内容，是极丰富的，极真实的，极深刻的。他表情的方法又极熟练，能鞭辟到最深处，能将他全部完全反映不走样子，能像电气一般一振一荡的打到别人的心弦上。中国文学界写情圣手，没有人比得上他，所以我叫他做情圣。

我们研究杜工部，先要把他所生的时代和他一生经历略叙梗概，看出他整个的人格：两晋六朝几百年间，可以说是中国民族混成时代。中原被异族侵入，搀杂许多新民族的血；江南则因中原旧家次第迁渡，把原住民的文化提高了。当时文艺上南北派的痕迹显然，北派真率悲壮，南派整齐柔婉，在古乐府里头，最可以看出这分野。唐朝民族化合作用，经过完成了，政治上统一，影响及于文艺，自然会把两派特性合冶一炉，形成大民族的新美。初唐是黎明时代，盛唐正是成熟时代。内中玄宗开元间四十年太平，正孕育出中国艺术史上黄金时代。到天宝之乱，黄金忽变为黑灰。时事变迁之剧，未有其比。当时蕴蓄深厚的文学界，受了这种激刺，益发波澜壮阔。杜工部正是这个时代的骄儿。他是河南人，生当玄宗开元之初。早年漫游四方，大河以北都有他足迹，同时大文学家李太白、高达夫都是他的挚友。中年值安禄山之乱，从贼中逃出，跑到甘肃的灵武谒见肃宗，补了个"拾遗"的官，不久告假回家。又碰着饥荒，在陕西的同谷县几乎饿死。后来流落到四川，依一位故人严武。严武死后，四川又乱，他避难到湖南，在路上死了。他有两位兄弟、一位妹子，都因乱离难得见面。他和他的夫人也常常隔离，他一个小儿子，因饥荒饿死，两个大儿子，晚年跟着他在四川。他一生简单的经历大略如此。

他是一位极热肠的人，又是一位极有脾气的人。从小便心高气傲，不肯趋承人。他的诗道：

"以兹悟生理，独耻事干谒。"（《奉先咏怀》）

又说：

"白鸥没浩荡,万里谁能驯。"(《赠韦左丞》)

可以见他的气概。严武做四川节度,他当无家可归的时候去投奔他,然而一点不肯趋承将就,相传有好几回冲撞严武,几乎严武容他不下哩。他集中有一首诗,可以当他人格的象征:

"绝代有佳人,幽居在空谷。自言良家子,零落依草木。……在山泉水清,出山泉水浊。侍婢卖珠回,牵萝补茅屋。摘花不插鬓,采柏动盈掬。天寒翠袖薄,日暮倚修竹。"(《佳人》)

这位佳人,身分是非常名贵的,境遇是非常可怜的,情绪是非常温厚的,性格是非常高抗的,这便是他本人自己的写照。

三

他是个最富于同情心的人。他有两句诗:

"穷年忧黎元,叹息肠内热。"(《奉先咏怀》)

这不是瞎吹的话,在他的作品中,到处可以证明。这首诗底下便有两段说:

"彤庭所分帛,本自寒女出。鞭挞其夫家,聚敛贡城阙。"(同上)

又说:

"况闻内金盘,尽在卫霍室。中堂舞神仙,烟雾散玉质。暖客貂鼠裘,悲管逐清瑟。劝客驼蹄羹,霜橙压香橘。朱门酒肉臭,路有冻死骨。……"(同上)

这种诗几乎纯是现代社会党的口吻。他做这诗的时候，正是唐朝黄金时代，全国人正在被镜里雾里的太平景象醉倒了。这种景象映到他的眼中，却有无限悲哀。

他的眼光，常常注视到社会最下层。这一层的可怜人那些状况，别人看不出，他都看出；他们的情绪，别人传不出，他都传出。他著名的作品"三吏""三别"，便是那时代社会状况最真实的影戏片。《垂老别》的：

"老妻卧路啼，岁暮衣裳单。熟〔孰〕知是死别，且复伤其寒。此去必不归，还闻劝加餐。"

《新安吏》的：

"肥男有母送，瘦男独伶俜。白水暮东流，青山犹哭声。莫自使眼枯，收汝泪纵横。眼枯即见骨，天地终无情。"

《石壕吏》的：

"三男邺城戍。一男附书至，二男新战死。存者且偷生，死者长已矣。"

这些诗是要作者的精神和那所写之人的精神并合为一，才能做出。他所写的是否他亲闻亲见的事实，抑或他脑中创造的影像，且不管他；总之他做这首《垂老别》时，他已经化身做那位六七十岁拖去当兵的老头子，做这首《石壕吏》时，他已经化身做那位儿女死绝衣食不给的老太婆，所以他说的话，完全和他们自己说一样。

他还有《又呈吴郎》一首七律，那上半首是：

"堂前扑枣任西邻，无食无儿一妇人。不为家贫宁有此，只缘恐惧转须亲。……"

这首诗，以诗论，并没什么好处，但叙当时一件琐碎实事，——一位很可怜的邻舍妇人偷他的枣子吃，因那人的惶恐，把作者的同情心引起了。这也是他注意下层社会的证据。

有一首《缚鸡行》，表出他对于生物的泛爱，而且很含些哲理：

"小奴缚鸡向市卖，鸡被缚急相喧争。家人厌鸡食虫蚁，未知鸡卖还遭烹。虫鸡于人何厚薄，吾叱奴人解其缚。鸡虫得失无时了，注目寒江倚山阁。"

有一首《茅屋为秋风所破歌》，结尾几句说道：

"……安得广厦千万间，大庇天下寒士俱欢颜。风雨不动安如山。呜呼！何时眼前突兀见此屋，吾庐独破被〔受〕冻死亦足。"

有人批评他是名士说大话，但据我看来，此老确有这种胸襟，因为他对于下层社会的痛苦看得真切，所以常把他们的痛苦当作自己的痛苦。

四

他对于一般人如此多情，对于自己有关系的人更不待说了。我们试看他对朋友：那位因陷贼贬做台州司户的郑虔，他有诗送他道：

"……便与先生应永诀，九重泉路尽交期。"

又有诗怀他道：

"天台隔三江，风浪无晨暮。郑公纵得归，老病不识路。……"
（《有怀台州郑十八司户》）

那位因附永王璘造反长流夜郎的李白,他有诗梦他道:

"死别已吞声,生别常恻恻。江南瘴厉地,逐客无消息。故人入我梦,明我长相忆。恐非平生魂,路远不可测。魂来枫林青,魂返关塞黑。君今在罗网,何以有羽翼?落月满屋梁,犹疑照颜色。水深波浪阔,毋使蛟龙得。"(《梦李白》二首之一)

这些诗不是寻常应酬话,他实在拿郑、李等人当一个朋友,对于他们的境遇,所感痛苦和自己亲受一样,所以做出来的诗句句都带血带泪。

他集中想念他兄弟和妹子的诗,前后有二十来首,处处至性流露。最沉痛的如《同谷七歌》中:

"有弟有弟在远方,三人各瘦何人强?生别展转不相见,胡尘暗天道路长。前飞驾〔鴐〕鹅后鹙鸧,安得送我置汝旁?呜呼!三歌兮歌三发,汝归何处收兄骨?"

"有妹有妹在钟离,良人早没诸孤痴。长淮浪高蛟龙怒,十年不见来何时。扁舟欲往箭满眼,杳杳南国多旌旗。呜呼!四歌兮歌四奏,林猿为我啼清昼。"

他自己直系的小家庭,光景是很困苦的,爱情却是很浓挚的。他早年有一首思家诗:

"今夜鄜州月,闺中只独看。遥怜小儿女,未解忆长安。香雾云鬟湿,清辉玉臂寒。何时倚虚幌,双照泪痕干。"(《月夜》)

这种缘情绮旎之作,在集中很少见,但这一首已可证明工部是一位温柔细腻的人。他到中年以后,遭值多难,家属离合,经过不少的酸苦。乱前他回家一次,小的儿子饿死了。他的诗道:

"……老妻寄异县，十口隔风雪。谁能久不顾，庶往共饥渴？入门闻号咷，幼子饿已卒。吾宁舍一哀，里巷亦呜咽。所愧为人父，无食致夭折。……"（《奉先咏怀》）

乱后和家族隔绝，有一首诗：

"去年潼关破，妻子隔绝久。……自寄一封书，今已十月后。反畏消息来，寸心亦何有？……"（《述怀》）

其后从贼中逃归，得和家族团聚，他有好几首诗写那时候的光景：《羌村》三首中的第一首：

"峥嵘赤云西，日脚下平地。柴门鸟雀噪，归客千里至。妻孥怪我在，惊定还拭泪。世乱遭飘荡，生还偶然遂。邻人满墙头，感叹亦歔欷。夜阑更秉烛，相对如梦寐。"

《北征》里头的一段：

"况我堕胡尘，及归尽华发。经年至茅屋，妻子衣百结。恸哭松声回，悲泉共呜咽。平生所娇儿，颜色白胜雪；见耶背面啼，垢腻脚不袜。床前两小女，补绽才过膝；海图坼波涛，旧绣移曲折；天吴及紫凤，颠倒在裋褐。老夫情怀恶，呕咽卧数日。那无囊中帛，救汝寒凛栗！粉黛亦解苞，衾裯稍罗列。瘦妻面复光，痴女头自栉；学母无不为，晓妆随手抹；移时施朱铅，狼藉画眉阔。生还对童稚，似欲忘饥渴。问事竞挽须，谁能即嗔喝？翻思在贼愁，甘受杂乱聒。"

其后挈眷避乱，路上很苦。他有诗追叙那时情况道：

"忆昔避贼初，北走经险艰。夜深彭衙道，月照白水山。尽室久

105

徒步，逢人多厚颜。……痴女饥咬我，啼畏虎狼闻。怀中掩其口，反侧声愈嗔。小儿强解事，故索苦李餐。一旬半雷雨，泥泞相牵攀。……"（《彭衙行》）

他合家避乱到同谷县山中，又遇着饥荒，靠草根木皮活命，在他困苦的全生涯中，当以这时候为最甚。他的诗说：

"长镵长镵白木柄，我生托子以为命。黄独无苗山雪盛，短衣数挽不掩胫。此时与子空归来，男呻女吟四壁静。……"（《同谷七歌》之一）

以上所举各诗写他自己家庭状况，我替他起个名字叫做"半写实派"。他处处把自己主观的情感暴露，原不算写实派的作法。但如《羌村》《北征》等篇，多用第三者客观的资格，描写所观察得来的环境和别人情感，从极琐碎的断片详密刻画，确是近世写实派用的方法，所以可叫做半写实。这种作法，在中国文学界上，虽不敢说是杜工部首创，却可以说是杜工部用得最多而最妙。从前古乐府里头，虽然有些，但不如工部之描写入微。这类诗的好处，在真事愈写得详，真情愈发得透。我们熟读他，可以理会得"真即是美"的道理。

五

杜工部的"忠君爱国"，前人恭维他的很多，不用我再添话。他集中对于时事痛哭流涕的作品，差不多占四分之一，若把他分类研究起来，不惟在文学上有价值，而且在史料上有绝大价值。为时间所限，恕我不征引了。内中价值最大者，在能确实描写出社会状况，及能确实讴吟出时代心理。刚才举出半写实派的几首诗，是集中最通用的作法，此外还有许多是纯写实的。试举他几首：

"献凯日继踵,两蕃静无虞。渔阳豪侠地,击鼓吹笙竽。云帆转辽海,粳稻来东吴。越罗与楚练,照耀舆台躯。主将位益崇,气骄凌上都。边人不敢议,议者死路衢。"(《后出塞》五首之四)

读这些诗,令人立刻联想到现在军阀的豪奢专横。——尤其逼肖奉、直战争前张作霖的状况。最妙处是不着一个字批评,但把客观事实直写,自然会令读者叹气或瞪眼。又如《丽人行》那首七古,全首将近二百字的长篇,完全立在第三者地位观察事实。从"三月三日天气新",到"青鸟飞去衔红巾",占全首二十六句中之二十四句,只是极力铺叙那种豪奢热闹情状,不惟字面上没有讥刺痕迹,连骨子里头也没有。直至结尾两句:

"炙手可热势绝伦,慎莫近前丞相嗔。"

算是把主意一逗。但依然不着议论,完全让读者自去批评。这种可以说讽刺文学中之最高技术。因为人类对于某种社会现象之批评,自有共同心理,作家只要把那现象写得真切,自然会使读者心理起反应,若把读者心中要说的话,作者先替他倾吐无余,那便索然寡味了。杜工部这类诗,比白香山《新乐府》高一筹,所争就在此。《石壕吏》《垂老别》诸篇,所用技术,都是此类。

工部的写实诗,什有九属于讽刺类。不独工部为然,近代欧洲写实文学,那一家不是专写社会黑暗方面呢?但杜集中用写实法写社会优美方面的亦不是没有。如《遭田父泥饮》那篇:

"步屧随春风,村村自花柳。田翁逼社日,邀我尝春酒。酒酣夸新尹,畜眼未见有。回头指大男,'渠是弓弩手。名在飞骑籍,长番岁时久。前日放营农,辛苦救衰朽。差科死则已,誓不举家走。今年大作社,拾遗能住否?'叫妇开大瓶,盆中为吾取。……高声索果栗,欲起时被肘。指挥过无礼,未觉村野丑。月出遮我留,仍嗔问升斗。"

这首诗把乡下老百姓极粹美的真性情，一齐活现。你看他父子夫妇间何等亲热；对于国家的义务心何等郑重；对于社交，何等爽快何等恳切。我们若把这首诗当个画题，可以把篇中各人的心理从面孔上传出，便成了一幅绝好的风俗画。我们须知道：杜集中关于时事的诗，以这类为最上乘。

六

工部写情，能将许多性质不同的情绪，归拢在一篇中，而得调和之美。例如《北征》篇，大体算是忧时之作。然而"青云动高兴，幽事亦可悦"以下一段，纯是玩赏天然之美。"夜深经战场，寒月照白骨"以下一段，凭吊往事。"况我堕胡尘"以下一大段，纯写家庭实况，忽然而悲，忽然而喜。"至尊尚蒙尘"以下一段，正面感慨时事，一面盼望内乱速平，一面又忧虑到凭借回鹘外力的危险。"忆昨狼狈初"以下到篇末，把过去的事实，一齐涌到心上。像这许多杂乱情绪迸在一篇，调和得恰可，非有绝大力量不能。

工部写情，往往愈拶愈紧，愈转愈深，象《哀王孙》那篇，几乎一句一意，试将现行新符号去点读他，差不多每句都须用"。"符或"；"符。他的情感，象一堆乱石，突兀在胸中，断断续续的吐出，从无条理中见条理，真极文章之能事。

工部写情，有时又淋漓尽致一口气说出，如八股家评语所谓"大开大合"。这种类不以曲折见长，然亦能极其美。集中模范的作品，如《忆昔行》第二首，从"忆昔开元全盛日"起到"叔孙礼乐萧何律"止，极力追述从前太平景象，从社会道德上赞美，令意义格外深厚。自"岂闻一缣直万钱"到"复恐初从乱离说"，翻过来说现在乱离景象，两两比对，令读者胆战肉跃。

工部还有一种特别技能，几乎可以说别人学不到：他最能用极简的语句，包括无限情绪，写得极深刻。如《喜达行在所》三首中第三首的头两句：

"死去凭谁报，归来始自怜。"

仅仅十个字，把十个月内虎口余生的甜酸苦辣都写出来，这是何等魄力。又如前文所引《述怀》篇的：

"反畏消息来。"

五个字，写乱离中担心家中情状，真是惊心动魄。又如《垂老别》里头：

"势异邺城下，纵死时犹宽。"

死是早已安排定了，只好拿期限长些作安慰（原文是写老妻送行时语），这是何等沉痛。又如前文所引的：

"郑公纵得归，老病不识路。"

明明知道他绝对不得归了，让一步虽得归，已经万事不堪回首。此外如：

"带甲满天地，胡为君远行。"①
"万方同一概，吾道竟何之？"（《秦州杂诗》）
"国破山河在，城春草木深。"②
"亲朋无一字，老病有孤舟。"（《登岳阳楼》）
"古往今来皆涕泪，断肠分手各风烟。"（《公安送韦二少府》）

之类，都是用极少的字表极复杂极深刻的情绪。他是用洗练工夫用得极到家，所以说"语不惊人死不休。"此其所以为文学家的文学。

---

① 此题原缺，为《送远》。——编者注
② 此题原缺，为《春望》。——编者注

109

悲哀愁闷的情感易写，欢喜的情感难写。古今作家中，能将喜情写得逼真的，除却杜集《闻官军收河南河北》外，怕没有第二首。那诗道：

"剑外忽闻收蓟北，初闻涕泪满衣裳。却看妻子愁何在，漫卷诗书喜欲狂。白日放歌须纵酒，青春结〔作〕伴好还乡。即从巴峡穿巫峡，便下襄阳到〔向〕洛阳。"

那种手舞足蹈情形，从心坎上奔迸而出，我说他和古乐府的《公无渡河》是同一样笔法。彼是写忽然剧变的悲情，此是写忽然剧变的喜情，都是用快光镜照相照得的。

七

工部流连风景的诗比较少，但每有所作，一定于所咏的景物观察入微，便把那景物做象征，从里头印出情绪。如：

"竹凉侵卧内，野月满庭隅。重露成涓滴，稀星乍有无。暗飞萤自照，水宿鸟相呼。万事干戈里，空悲清夜徂。"（《倦夜》）

题目是"倦夜"，景物从初夜写到中夜后夜，是独自一个人有心事睡不着，疲倦无聊中所看出的光景，所写环境，句句和心理反应。又如：

"风急天高猿啸哀，渚清沙白鸟飞回。无边落木萧萧下，不尽长江滚滚来。……"（《登高》）

虽然只是写景，却有一位老病独客秋天登高的人在里头。便不读下文"万里悲秋常作客，百年多病独登台"两句，已经如见其人了。又如：

"细草微风岸，危樯独夜舟。星垂平野阔，月涌大江流。……"

(《旅夜书怀》)

从寂寞的环境上领略出很空阔很自由的趣味。末两句说:"飘飘何所似,天地一沙鸥。"把情绪一点便醒。

所以工部的写景诗,多半是把景做表情的工具。象王、孟、韦、柳的写景,固然也离不了情,但不如杜之情的分量多。

八

诗是歌的笑的好呀,还是哭的叫的好?换一句话说:诗的任务在赞美自然之美呀,抑在呼诉人生之苦?再换一句话说:我们应该为做诗而做诗呀,抑或应该为人生问题中某项目的而做诗?这两种主张,各有极强的理由;我们不能作极端的左右袒,也不愿作极端的左右袒。依我所见:人生目的不是单调的,美也不是单调的。为爱美而爱美,也可以说为的是人生目的;因为爱美本来是人生目的的一部分。诉人生苦痛,写人生黑暗,也不能不说是美。因为美的作用,不外令自己或别人起快感;痛楚的刺激,也是快感之一;例如肤痒的人,用手抓到出血,越抓越畅快。象情感怎么热烈的杜工部,他的作品,自然是刺激性极强,近于哭叫人生目的那一路;主张人生艺术观的人,固然要读他。但还要知道:他的哭声,是三板一眼的哭出来,节节含着真美;主张唯美艺术观的人,也非读他不可。我很惭愧:我的艺术素养浅薄,这篇讲演,不能充分发挥"情圣"作品的价值;但我希望这位情圣的精神,和我们的语言文字同其寿命;尤盼望这种精神有一部分注入现代青年文学家的脑里头。

(1922年5月21日在北京为诗学研究会讲演,原刊1922年5月28—29日《晨报副镌》,收入《梁任公学术讲演集》第一辑,商务印书馆1922年11月初版)

美术与生活

诸君！我是不懂美术的人，本来不配在此讲演。但我虽然不懂美术，却十分感觉美术之必要。好在今日在座诸君，和我同一样的门外汉谅也不少。我并不是和懂美术的人讲美术。我是专要和不懂美术的人讲美术。因为人类固然不能个个都做供给美术的"美术家"，然而不可不个个都做享用美术的"美术人"。

"美术人"这三个字是我杜撰的，谅来诸君听着很不顺耳。但我确信"美"是人类生活一要素——或者还是各种要素中之最要者，倘若在生活全内容中把"美"的成分抽出，恐怕便活得不自在甚至活不成！中国向来非不讲美术——而且还有很好的美术，但据多数人见解，总以为美术是一种奢侈品，从不肯和布帛菽粟一样看待，认为生活必需品之一，我觉得中国人生活之不能向上，大半由此。所以今日要标"美术与生活"这题，特和诸君商榷一回。

问人类生活于什么？我便一点不迟疑答道"生活于趣味"。这句话虽然不敢说把生活全内容包举无遗，最少也算把生活根芽道出。人若活得无趣，恐怕不活着还好些，而且勉强活也活不下去。人怎样会活得无趣呢？第一种，我叫他做石缝的生活：挤得紧紧的没有丝毫开拓余地；又好像披枷带锁，永远走不出监牢一步。第二种，我叫他做沙漠的生活：干透了没有一毫润泽，板死了没有一毫变化；又好像蜡人一般没有一点血色，又好像一株枯树，庾子山说的"此树婆娑生意尽矣"。这种生活是否还能叫做生活，实属一个问题。所以我虽不敢说趣味便是生活，然而敢说没趣便不成生活。

趣味之必要既已如此,然则趣味之源泉在哪里呢?依我看有三种:

第一,对境之赏会与复现:人类任操何种卑下职业任处何种烦劳境界,要之总有机会和自然之美相接触,——所谓水流花放,云卷月明,美景良辰,赏心乐事。只要你在一刹那间领略出来,可以把一天的疲劳忽然恢复;把多少时的烦恼丢在九霄云外。倘若能把这些影像印在脑里头令他不时复现,每复现一回,亦可以发生与初次领略时同等或仅较差的效用。人类想在这种尘劳世界中得有趣味,这便是一条路。

第二,心态之抽出与印契:人类心理,凡遇着快乐的事,把快乐状态归拢一想,越想便越有味;或别人替我指点出来,我的快乐程度也增加。凡遇着苦痛的事,把苦痛倾筐倒箧吐露出来,或别人能觑看出我苦痛替我说出,我的苦痛程度翻会减少。不惟如此,看出说出别人的快乐,也增加我的快乐;替别人看出说出苦痛,也减少我的苦痛。这种道理,因为各人的心都有个微妙的所在,只要搔着痒处,便把微妙之门打开了。那种愉快,真是得未曾有,所以俗话叫做"开心"。我们要求趣味,这又是一条路。

第三,他界之冥构与蓦进:对于现在环境不满,是人类普通心理,其所以能进化者亦在此。就令没有什么不满,然而在同一环境之下生活久了,自然也会生厌。不满即管不满,生厌即管生厌,然而脱离不掉他,这便是苦恼根原。然则怎样救济法呢?肉体上的生活,虽然被现实的环境捆死了;精神上的生活,却常常对于环境宣告独立。或想到将来希望如何如何,或想到别个世界例如文学家的桃源,哲学家的乌托邦,宗教学〔家〕的天堂净土如何如何,忽然间超越现实界闯入理想界去,便是那人的自由天地。我们欲求趣味,这又是一条路。

这三种趣味,无论何人都会发动的。但因各人感觉机关用得熟与不熟,以及外界帮助引起的机会有无多少,于是趣味享用之程度,生出无量差别。感觉器官敏则趣味增,感觉器官钝则趣味减;诱发机缘多则趣味强,诱发机缘少则趣味弱。专从事诱发以刺戟各人器官不使钝的有三种利器:一是文学,二是音乐,三是美术。

今专从美术讲：美术中最主要的一派，是描写自然之美，常常把我们所曾经赏会或像是曾经赏会的都复现出来。我们过去赏会的影子印在脑中，因时间之经过渐渐淡下去，终必有不能复现之一日，趣味也跟着消灭了。一幅名画在此，看一回便复现一回，这画存在，我的趣味便永远存在。不惟如此，还有许多我们从前不注意赏会不出的，他都写出来指导我们赏会的路，我们多看几次，便懂得赏会方法，往后碰着种种美境，我们也增加许多赏会资料了，这是美术给我们趣味的第一件。

美术中有刻画心态的一派，把人的心理看穿了，喜怒哀乐，都活跳在纸上。本来是日常习见的事，但因他写的唯妙唯肖，便不知不觉间把我们的心弦拨动，我快乐时看他便增加快乐，我苦痛时看他便减少苦痛，这是美术给我们趣味的第二件。

美术中有不写实境实态而纯凭理想构造成的。有时我们想构一境，自觉模糊断续不能构成，被他都替我表现了。而且他所构的境界种种色色有许多为我们所万想不到；而且他所构的境界优美高尚，能把我们卑下平凡的境界压下去。他有魔力，能引我们跟着他走，闯进他所到之地。我们看他的作品时，便和他同住一个超越的自由天地，这是美术给我们趣味的第三件。

要而论之，审美本能，是我们人人都有的。但感觉器官不常用或不会用，久而久之麻木了。一个人麻木，那人便成了没趣的人；一民族麻木，那民族便成了没趣的民族。美术的功用，在把这种麻木状态恢复过来，令没趣变为有趣。换句话说，是把那渐渐坏掉了的爱美胃口，替他复原，令他常常吸受趣味的营养，以维持增进自己的生活康健。明白这种道理，便知美术这样东西在人类文化系统上该占何等位置了。

以上是专就一般人说。若就美术家自身说，他们的趣味生活，自然更与众不同了。他们的美感，比我们锐敏若干倍，正如《牡丹亭》说的"我常一生儿爱好是天然"。我们领略不着的趣味，他们都能领略。领略彀了，终把些唾余分赠我们。分赠了我们，他们自己并没有一毫破费，正如老子说的"既以为人己愈有，既以与人己愈多"。假使"人生生活于趣味"这句话不错，他们的生活真是理想生活了。

今日的中国，一方面要多出些供给美术的美术家，一方面要普及养成享用美术的美术人。这两件事都是美术专门学校的责任；然而该怎样地督促赞助美术专门学校叫他完成这责任，又是教育界乃至一般市民的责任。我希望海内美术大家和我们不懂美术的门外汉各尽责任做去。

（1922年8月13日在上海美术专门学校讲演，原刊1922年8月15日《时事新报·学灯》，收入《梁任公学术讲演集》第三辑，商务印书馆1923年9月初版）

屈原研究

一

中国文学家的老祖宗，必推屈原。从前并不是没有文学，但没有文学的专家。如《三百篇》及其他古籍所传诗歌之类，好的固不少；但大半不得作者主名，而且篇幅也很短。我们读这类作品，顶多不过可以看出时代背景或时代思潮的一部分。欲求表现个性的作品，头一位就要研究屈原。

屈原的历史，在《史记》里头有一篇很长的列传，算是我们研究史料的人可欣慰的事。可惜议论太多，事实仍少。我们最抱歉的，是不能知道屈原生卒年岁和他所享年寿。据传文大略推算，他该是西纪前三三八至（前）二八八年间的人，年寿最短亦应在五十上下。和孟子、庄子、赵武灵王、张仪等人同时。他是楚国贵族；贵族中最盛者昭、屈、景三家。他便是三家中之一。他曾做过"三闾大夫"。据王逸说："三闾之职，掌王族三姓，曰昭、屈、景。屈原序其谱属率其贤良以厉国士。"然则他是当时贵族总管了。他曾经得楚怀王的信用，官至"左徒"。据本传说："入则与王图议国事以出号令，出则接遇宾客，应对诸侯，王甚任之。"可见他在政治上曾占很重要的位置。其后被上官大夫所谗，怀王疏了他。怀王在位三十年，[西纪前三二八至（前）二九七] 屈原做左徒，不知是那年的事，但最迟亦在怀王十六年（前三一二）以前。因为那年怀王受了秦相张仪所骗，已经是屈原见疏之后了。假定屈原做左徒在怀王十年前后，那时他的年纪最少亦应二十岁以上，所以他的生年，不能晚于西纪前三三八年。屈原在位的时候，楚国正极强盛，屈原的政策，大概是主张联合六国共摈强秦保持均势；所以虽见疏之后，还做过齐国公使。可惜怀王太没有主意，时而摈秦，时而联秦，任凭纵横家摆弄。卒至"兵挫地削，亡其六郡，身客死于秦，为天下笑"（本传文）。怀王死了不到六十年，楚国便亡了。屈原当怀王十六年以后，政治生涯，像已经完全断绝。其后十四年间，大概仍居住郢都（武昌）一带。因为怀王三十年将入秦之时，屈原还力谏，可见他和怀王的关系，仍是藕断丝连了。怀王死后，顷襄王立，（前二九八）屈原的反对党，越发得志，便把他放逐到湖南地方去，后来竟闹到投水自杀。

屈原什么时候死呢？据《卜居》篇说："屈原既放，三年不得复见。"《哀郢》篇说："忽若不信兮，至今九年而不复。"假定认这两篇为顷襄王时作品，则屈原最少当西纪前二八八年仍然生存。他脱离政治生活专做文学生活，大概有二十来年的日月。

屈原所走过的地方有多少呢？他著作中所见的地名如下：

令沅湘兮无波，使江水兮安流。
遭吾道兮洞庭。
望涔阳兮极浦。
遗余佩兮澧浦。右《湘君》
洞庭波兮木叶下。
沅有芷兮澧有兰。
遗余褋兮澧浦。右《湘夫人》
哀南夷之莫吾知兮，旦余济乎江湘。
乘鄂渚而反顾兮。
邸余车兮方林。
乘舲船余上沅兮。
朝发枉陼兮，夕宿辰阳。
入溆浦余僮佪兮，迷不知吾〈之〉所如。深林杳以冥冥兮，乃猿狖之所居。……山峻高以蔽日兮，下幽晦以多雨。霰雪纷其无垠兮，

117

云霏霏而承雨〔宇〕。右《涉江》
  发郢都而去闾兮。
  过夏首而西浮兮,顾龙门而不见。
  背夏浦而西思兮。
  惟郢路之辽远兮,江与夏之不可涉。右《哀郢》
  长濑湍流,泝江潭兮。狂顾南行,聊以娱心兮。
  低徊夷犹,宿北姑兮。右《抽思》
  浩浩沅湘,纷流汨兮。右《怀沙》
  遵江夏以娱忧。右《思美人》
  指炎神而直驰兮,吾将往乎南疑。右《远游》
  路贯庐江兮左长薄。右《招魂》

内中说郢都,说江夏,是他原住的地方;洞庭、湘水,自然是放逐后常来往的;都不必多考据。最当注意者:《招魂》说的"路贯庐江兮左长薄",像江西庐山一带,也曾到过。但《招魂》完全是浪漫的文学,不敢便认为事实。《涉江》一篇,含有纪行的意味,内中说"乘舲船余上沅",说"朝发枉陼,夕宿辰阳",可见他曾一直溯着沅水上游,到过辰州等处。他说的"峻高蔽日,霰雪无垠"的山,大概是衡岳最高处了。他的作品中,像"幽独处乎山中""山中人兮芳杜若",这一类话很多。我想他独自一人在衡山上过活了好些日子。他的文学,谅来就在这个时代大成的。

最奇怪的一件事:屈原家庭状况如何,在本传和他的作品中,连影子也看不出!《离骚》有"女媭之婵媛兮,申申其詈余"两语。王逸注说:"女媭,屈原姊也。"这话是否对,仍不敢说。就算是真,我们也仅能知道他有一位姐姐,其余兄弟妻子之有无,一概不知。就作品上看来,最少他放逐到湖南以后过的都是独身生活。

二

我们把屈原的身世大略明白了,第二步要研究那时候为什么会发生这种伟大的文学？为什么不发生于别国而独发生于楚国？何以屈原能占这首创的地位？第一个问题，可以比较的简单解答。因为当时文化正涨到最高潮，哲学勃兴，文学也该为平行线的发展。内中如《庄子》《孟子》及《战国策》中所载各人言论，都很含着文学趣味。所以优美的文学出现，在时势为可能的。第二第三两个问题，关系较为复杂。依我的观察：我们这华夏民族，每经一次同化作用之后，文学界必放异彩。楚国当春秋初年，纯是一种蛮夷；春秋中叶以后，才渐渐的同化为"诸夏"。屈原生在同化完成后约二百五十年。那时候的楚国人，可以说是中华民族里头刚刚长成的新分子；好像社会中才成年的新青年。从前楚国人，本来是最信巫鬼的民族，很含些神秘意识和虚无理想，像小孩子喜欢幻构的童话。到了与中原旧民族之现实的伦理的文化相接触，自然会发生出新东西来。这种新东西之体现者，便是文学。楚国在当时文化史上之地位既已如此。至于屈原呢：他是一位贵族，对于当时新输入之中原文化，自然是充分领会。他又曾经出使齐国，那时正当"稷下先生"数万人日日高谈宇宙原理的时候，他受的影响，当然不少。他又是有怪脾气的人，常常和社会反抗。后来放逐到南荒，在那种变化诡异的山水里头，过他的幽独生活。特别的自然界和特别的精神作用相击发，自然会产生特别的文学了。

屈原有多少作品呢？《汉书·艺文志·诗赋略》云："屈原赋二十五篇。"据王逸《楚辞章句》所列，则《离骚》一篇，《九歌》十一篇，《天问》一篇，《九章》九篇，《远游》一篇，《卜居》一篇，《渔父》一篇。尚有《大招》一篇。注云："屈原，或言景差。"然细读《大招》，明是摹仿《招魂》之作，其非出屈原手，像不必多辩。但别有一问题颇费研究者：《史记·屈原列传》赞云："余读《离骚》《天问》《招魂》《哀郢》，悲其志。"是太史公明明认《招魂》为屈原作。然而王逸说是宋玉作。逸，后汉人，有何凭据，竟敢改易前说？大概他以为添上这一篇，便成二十六篇，与《艺文志》数目不符；他又想这一篇标题，像是屈原死后别人招他的魂，所以硬把他送给宋玉。依我看：《招魂》的理想及文体，和宋玉其他作品很有不同处，应该从太史公之说，归还屈原。然则《艺文志》数目不对吗？又不然。《九歌》末一篇《礼魂》，只有五句，实不成篇。《九歌》

本侑神之曲，十篇各侑一神；《礼魂》五句，当是每篇末后所公用。后人传钞贪省，便不逐篇写录，总摆在后头作结。王逸闹不清楚，把他也算成一篇，便不得不把《招魂》挤出了。我所想像若不错，则屈原赋之篇目应如下：

《离骚》一篇

《天问》一篇

《九歌》十篇　　《东皇太一》《云中君》《湘君》《湘夫人》《大司命》《少司命》《东君》《河伯》《山鬼》《国殇》

《九章》九篇　　《惜诵》《涉江》《哀郢》《抽思》《思美人》《惜往日》《橘颂》《悲回风》《怀沙》

《远游》一篇

《招魂》一篇

《卜居》一篇

《渔父》一篇

今将二十五篇的性质，大略说明：

（1）《离骚》　据本传，这篇为屈原见疏以后使齐以前所作，当是他最初的作品。起首从家世叙起，好像一篇自传。篇中把他的思想和品格，大概都传出，可算得全部作品的缩影。

（2）《天问》　王逸说："屈原……见楚先王之庙及公卿祠堂图画天地山川神灵琦玮僪佹，及古贤圣怪物行事，……因书其壁，呵而问之。"我想这篇或是未放逐以前所作，因为"先王庙"不应在偏远之地。这篇体裁，纯是对于相传的神话发种种疑问：前半篇关于宇宙开辟的神话所起疑问，后半篇关于历史神话所起疑问。对于万有的现象和理法怀疑烦闷，是屈原文学思想出发点。

（3）《九歌》　王逸说："沅湘之间，其俗信鬼而好祀，其祠必作乐鼓舞以乐诸神。屈原放逐，窜伏其域。……见其词鄙陋，因为作《九歌》之曲，上陈事神之敬，下以见己之冤。"这话大概不错。"九歌"是乐章旧名，不是九篇歌，所以屈原所作有十篇。这十篇含有多方面的趣味，是集中最"浪漫式"的作品。

（4）《九章》　这九篇并非一时所作，大约《惜诵》《思美人》两篇，似是放逐以前作；《哀郢》是初放逐时作；《涉江》是南迁极远时作；《怀沙》是临终作。其余各篇，不可深考。这九篇把作者思想的内容分别表现，是《离骚》的放大。

（5）《远游》　王逸说："屈原履方直之行，不容于世。……章皇山泽，无所告诉。乃深惟元一，修执恬漠。思欲济世，则意中愤然。文采秀发，遂叙妙思；托配仙人，与俱游戏。周历天地，无所不到；然犹怀念楚国，思慕旧故。"我说：《远游》一篇，是屈原宇宙观人生观的全部表现。是当时南方哲学思想之现于文学者。

（6）《招魂》　这篇的考证，前文已经说过。这篇和《远游》的思想，表面上像恰恰相反，其实仍是一贯。这篇讲上下四方，没有一处是安乐土，那么，回头还求现世物质的快乐怎么样呢？好吗？他的思想，正和葛得的《浮士特》（Goethe：Faust）剧上本一样；《远游》便是那剧的下本。总之这篇是写怀疑的思想历程最恼闷最苦痛处。

（7）《卜居》及《渔父》《卜居》是说两种矛盾的人生观，《渔父》是表自己意志的抉择。意味甚为明显。

三

研究屈原，应该拿他的自杀做出发点。屈原为什么自杀呢？我说：他是一位有洁癖的人为情而死。他是极诚专虑的爱恋一个人，定要和他结婚；但他却悬着一种理想的条件，必要在这条件之下，才肯委身相事。然而他的恋人老不理会他！不理会他，他便放手，不完结吗？不不！他决然不肯！他对于他的恋人，又爱又憎，越憎越爱；两种矛盾性日日交战，结果拿自己生命去殉那"单相思"的爱情！他的恋人是谁？是那时候的社会！

屈原脑中，含有两种矛盾原素：一种是极高寒的理想，一种是极热烈的感情。《九歌》中《山鬼》一篇，是他用象征笔法描写自己人格。其文如下：

"若有人兮山之阿，被薜荔兮带女萝。

既含睇兮又宜笑，子慕予兮善窈窕。
　　乘赤豹兮从文狸，辛夷车兮结桂旗；被石兰兮带杜蘅，折芳馨兮遗所思。
　　余处幽篁兮终不见天，路险艰兮独后来。
　　表独立兮山之上，云容容兮而在下；杳冥冥兮羌昼晦，东风飘兮神灵雨。
　　留灵修兮憺忘归，岁既晏兮孰华予。
　　采三秀兮于山间，石磊磊兮葛蔓蔓；怨公子兮怅忘归，君思我兮不得间。
　　山中人兮芳杜若，饮石泉兮荫松柏；君思我兮然疑作。
　　雷填填兮雨冥冥，猿啾啾兮狖夜鸣；风飒飒兮木萧萧，思公子兮徒离忧。"

我常说：若有美术家要画屈原，把这篇所写那山鬼的精神抽显出来，便成绝作。他独立山上，云雾在脚底下，用石兰、杜若种种芳草庄严自己，真所谓"一生儿爱好是天然"，一点尘都染污他不得。然而他的"心中风雨"，没有一时停息，常常向下界"所思"的人寄他万斛情爱。那人爱他与否，他都不管；他总说"君是思我"，不过"不得间"罢了，不过"然疑作"罢了。所以他十二时中的意绪，完全在"雷填填雨冥冥，风飒飒木萧萧"里头过去。

　　他在哲学上有很高超的见解；但他决不肯耽乐幻想，把现实的人生丢弃。他说：

　　　　"惟天地之无穷兮，哀人生之长勤。往者余弗及兮，来者吾不闻。"（《远游》）

他一面很达观天地的无穷，一面很悲悯人生的长勤，这两种念头，常常在脑里轮转。他自己理想的境界，尽彀受用。他说：

> "道可受兮不可传，其小无内兮其大无垠。无滑而魂兮，彼将自然。壹气孔神兮，于中夜存。虚以待之兮，无为之先。庶类以成兮，此德之门。"（《远游》）

这种见解，是道家很精微的所在；他所领略的，不让前辈的老聃和并时的庄周。他曾写那境界道：

> "经营四荒兮，周流六漠。上至列缺兮，降望大壑。下峥嵘而无地兮，上寥廓而无天。视倏忽而无见兮，听惝恍而无闻。超无为以至清兮，与泰初而为邻。"（《远游》）

然则他常住这境界翛然自得，岂不好吗？然而不能。他说：

> "余固知謇謇之为患兮，忍而不能舍也。"（《离骚》）

他对于现实社会，不是看不开，但是舍不得。他的感情极锐敏，别人感不着的苦痛，到他脑筋里，便同电击一般。他说：

> "微霜降而下沦兮，悼芳草之先零。……谁可与玩斯遗芳兮，晨向风而舒情。……"（《远游》）

又说：

> "惜吾不及见古人兮，吾谁与玩此芳草？"（《思美人》）

一朵好花落去，"干卿甚事？"但在那多情多血的人，心里便不知几多难受。屈原看不过人类社会的痛苦，所以他

> "长太息以掩涕兮，哀民生之多艰。"（《离骚》）

社会为什么如此痛苦呢？他以为由于人类道德堕落。所以说：

"时缤纷其变易兮，又何可以淹留？兰芷变而不芳兮，荃蕙化而为茅。何昔日之芳草兮，今直为此萧艾也！岂其有他故兮，莫好修之害也。……固时俗之从流兮，又孰能无变化？览椒兰其若此兮，又况揭车与江蓠〔离〕？"（《离骚》）

所以他在青年时代便下决心和恶社会奋斗。常怕悠悠忽忽把时光耽误了。他说：

"汩余若将不及兮，恐年岁之不吾与。朝搴毗之木兰兮，夕揽洲之宿莽。日月忽其不淹兮，春与秋其代序。惟草木之零落兮，恐美人之迟暮。不抚壮而弃秽兮，何不改乎此度也。"（《离骚》）

要和恶社会奋斗，头一件是要自拔于恶社会之外。屈原从小便矫然自异，就从他外面服饰上也可以见出。他说：

"余幼好此奇服兮，年既老而不衰。带长铗之陆离兮，冠切云之崔巍〔嵬〕。被明月兮佩宝璐。世溷浊而莫余知兮，吾方高驰而不顾。"（《涉江》）

又说：

"高余冠之岌岌兮，长余佩之陆离。芳与泽其杂糅兮，惟昭质其犹未亏。"（《离骚》）

《庄子》说"尹文作为华山之冠以自表"，当时思想家作些奇异的服饰以表异于流俗，想是常有的。屈原从小便是这种气概。他既决心反抗社会，便拿性命和他相搏。他说：

"民生各有所乐兮，余独好修以为常。虽体解吾犹未变兮，岂余心之可惩？"（《离骚》）

又说：

　　"既替余以蕙纕兮，又申之以揽茝。亦余心之所善兮，虽九死其犹未悔。"（《离骚》）

又说：

　　"与前世而皆然兮，吾又何怨乎今之人？吾将董道而不豫兮，固将重昏而终身。"（《涉江》）

他从发心之日起，便有绝大觉悟，知道这件事不是容易。他赌咒和恶社会奋斗到底，他果然能实践其言，始终未尝丝毫让步。但恶社会势力太大，他到了"最后一粒子弹"的时候，只好洁身自杀。我记得在罗马美术馆中曾看见一尊额尔达治武士石雕遗像，据说这人是额尔达治国几百万人中最后死的一个人，眼眶承泪，颊唇微笑，右手一剑自刺左胁。屈原沉汨罗，就是这种心事了。

<h2 style="text-align:center">四</h2>

　　"余既滋兰之九畹兮，又树蕙之百亩。畦留夷以揭车兮，杂杜蘅与芳芷。冀枝叶之峻茂兮，愿俟时乎吾将刈。虽萎绝其亦何伤兮，哀众芳之芜秽。"（《离骚》）

这是屈原追叙少年怀抱。他原定计画，是要多培植些同志出来，协力改革社会。到后来失败了。一个人失败有什么要紧，最可哀的是从前满心希望的人，看着堕落下去。所谓"众芳芜秽"，就是"昔日芳草，今为萧艾"，这是屈原最痛心的事。

他想改革社会，最初从政治入手。因为他本是贵族，与国家同休戚；又曾得怀王的信任，自然是可以有为。他所以"奔走先后"与闻国事，无非欲他的君王能夠"及前王之踵武"。（《离骚》）无奈怀王太不是材料：

　　"初既与余成言兮，后悔遁而有他。余既不难夫离别兮，伤灵修之数化。"（《离骚》）

　　"昔君与我诚言兮，曰黄昏以为期。羌中道而回畔兮，反既有此他志。"（《抽思》）

他和怀王的关系，就像相爱的人已经定了婚约，忽然变卦。所以他说：

　　"心不同兮媒劳，恩不甚兮轻绝。……交不忠兮怨长，期不信兮告余以不闲。"（《湘君》）

他对于这一番经历，很是痛心，作品中常常感慨。内中最缠绵沉痛的一段是：

　　"吾谊先君而后身兮，羌众人之所仇。专惟君而无他兮，又众兆之所雠。壹心而不豫兮，羌不可保。疾亲君而无他兮，有招祸之道。思君其莫我忠兮，忽忘身之贱贫。事君而不贰兮，迷不知宠之门。忠何罪以遇罚兮，亦非余心之所志。行不群以颠越兮，又众兆之所咍……"（《惜诵》）

他年少时志盛气锐，以为天下事可以凭我的心力立刻做成；不料才出头便遭大打击。他曾写自己心理的经过，说道：

　　"昔余梦登天兮，魂中道而无杭。吾使厉神占之兮，曰有志极而无旁。……

"吾闻作忠以造怨兮，忽谓之过言。九折臂而成医兮，吾至今而知其信然。"(《惜诵》)

他受了这一回教训，烦闷之极。但他的热血，常常保持沸度，再不肯冷下去。于是他发出极沉挚的悲音。说道：

　　"闺中既已邃远兮，哲王又不寤。怀朕情而不发兮，余焉能忍与此终古？"(《离骚》)

以屈原的才气，倘肯稍为迁就社会一下，发展的余地正多。他未尝不盘算及此，他托为他姐姐劝他的话，说道：

　　"女嬃之婵媛兮，申申其詈余。曰：'鲧婞直以亡身兮，终然殀乎羽之野。汝何博謇而好修兮，纷独有此姱节。薋菉葹以盈室兮，判独离而不服。众不可户说兮，孰云察余之中情？世并举而好朋兮，夫何茕独而不余听？'……"(《离骚》)

又托为渔父劝他的话，说道：

　　"夫圣人者，不凝滞于物，而能与世推移。举世皆浊，何不淈其泥而扬其波？众人皆醉，何不餔其糟而歠其醨？"(《渔父》)

他自己亦曾屡屡反劝自己，说道：

　　"惩于羹者而吹虀兮，何不变此志也？欲释阶而登天兮，犹有曩之态也。"(《惜诵》)

说是如此，他肯吗？不不！他断然排斥"迁就主义"。他说：

"刓方以为圜兮，常度未替。易初本迪兮，君子所鄙。……玄文处幽兮，矇瞍谓之不章。离娄微睇兮，瞽以为无明。……邑犬群吠兮，吠所怪也。非俊疑杰兮，固常态也。"（《怀沙》）

他认定真理正义，和流俗人不相容；受他们压迫，乃是当然的。自己最要紧是立定脚跟，寸步不移。他说：

"嗟尔幼志，有以异兮。独立不迁，岂不可喜兮。深固难徙，廓其无求兮。苏世独立，横而不流兮。"（《橘颂》）

他根据这"独立不迁"主义，来定自己的立场，所以说：

"固时俗之工巧兮，偭规矩而改错。背绳墨以追曲兮，竞周容以为度。忳郁邑余侘傺兮，吾独穷困乎此时也。宁溘死以流亡兮，余不忍为此态也。鸷鸟之不群兮，自前世而固然。何方圆之能周兮，夫孰异道而相安？屈心而抑志兮，忍尤而攘诟。伏清白以死直兮，固前圣之所厚。"（《离骚》）

易卜生最喜欢讲的一句话：All or nothing.（要整个，不然，宁可什么也没有。）屈原正是这种见解。"异道相安"，他认为和方圆相周一样，是绝对不可能的事。中国人爱讲调和，屈原不然，他只有极端。"我决定要打胜他们，打不胜我就死。"这是屈原人格的立脚点，他说也是如此说，做也是如此做。

五

不肯迁就，那么，丢开罢。怎么样呢？这一点，正是屈原心中常常交战的题目。丢开有两种：一是丢开楚国，二是丢开现社会。丢开楚国的商榷，所谓：

>"思九州之博大兮，岂惟是其有女？……何所独无芳草兮，尔何怀乎故宇？"（《离骚》）

这种话就是后来贾谊吊屈原说的"历九州而相君兮，何必怀此都也"。屈原对这种商榷怎么呢？他以为举世溷浊，到处都是一样。他说：

>"溘吾游此春宫兮，折琼枝以继佩。及荣华之未落兮，相下女之可诒。
>　　吾令丰隆乘云兮，求宓妃之所在。解佩纕以结言兮，吾令蹇修以为理。纷总总其离合兮，忽纬繣其难迁。……望瑶台之偃蹇兮，见有娀之佚女。吾令鸩为媒兮，鸩告余以不好。雄鸠之鸣逝兮，余犹恶其佻巧。……
>　　及少康之未家兮，留有虞之二姚。理弱而媒拙兮，恐导言之不固。时溷浊而嫉贤兮，好蔽美而称恶。……"（《离骚》）

这些话怎样解呢？对于这一位意中人，已经演了失恋的痛史了，再换别人，只怕也是一样。宓妃呢？纬繣难迁；有娀吗？不好，佻巧。二姚吗？导言不固。总结一句，就是旧戏本说的笑话："我想平儿，平儿老不想我。"怎么样他才会想我呢？除非我变个样子；然而我到底不肯；所以任凭你走遍天涯地角，终久找不着一个可意的人来结婚。于是他发出绝望的悲调，说：

>"忽反顾以流涕兮，哀高丘之无女。"（《离骚》）

他理想的女人，简直没有。那么，他非在独身生活里头甘心终老不可了。
　　举世溷浊的感想，《招魂》上半篇表示得最明白。所谓：

>"魂兮归来，东方不可以托些。……魂兮归来，南方不可以止些。……魂兮归来，西方之害流沙千里些。……魂兮归来，北方不可以止

些。……魂兮归来，君无上天些。……魂兮归来，君无下此幽都些。……"

似此"上下四方多贼奸"，有那一处可以说是比"故宇"强些呢？所以丢开楚国，全是不彻底的理论，不能成立。

丢开现社会，确是彻底的办法。屈原同时的庄周，就是这样。屈原也常常打这个主意。他说：

"悲时俗之迫阨兮，愿轻举以远游。"（《远游》）

他被现社会迫阨不过，常常要和他脱离关系宣告独立。而且实际上他的神识，亦往往靠这一条路得些安慰。他作品中表现这种理想者最多。如：

"驾青虬兮骖白螭，吾与重华游兮瑶之圃。登昆仑兮食玉英。与天地兮同寿，与日月兮同光。"（《涉江》）

"与女游兮九河，冲风起兮水扬波。乘水车兮荷盖，驾两龙兮骖螭。登昆仑兮四望，心飞扬兮浩荡。"（《河伯》）

"春秋忽其不淹兮，奚久留此故居。轩辕不可攀援兮，吾将从王乔而游戏。餐六气而饮沆瀣兮，漱正阳而含朝霞。保神明之清澄兮，精气入而粗秽除。顺凯风以从游兮，至南巢而一息；见王子而宿之兮，审壹气之和德。"（《远游》）

"穆眇眇之无垠兮，莽芒芒之无仪。声有隐而相感兮，物有纯而不可为。藐蔓蔓之不可量兮，缥绵绵之不可纡。……上高岩之峭岸兮，处雌蜺之标颠。据青冥而攄虹兮，遂倏忽而扪天。……"（《悲回风》）

"邅吾道夫昆仑兮，路修远以周流。扬云霓之晻蔼兮，鸣玉鸾之啾啾。朝发轫于天津兮，夕余至乎西极。凤皇翼其承旂兮，高翱翔之翼翼。忽吾行此流沙兮，遵赤水而容与。麾蛟龙使梁津兮，诏西皇使涉余。……屯余车其千乘兮，齐玉轪而并驰。驾八龙之婉婉兮，载云

旗之委蛇。抑志而弭节兮，神高驰之邈邈。奏九歌而舞韶兮，聊假日以偷乐。"（《离骚》）

诸如此类，所写都是超现实的境界，都是从宗教的或哲学的想像力构造出来。倘使屈原肯往这方面专做他的精神生活，他的日子原可以过得很舒服。然而不能。他在《远游》篇，正在说"绝氛埃而淑尤兮，终不反其故都"。底下忽然接着道：

"恐天时之代序兮，耀灵晔而西征。微霜降而下沦兮，悼芳草之先零。"

他在《离骚》篇，正在说"假日偷乐"，底下忽然接着道：

"陟升皇之赫戏兮，忽临睨夫旧乡。仆夫悲余马怀兮，蜷局顾而不行。"

乃至如《招魂》篇把物质上娱乐敷陈了一大堆，煞尾却说道：

"皋兰被径兮斯路渐，湛湛江水兮上有枫。目极千里兮伤春心，魂兮归来哀江南。"

屈原是情感的化身，他对于社会的同情心，常常到沸度。看见众生苦痛，便和身受一般，这种感觉，任凭用多大力量的麻药也麻他不下。正所谓"此情无计可消除，才下眉头，却上心头"。说丢开吗？如何能彀呢？他自己说：

"登高吾不说兮，入下吾不能。"（《思美人》）

这两句真是把自己心的状态，全盘揭出。超现实的生活不愿做，一般人的凡下现实生活又做不来，他的路于是乎穷了。

六

对于社会的同情心既如此其富，同情心刺戟最烈者，当然是祖国，所以放逐不归，是他最难过的一件事。他写初去国时的情绪道：

"发郢都而去闾兮，怊荒忽之焉极。楫齐扬以容与兮，哀见君而不再得。望长楸而太息兮，涕淫淫其若霰。过夏首而西浮兮，顾龙门而不见。……将运舟而下浮兮，上洞庭而下江。去终古之所居兮，今逍遥而来东。羌灵魂之欲归兮，何须臾而忘返？背夏浦而西思兮，哀故都之日远。"（《哀郢》）

"望孟夏之短夜兮，何晦明之若岁。惟郢路之辽远兮，魂一夕而九逝。曾不知路之曲直兮，南指月与列星。愿径逝而不得兮，魂识路之营营。"（《抽思》）

内中最沉痛的是：

"曼余目以流观兮，冀一反之何时？鸟飞返故居兮，狐死必首丘。信非余罪而放逐兮，何日夜而忘之？"（《哀郢》）

这等作品，真所谓"一声河〔何〕满子，双泪落君前"。任凭是铁石人，读了怕都不能不感动哩！

他在湖南过的生活，《涉江》篇中描写一部分如下：

"乘舲船余上沅兮，齐吴榜以击汰。船容与而不进兮，淹回水而凝滞。朝发枉陼兮，夕宿辰阳。苟余心其端直兮，虽僻远之何伤？入溆浦余儃徊兮，迷不知吾所如。深林杳以冥冥兮，乃猿狖之所居。山峻高以蔽日兮，下幽晦以多雨。霰雪纷其无垠兮，云霏霏而承宇。哀吾生之无乐兮，幽独处乎山中。吾不能变心而从俗兮，固将愁苦而终穷。"

大概他在这种阴惨岑寂的自然界中过那非社会的生活，经了许多年。像他这富于社会性的人，如何能受？他在那里

"退静默而莫余知兮，进号呼又莫吾闻。"（《惜诵》）

他和恶社会这场血战，真已到矢尽援绝的地步。肯降服吗？到底不肯。他把他的洁癖坚持到底。说道：

"安能以身之察察，受物之汶汶者乎？宁赴湘流，葬于江鱼腹中。又安能以皓皓之白，而蒙世俗之尘埃乎？"（《渔父》）

他是有精神生活的人，看着这臭皮囊，原不算什么一回事。他最后觉悟到他可以死而且不能不死，他便从容死去。临死时的绝作说道：

"人生有命兮〔民生禀命〕，各有所错兮。定心广志，余何畏惧兮？曾伤爱哀，永叹喟兮。世溷不吾知〔世溷浊莫吾知〕，人心不可谓兮。知死不可让〈兮〉，愿勿爱兮。明告君子，吾将以为类兮。"（《怀沙》）

西方的道德论，说凡自杀皆怯懦。依我们看：犯罪的自杀是怯懦，义务的自杀是光荣。匹夫匹妇自经沟渎的行为，我们诚然不必推奖他。至于"志士不忘在沟壑，勇士不忘丧其元"，这有什么见不得人之处？屈原说的"定心广志何畏惧"，"知死不可让愿勿爱"，这是怯懦的人所能做到吗？《九歌》中有赞美战死的武士一篇，说道：

"……出不入兮往不反，平原忽兮路超远。带长剑兮挟秦弓，首

133

虽离兮心不惩。诚既勇兮又以武,终刚强兮不可陵。身既死兮神以灵,子魂魄兮为鬼雄。"(《国殇》)

这虽属侑神之词,实亦写他自己的魄力和身分。我们这位文学老祖宗留下二十多篇名著,给我们民族偌大一份遗产,他的责任算完全尽了。末后加上这汨罗一跳,把他的作品添出几倍权威,成就万劫不磨的生命,永远和我们相摩相荡。呵呵!"诚既勇兮又以武,终刚强兮不可陵。"呵呵!屈原不死!屈原惟自杀故,越发不死!

七

以上所讲,专从屈原作品里头体现出他的人格,我对于屈原的主要研究,算是结束了。最后对于他的文学技术,应该附论几句。

屈原以前的文学,我们看得着的只有《诗经》三百篇。三百篇好的作品,都是写实感。实感自然是文学主要的生命,但文学还有第二个生命,曰想像力。从想像力中活跳出实感来,才算极文学之能事。就这一点论,屈原在文学史的地位,不特前无古人,截到今日止,仍是后无来者。因为屈原以后的作品,在散文或小说里头,想像力比屈原优胜的或者还有;在韵文里头,我敢说还没有人比得上他。

他作品中最表现想像力者,莫如《天问》《招魂》《远游》三篇。《远游》的文句,前头多已征引,今不再说。《天问》纯是神话文学,把宇宙万有,都赋予他一种神秘性,活像希腊人思想。《招魂》前半篇,说了无数半神半人的奇情异俗,令人目摇魄荡。后半篇说人世间的快乐,也是一件一件的从他脑子里幻构出来。至如《离骚》:什么灵氛,什么巫咸,什么丰隆,望舒,蹇修,飞廉,雷师,这些鬼神,都拉来对面谈话或指派差事。什么宓妃,什么有娀佚女,什么有虞二姚,都和他商量爱情。凤皇,鸩,鸠,题〔鹈〕鴂,都听他使唤,或者和他答话。虬,龙,虹霓,鸾,或是替他拉车,或是替他打伞,或是替他搭桥。兰,茞,桂,椒,芰荷,芙蓉,……无数芳草,都做了他的服饰。昆仑,县圃,咸池,扶桑,苍梧，崦嵫，阊阖，阆风，穷石，洧盘，天津，赤水，不周，……种种地名或建筑物，都是他脑海里头的国土。又如《九歌》十篇，每篇写一神，便把这神的身分和意识都写出来。想像力丰富瑰伟到这样，何止中国，在世界文学作品中，除了但丁《神曲》外，恐怕还没有几家觑得上比较哩！

班固说："不歌而诵谓之赋"，从前的诗，谅来都是可以歌的，不歌的诗，自"屈原赋"始。几千字一篇的韵文，在体格上已经是空前创作，那波澜壮阔，层叠排夐，完全表出他气魄之伟大。有许多话讲了又讲，正见得缠绵悱恻，一往情深。有这种技术，才配说"感情的权化"。

写客观的意境，便活给他一个生命，这是屈原绝大本领。这类作品，《九歌》中最多。如：

"君不行兮夷犹，蹇谁留兮中洲？美要眇兮宜修，沛吾乘兮桂舟。令沅湘兮无波，使江水兮安流。"（《湘君》）

"帝子降兮北渚，目眇眇兮愁予。袅袅兮秋风，洞庭波兮木叶下。……沅有芷兮澧有兰，思公子兮未敢言。……"（《湘夫人》）

"秋兰兮麋芜，罗生兮堂下。绿叶兮素枝，芳菲菲兮袭予。……秋兰兮青青，绿叶兮紫茎。满堂兮美人，忽独与余兮目成。入不言兮出不辞，乘回风兮载云旗。悲莫悲兮生别离，乐莫乐兮新相知。荷衣兮蕙带，倏而来兮忽而逝。夕宿兮帝郊，君谁须兮云之际？……"（《少司命》）

"子交手兮东行，送美人兮南浦。波滔滔兮来迎，鱼鳞鳞兮媵予。"（《河伯》）

这类作品，读起来，能令自然之美，和我们心灵相触逗，如此，才算是有生命的文学。太史公批评屈原道：

"其文约，其辞微，其志洁，其行廉。其称文小而其指极大，举类迩而见义远。其志洁，故其称物芳；其行廉，故死而不容自疏。濯淖污泥之中，蝉蜕于浊秽，不获世之滋垢，皭然泥而不滓者也。推此

志也,虽与日月争光可也。"(《史记》本传)

虽未能尽见屈原,也算略窥一斑了。我就把这段作为全篇的结束。

(1922年11月3日在南京东南大学文哲学会讲演,原刊1922年11月9—15日《时事新报·学灯》,收入《梁任公学术讲演集》第三辑,商务印书馆1923年9月初版)

稷山论书诗序

　　癸亥长夏，独居翠微山之秘魔岩，每晨尽开轩窗纳山气，在时鸟繁声中作书课一小时许以为常。一日蒋百里挟一写本小册至，且曰"三十年夙负，合坐索矣"。视之，则会稽陶心云先生《论书绝句》百首。原稿有俞曲园，谭复堂，李莼客，袁爽秋，沈乙庵诸序跋，皆手写也。而不佞一短札亦傫然虱其间，文笔书势皆稚弱如乳臭儿，视之羞欲死，盖十七八岁时初游京师作也。札中答心老諈诿作序云："三月内必有以报命。"迄今为三月者，殆百有五十，而心老墓木久拱矣。

　　记十二三岁时，在粤秀山三君祠见心老书一楹帖，目眐魂摇不能去，学书之兴自此。京师识心老，盖在夏穗卿座中，心老即席见赠一帖，文曰："学问文章过吾党，东南淮海惟扬州。"且曰，粤地在《禹贡》固扬分也。其书龙跳虎卧，意态横绝。亡命后帖久烬，然神理深镂吾心目，今犹可仿佛也。

　　心老论书尊碑绌帖，此固道咸以来定谳。虽然，简札之与碑版，其用终殊，孙虔礼所谓"以点画为情性，使转为形质者"，其妙谛又非贞石刻文所能尽也，明矣。轶近流沙坠简出世，中典午残缣数片，与汇帖所摹钟王书乃绝相类。其书盖出诸北地不知名之人之手，非江左流风所扇，故知翰素既行，风格斯嬗，未可遂目以伪体祧之也。余于书不能有所就，且平昔诵习皆在北刻，心老之论，复何间然？顾孟子恶执一贼道，然则北刻外无楷法之论，终未敢苟同，恨不得起心老于地下更一扬榷之。

　　或问曰，论书之作，在今日毋亦可以已耶？应之曰，不然。吾闻之百里，今西方审美家言，最尊线美，吾国楷法，线美之极轨也。又曰，字为心画，美术之表见作者性格，绝无假借者，惟书为最。然则书道之不能磨灭于天地间，又岂俟论哉？

新会梁启超。

（1923年夏作，收入《（乙丑重编）饮冰室文集》卷七十五，中华书局1926年9月初版）

书法指导

今天很高兴，能够在许多同事所发起的书法研究会上，讨论这个题目。我自己写得不好，但是对于书法，很有趣味；多年以来，每天不断的，多少总要写点；尤其是病后医生教我不要用心，所以写字的时候，比从前格外多。今天这个题目，正好投我的脾味，自己乐得来讲讲；我所要讲的，大概可以分为五段：

（甲）书法是最优美最便利的娱乐工具

凡人必定要有娱乐，在正当的工作及研究学问以外，换一换空气，找点娱乐品，精神才提得起来。假使全是义务工作，生活一定干燥，厌烦，无味；有一两样，或者两三样娱乐品，调剂一下，生活就有趣味多了。

娱乐的工具很多，譬如：喝酒，打牌，下棋，唱歌，听戏，弹琴，绘画，吟诗，都是娱乐，各有各的好处。但是要在各种娱乐之中，选择一种最优美最便利的娱乐工具，我的意见——亦许是偏见，以为要算写字。写字，有好几种优美便利处：

一、可以独乐。一人不饮酒，二人不打牌；唱歌听戏，要聚合多人，才有意思；就是下棋，最少也要两个人，单有一个人，那是乐不成的。惟有写字，不管人多人少，同乐亦可，独乐亦可，最为便利，不必一定要有同伴。

二、不择时，不择地。打球必定要球场，听戏必定要戏园，而且要天气好，又要有一定的时候，其他各种娱乐皆然，多少总有点限制。惟有写字，不择时候，不择地方，早上可以，晚上亦可以；户内可以，户外亦可以，只需桌子笔墨，随时随地，可以娱乐，非常的自由。

三、费钱不多。奏音乐要买钢琴，要买璎珞玲，价钱都很贵，差不多的人不愿买。惟有写字，不须设备，有相当的纸墨笔就可以；墨笔最贵不过一两元钱，写得好，可以写几个月；纸更便易，几角钱，可以买许多。无论多穷，亦玩得起。

四、费时间不多。打牌绘画，都很费时间。牌除非不打，一打起码四圈，有时打到整天整夜；作画画得好，要五日一山，十日一水。惟有写字，一两点钟可以，一二十分钟亦可以，有机会，有功夫，提笔就写，不费多少时间。

五、费精神不多。作诗固然快乐，但是很费脑力，如古人所谓"吟成五个字，捻断数根须"，非呕心缕〔沥〕血，不易作好。下棋亦然，古人常说："长日惟消一局棋。"你想那是何等的费事。惟有写字，在用心不用心之间，脑经〔筋〕并不劳碌。

六、成功容易而有比较。学画很难学会，成功一个画家，尤为难上加难。唱歌比较容易一点，但是进步与否，无法比较，昨日的声音，今日追不回来。惟有写字，每天几页，有成绩可见，上月可以同下月比较，十年之前可以同十年之后比较，随时进步，自然随时快乐。

七、收摄身心。每天有许多工作，或劳心，或劳力，作完以后，心力交瘁，精神游移，身体亦异常疲倦。惟有写字，在注意不注意之间，略为写几页，收摄精神，到一个静穆的境界，身心自然觉得安泰舒畅。所以要想收摄身心，写字是一个最好的法子。

依我看来，写字虽不是第一项的娱乐，然不失为第一等的娱乐。写字的性质，是静的，不是动的，与打球唱歌不同；喜欢静的人，觉得兴味浓深；喜欢动的人，亦应当拿来调剂一下。起初虽快乐略小，往后一天天的快乐就大起来了。

以写字作为娱乐的工具，有这么许多好处；所以中国先辈，凡有高尚人格的人，大半都喜欢写字。如像曾文正，李文忠，差不多每天都写，虽当军书旁午，亦不间断；曾文正无论公务如何忙碌，每一兴到，非写不可；李文忠事事学曾，旁的赶他不上，而规定时刻，日常写字，同曾一样。这种娱乐，又优美，又便利，要我来讲，不由我不高兴。

（乙）书法在美术上的价值

爱美是人类的天性；美术，是人类文化的结晶；所以凡看一国文化的高低，可以由他的美术，表现出来。美术，世界所公认的为图画，雕刻，建筑三种；中国于这三种之外，还有一种，就是写字。外国人写字，亦有好坏的区别；但是以写字作为美术看待，可以说绝对没有。因为所用工具不同，用毛笔可以讲美术，用钢笔铅笔，只能讲便利；中国写字有特别的工具，就成为特别的美术。

写字比旁的美术不同，而仍可以称为美术的原因，约有四点：

一、线的美。这种美的要素，欧美艺术家，讲究得极为精细。作张椅子，也要看长短，疏密，粗细，湾〔弯〕直；作得好就美，作得不好就不美。线的美，在美术中，为最高等，不靠旁物的陪衬，专靠本身的排列。譬如一个美人，专讲涂脂傅粉，只能算第二三等脚色；要五官端正，身材匀称，才算头等脚色。假如鼻大眼小，那就是丑，五官凑在一块，亦是丑；真正的美，在骨格的摆布，四平八稳，到处相称。在真美中，线最重要。西洋美术，最讲究线。

黑白相称，如电灯照出来一样，这种美术，以前不发达，近来才发达。这种美术，最能表示线的美，而且以线为主；写字就是要黑白相称。同是天地玄黄几个字，王羲之这样写，我们亦这样写，他写得好，我们写得丑，就是他的字，黑白相称，我们的字黑白不相称。向来写字的人，最主要的，有一句话，"计白当黑"。写字的时候，先计算白的地方，然后把黑的笔画嵌上去；一方面从白的地方看美，一方面从黑的地方看美。

一个字的解剖，要计白当黑，一行字，一幅字，全部分的组织，亦要计白当黑。譬如方才讲的天地玄黄几个字，王羲之摆得好，我们摆得不好；但是让王羲之写天字，欧阳询写地字，颜鲁公写玄字，苏东坡写黄字，合在一起，一定不好；因为大家下笔不同，计算黑白不同，所以混合起来，就不美了。线的美，固然要字字计算，同时又要全部计算。

做椅子如此，写字如此，全屋子的摆设，亦是如此。譬如这间屋子，本来是宴会厅，现在暂时作为讲演室，桌子椅子，横七竖八的凑在一起，就不美了，因为线的排列不好。真的美，一部分的线，要妥贴，全部分的线，亦要妥贴；如果绘画，要用很多的线，表示最高的美；字不比画，只需几笔，也就可以表示最高的美了。

二、光的美。绘画要调颜色，红绿相间，才能算美；就是墨笔画，不用颜色，但是亦有浓淡，才能算美。写字这件事，说来奇怪，不必颜色，不必浓淡，就是墨，而且很匀称的墨，就可以表现美出来。写得好的字，墨光浮在纸上，看去很有精神；好的手笔，好的墨汁，几百年，几千年，墨光还是浮起来的；这种美，就叫着光的美。

西洋的画，亦讲究光，很带一点神秘性。对于看画，我自己是外行，实在不容易分出好坏；但是也曾被人指点过，说某幅有光，某幅无光；我自己虽不大懂，总觉得号称有光那几幅，真是光彩动人。不过西洋画所谓有光，或者因为颜色，或者因为浓淡，那是自然的结果；中国的字，黑白两色相间，光线即能浮出，在美术界类似这样的东西，恐怕很少。

三、力的美。写字完全仗笔力，笔力的有无，断定字的好坏；而笔力的有无，一写下去，立刻可以看出来。旁的美术，可以填，可以改；如像图画，先打底稿，再画，画得不对再改；油画，尤其可以改，先画一幅人物，在上面可以改一幅山水。如像雕刻，虽亦看腕力，然亦可改，并不是一下去就不动。建筑，更可以改，建得不美，撤了再建。无论何美术，或描或填或改，总可以设法补救。

写字，一笔下去，好就好，糟就糟，不能填，不能改，愈填愈笨，愈改愈丑。顺势而下，一气呵成，最能表现真力；有力量的飞动，遒劲，活跃；没有力量的呆板，委靡，迟钝。我们看一幅画，不易看出作者的笔力；我们看一幅字，有力无力，很容易鉴别。纵然你能模仿，亦只能模仿形式，不能模仿笔力；只能说学得像，不容易说学得一样的有力。

四、个性的表现。美术有一种要素，就是表现个性。个性的表现，各种美术都可以，即如图画，雕刻，建筑，无不有个性存乎其中。但是表现得最亲切，最真实，莫如写字。前人曾说："言为心声，字为心画"，这两句话，的确不错。放荡的人，说话放荡，写字亦放荡；拘谨的人，说话拘谨，写字亦拘谨；一点不能做作，不能勉强。

旁的可假，字不可假；一个人有一个人的笔迹，旁人无论如何模仿不来。不必要毛笔，才可以认笔迹；就是钢笔铅笔，亦可以认笔迹，是谁写的，一看就知道；因为各人个性不同，所以写出来的字，也就不同了。美术一种要素，是在发挥个性；而发挥个性最真确的，莫如写字；如果说能够表现个性，就是最高美术，那末各种美术，以写字为最高。

写字有线的美，光的美，力的美，表现个性的美，在美术上，价值很大。或者因为我喜欢写字，有这种偏好，所以说各种美术之中，以写字为最高；旁的所没有的优点，写字有之，旁的所不能表现的，写字能表现出来。

（丙）模仿与创造

模仿与创造，这个问题，不单在写字方面，要费讨论，就是一切美术及其他艺术的大部分，都成为一种问题。创造固然切要，但是模仿是否切要？模仿与创造有无冲突？这都是值得研究的地方。许多人排斥模仿，以为束缚天才；我反对这种说法，学为人的道理，学做学问，学所有一切艺术，模仿都是好的，不是坏的，都是有益的，不是无益的。

简单说吧：从前人所得的成绩，从模仿下手，用很短的时间，很小的精力，就可以得到；得到后，才挪出精力，做创作的工夫，这是一件很经济的事情。考古学者，在地洞中，发现许多古画，画得很好；这种画，在古代为创作。假使人人如此，不凭借前人的成绩，设法改良，专靠一点天才，凿空创作，并不是不可以；不过几万年后，所作的画，恐怕还是同古代的山洞里的画差不多，那还有什么进步可言呢？

小孩子，在初小的时候，喜欢画，墙上壁上，画出些头大手短的像来，很肤浅；大画家现在流行的后期印象派的画，很真切。有天才的小孩子，只要好好模仿，亦可由肤浅进于真切；已成功的大画家，若当初不模仿，恐怕亦不会有什么进步。模仿这种性质，就是从前的文化，代代继承下来；好像祖上的遗产，代代增加上去一样。白手兴家，豪杰之士。但是白手可以发一百万；若得父兄一百万，就可以发一千万，一万万；白手兴家，固然很好，那能希望人人如此呢？

人类文化很长，慢慢地继承，增加下去；小的时候，得了许多知识，有所凭借，再往前努力活动，又可以添了许多的经验。如此一代一代的继承，一代一代的增加，全部文化的产业，可以发展进步到很大很高；所以我认为模仿是好的不是坏的，是有益的，不是无益的。无论何种事业，都是如此，作人亦然；历史上伟大的人物，又何尝没有模仿？我们所知凯撒极力学亚历山大，拿破仑又极力学凯撒，不管他学得对不对，有所模仿，成功容易。

一切事情，不可看轻模仿；写字这种艺术，更应当从模仿入手。并不是说从前人的聪明才力，比我们强，我们万赶不上；乃是各人有各人的特别嗜好，因为嗜好，所以成功。譬如说，王羲之天天写字，池水皆黑，后来叫作墨池，这个话真不真，暂时不讲，至少我们可以知道，王羲之因为天才相近，又肯用功，所以写出来的字，成绩很好。我们的天才，用功，当然不如他；离开他去创作，未尝不可；不过他经几十年甘苦所成的字，天才又高，功夫又纯熟，总可以作模范；因为模仿他，他黑一池，我黑半池，亦定写得好。模仿可以省事，前人的产业，我们来承受；我们的产业，后人来承受；自然一天一天的进步，增加。模仿在任何艺术，都有必要，字亦不能独外。

模仿有两条路：

一、专学一家，要学得像。即以写字而论，或学颜真卿，或学欧阳询，学那一家，终身学他。刚才讲拿破仑学凯撒，是这样，孟子学孔子（乃所愿则学孔子也），亦是这样。此种模仿法，用力容易，定有范围，学之易像。

二、学许多家，兼包并蓄。先辈教人立身，要多读前言往行，以畜其德；不管是谁说的，谁作的，只要是好，都拿来受用。扬雄说过："读一千篇赋，自然会作赋。"我们可以换句话说："学一千种碑，自然会写碑。"一千种未免太多，少点五百种，再少点五十种，学过后，自然写得好了。

两条路之中：头一条路，其优点是简切，容易下手；其弱点是妨害创作，许多人专学一家，为所束缚，把天才压下去了。第二条路，其弱点是空洞，泛滥无归；其优点是不妨害天才，可以自由创作。我个人的主张，宁肯学许多家，不肯专学一家；走第二条路，以模仿为过渡，再到创作，此为上法。

于此有一件应当注意的事情，就是分期学习。模仿若干种，分为若干时间；学这种时，不知那种；学那种时，不知这种；专心专意，不可参杂，参杂则不成功。从前人教人读书，有两句话："读《易》时觉得无《尚书》，读《诗》时不知有《春秋》。"这是表示专一的意思，不专不读，读则专一。写字亦然。模仿一种，把结构用笔，全学会后，才换第二种。依我的经验，一种碑，临十遍，可知他的结构及用笔；譬如一千字的碑写到一万字，就把结构用笔，都得着了，得着后，换第二种。

换的时候，有一种很巧妙的方法，即择若干种相反的碑帖，交换着模仿。譬如先学用圆笔的碑一万字，回头再学用方笔的碑一万字；方笔圆笔，两种相反，一种写了一万字之后，两下合起来，那就不方不圆，成了自己的创作。无论何种艺术，此法都可应用；譬如学诗，学李、杜二人，学李时如无杜，不去读杜诗；学杜时如无李，不去读李诗；方学时候，不知像否，离开以后，不李不杜，自成一派。

第二条路，固然很好；指定若干碑帖，排列次序，一种一种的学去，想出方法来调和；学过五十种，或百种以后，脱手时，自成一派；由模仿到创作，这是最妙的方法。第一条路，亦未尝不好，前人喜欢临僻碑，如像何子贞，得张黑女碑，绝对不告人，不知道的还说他是创作，其实亦有所本。这种方法，可以用，学过许多种类之后，再学一个特别的，亦未尝不可。单走第二条路，恐怕泛滥无归；单走第一条路，恐怕减少创造能力；混合两法，先学许多家，最后以一家为主，这算最妥当的法子了。

模仿任何事物，初入手时，最要谨慎；起初把路子走错了，以后很难挽救。今人不如古人，不是天才差，只是习染坏；如像性本相近，习则相远。唐朝有一个弹琵琶的教师，没有学过的去学，他说三年就会；弹得好的去学，他说五年才会；弹得有名的去学，他说非十年不可。人问何故？他说没有学过而质地好的人，教得得法，成功容易；弹得好弹得有名的，最初几年的功夫，须把坏习气改过，才能学好，所以格外费时间了。无论何种艺术皆然，习字也是一样；清朝的字，比较不好，因为人人都要学大卷子白折子很呆板，没有性灵。我年轻时候，想得翰林，也学过些时候的翰林字，到现在，总不脱大卷子的气味。诸君出过洋的多，常用钢笔和铅笔，至少没有大卷子习气，学时容易得多。

入手很难，所以最初就要谨慎，不可走错了路；最不应该模仿的，依我看来，约有四派：

一、赵子昂，董其昌。这一派，清初很为流行，并不是不好，只是不容易学；若从这派入手，笔力软弱，其病在妩媚圆滑无丈夫气；中了这派的毒，很不容易改正。

二、苏东坡。这一派，喜欢用侧锋；东坡固然好，学他就不行；若从这派入手，笔锋偏倚，其病在于庸俗。至多学出一个水竹村人——徐世昌，翰林字，总统字，但是不行。

三、柳公权。这一派，干燥枯窘，本身虽好，学之不宜；我常说柳字好像四月的腊肠，好是好吃，只是咬不动；学他的人，一点不感乐趣。学字本为娱乐，干燥无味，还有什么意思呢？

四、李北海。这一派，向来人很赞美，称为"王龙跃，李虎卧"，唐时尤为有名，但是亦不可学。若从这派入手，其病在偏，与苏派同一流弊。东坡本学北海，但北海稍为平正厚重些。

总括起来说，模仿是必要的，由模仿可以到创造；无论单学一家，或多学几家都可以。但是最初的时候，不要走错了路，赵，董，柳，苏，李几家，最不可学。用为几十种模范中的一种，尚还可以。起初从他们入手，以后校正困难；顶好是把他们放在一边，不学才对。

（丁）碑帖之选择

写字须要模仿，上面已经说了；但是模仿应当以何种为资料呢？现在人多讲临帖，其实帖同碑不一样。帖从何来？最初的帖，为五代时南唐的《澄清堂》，以前无帖。北宋时，帖颇盛，有《淳化阁》《淳熙阁》《大观帖》，皆皇帝所刻；有名的《绛帖》，《潭帖》，亦从皇帝的帖，翻刻出来。最初只有墨迹，前代写家所留；极宝贵的墨迹，藏在天府，只有一本。如何才可以流通？就是用双钩钩下来，刻在木板或石块上，然后翻印成帖。好帖很少，双钩钩出，墨迹保存，此尚不失原样，如《淳化阁》《澄清堂》皆然，锋泽异常圆润。再钩再翻，经过两手，锋泽已走，渐失本真。真的好帖，海内能有几本？一张帖，说是某人写的，真否尚是问题；纵是真的，经过几回翻刻，已经与本来面目，差得很多。从前讲临帖，实在不合算，就能得真帖，已经隔几层；何况真帖难得，即如《淳化阁》有十本，果属真迹，价值几万金，我们亦买不起啊！

碑同帖不一样，从前讲书丹刻石，就是请写得好的书法家，用银朱写在石头上，再请良工刻出来，所隔只有一层，走样尚小。帖纵是真，几经翻刻，失脱本来面目；碑若是真，不经翻刻，真面目尚可见；所以说临帖不如临碑。

乾隆以前，帖学很盛；中叶以后，碑学代兴；直到现在，珂罗版发明，帖学有恢复的希望。譬如商务书馆的《大观帖》，一本几块钱，那就很用得了。有珂罗版以后，不会走样，临帖还可以；未有之前，要得比较近真的帖，绝非寒士所能；假如不得真帖，只有经过四五回的翻板，从此入手，比学赵、苏、柳、李四家还糟，一点骨气都没有。

好帖难找，不如临碑。碑有六朝碑同唐碑两种。在从前帖学盛行的时候，碑学亦很讲究；唐碑中，欧、褚、颜、虞几家都很好，学的人很多。而欧阳询的《九成宫》及《皇甫君碑》，颜真卿时的《麻姑坛》《东方画像赞》，尤为普遍。不过学这种碑，很危险，因为翻刻本多；买原拓本写，其价不让买帖，所以有名唐碑，亦不易找。

有名书家，固然唐多，然唐代的字，很呆板；虽然他们不是以大卷子白折子写字，但是因为要迎合唐太宗的意思，所以风格渐卑。与其学唐碑，不如学六朝碑，唐碑即由六朝碑出；唐代几个有名的书家，求他们的来历，六朝中都有。学六朝碑的好处，有两种：

一、迹真字好。碑后题名，注明某人所书。这是唐以后的风气，六朝以前没有。唐后的书家，为贵族的，如欧、褚等皆是；六朝的书家，为平民的，不出主名；因此赝品很少，风格很高。好像汉古乐府，许多人不著名；然其作品，比曹子建、陶渊明的作品还好；学诗要学汉乐府，学曹、陶等的老师。唐代书家，都从六朝出，与其贪名声大，反而不得真迹，何如从六朝无名作品入手，还可以看出他们的变迁。

二、物美价廉。唐朝名碑或者拓得坏，或者是翻板，锋芒看不出来。

六朝碑，新出土的不少，最近二三十年，开陇海铁路，翻动地皮，发现的碑更多。这种新出土的碑无美不备，价又低廉，最贵重的墓志铭及造象〔像〕，少的三五毛，多的四五元，过十元以上的，可谓绝无仅有。拿一千块钱，买九成宫，比一块钱的新出土的墓志铭，孰好孰坏，尚是问题；就是一样，而价值已差多了。

学碑应从六朝碑入手，拿一百块钱，到琉璃厂可以买一二百种六朝碑，有的亦许比欧阳询、颜真卿还好。新出土的碑，不著名，不花钱，真迹多，锋芒在；《淳化阁》《九成宫》一类东西，又著名，又花钱，翻板多，锋芒失。所以我主张临六朝新出土的碑。近来有珂罗板，很方便，临帖亦还可以；没有珂罗板以前，真不要打此种主意。

六朝碑很多，连造像带墓志及碑，总在二千种以上，单是龙门造像，就有一千多种。在这许多之中，可以挑出几种，看何者为最好，各人主观不同，标准自不一样。依我看来，《龙门二十种》，很好，很便易，不过二三元钱，其中如《魏灵藏》《孙秋生》《始平公》《杨大眼》《广川王太妃》《北海王祥〔详〕》《法生》，都可以学。各墓志中如《元显魏》《元钦》《元固》《元倪》《石夫人》《元诠》《元演》《元飏》《常受繁》《寇臻》《寇凭》《李超》《孙辽》《韩显宗》《刁遵》《崔敬邕》《郑道忠》《贾瑾》，都可以学，都很好。古碑中，如《张猛龙》《郑文公》《贾思伯》《根法师》《萧玚》《龙藏寺》《苏孝慈》，亦都很好，都可以学。我所认为最好的造像、墓志及碑，大概如此。

但是应从那一种下手呢？前面所讲赵、柳、苏、李四派不可学，乃是消极方面的。至于积极方面，各人主观不同，我的意思，仍从方正严整入手为是。无论做人作事，都要砥砺廉隅，很规律，很稳当，竖起脊梁，显出骨鲠才好。假如像球一样，圆圆滑滑四面乱滚，那就可怕，而且站不住。所以作诗，我反对学白香山、陆放翁。并不是白、陆不好，是不可学，学他们成为打油诗，太容易，无价值，应先从难处下手才是。再如做人，孔子三十而立，四十而不惑，七十而从心所欲不逾矩；不逾矩，算很好了，但要经三十，四十，以至七十，费了许多年"立"和"不惑"的工夫，才能办到这个样子，这种圆法，很有价值。若先从容易的下手，作事如圆球，做人为滑头，学诗为打油，那真不可救药了。

学字，最好造像中，从《魏灵藏》《始平公》《杨大眼》入手，笨极，呆极；但是很稠密，全身的力，都在上面，打得紧，不漂滑，非从这类入手，容易流于浮靡。碑中，从《根法师》《张猛龙》入手；用笔很重，锋芒很显，容易学得像，学得好。墓志铭中，各种都有，要随时参用。我认为最适当，这是几种，都很稳重规律。

唐碑同六朝碑的比较，就是前者规矩整齐，后者无一定的规则；要想笔力遒劲，学六朝碑亦可，要想规矩整齐，学唐碑亦可。唐碑中，以欧阳询，虞世南，褚遂良，李北海，颜鲁公，柳公权，这几家最为著名；李、柳两家不可学，褚轻松，虞圆润，但佳拓难得。诸名家中，还是欧、颜两家，有蹊径可寻，容易模仿；欧、颜皆极方严，学去无流弊。欧的《九成宫》《皇甫君》；颜的《麻姑坛》《画像赞》，因有珂罗板，尚不甚贵；其余各家，珂罗板影印的亦很多。

学唐代的大写家，又不如学第二流；譬如小欧，完全学他的父亲，因为才力不如，格加谨严挺拔，比大欧还容易，没有什么毛病；小欧的《道周法师碑》《泉男生碑》很好；由他入手，再学大欧，就不难了。

总括起来说：临帖，不如临碑。临唐碑又不如临六朝碑。如学唐碑，柳太干，李太偏，虞、褚少蹊径，惟颜、欧两家易学；颜于厚重方严之中，带有风华；而小欧比大欧，更挺拔。至于帖，没有珂罗版前，切不可学，影印术发明后，亦还可以。选择碑帖，大概如此；将来那位有兴致，可以指定若干种来，我们大家批评。

（戊）用笔要诀

一面要有好碑帖，作模范；一面要有简单的用笔规则，好去遵循；写字才容易好。从前的《笔法歌诀》《艺舟双楫》一类的东西，很麻烦，有许多不容易作到。我现在用很简单的话，将几种很普通的原理，归纳起来，说明如下。

A. 执笔：

一、指密。指头逼紧，大指中指执笔，其余的帮忙。指头的间隔，不可太疏，疏则无力。

二、拳空。拳非空不可，从前的人，讲究要可以握一个蛋。假使一把捉死，一定转运不灵。

三、腕活。真讲写字，腕要悬空；写小字如此，未免太苦。然亦不可贴死在桌子上，离开一点，运用才可敏活。

四、笔正。腕一活，笔正就容易；执笔是手指，用笔还是手腕。笔头要端正，假使两面摆，一定无气力，用指力小，用腕力大。

五、锋齐。会写字的人，讲究"万毫齐着"。把笔毛打开一半，让笔锋的力量，都到纸上，不让一毫落空，自然中正饱满了。

B. 运笔：

一、画平。一笔写去，两端一般平；看时容易，做时困难。许多写家，用一生的功夫，都没做到线的美，所以表示不圆满，就是这个原故。

二、竖直。这条同前条一样，不易做到。诚然苏东坡，李北海，《张猛龙》都是偏的，没有一笔平直；但他们有方法补救，上面不平，下面稍低；中间不竖，两侧稍斜；全部看来，还是平直的。他们会补救，保持线的美，我们不会，就学糟了。

三、中满。一笔过去，中间不要蜂腰，气力始能到底，这是一个原则。褚字是例外，中间小，头尾粗；虽量分寸，似乎不满，但笔力还是满的。此类字，不可学，要学平正通达的字，横直一般粗细，尖的地方，亦得慢慢尖去。

四、转遒。转湾〔弯〕的时候，要遒劲有力；圆则如半环，方则如刀切。最忌讳有胘肛，有便难看，转遒与中满同一原则；万一力不到，点几点，那就异常之糟；这个病，最易犯。

五、锋回。出锋的地方，一点一撇，最要注意，力量须灌到，一躲懒，带过去，那便糟了。初学时一笔到头，回锋勒住，左行的锋往右勒，下行的锋往上勒；写熟后，不必回锋，亦有含蓄。

执笔运笔的方法，前人讲得很多，此处不能多讲；单讲这十条。只要一一做到，那亦就很够了。还要说几句，关于用好笔，用砚的话，这也是讲书法不可不注意的事情。

我用笔很讲究，每支一元或二元三元不等；看来费钱，其实省钱，比诸同事还省。我用一管好羊毫，写一万字，正是照样；笔在我手里，几乎不会烂，一定要写到"秃中书，不中书"，这才束之高阁。我用笔，不让一根毛脱，写时只开一半，干后温水润之，自然不易坏了。

用笔最忌按，顶好不用墨盒。拿笔到墨盒中打滚，墨干了，挤出来，笔安得不坏？我常用砚慢慢的磨，磨得很匀很细，写在纸上，自然好看，而且蘸墨时不亏笔。新墨有光，旧墨无光，我从来不用隔天的墨，写完后，用水将砚洗净，再写时再磨。

用笔用狼毫易碎，不如羊毫经久；我的经验，一支羊毫，可以抵三支狼毫。无论什么笔，坏在脱毛，一根断，全体跟着断。会写字的人，只有写秃笔，没有写坏笔。假使用一块钱以上的羊毫，又用砚，可以写得舒服而且省钱。

初学临帖最好用九宫格，可以规定线的美；粗细，疏密，高低，长短，只须差一点，结果就不同了。临块碑十次，三次用九宫格，七次放开手写，一定能写得规律严正。

还有一种叫摹帖，摹与临不同，临是看着写，摹是盖在上面写。摹得用笔，临得结构，两者都可并用，现在帖便易，不怕摹浸。主要的碑帖，临十回，摹一回就可以了。

今天讲得简漏〔陋〕得很，但是因为用功写字，其中颇多甘苦之言特别向诸君贡献。至于我所藏的碑帖，多在天津家里没带来；以后有机会，还可以同诸君切实的观摹研究。

(1926 年在清华学校教职员书法研究会讲演，周传儒笔记，原刊 1926 年 12 月 3 日《清华周刊》第 392 期)

学术编

论学术之势力左右世界

亘万古，亥九垓，自天地初辟以迄今日，凡我人类所栖息之世界，于其中而求一势力之最广被而最经久者，何物乎？将以威力乎？亚历山大之狮吼于西方，成吉思汗之龙腾于东土，吾未见其流风余烈，至今有存焉者也。将以权术乎？梅特涅执牛耳于奥大利，拿破仑第三弄政柄于法兰西，当其盛也，炙手可热，威震环瀛，一败之后，其政策亦随身名而灭矣。然则天地间独一无二之大势力，何在乎？曰智慧而已矣，学术而已矣。

今且勿论远者，请以近世史中文明进化之迹，略举而证明之。凡稍治史学者，度无不知近世文明先导之两原因，即十字军之东征，与希腊古学复兴是也。夫十字军之东征也，前后凡七役，亘二百年，（起一千〇九十六年，迄一千二百七十年。）卒无成功，乃其所获者不在此而在彼。以此役之故，而欧人得与他种民族相接近，传习其学艺，增长其智识，盖数学、天文学、理化学、动物学、医学、地理学等，皆至是而始成立焉；而拉丁文学、宗教裁判等，亦因之而起。此其远因也。中世之末叶，罗马教皇之权日盛，哲学区域，为安士林（Anselm，罗马教之神甫也。）派所垄断；及十字军罢役以后，西欧与希腊、亚剌伯诸邦，来往日便，乃大从事于希腊语言文字之学，不用翻译，而能读亚里士多德诸贤之书，思想大开，一时学者不复为宗教迷信所束缚，卒有路得新教之起，全欧精神，为之一变。此其近因也。其间因求得印书之法，而文明普遍之途开；求得航海之法，而世界环游之业成。凡我等今日所衣所食、所用所乘、所闻所见，一切利用前民之事物，安有不自学术来者耶？此犹曰其普通者。请举一二人之力左右世界者，而条论之。

一曰歌白尼（Copernicus，生于一四七三年，卒于一五四三年。）之天文学。泰西上古天文家言，亦如中国古代，谓天圆地方，天动地静。罗马教会，主持是论，有倡异说者，辄以非圣无法罪之。当时哥仑布虽寻得美洲，然不知其为西半球，谓不过亚细亚东岸之一海岛而已。及歌白尼地圆之学说出，然后玛志仑（Magellan，以一五一九年始航太平洋一周。）始寻得太平洋航海线，而新世界始开。今日之有亚美利加合众国，灿然为世界文明第一，而骎骎握全地球之霸权者，歌白尼之为之也。不宁惟是，天文学之既兴也，从前宗教家种种凭空构造之谬论，不复足以欺天下，而种种格致实学从此而生。虽谓天文学为宗教改革之强援，为诸种格致学之鼻祖，非过言也。歌白尼之关系于世界何如也！

二曰倍根、笛卡儿之哲学。中世以前之学者，惟尚空论，呶呶然争宗派、争名目，口崇希腊古贤，实则重诬之，其心思为种种旧习所缚，而曾不克自拔。及倍根出，专倡格物之说，谓言理必当验诸事物而有征者，乃始信之。及笛卡儿出，又倡穷理之说，谓论学必当反诸吾心而自信者，乃始从之。此二派行，将数千年来学界之奴性，犁庭扫穴，靡有孑遗，全欧思想之自由，骤以发达，日光日大，而遂有今日之盛。故哲学家恒言，二贤者，近世史之母也。倍根、笛卡儿之关系于世界何如也！

三曰孟德斯鸠（Montesquieu，法国人，生于一六八九年，卒于一七五五年。）之著《万法精理》。十八世纪以前，政法学之基础甚薄，一任之于君相之手，听其自腐败自发达。及孟德斯鸠出，始分别三种政体，论其得失，使人知所趣向。又发明立法、行法、司法三权鼎立之说，后此各国，靡然从之，政界一新，渐进以迄今日。又极论听讼之制，谓当废拷讯，设陪审，欧美法廷，遂为一变。又谓贩卖奴隶之业，大悖人道，攻之不遗余力，实为后世美、英、俄诸国放奴善政之嚆矢。其他所发之论，为法兰西及欧洲诸国所采用，遂进文明者，不一而足。孟德斯鸠实政法学之天使也，其关系于世界何如也！

四曰卢梭（Rousseau，法国人，生于一七一二年，卒于一七七八年。）之倡天赋人权。欧洲古来，有阶级制度之习，一切政权、教权，皆为贵族所握，平民则视若奴隶焉。及卢梭出，以为人也者生而有平等之权，即生而当享自由之福，此天之所以与我，无贵贱一也。于是著《民约论》（Social Contract），大倡此义。谓国家之所以成立，乃由人民合群结约，以众力而自保其生命财产者也，各从其意之自由，自定约而自守之，自立法而自遵之，故一切平等。若政府之首领及各种官吏，不过众人之奴仆，而受托以治事者耳。自此说一行，欧洲学界，如旱地起一霹雳，如暗界放一光明，风驰云卷，仅十余年，遂有法国大革命之事。自兹以往，欧洲列国之革命，纷纷继起，卒成今日之民权世界。《民约论》者，法国大革命之原动力也；法国大革命，十九世纪全世界之原动力也。卢梭之关系于世界何如也！

五曰富兰克令（Frankin，美国人，生于一七〇六年，卒于一七九〇年。）之电学，瓦特（Watt，英人，生于一七三六年，卒于一八一九年。）之汽机学。十九世纪所以异于前世纪者何也？十九世纪有缩地之方。前人以马力行，每日不能过百英里者，今则四千英里之程，行于海者十三日而可达，行于陆者三日而可达矣，则轮船铁路之为之也。昔日制帽、制靴、纺纱、织布等之工，以若干时而能制成一枚者，今则同此时刻，能制至万枚以上矣；伦敦一报馆一年所用之纸，视十五世纪至十八世纪四百年间所用者，有加多焉，则制造机器之为之也。美国大统领下一教书，仅一时许，而可以传达于支那，上午在印度买货，下午可以在伦敦银行支银，则电报之为之也。凡此数者，能使全世界之政治、商务、军事，乃至学问、道德，全然一新其面目。而造此世界者，乃在一煮沸水之瓦特（瓦特因沸水而悟汽机之理），与一放纸鸢之富兰克令（富氏尝放纸鸢以验电学之理）。二贤之关系于世界何如也！

六曰亚丹·斯密（Adam Smith，英国人，生于一七二三年，卒于一七九〇年。）之理财学。泰西论者，每谓理财学之诞生日何日乎？即一千七百七十六年是也。何以故？盖以亚丹·斯密氏之《原富》〔(An) Inquiry into the Nature and Causes of the Wealth of Nations，此书侯官严氏近译，未成。〕出版于是年也。此书之出，不徒学问界为之变动而已，其及于人群之交际，及于国家之政治者，不一而足。而一八四六年以后，英国决行自由贸易政策（Free Trade），尽免关税，以致今日商务之繁盛者，斯密氏《原富》之论为之也。

近世所谓人群主义（Socialism），专务保护劳力者，使同享乐利，其方策渐为自今以后之第一大问题，亦自斯密氏发其端，而其徒马尔沙士大倡之。亚丹·斯密之关系于世界何如也！

七曰伯伦知理（Bluntschili，德国人，生于一八〇八年，卒于一八八一年。）之国家学。伯伦知理之学说，与卢梭正相反对者也。虽然，卢氏立于十八世纪，而为十九世纪之母；伯氏立于十九世纪，而为二十世纪之母。自伯氏出，然后定国家之界说，知国家之性质、精神、作用为何物，于是国家主义乃大兴于世。前之所谓国家为人民而生者，今则转而云人民为国家而生焉，使国民皆以爱国为第一之义务，而盛强之国乃立。十九世纪末世界之政治则是也。而自今以往，此义愈益为各国之原力，无可疑也。伯伦知理之关系于世界何如也！

八曰达尔文（Charles Darwin，英国人，生于一八〇九年，卒于一八八二年。）之进化论。前人以为黄金世界在于昔时，而末世日以堕落；自达尔文出，然后知地球人类，乃至一切事物，皆循进化之公理，日赴于文明。前人以为天赋人权，人生而皆有自然应得之权利；及达尔文出，然后知物竞天择，优胜劣败，非图自强，则决不足以自立。达尔文者，实举十九世纪以后之思想，彻底而一新之者也。是故凡人类智识所能见之现象，无一不可以进化之大理贯通之。政治法制之变迁，进化也；宗教道德之发达，进化也；风俗习惯之移易，进化也。数千年之历史，进化之历史；数万里之世界，进化之世界也。故进化论出，而前者宗门迷信之论，尽失所据。教会中人，恶达氏滋甚，谓有一魔鬼住于其脑云，非无因也。此义一明，于是人人不敢不自勉为强者、为优者，然后可以立于此物竞天择之界。无论为一人，为一国家，皆向此鹄以进，此近世民族帝国主义（National Imperialism，民族自增植其势力于国外，谓之民族帝国主义。）所由起也。此主义今始萌芽，他日且将磅礴充塞于本世纪而未有已也。虽谓达尔文以前为一天地，达尔文以后为一天地可也。其关系于世界何如也！

以上所列十贤，不过举其荦荦大者。至如奈端（Newton，英人，生于一六四二年，卒于一七二七年。）之创重学，嘉列（Guericke，德国人，生于一六〇二年，卒于一六八六年。）、杯黎（Boyle，英人，生于一六二六年，卒于一六九一年。）

之制排气器，连挪士（Linnaeus，瑞典人，生于一七〇七年，卒于一七七八年。）之开植物学，康德（Kant，德国人，生于一七二四年，卒于一八〇四年。）之开纯全哲学，皮里士利（Priestley，英人，生于一七三三年，卒于一八〇四年。）之化学，边沁（Bentham，英人，生于一七四七年，卒于一八三二年。）之功利主义，黑拔（Herbart，生于一七七六年，卒于一八四一年。）之教育学，仙士门（St. Simon，法人。）、喀谟德（Comte，法人，生于一七九八年，卒于一八五七年。）之倡人群主义及群学，约翰·弥勒（John Stuart Mill，英人，生于一八〇六年，卒于一八七三年。）之论理学、政治学、女权论，斯宾塞（Spencer，英人，生于一八二〇年，今犹生存。）之群学等，皆出其博学深思之所独得，审诸今后时势之应用；非如前代学者，以学术为世界外遁迹之事业，如程子所云"玩物丧志"也。以故其说一出，类能耸动一世，饷遗后人。呜呼！今日光明灿烂、如荼如锦之世界，何自来乎？实则诸贤之脑髓、之心血，之口沫、之笔锋，所组织之而庄严之者也。

亦有不必自出新说，而以其诚恳之气，清高之思，美妙之文，能运他国文明新思想，移植于本国，以造福于其同胞，此其势力，亦复有伟大而不可思议者。如法国之福禄特尔（Voltaire，生于一六九四年，卒于一七七八年。），日本之福泽谕吉（去年卒。），俄国之托尔斯泰（Tolstoi，今尚生存。）诸贤是也。福禄特尔当路易第十四全盛之时，愍然忧法国前途，乃以其极流丽之笔，写极伟大之思，寓诸诗歌、院本、小说等，引英国之政治，以讥讽时政；被锢被逐，几濒于死者屡焉，卒乃为法国革新之先锋，与孟德斯鸠、卢梭齐名。盖其有造于法国民者，功不在两人下也。福泽谕吉当明治维新以前，无所师授，自学英文，尝手抄《华英字典》一过；又以独力创一学校，名曰庆应义塾，创一报馆，名曰《时事新报》，至今为日本私立学校、报馆之巨擘焉。著书数十种，专以输入泰西文明思想为主义。日本人之知有西学，自福泽始也；其维新改革之事业，亦顾问于福泽者十而六七也。托尔斯泰，生于地球第一专制之国，而大倡人类同胞兼爱平等主义，其所论盖别有心得，非尽凭借东欧诸贤之说者焉。其所著书，大率皆小说，思想高彻，文笔豪宕，故俄国全国之学界，为之一变。近年以来，各地学生咸不满于专制之政，屡屡结集，有所要求，政府捕之、锢之、放之、逐之，而不能禁，皆托尔斯泰之精神所鼓铸者也。由此观之，福禄特尔之在法兰西，福泽谕吉之在日本，托尔斯泰之在俄罗斯，皆必不可少之人也。苟无此人，则其国或不得进步，即进步亦未必如是其骤也。然则如此等人者，其于世界之关系何如也！

吾欲敬告我国学者曰：公等皆有左右世界之力，而不用之何也？公等即不能为倍根、笛卡儿、达尔文，岂不能为福禄特尔、福泽谕吉、托尔斯泰？即不能左右世界，岂不能左右一国？苟能左右我国者，是所以使我国左右世界也。吁嗟山兮，穆如高兮；吁嗟水兮，浩如长兮。吾闻足音之跫然兮，吾欲溯洄而从之兮，吾欲馨香而祝之兮！

（原刊1902年2月8日《新民丛报》第1号）

论中国学术思想变迁之大势（节录）

第一章　总论

  学术思想之在一国，犹人之有精神也，而政事、法律、风俗及历史上种种之现象，则其形质也。故欲觇其国文野强弱之程度如何，必于学术思想焉求之。

  立于五洲中之最大洲，而为其洲中之最大国者谁乎？我中华也。人口居全地球三分之一者谁乎？我中华也。四千余年之历史未尝一中断者谁乎？我中华也。我中华有四百兆人公用之语言文字，世界莫能及。（据一千九百年之统计，欧洲各国语之通用，以英为最广，犹不过一百十二兆人耳，较吾华文，仅有四分之一也。印度人虽多，而其语言文字，糅杂殊甚。中国虽南北闽粤，其语异殊，至其大致则一也。此事为将来一大问题，别有文论之。）我中华有三十世纪前传来之古书，世界莫能及。（《坟》《典》《索》《邱》，其书不传，姑勿论。即如《尚书》，已起于三千七八百年以前夏代史官所记载。今世界所称古书，如摩西之《旧约全书》，约距今三千五百年；婆罗门之《四韦陀论》，亦然；希腊和马耳之诗歌，约在二千八九百年前；门梭之《埃及史》，约在二千三百年前，皆无能及《尚书》者。若夫二千五百年以上之书，则我中国今传者尚十余种，欧洲乃无一也。此真我国民可以自豪者。）西人称世界文明之祖国有五：曰中华，曰印度，曰安息，曰埃及，曰墨西哥。然彼四地者，其国亡，其文明与之俱亡。今试一游其墟，但有摩诃末遗裔铁骑蹂躏之迹，与高加索强族金粉歌舞之场耳。而我中华者，屹然独立，继继绳绳，增长光大，以迄今日，此后且将汇万流而剂之，合一炉而冶之。於戏，美哉我国！於戏，伟大哉我国民！吾当草此论之始，吾不得不三薰三沐，仰天百拜，谢其生我于此至美之国，而为此伟大国民之一分子也。

深山大泽而龙蛇生焉。取精多、用物宏而魂魄强焉。此至美之国，至伟大之国民，其学术思想所磅礴郁积，又岂彼崎岖山谷中之犷族，生息弹丸上之岛夷，所能梦见者？故合世界史通观之，上世史时代之学术思想，我中华第一也；（泰西虽有希腊梭格拉底、亚里士多德诸贤，然安能及我先秦诸子？）中世史时代之学术思想，我中华第一也；（中世史时代，我国之学术思想虽稍衰，然欧洲更甚。欧洲所得者，惟基督教及罗马法耳，自余则暗无天日。欧洲以外，更不必论。）惟近世史时代，则相形之下，吾汗颜矣。虽然，近世史之前途，未有艾也，又安见此伟大国民，不能恢复乃祖乃宗所处最高尚最荣誉之位置，而更执牛耳于全世界之学术思想界者！吾欲草此论，吾之热血，如火如焰，吾之希望，如海如潮，吾不自知吾气焰之何以坌涌，吾手足之何以舞蹈也。於戏！吾爱我祖国，吾爱我同胞之国民。

生此国，为此民，享此学术思想之恩泽，则歌之舞之，发挥之光大之，继长而增高之，吾辈之责也。而至今未闻有从事于此者何也？凡天下事必比较然后见其真，无比较则非惟不能知己之所短，并不能知己之所长。前代无论矣，今世所称好学深思之士，有两种：一则徒为本国思想学术界所窘，而于他国者未尝一涉其樊也；一则徒为外国学术思想所眩，而于本国者不屑一厝其意也。夫我界既如此其博大而深赜也，他界复如此其灿烂而蓬勃也，非竭数十年之力，于彼乎，于此乎，一一撷其实、咀其华，融会而贯通焉，则虽欲歌舞之，乌从而歌舞之！区区小子，于《四库》著录，十未睹一，于他国文字，初问津焉尔，夫何敢摇笔弄舌，从事于先辈所不敢从事者？虽然，吾爱我国，吾爱我国民，吾不能自已。吾姑就吾所见及之一二，杂写之以为吾将来研究此学之息壤，流布之以为吾同志研究此学者之筚路蓝缕。天如假我数十年乎，我同胞其有联袂而起者乎？伫看近世史中我中华学术思想之位置何如矣。

且吾有一言，欲为我青年同胞诸君告者：自今以往二十年中，吾不患外国学术思想之不输入，吾惟患本国学术思想之不发明。夫二十年间之不发明，于我学术思想必非有损也。虽然，凡一国之立于天地，必有其所以立之特质。欲自善其国者，不可不于此特质焉，淬厉之而增长之。今正当过渡时代苍黄不接之余，诸君如爱国也，欲唤起同胞之爱国心也，于此事必非可等闲视矣。不然，脱崇拜古人之奴隶性，而复生出一种崇拜外人、蔑视本族之奴隶性，吾惧其得不偿失也。且诸君皆以输入文明自任者也，凡教人必当因其性所近而利导之，就其已知者而比较之，则事半功倍焉。不然，外国之博士鸿儒亦多矣，顾不能有裨于我国民者何也？相知不习，而势有所扞格也。若诸君而吐弃本国学问不屑从事也，则吾国虽多得百数十之达尔文、约翰·弥勒、赫胥黎、斯宾塞，吾惧其于学界一无影响也。故吾草此论，非欲附益我国民妄自尊大之性，盖区区微意，亦有不得已焉者尔。

今于造论之前，有当提表者数端：

吾欲画分我数千年学术思想界为七时代：一胚胎时代，春秋以前是也；二全盛时代，春秋末及战国是也；三儒学统一时代，两汉是也；四老学时代，魏晋是也；五佛学时代，南北朝、唐是也；六儒、佛混合时代，宋、元、明是也；七衰落时代，近二百五十年是也；八复兴时代，今日是也。其间时代与时代之相嬗，界限常不能分明，非特学术思想有然，即政治史亦莫不然也。一时代中或含有过去时代之余波，与未来时代之萌蘖，则举其重者也，其理由于下方详说之。

吾国有特异于他国者一事，曰无宗教是也。浅识者或以是为国之耻，而不知是荣也，非辱也。宗教者于人群幼稚时代虽颇有效，及其既成长之后，则害多而利少焉。何也？以其阻学术思想之自由也。吾国民食先哲之福，不以宗教之臭味，混浊我脑性，故学术思想之发达，常优胜焉。不见夫佛教之在印度，在西藏，在蒙古，在缅甸、暹罗，恒抱持其小乘之迷信，独其入中国，则光大其大乘之理论乎？不见夫景教入中国数百年，而上流人士，从之者希乎？故吾今者但求吾学术之进步，思想之统一，（统一者谓全国民之精神，非攘斥异端之谓也。）不必更以宗教之末法自缚也。

生理学之公例，凡两异性相合者，其所得结果必加良。（种植家常以梨接杏，以李接桃，牧畜家常以亚美利加之牡马，交欧亚之牝驹，皆利用此例也。男女同姓，其生不蕃，两纬度不同之男女相配，所生子必较聪慧，皆缘此理。）此例殆推诸各种事物而皆同者也。大地文明祖国凡五，各辽远隔绝，不相沟通；惟埃及、安息，藉地中海之力，两文明相遇，遂产出欧洲之文明，光耀大地焉。其后阿剌伯人西渐，十字军东征，欧亚文明，再交媾一度，乃成近世震天铄地之现象，皆此公例之明验也。我中华当战国之时，南北两文明初相接触，而古代之学术思想达于全盛；及隋唐间与印度文明相接触，而中世之学术思想放大光明。今则全球若比邻矣，埃及、安息、印度、墨西哥四祖国，其文明皆已灭，故虽与欧人交，而不能生新现象。盖大地今日只有两文明：一泰西文明，欧美是也；二泰东文明，中华是也。二十世纪，则两文明结婚之时代也。吾欲我同胞张灯置酒，迓轮俟门，三揖三让，以行亲迎之大典。彼西方美人，必能为我家育宁馨儿以亢我宗也。

（原刊 1902 年 3 月 10 日《新民丛报》第 3 号）

第三章　全盛时代

第四节　先秦学派与希腊印度学派比较

甲　与希腊学派比较

一　先秦学派之所长

凡一国思想之发达，恒与其地理之位置、历史之遗传有关系。中国者大国也，其人伟大之国民也，故其学界全盛之时，特优于他邦者自不少。今请举其五事：

曰国家思想之发达也。希腊有市府而无国家，如雅典、斯巴达诸邦，垂大名于历史者，实不过一都会而已；虽其自治之制整然，然终不能组织一国，如罗马及近世欧洲列邦。卒至外敌一来，而文明之迹，随群市府以同成灰烬者，盖国家思想缺乏使然也。（柏拉图、亚里士多德，皆有功于政治学，而皆不适于造完全之国家。）中国则自管子首以国家主义倡于北东，其继起者率以建国问题为第一目的，群书所争辩之点，大抵皆在此。虽孔、老有自由、干涉之分，商、墨有博爱、苛刻之异，然皆自以所信为立国之大原一也。中国民族所以能立国数千年，保持固有之文明而不失坠者，诸贤与有劳焉矣。此其一。

曰生计Economy问题之昌明也。希腊人重兵事，贵文学，而于生计最不屑屑焉，故当时哲学、技术，皆臻极盛，为万世师，独于兹科，讲论殊少，惟芝诺芬尼、亚里士多德，尝著论之而已。而中国则当先秦时，此学之昌，殆与欧洲十六七世纪相颉颃。若管子《轻重》《乘马》之篇，孟子井田彻助之制，墨翟务本节用之训，荀卿养欲给求之论，李悝尽地力之业，白圭观时变之言，商鞅开垦之令，许行并耕之说，或阐原理，或述作用，或主农稼，或贵懋迁，或倡自由政策Free Trade，（《孟子》："关市讥而不征"，"则天下之民，皆悦而愿藏诸其市矣"。）或言干涉主义，济济彬彬，各明一义。盖全地球生计学（即前论所屡称之平准学）发达之早，未有吾中国若者也。（余拟著一《中国生计学史》，搜集前哲所论，以与泰西学说相比较。若能成之，亦一壮观也。）此其二。

曰世界主义之光大也。希腊人，岛民也，其虚想虽能穷宇宙之本原，其实想不能脱市府之根性，故于人类全体团结之业，统治之法，幸福之原，未有留意者。中国则于修身齐家治国之外，又以平天下为一大问题。如孔学之大同太平，墨学之禁攻寝兵，老学之抱一为式，邹衍之终始五德，大抵向此问题而试研究也。虽其所谓"天下"者非真天下，而其理想固以全世界为鹄也。斯亦中国之所以为大也。此其三。

大抵中国之所长者在实际问题，在人事问题。就一二特点论之，则先秦时代之中国，颇类欧西今日；希腊时代之欧西，反类中国宋明间也。（此不过言其有相类者耳，非指其全体也。读者勿泥视。）至就全体上论之，则亦有见优者。

曰家数之繁多也。希腊诸哲之名家者凡十余人，其所论问题，不出四五。大抵甲倡一说，而乙则引伸之，或反驳之，故其学界为螺线形，虽千变万化，殆皆一线所引也。中国则地大物博，交通未盛，学者每闭门造车，出门应辙，常非有所承而后起者也，故其学界为无数平行线形。六家九流之门户，前既言之矣，而其支与流裔，何啻百数？故每一问题，胪其异说，辄累累若贯珠然；而问题之多，亦冠他界。此其四。

曰影响之广远也。自马基顿兼并以后，至西罗马灭亡以前，凡千余年间，希腊学术之影响于欧洲社会者甚微，盖由学理深远，不甚切于人事也。（斯多噶派，虽与罗马风俗有影响，然不多也。）先秦学者，生当乱世，目击民艰，其立论大率以救时厉俗为主，与群治之关系甚切密，故能以学说左右世界，以亘于今。虽其为益为损，未易断言，要其势力之伟大，殆非他方学界所能及也。此其五。

二　先秦学派之所短

不知己之所长，则无以增长光大之；不知己之所短，则无以采择补正之。语其长，则爱国之言也；语其短，则救时之言也。今请举中国之缺点：

一曰论理 Logic 思想之缺乏也。凡在学界，有学必有问，有思必有辩。论理者，讲学家之剑胄也。故印度有因明之教，（因明学者，印度五明之一也。其法为因、宗、喻三段，一如希腊之三句法。）而希腊自芝诺芬尼、梭格拉底，屡用辩证法，至亚里士多德，而论理学蔚为一科矣。以此之故，其持论常圆满周到，首尾相赴，而真理愈析而愈明。中国虽有邓析、惠施、公孙龙等名家之言，然不过播弄诡辩，非能持之有故，言之成理，而其后亦无继者。（当时坚白马等名学之词句，诸子所通称道也，如墨子《大取》《小取》等篇最著矣。即孟、荀、庄、韩书中，亦往往援为论柄。但其学终不成一科耳。）以故当时学者，著想非不邃奥，论事非不宏廓，但其周到精微，则远不逮希、印二土。（试举一二为例。孟子云："杨氏为我，是无君也；墨氏兼爱，是无父也。"夫为我何故与无君同物？兼爱何故与无父同物？一以论理法反诘之，必立穷矣。孟子言性善，谓"辞让之心，人皆有之"；荀子言性恶，谓"人之性好利，顺是，则争夺生而辞让亡"。其论法同一，而根据与结断皆相反，终相持而不能决，皆由无论理以范围之，不能于对待求真理也。《墨子·天志》篇云："然则天亦何欲何恶？天欲义而恶不义。（中略）然则何以知欲义而恶不义？曰天下有义则生，无义则死。（中略）然则天欲其生而恶其死。（中略）此我所以知天欲义而恶不义也。"云云。语中叠用数"然则"字，望之极似循环论法。然究其极际，则天何以欲其生而恶其死之理据，墨子不能言也，是其前论之基础，胥不立矣。中国古书之说理，类此者什九，不能遍举也。大抵西人之著述，必先就其主题，立一界说，下一定义，然后循定义以纵说横说之。中国则不然，如孔子之言仁言孝，其义亦寥廓而不定，他无论矣。）坐此之故，譬之虽有良将健卒，而无戈矛甲胄以为之藉，故以攻不克，以守不牢，道之不能大光，实由于是。推其所以缺乏之由，殆缘当时学者，务以实际应用为鹄，而理论之是非，不暇措意，一也；又中国语言文字分离，向无文典语典 Language Grammar 之教，因此措辞设句之法，不能分明，二也；又中国学者，常以教人为任，有传授而无驳诘，非如泰西之公其说以待人之赞成与否，故不必定求持论之圆到，三也。此事虽似细故，然实关于学术盛衰之大原。试观泰西古代思想，集成于亚里士多德，近世文明，滥觞于倍根，彼二人皆以论理学鸣者也。后有作者，可以知所务矣。

二曰物理实学之缺乏也。凡学术思想之发达，恒与格致科学相乘。远而希腊，近而当代，有明征矣。希腊学派之中坚，为梭格拉底、柏拉图、亚里士多德师弟。梭派之学，殚精于人道治理之中，病物理之繁赜高远而置之，其门庭颇与儒、法诸家相类。但自德黎以来，兹学固已大凿，而额拉吉来图、德谟颉利图诸大师，固已潭思入微，为数千年格致先声。故希腊学界，于天道、物理、人治三者，调和均平，其独步古今，良有由也。中国大学，虽著格物一目，然有录无书；百家之言虽繁，而及此者盖寡。其间惟墨子剖析颇精，但当时传者既微，秦汉以后，益复中绝。惟有阴阳五行之僻论，跋扈于学界。语及物性，则缘附以为辞，怪诞支离，不可穷诘，驯至堪舆、日者诸左道，迄今犹铭刻于全国人脑识之中。此亦数千年学术堕落之一原因也。

三曰无抗论别择之风也。希腊哲学之所以极盛，皆由彼此抗辩折衷，进而愈深，引而愈长。譬有甲说之起，必有非甲说随起而与之抗；甲与非甲，辩争不已，时则有调和二者之乙说出焉；乙说既起，旋有非乙，乙、非乙争，又有调和，丙说斯立。此论理学中所谓三段式也。今示其图如下：

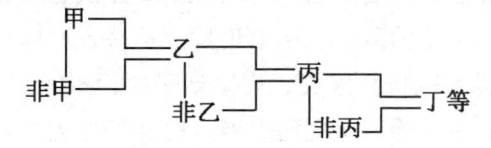

```
甲 ┐
   ├─ 乙 ┐
非甲┘    ├── 丙 ┐
      非乙┘    ├── 丁等
           非丙┘
```

希腊学界之进步，全依此式。故自德黎开宗以后，有芝诺芬尼派之甲说，即有额拉吉来图之非甲说与之抗；对抗不已，而有调和派三家之丙说出焉；既有丙说，旋有怀疑派之非丙说踵起，而梭格拉底之丁说出，以集其成；梭圣门下，有什匿克派之戊说；旋有奇黎尼派之非戊说，而柏拉图之己说出，以执其中；己说既行，又有德谟吉来图之非己说，而亚里士多德之庚说，更承其后。如是展转相袭，亘数百年，青出于蓝，冰寒于水，发挥光大，皆此之由。岂惟古代，即近世亦有然矣。记称舜之大智，曰"执其两端，用其中于民"。有两端焉，有中焉，则真理必于是乎在矣。乃先秦学派，非不盛也，百家异论，非不殷也，顾未有堂堂结垒，针锋相对，以激战者，其异同，皆无意识之异同也。于群言殽乱之中，起而折衷者更无闻焉。（后世儒者动言"群言殽乱衷诸圣"，此谰言也。此乃主奴之见，非所谓"折衷"也。何以故？彼其所谓圣者，孔子也。如老、墨等群言，则孔子之论敌也。孔子立于甲位，群言立于非甲位，然则其能折衷之者必乙也。今乃曰折衷诸甲，有是理耶？）若墨子之于孔子，可谓下宣战书者矣，然其论锋殊未正对也。墨之与杨，盖立于两极端矣，维时调和之者则有执中之子莫。子莫诚能知学界之情状者哉，惜其论不传。然以优胜劣败之理推之，其不传也，必其说之无足观也。（苟有精义，他书必当引及，何以于《孟子》之外，并名氏亦无睹也？）凡为折衷之丙说者，必其见地有以过于甲、非甲两家，然后可以立于丙之地位。而中国殊不然，此学之所以不进也。今勿征诸远而征诸近：欧洲当近世之初，倍根、笛卡儿两派，对抗者数百年；日耳曼之康德起而折衷之，而斯学益盛，康德固有以优于倍、笛二贤者也。中国自宋明以来，程朱、陆王两派，对抗者亦数百年，本朝汤斌等起而折衷之，而斯道转熄，汤斌固劣于晦庵、阳明远甚也。此亦古今得失之林矣。推其所由，大率论理思想之缺乏，实尸其咎。吾故曰：后有作者，不可不此之为务也。

四曰门户主奴之见太深也。凡依论理、持公心以相辨难者，则辨难愈多，真理愈明，而意见亦必不生。何也？所争者在理之是非，所敌者在说之异同，非与其人为争为敌也。不依论理、不持公心以相辨难，则非惟真理不出，而笔舌将为冤仇之府矣。先秦诸子之论战，实不及希哲之剧烈，而嫉妒褊狭之情，有大为吾历史污点者。以孔子之大圣，甫得政而戮少正卯。问其罪名,则"行伪而坚,言伪而辩,学非而博,顺非而泽"也。夫伪与真至难定形也,是与非至难定位也。借令果伪矣,果非矣,亦不过出其所见,行其所信,纠而正之,斯亦可耳,而何至于杀?其毋乃以三盈三虚之故,变公敌而为私仇?其毋乃滥用强权,而为思想自由、言论自由之蟊贼耶?梭格拉底被僇于雅典,僇之者群盲也;今少正卯之学术,不知视梭氏何如,而以此见僇于圣人,吾实为我学界耻之。此后如墨子之非儒,则摭其陈蔡享豚等阴私小节;孟子之距杨墨,则毫无论据,而漫加以无父无君之恶名;荀子之非十二子,动斥人为贱儒,指其无廉耻而嗜饮食。凡此之类,皆绝似村妪嫚骂口吻,毫无士君子从容论道之风,岂徒非所以待人,抑亦太不自重矣。无他,不能以理相胜,以论相折,而惟务以气相竞,以权相凌。然则焚坑之祸,岂待秦皇?彀中之人,岂待唐太?吾属稿至此,而不能不有惭于西方诸贤也。未识后之君子,能划此孽苗否也。

　　五曰崇古保守之念太重也。希腊诸哲之创一论也,皆自思索之,自组织之,自发布之,自承认之,初未尝依傍古人以为重也;皆务发前人所未发,而思以之易天下,未尝教人反古以为美也。中国则孔子大圣,祖述尧舜,宪章文武,述而不作,信而好古,非先王法言不敢道,非先王法行不敢行,其学派之立脚点,近于保守,无论矣。若夫老、庄,以破坏为教者矣,乃孔子所崇者不过今之古,而老子所崇者乃在古之古,此殆中国人之根性使然哉!夫先秦诸子,其思想本强半自创者也。既自创之,则自认之,是非功过,悉任其责,斯岂非光明磊落者耶?今乃不然,必托诸古。孔子托诸尧舜,墨翟托诸大禹,老子托诸黄帝,许行托诸神农,自余百家,莫不如是。试一读《汉书·艺文志》,其号称黄帝、容成、岐伯、风后、力牧、伊尹、孔甲、太公所著书者不下百数十种,皆战国时人所依托也。嘻!何苦乃尔。是必其重视古人太过而甘为之奴隶也,否则其持论不敢自信,而欲诿功过于他人也,否则欲狐假虎威以欺饰庸耳俗目也。吾百思不得其解,姑文其言曰,崇古保守之念重而已。吾不敢妄谤前辈,然吾祝我国今后之学界,永绝此等腹蟹目虾之遗习也。

　　六曰师法家数之界太严也。柏拉图,梭氏弟子也,而其学常与梭异同;亚里士多德,柏氏弟子也,而其说常与柏反对。故夫师也者,师其合于理也，时或深恶其人，而理之所在，斯不得不师之矣；敌也者，敌其戾于理也，时或深敬其人，而理之所非，斯亦不得不敌之矣。敬爱莫深于父母，而干父之蛊，《大易》称之，斯岂非人道之极则耶？梭、柏、亚三哲之为师弟，其爱情之笃，闻于古今，而其于学也若此。其所以衣钵相传，为希学之正统者，盖有由也。苟不尔，则非梭之所以望于柏，柏之所以望于亚矣。中国不然，守一先生之说，则兢兢焉不敢出入，不敢增损；稍有异议，近焉者则曰背师，远焉者则曰非圣，行将不容于天下矣。以故孔子之后，儒分为八，墨离为三，而未闻有一焉能青于蓝而寒于水者。譬诸家人积聚之业，父有千金产以遗诸子，子如克家，资母取赢，而万焉，而巨万焉，斯乃父之志也；今曰吾保守之而已，则群儿分领千金，其数已微，不再传而为窭人矣。吾中国号称守师说者，既不过得其师之一体，而又不敢有所异同增损，更传于其弟子，所遗者又不过一体之一体，夫其学安得不澌灭也？试观二千年来孔教传授之历史，其所以陵夷衰微日甚一日者，非坐此耶？夫一派之衰微，犹小焉耳；举国学者如是，则一国之学术思想界，奄奄无复生气，可不惧耶？可不惧耶？

（原刊1902年5月8日《新民丛报》第7号）

清代学术概论（节录）

一

今之恒言，曰"时代思潮"，此其语最妙于形容。凡文化发展之国，其国民于一时期中，因环境之变迁，与夫心理之感召，不期而思想之进路，同趋于一方向；于是相与呼应汹涌，如潮然；始焉其势甚微，几莫之觉；浸假而涨——涨——涨，而达于满度；过时焉则落，以渐至于衰熄。凡"思"非皆能成"潮"，能成"潮"者，则其"思"必有相当之价值；而又适合于其时代之要求者也。凡"时代"非皆有"思潮"，有思潮之时代，必文化昂进之时代也。其在我国自秦以后，确能成为时代思潮者，则汉之经学，隋唐之佛学，宋及明之理学，清之考证学，四者而已。

凡时代思潮，无不由"继续的群众运动"而成。所谓运动者，非必有意识，有计画，有组织；不能分为谁主动谁被动。其参加运动之人员，每各不相谋，各不相知；其从事运动时所任之职役，各各不同；所采之手段亦互异。于同一运动之下，往往分无数小支派，甚且相嫉视相排击。虽然，其中必有一种或数种之共通观念焉，同根据之为思想之出发点；此种观念之势力，初时本甚微弱；愈运动则愈扩大，久之则成为一种权威。此观念者，在其时代中，俨然"现宗教之色彩"；一部分人，以宣传捍卫为己任，常以极纯洁之牺牲的精神赴之；及其权威渐立，则在社会上成为一种共公之好尚；忘其所以然，而共以此为嗜；若此者，今之译语，谓之

"流行"，古之成语，则曰"风气"；风气者，一时的信仰也；人鲜敢婴之，亦不乐婴之，其性质几比宗教矣。一思潮播为风气，则其成熟之时也。

佛说一切流转相，例分四期，曰：生，住，异，灭。思潮之流转也正然，例分四期：一，启蒙期（生）；二，全盛期（住）；三，蜕分期（异）；四，衰落期（灭）。无论何国何时代之思潮，其发展变迁，多循斯轨。启蒙期者，对于旧思潮初起反动之期也；旧思潮经全盛之后，如果之极熟而致烂，如血之凝固而成瘀，则反动不得不起；反动者，凡以求建设新思潮也；然建设必先之以破坏，故此期之重要人物，其精力皆用于破坏，而建设盖有所未遑。所谓未遑者，非阁置之谓；其建设之主要精神，在此期间必已孕育，如史家所谓"开国规模"者然；虽然，其条理未确立，其研究方法正在间错试验中，弃取未定；故此期之著作，恒驳而不纯；但在淆乱粗糙之中，自有一种元气淋漓之象；此启蒙期之特色也；当佛说所谓"生"相。于是进为全盛期：破坏事业已告终，旧思潮屏息慴伏，不复能抗颜行，更无须攻击防卫以糜精力；而经前期酝酿培灌之结果，思想内容日以充实；研究方法，亦日以精密；门户堂奥次第建树，继长增高，"宗庙之美百官之富"粲然矣；一世才智之士，以此为好尚，相与淬厉精进；闒冗者犹希声附和，以不获厕于其林为耻；此全盛期之特色也；当佛说所谓"住"相。更进则入于蜕分期：境界国土，为前期人士开辟殆尽；然学者之聪明才力，终不能无所用也；只取得局部问题，为"窄而深"的研究；或取其研究方法，应用之于别方面；于是派中小派出焉；而其时之环境，必有以异乎前；晚出之派，进取气较盛，易与环境顺应，故往往以附庸蔚为大国；则新衍之别派与旧传之正统派成对峙之形势，或且骎骎乎夺其席；此蜕分期之特色也；当佛说所谓"异"相。过此以往，则衰落期至焉：凡一学派当全盛之后，社会中希附末光者日众；陈陈相因，固已可厌；其时此派中精要之义，则先辈已浚发无余；承其流者，不过捃摭末节以弄诡辩；且支派分裂，排轧随之，益自暴露其缺点；环境既已变易，社会需要，别转一方向；而犹欲以全盛期之权威临之，则稍有志者必不乐受，而豪杰之士，欲创新必先摧旧，遂以彼为破坏之目标；于是入于第二思潮之启蒙期，而此思潮遂告终焉；此衰落期无可逃避之运命；当佛说所谓"灭"相。

吾观中外古今之所谓"思潮"者，皆循此历程以递相流转；而有清三百年，则其最切著之例证也。

二

"清代思潮"果何物耶？简单言之：则对于宋明理学之一大反动，而以"复古"为其职志者也；其动机及其内容，皆与欧洲之"文艺复兴"绝相类；而欧洲当"文艺复兴期"经过以后所发生之新影响，则我国今日正见端焉。其盛衰之迹，恰如前节所论之四期。

其启蒙期运动之代表人物，则顾炎武、胡渭、阎若璩也。其时正值晚明王学极盛而敝之后，学者习于"束书不观，游谈无根"，理学家不复能系社会之信仰；炎武等乃起而矫之，大倡"舍经学无理学"之说，教学者脱宋明儒羁勒，直接反求之于古经；而若璩辨伪经，唤起"求真"观念，渭攻"河洛"，扫架空说之根据，于是清学之规模立焉。同时对于明学之反动，尚有数种方向：其一，颜元、李塨一派：谓"学问固不当求诸瞑想，亦不当求诸书册，惟当于日常行事中求之"；而刘献廷以孤往之姿，其得力处亦略近于此派。其二，黄宗羲、万斯同一派：以史学为根据，而推之于当世之务；顾炎武所学，本亦具此精神；而黄、万辈规模之大不逮顾，故专向此一方面发展；同时顾祖禹之学，亦大略同一径路；其后则衍为全祖望、章学诚等，于清学为别派。其三，王锡阐、梅文鼎一派：专治天算；开自然科学之端绪焉。此诸派者，其研究学问之方法，皆与明儒根本差异；除颜、李一派中绝外，其余皆有传于后；而顾、阎、胡"尤为正统派"不祧之大宗。其犹为旧学（理学）坚守残垒效死勿去者，则有孙奇逢、李中孚、陆世仪等；而其学风已由明而渐返于宋；即诸新学家，其思想中，留宋人之痕迹犹不少；故此期之复古，可谓由明以复于宋，且渐复于汉唐。

其全盛运动之代表人物，则惠栋、戴震、段玉裁、王念孙、王引之也；吾名之曰正统派。试举启蒙派与正统派相异之点：一，启蒙派对于宋

173

学，一部分猛烈攻击，而仍因袭其一部分；正统派则自固壁垒，将宋学置之不议不论之列。二，启蒙派抱通经致用之观念，故喜言成败得失经世之务；正统派则为考证而考证，为经学而治经学。正统派之中坚，在皖与吴；开吴者惠，开皖者戴。惠栋受学于其父士奇，其弟子有江声、余萧客，而王鸣盛、钱大昕、汪中、刘台拱、江藩等皆汲其流。戴震受学于江永，亦事栋以先辈礼；震之在乡里，衍其学者，有金榜、程瑶田、凌廷堪、三胡——匡衷、培翚、春乔〔承珙〕——等；其教于京师，弟子之显者，有任大椿、卢文弨、孔广森、段玉裁、王念孙，念孙以授其子引之，玉裁、念孙、引之最能光大震学，世称戴、段、二王焉。其实清儒最恶立门户，不喜以师弟相标榜；凡诸大师皆交相师友，更无派别可言也。惠、戴齐名，而惠尊闻好博，戴深刻断制，惠仅"述者"而戴则"作者"也；受其学者，成就之大小亦因以异；故正统派之盟主必推戴。当时学者承流向风各有建树者，不可数计；而纪昀、王昶、毕沅、阮元辈，皆处贵要，倾心宗向，隐若护法，于是兹派称全盛焉。其治学根本方法，在"实事求是""无征不信"；其研究范围，以经学为中心，而衍及小学，音韵，史学，天算，水地，典章制度，金石，校勘，辑逸，等等；而引证取材，多极于两汉；故亦有"汉学"之目。当斯时也，学风殆统于一；启蒙期之宋学残绪，亦莫能续；仅有所谓古文家者，假"因文见道"之名，欲承其祧；时与汉学为难；然志力两薄，不足以张其军。

其蜕分期运动之代表人物，则康有为、梁启超也；当正统派全盛时，学者以专经为尚；于是有庄存与始治《春秋公羊传》有心得；而刘逢禄、龚自珍最能传其学。《公羊传》者，"今文学"也；东汉时，本有今文古文之争，甚烈；《诗》之《毛传》，《春秋》之《左传》，及《周官》，皆晚出，称古文，学者不信之；至汉末而古文学乃盛；自阎若璩攻《伪古文尚书》得胜，渐开学者疑经之风，于是刘逢禄大疑《春秋左氏传》，魏源大疑《诗毛氏传》，若《周官》则宋以来固多疑之矣；康有为乃综集诸家说，严画今古文分野，谓凡东汉晚出之古文经传，皆刘歆所伪造；正统派所最尊崇之许、郑，皆在所排击；则所谓复古者，由东汉以复于西汉。有为又宗公羊立"孔子改制"说，谓六经皆孔子所作，尧、舜皆孔子依托；而先秦诸子，亦罔不"托古改制"；实极大胆之论，对于数千年经籍谋一突飞的大解放，以开自由研究之门。其弟子最著者，陈千秋、梁启超，千秋早卒，启超以教授著述大弘其学；然启超与正统派因缘较深，时时不慊于其师之武断，故末流多有异同。有为、启超皆抱启蒙期"致用"的观念，借经术以文饰其政论，颇失"为经学而治经学"之本意，故其业不昌；而转成为欧西思想输入之导引。

  清学之蜕分期，同时即其衰落期也。顾、阎、胡、惠、戴、段、二王诸先辈，非特学识渊粹卓绝，即行谊亦至狷洁；及其学既盛，举国希声附和，浮华之士亦竞趋焉；固已渐为社会所厌。且兹学荦荦诸大端，为前人发挥略尽；后起者率因袭补苴，无复创作精神；即有发明，亦皆末节，汉人所谓碎义逃难也；而其人犹自倨贵，俨成一种"学阀"之观。今古文之争起，互相诋諆，缺点益暴露。海通以还，外学输入；学子憬然于竺旧之非计，相率吐弃之，其运命自不能以复久延。然在此期中，犹有一二大师焉，为正统派死守最后之壁垒；曰俞樾曰孙诒让，皆得统于高邮王氏；樾著书惟二三种独精绝；余乃类无行之袁枚，亦衰落期之一征也；诒让则有醇无疵，得此后殿，清学有光矣。樾弟子有章炳麟，智过其师；然亦以好谈政治，稍荒厥业。而绩溪诸胡之后有胡适者，亦用清儒方法治学，有正统派遗风。

  综观二百余年之学史，其影响及于全思想界者，一言蔽之，曰"以复古为解放"。第一步：复宋之古，对于王学而得解放；第二步：复汉唐之古，对于程朱而得解放；第三步：复西汉之古，对于许郑而得解放；第四步：复先秦之古，对于一切传注而得解放；夫既已复先秦之古，则非至对于孔孟而得解放焉不止矣。然其所以能著著奏解放之效者，则科学的研究精神实启之。今清学固衰落矣；"四时之运，成功者退"，其衰落乃势之必然，亦事之有益者也，无所容其痛惜留恋；惟能将此研究精神转用于他方向，则清学亡而不亡也矣。

  略论既竟，今当分说各期。

三

吾言"清学之出发点，在对于宋明理学一大反动"，夫宋明理学何为而招反动耶？学派上之"主智"与"主意"；"唯物"与"唯心"；"实验"与"冥证"；每迭为循环。大抵甲派至全盛时必有流弊；有流弊斯有反动，而乙派与之代兴；乙派之由盛而弊而反动亦然。然每经一度之反动再兴，则其派之内容，必革新焉而有以异乎其前；人类德慧智术之所以进化，胥恃此也。此在欧洲三千年学术史中，其大势最著明；我国亦不能违此公例；而明清之交，则其嬗代之迹之尤易见者也。

唐代佛学极昌之后，宋儒采之，以建设一种"儒表佛里"的新哲学；至明而全盛。此派新哲学，在历史上有极大之价值，自无待言。顾吾辈所最不慊者，其一：既采取佛说而损益之，何可讳其所自出，而反加以丑诋；其二：所创新派既并非孔孟本来面目，何必附其名而淆其实。是故吾于宋明之学，认其独到且有益之处确不少；但对于其建设表示之形式，不能曲恕；谓其既诬孔，且诬佛，而并以自诬也。明王守仁为兹派晚出之杰，而其中此习气也亦更甚；即如彼所作《朱子晚年定论》，强指不同之朱陆为同，实则自附于朱，且诬朱从我。此种习气，为思想界之障碍者有二：一曰遏抑创造，一学派既为我所自创，何必依附古人以为重；必依附古人，岂非谓生古人后者便不应有所创造耶？二曰奖厉虚伪，古人之说诚如是，则宗述之可也；并非如是，而以我之所指者实之，此无异指鹿为马，淆乱真相，于学问为不忠实。宋明学之根本缺点在于是。

进而考其思想之本质，则所研究之对象，乃纯在绍绍灵灵不可捉摸之一物；少数俊拔笃挚之士，曷尝不循此道而求得身心安宅，然效之及于世者已鲜；而浮伪之辈，撷拾虚辞以相夸煽，乃甚易易；故晚明"狂禅"一派，至于"满街皆是圣人"，"酒色财气不碍菩提路"，道德且堕落极矣。重以制科帖括，笼罩天下；学者但习此种影响因袭之谈，便足以取富贵弋名誉；举国靡然化之，则相率于不学，且无所用心。故晚明理学之弊，恰如欧洲中世黑暗时代之景教；其极也，能使人之心思耳目皆闭塞不用；独立创造之精神，消蚀达于零度；夫人类之有"学问欲"其天性也；"学问饥饿"至于此极，则反动其安得不起。

九

综上所述，可知启蒙期之思想界，极复杂而极绚烂。其所以致此之原因有四：

第一，承明学极空疏之后，人心厌倦，相率返于沉实。

第二，经大乱后，社会比较的安宁；故人得有余裕以自厉于学。

第三，异族入主中夏，有志节者耻立乎其朝；故刊落声华，专集精力以治朴学。

第四，旧学派权威既坠，新学派系统未成，无"定于一尊"之弊；故自由研究之精神特盛。

其研究精神，因环境之冲动，所趋之方向亦有四：

第一，因矫晚明不学之弊，乃读古书；愈读而愈觉求真解之不易，则先求诸训诂名物典章制度等等，于是考证一派出。

第二，当时诸大师，皆遗老也；其于宗社之变，类含隐痛，志图匡复，故好研究古今史迹成败，地理厄塞，以及其他经世之务。

第三，自明之末叶，利玛窦等输入当时所谓西学者于中国，而学问研究方法上，生一种外来的变化；其初惟治天算者宗之，后则渐应用于他学。

第四，学风既由空返实；于是有从书上求实者，有从事上求实者；南人明敏多条理，故向著作方面发展；北人朴悫坚卓，故向力行方面发展。此启蒙期思想发展途径之大概也。

然则第二期之全盛时代，独所谓正统派者（考证学），充量发达，余派则不盛，或全然中绝，其故何耶？以吾所思，原因亦有四：

一、颜、李之力行派，陈义甚高；然未免如庄子评墨子所云："其道大觳，恐天下不堪"；（《天下篇》）此等苦行，惟有宗教的信仰者能践之；然已不能责望之于人。颜元之教，既绝无"来生的""他界的"观念；在此现实界而惟恃极单纯极严冷的道德义务观念；教人牺牲一切享乐，本不能成为天下之达道。元之学所以一时尚能光大者，因其弟子直接受彼之人格的感化；一再传后，感化力递减，其渐归衰灭，乃自然之理。况其所谓实用之"艺"，因社会变迁，非皆能周于用；而彼所最重者在"礼"；所谓"礼"者，二千年前一种形式，万非今日所能一一实践；既不能，则实者乃反为虚矣；此与当时求实之思潮，亦不相吻合；其不能成为风气也固宜。

二、吾尝言当时"经世学派"之昌，由于诸大师之志存匡复；诸大师始终不为清廷所用，固已大受猜忌；其后文字狱频兴，学者渐惴惴不自保，凡学术之触时讳者，不敢相讲习。然英拔之士，其聪明才力，终不能无所用也；诠释故训，究索名物，真所谓"于世无患，与人无争"，学者可以自藏焉。又所谓经世之务者，固当与时消息，过时焉则不适用；治此学者既未能立见推行，则藏诸名山，终不免成为一种空论。等是空论，则浮薄之士，何尝不可剿说以自附，附者众则乱真而见厌矣。故乾嘉以降，此派衰熄；即治史学地理学者，亦全趋于考证方面，无复以议论行之矣。

三、凡欲一种学术之发达，其第一要件，在先有精良之研究法。清代考证学，顾、阎、胡、惠、戴诸师，实辟出一新途径，俾人人共循；贤者识大，不贤识小，皆可勉焉。中国积数千年文明，其古籍实有研究之大价值，如金之蕴于矿者至丰也；而又非研究之后，加以整理，则不能享其用，如在矿之金，非开采磨治焉不得也。故研究法一开，学者既感其有味，又感其必要，遂靡然向风焉。愈析而愈密，愈浚而愈深，盖此学派在当时饶有开拓之余地，凡加入派中者，苟能忠实从事，不拘大小，而总可以有所成；所以能拔异于诸派而独光大也。

四、清学之研究法，既近于"科学的"，则其趋向似宜向科学方面发展；今专用之于考古，除算学天文外，一切自然科学皆不发达，何也？凡一学术之兴，一面须有相当之历史，一面又乘特殊之机运。我国数千年学术，皆集中社会方面，于自然界方面素不措意，此无庸为讳也；而当时又无特别动机，使学者精力转一方向。且当考证新学派初兴，可开拓之殖民地太多；才智之士正趋焉，自不能分力于他途。天算者，经史中所固有也，故能以附庸之资格，连带发达，而他无闻焉。其实欧洲之科学，亦直至近代而始昌明，在彼之"文艺复兴"时，其学风亦偏于考古，盖学术进化必经之级，应如是矣。

右述启蒙期竟，次及全盛期。

十三

正统派之学风，其特色可指者略如下：

一、凡立一义，必凭证据；无证据而以臆度者，在所必摈。

二、选择证据，以古为尚，以汉唐证据难宋明，不以宋明证据难汉唐；据汉魏可以难唐，据汉可以难魏晋，据先秦西汉可以难东汉，以经证经，可以难一切传记。

三、孤证不为定说；其无反证者姑存之，得有续证则渐信之，遇有力之反证则弃之。

四、隐匿证据或曲解证据，皆认为不德。

五、最喜罗列事项之同类者，为比较的研究，而求得其公则。

六、凡采用旧说，必明引之；剿说认为大不德。

七、所见不合，则相辩诘，虽弟子驳难本师，亦所不避；受之者从不以为忤。

八、辩诘以本问题为范围，词旨务笃实温厚，虽不肯枉自己意见，同时仍尊重别人意见；有盛气凌轹，或支离牵涉或影射讥笑者，认为不德。

九、喜专治一业，为"窄而深"的研究。

十、文体贵朴实简絜，最忌"言有枝叶"。

当时学者，以此种学风相矜尚，自命曰"朴学"。其学问之中坚，则经学也，经学之附庸则小学；以次及于史学，天算学，地理学，音韵学，律吕学，金石学，校勘学，目录学，等等，一皆以此种研究精神治之。质言之，则举凡自汉以来书册上之学问，皆加以一番磨琢，施以一种组织。其直接之效果：一，吾辈向觉难读难解之古书，自此可以读可以解；二，许多伪书及书中窜乱芜秽者，吾辈可以知所别择，不复虚糜精力；三，有久坠之绝学，或前人向不注意之学，自此皆卓然成一专门学科；使吾辈学问之内容，日益丰富。其间接之效果：一，读诸大师之传记及著述，见其"为学问而学问"，治一业终身以之，铢积寸累，先难后获；无形中受一种人格的观感，使吾辈奋兴向学；二，用此种研究法以治学，能使吾辈心细，读书得间；能使吾辈忠实，不欺饰；能使吾辈独立，不雷同；能使得吾辈虚受，不敢执一自是。

正统派所治之学，为有用耶？为无用耶？此甚难言。试持以与现代世界诸学科比较，则其大部分属于无用，此无可讳言也。虽然，有用无用云者，不过相对的名词。老子曰："三十辐共一毂，当其无，有车之用"，此言乎以无用为用也。循斯义也，则凡真学者之态度，皆当为学问而治学问；夫用之云者，以所用为目的，学问则为达此目的之一手段也；为学问而治学问者，学问即目的，故更无有用无用之可言。庄子称："不龟手之药，或以霸，或不免于洴澼絖"，此言乎为用不为用，存乎其人也。循斯义也，则同是一学，在某时某地某人治之为极无用者，易时易地易人治之，可变为极有用，是故难言也。其实就纯粹的学者之见地论之，只当问成为学不成为学，不必问有用与无用，非如此则学问不能独立，不能发达。夫清学派固能成为学者也，其在我国文化史上有价值者以此。

十七

呜呼，自吾之生而乾嘉学者，已零落略尽，然十三岁肄业于广州之学海堂，堂则前总督阮元所创，以朴学教于吾乡者也，其规模矩矱，一循百年之旧；十六七岁游京师，亦获交当时耆宿数人，守先辈遗风不替者；中间涉览诸大师著述，参以所闻见；盖当时"学者社会"之状况，可仿佛一二焉。

大抵当时好学之士，每人必置一"札记册子"，每读书有心得则记焉。盖清学祖顾炎武，而炎武精神传于后者在其《日知录》；其自述曰："所著《日知录》三十余种〔卷〕，平生之志与业皆在其中"；（《亭林文集·与友人论门人书》）又曰："承问《日知录》又成几卷，而某自别来一载，早夜诵读，反复寻觅，仅得十余条"；（同《与人书》十）其成之难而视之重也如此。推原札记之性质，本非著书，不过储著书之资料；然清儒最戒轻率著书，非得有极满意之资料，不肯泐为定本；故往往有终其身在预备资料中者。又当时第一流学者所著书，恒不欲有一字余于己所心得之外；著专书或专篇，其范围必较广泛，则不免于所心得外摭拾冗词以相凑附；此非诸师所乐，故宁以札记体存之而已。夫吾固屡言之矣：清儒之治学，纯用归纳法，纯用科学精神；此法此精神，果用何种程序始能表现耶？第一步：必先留心观察事物，觑出某点某点有应特别注意之价值；第二步：既注意于一事项，则凡与此事项同类者或相关系者，皆罗列比较以研究之；第三步：比较研究的结果，立出自己一种意见；第四步：根据此意见，更从正面旁面反面博求证据，证据备则泐为定说，遇有力之反证则弃之；凡今世一切科学之成立，皆循此步骤，而清考证家之每立一说，亦必循此步骤也。既已如此，则试思每一步骤进行中，所需资料几何，精力几何，非用极绵密之札记安能致者。训诂学之模范的名著，共推王念孙〔引之〕《经传释词》，俞樾《古书疑义举例》，苟一察其内容，即可知其实先有数千条之札记，后乃组织而成书；又不惟专书为然耳；即在札记本身中，其精到者，亦必先之以初稿之札记——例如钱大昕发明古书〔无〕轻唇音，试读《十驾斋养新录》本条，即知其必先有百数十条之初稿札记，乃能产出，——故顾氏谓一年仅能得十余条，非虚言也。由此观之，则札记实为治此学者所最必要；而欲知清儒治学次第及其得力处，固当于此求之。札记之书则夥矣，其最可观者，《日知录》外，则有阎若璩之《潜邱札记》，钱大昕之《十驾斋养新录》，臧琳之《经义杂记》，卢文弨之《钟山札记》《龙城札记》，孙志祖之《读书脞录》，王鸣盛之《蛾术篇〔编〕》，汪中之《知新记》，洪亮吉之《晓读书斋四〔杂〕录》，赵翼之《陔余丛考》，王念孙之《读书杂志》，王引之之《经义述闻》，何焯之《义门读书记》，臧庸之《拜经日记》，梁玉绳之《瞥记》，俞正燮之《癸巳类稿》《癸巳存稿》，宋翔凤之《过庭录》，陈澧之《东塾读书记》等；其他不可殚举。各家札记，精粗之程度不同，即同一书中，每条价值亦有差别；有纯属原料性质者，（对于一事项初下注意的观察者）有渐成为粗制品者，（胪列比较而附以自己意见者)有已成精制品者,(意见经反复引证后认为定说者)而原料与粗制品,皆足为后人精制所取资,此其所以可贵也。要之当时学者喜用札记,实一种困知勉行工夫,其所以能绵密深入而有创获者,颇恃此;而今亡矣。

清儒既不喜效宋明人聚徒讲学,又非如今之欧美有种种学会学校为聚集讲习之所;则其交换智识之机会,自不免缺乏;其赖以补之者,则函札也。后辈之谒先辈,率以问学书为贽;——有著述者则縢以著述,——先辈视其可教者,必报书,释其疑滞而奖进之。平辈亦然,每得一义,辄驰书其共学之友相商榷,答者未尝不尽其词;凡著一书成,必经挚友数辈严勘得失,乃以问世,而其勘也皆以函札。此类函札,皆精心结撰,其实即著述也。此种风气,他时代亦间有之,而清为独盛。

其为文也朴实说理,言无枝叶,而旨壹归于雅正。语录文体,所不喜也,而亦不以奇古为尚。顾炎武之论文曰:"孔子言:'其旨远,其辞文',又曰:'言之无文,行而不远',曾子曰:'出辞气,斯远鄙倍';今讲学先生从语录入者,多不善修辞";又曰:"时有今古,非文有今古,今之不能为二《汉》,犹二《汉》之不能为《尚书》《左氏》;乃剿取《史》《汉》中文法以为古,甚者猎其一二字句用之于文,殊为不称;……舍今日恒用之字而借古字之通用者,文人所以自盖其俚浅也";(《日知录》十九)清学皆宗炎武,文亦宗之,其所奉为信条者:一曰不俗,二曰不古,三曰不枝,盖此种文体于学术上之说明,最为宜矣,然因此与当时所谓"古文家"者每不相容。美文,清儒所最不擅长也;诸经师中,殆无一人能为诗者;——集中多皆有诗,然真无足观,——其能为词者,仅一张惠言;能为骈体文者,有孔广森,汪中,凌廷堪,洪亮吉,孙星衍,董祐诚;其文仍力洗浮艳,如其学风。

二十

道咸以后,清学曷为而分裂耶?其原因,有发于本学派之自身者,有由环境之变化所促成者。

所谓发于本学派自身者何耶?其一:考证学之研究方法虽甚精善,其研究范围却甚拘迂。就中成绩最高者，惟训诂一科；然经数大师发明略尽，所余者不过糟粕。其名物一科，考明堂，考燕寝，考弁服，考车制，原物今既不存，聚讼终末由决。典章制度一科，言丧服，言禘祫，言封建，言井田，在古代本世有损益变迁，即群书亦末由折衷通会。夫清学所以能夺明学之席而与之代兴者，毋亦曰彼空而我实也；今纷纭于不可究诘之名物制度，则其为空也，与言心言性者相去几何？甚至言《易》者摈"河图洛书"而代以"卦气爻辰"，其矫诬正相类。诸如此类者尚多，殊不足以服人。要之清学以提倡一"实"字而盛，以不能贯彻一"实"字而衰，自业自得，固其所矣。其二：凡一有机体发育至一定限度，则凝滞不复进，因凝滞而腐败，而衰谢，此物理之恒也；政制之蜕变也亦然，学派之蜕变也亦然。清学之兴，对于明之"学阀"而行革命也；乃至乾嘉以降，而清学已自成为炙手可热之一"学阀"。即如方东树之《汉学商兑》，其意气排轧之处固甚多，而切中当时流弊者抑亦不少；然正统派诸贤，莫之能受；其驵卒之依附末光者，且盛气以临之；于是思想界成一"汉学专制"之局。学派自身，既有缺点，而复行以专制，此破灭之兆矣。其三：清学家既教人以尊古，又教人以善疑。既尊古矣，则有更古焉者，固在所当尊；既善疑矣，则当时诸人所共信者，吾曷为不可疑之？盖清学经乾嘉全盛以后，恰如欧洲近世史初期，各国内部略奠定，不能不有如科仑布其人者别求新陆。故在本派中有异军突起，而本派之命运，遂根本摇动；则亦事所必至理有固然矣。

所谓由环境之变化所促成者何耶？其一：清初"经世致用"之一学派所以中绝者，固由学风正趋于归纳的研究法，厌其空泛；抑亦因避触时忌，聊以自藏。嘉道以还，积威日弛，人心已渐获解放；而当文恬武嬉之既极，稍有识者，咸知大乱之将至；追寻根原，归咎于学非所用；则最尊严之学阀，自不得不首当其冲。其二：清学之发祥地及根据地，本在江浙，咸同之乱，江浙受祸最烈，文献荡然；后起者转徙流离，更无余裕以自振其业。而一时英拔之士，奋志事功，更不复以学问为重。凡学术之赓续发展，非比较的承平时代则不能；咸同间之百学中落，固其宜矣。其三："鸦片战役"以后，志士扼腕切齿，引为大辱奇戚，思所以自湔拔；

经世致用观念之复活,炎炎不可抑。又海禁既开,所谓"西学"者逐渐输入;始则工艺,次则政制。学者若生息于漆室之中,不知室外更何所有;忽穴一牖外窥,则粲然者皆昔所未睹也;还顾室中,则皆沈〔沉〕黑积秽;于是对外求索之欲日炽,对内厌弃之情日烈。欲破壁以自拔于此黑暗,不得不先对于旧政治而试奋斗;于是以其极幼稚之"西学"智识,与清初启蒙期所谓"经世之学"者相结合;别树一派,向于正统派公然举叛旗矣。此则清学分裂之主要原因也。

二十三

今文学运动之中心,曰南海康有为,然有为盖斯学之集成者,非其创作者也。有为早年,酷好《周礼》,尝贯穴之著《政学通议》,后见廖平所著书,乃尽弃其旧说。廖平者,王闿运弟子;闿运以治《公羊》闻于时,然故文人耳,经学所造甚浅;其所著《公羊笺》,尚不逮孔广森。平受其学,著《四益馆经学丛书》十数种,颇知守今文家法;晚年受张之洞贿逼,复著书自驳。其人固不足道,然有为之思想,受其影响,不可诬也。有为最初所著书曰:《新学伪经考》。"伪经"者,谓《周礼》《逸礼》《左传》及《诗》之毛传,凡西汉末刘歆所力争立博士者;"新学"者,谓新莽之学;时清儒诵法许、郑者,自号曰"汉学",有为以为此新代之学,非汉代之学,故更其名焉。《新学伪经考》之要点:一、西汉经学,并无所谓古文者,凡古文皆刘歆伪作;二、秦焚书,并未厄及六经,汉十四博士所传,皆孔门足本,并无残缺;三、孔子时所用字,即秦汉间篆书,即以"文"论,亦绝无今古之目;四、刘歆欲弥缝其作伪之迹,故校中秘书时,于一切古书多所羼乱;五、刘歆所以作伪经之故,因欲佐莽篡汉,先谋湮乱孔子之微言大义。诸所主张,是否悉当,且勿论,要之此说一出,而所生影响有二:第一,清学正统派之立脚点,根本摇动;第二,一切古书,皆须从新检查估价;此实思想界之一大飓风也。有为弟子有陈千秋、梁启超者,并夙治考证学,陈尤精洽,闻有为说,则尽弃其学而学焉;《伪经考》之著,二人者多所参与,亦时时病其师之武断,然卒莫能夺也。

实则此书大体皆精当，其可议处乃在小节目，乃至谓《史记》《楚辞》经刘歆羼入者数十条，出土之钟鼎彝器，皆刘歆私铸埋藏以欺后世；此实为事理之万不可通者，而有为必力持之。实则其主张之要点，并不必借重于此等枝词强辩而始成立；而有为以好博好异之故，往往不惜抹杀证据或曲解证据，以犯科学家之大忌，此其所短也。有为之为人也，万事纯任主观，自信力极强，而持之极毅；其对于客观的事实，或竟蔑视，或必欲强之以从我，其在事业上也有然，其在学问上也亦有然；其所以自成家数崛起一时者以此，其所以不能立健实之基础者亦以此；读《新学伪经考》而可见也。《新学伪经考》出甫一年，遭清廷之忌，毁其板，传习颇稀。其后有崔适者，著《史记探原》《春秋复始》二书，皆引申有为之说，益加精密。今文派之后劲也。

　　有为第二部著述，曰《孔子改制考》，其第三部著述，曰《大同书》；若以《新学伪经考》比飓风，则此二书者，其火山大喷火也，其大地震也。有为之治《公羊》也，不断断于其书法义例之小节，专求其微言大义，即何休所谓非常异义可怪之论者，定《春秋》为孔子改制创作之书；谓文字不过其符号，如电报之密码，如乐谱之音符，非口授不能明。又不惟《春秋》而已；凡六经皆孔子所作；昔人言孔子删述者误也，孔子盖自立一宗旨而凭之以进退古人去取古籍。孔子改制，恒托于古；尧舜者，孔子所托也；其人有无不可知，即有，亦至寻常；经典中尧舜之盛德大业，皆孔子理想上所构成也。又不惟孔子而已；周秦诸子罔不改制，罔不托古；老子之托黄帝，墨子之托大禹，许行之托神农，是也。近人祖述何休以治《公羊》者，若刘逢禄、龚自珍、陈立辈，皆言改制，而有为之说，实与彼异；有为所谓改制者，则一种政治革命社会改造的意味也。故喜言"通三统"；"三统"者，谓夏、商、周三代不同，当随时因革也；喜言"张三世"；"三世"者，谓据乱世、升平世、太平世，愈改而愈进也；有为政治上"变法维新"之主张，实本于此。有为谓孔子之改制，上掩百世，下掩百世，故尊之为教主；误认欧洲之尊景教为治强之本，故恒欲侪孔子于基督，乃杂引谶纬之言以实之；于是有为心目中之孔子，又带有"神秘性"矣。《孔子改制考》之内容，大略如此；其所及于思想界之影响，可得言焉。

一、教人读古书，不当求诸章句训诂名物制度之末，当求其义理；所谓义理者，又非言心言性，乃在古人创法立制之精意。于是汉学宋学，皆所吐弃，为学界别辟一新殖民地。

二、语孔子之所以为大，在于建设新学派（创教），鼓舞人创作精神。

三、《伪经考》既以诸经中一大部分为刘歆所伪造，《改制考》复以真经之全部分为孔子托古之作，则数千年来共认为神圣不可侵犯之经典，根本发生疑问，引起学者怀疑批评的态度。

四、虽极力推挹孔子；然既谓孔子之创学派与诸子之创学派，同一动机，同一目的，同一手段；则已夷孔子于诸子之列。所谓"别黑白定一尊"之观念，全然解放，导人以比较的研究。

二十五

对于"今文学派"为猛烈的宣传运动者，则新会梁启超也。启超年十三，与其友陈千秋同学于学海堂；治戴、段、王之学，千秋所以辅益之者良厚。越三年，而康有为以布衣上书被放归，举国目为怪；千秋、启超好奇，相将谒之，一见大服，遂执业为弟子，共请康开馆讲学，则所谓万木草堂是也。二人者学数月，则以其所闻昌言于学海堂，大诋诃旧学，与长老侪辈辩诘无虚日。有为不轻以所学授人，草堂常课，除《公羊传》外，则点读《资治通鉴》《宋元学案》《朱子语类》等，又时时习古礼，千秋、启超弗嗜也，则相与治周秦诸子及佛典，亦涉猎清儒经济书及译本西籍；皆就有为决疑滞。居一年，乃闻所谓"大同义"者，喜欲狂，锐意谋宣传；有为谓非其时，然不能禁也。又二年，而千秋卒，（年二十二）启超益独力自任。启超治《伪经考》，时复不慊于其师之武断，后遂置不复道；其师好引纬书，以神秘性说孔子，启超亦不谓然。启超谓孔门之学，后衍为孟子、荀卿两派，荀传小康，孟传大同。汉代经师，不问为今文家古文家，皆出荀卿，（汪中说）二千年间，宗派屡变，壹皆盘旋荀学肘下；孟学绝而孔学亦衰。于是专以绌荀申孟为标帜，引《孟子》中诛责"民贼"

"独夫","善战服上刑","授田制产"储义,谓为大同精意所寄,日倡道之。又好《墨子》,诵说其"兼爱""非攻"诸论。启超屡游京师,渐交当世士大夫,而其讲学最契之友,曰:夏曾佑、谭嗣同。曾佑方治龚、刘今文学,每发一义,辄相视莫逆;其后启超亡命日本,曾佑赠以诗,中有句曰:"……冥冥兰陵(荀卿)门,万鬼头如蚁。质多(魔鬼)举只手,阳乌为之死。祖袒往暴之,一击类执豕。酒酣掷杯起,跌宕笑相视。颇谓宙合间,只此足欢喜。……"此可想见当时彼辈"排荀"运动,实有一种元气淋漓景象。嗣同方治王夫之之学,喜谈名理,谈经济,及交启超,亦盛言大同,运动尤烈。(详次节)而启超之学,受夏、谭影响亦至巨。

其后启超等之运动,益带政治的色彩,启超创一旬刊杂志于上海,曰《时务报》,自著《变法通议》,批评秕政,而救敝之法,归于废科举兴学校;亦时时发"民权论",但微引其绪,未敢昌言。已而嗣同与黄遵宪、熊希龄等,设时务学堂于长沙;聘启超主讲席,唐才常等为助教。启超至,以《公羊》《孟子》教,课以札记;学生仅四十人,而李炳寰、林圭、蔡锷称高才生焉。启超每日在讲堂四小时,夜则批答诸生札记,每条或至千言,往往彻夜不寐;所言皆当时一派之民权论,又多言清代故实,胪举失政,盛倡革命;其论学术,则自荀卿以下汉、唐、宋、明、清学者,掊击无完肤。时学生皆住舍,不与外通,堂内空气日日激变,外间莫或知之,及年假,诸生归省,出札记示亲友,全湘大哗。先是嗣同、才常等,设"南学会"聚讲,又设《湘报》(日刊)《湘学报》(旬刊),所言虽不如学堂中激烈,实阴相策应;又窃印《明夷待访录》《扬州十日记》等书,加以案语,秘密分布,传播革命思想,信奉者日众,于是湖南新旧派大哄。叶德辉著〔苏舆编〕《翼教丛编》数十万言,将康有为所著书启超所批学生札记,及《时务报》《湘报》《湘学报》诸论文,逐条痛斥;而张之洞亦著《劝学篇》,旨趣略同。戊戌政变前,某御史胪举札记批语数十条指斥清室鼓吹民权者具折揭参,卒兴大狱;嗣同死焉,启超亡命,才常等被逐,学堂解散,盖学术之争,延为政争矣。

启超既亡居日本,其弟子李、林、蔡等弃家从之者十有一人;才常亦数数往来,共图革命;积年余,举事于汉口,十一人者先后归,从才常死

187

者六人焉；启超亦自美洲驰归，及上海而事已败。自是启超复专以宣传为业，为《新民丛报》《新小说》等诸杂志，畅其旨义，国人竞喜读之，清廷虽严禁，不能遏，每一册出，内地翻刻本辄十数；二十年来学子之思想，颇蒙其影响。启超夙不喜桐城派古文；幼年为文，学晚汉魏晋，颇尚矜炼；至是自解放，务为平易畅达，时杂以俚语韵语及外国语法，纵笔所至不检束；学者竞效之，号新文体；老辈则痛恨，诋为野狐；然其文条理明晰，笔锋常带情感，对于读者，别有一种魔力焉。

二十六

启超既日倡革命排满共和之论，而其师康有为深不谓然，屡责备之，继以婉劝，两年间函札数万言。启超亦不慊于当时革命家之所为，惩羹而吹齑，持论稍变矣。然其保守性与进取性常交战于胸中，随感情而发，所执往往前后相矛盾；尝自言曰："不惜以今日之我，难昔日之我"；世多以此为诟病，而其言论之效力亦往往相消；盖生性之弱点然矣。

启超自三十以后，已绝口不谈"伪经"，亦不甚谈"改制"；而其师康有为大倡设孔教会定国教祀天配孔诸议，国中附和不乏，启超不谓然，屡起而驳之；其言曰：

"我国学界之光明，人物之伟大，莫盛于战国，盖思想自由之明效也。及秦始皇焚百家之语，而思想一窒；汉武帝表章六艺罢黜百家，而思想又一窒。自汉以来，号称行孔教二千余年于兹矣，而皆持所谓表章某某罢黜某某者为一贯之精神。故正学异端有争，今学古学有争，言考据则争师法，言性理则争道统；各自以为孔教，而排斥他人以为非孔教……浸假而孔子变为董江都、何邵公矣，浸假而孔子变为马季长、郑康成矣，浸假而孔子变为韩退之、欧阳永叔矣，浸假而孔子变为程伊川、朱晦庵矣，浸假而孔子变为陆象山、王阳明矣，浸假而孔子变为顾亭林、戴东原矣，皆由思想束缚于一点，不能自开生面，如群猿得一果，跳掷以相攫，如群妪得一钱，诟詈以相夺，情状

抑何可怜；……此二千年来保教党所生之结果也。……"（壬寅年《新民丛报》）

又曰：

"今之言保教者，取近世新学新理而缘附之，曰：某某孔子所已知也，某某孔子所曾言也；……然则非以此新学新理厘然有当于吾心而从之也，不过以其暗合于我孔子而从之耳。是所爱者，仍在孔子，非在真理也；万一遍索诸'四书''六经'而终无可比附者，则将明知为真理而亦不敢从矣；万一吾所比附者，有人剔之曰孔子不如是，斯亦不敢不弃之矣；若是乎真理之终不能饷遗我国民也。故吾所恶乎舞文贱儒，动以西学缘附中学者，以其名为开新，实则保守，煽思想界之奴性而滋益之也。"（同上）

又曰：

"撷古书片词单语以傅会今义，最易发生两种流弊：一、倘所印证之义，其表里适相吻合，善已；若稍有牵合附会，则最易导国民以不正确之观念，而缘郢书燕说以滋弊。例如畴昔谈立宪谈共和者，偶见经典中某字某句与立宪共和等字义略相近，辄撷拾以沾沾自喜，谓此制为我所固有；其实今世共和立宪制度之为物，即泰西亦不过起于近百年，求诸彼古代之希腊、罗马且不可得，遑论我国。而比附之言，传播既广；则能使多数人之眼光之思想，见局见缚于所比附之文句；以为所谓立宪共和者不过如是，而不复追求其真义之所存。……此等结习，最易为国民研究实学之魔障。二、劝人行此制，告之曰，吾先哲所尝行也；劝人治此学，告之曰，吾先哲所尝治也；其势较易入，固也。然频以此相诏，则人于先哲未尝行之制，辄疑其不可行，于先哲未尝治之学，辄疑其不当治。无形之中，恒足以增其故见自满之习，而障其择善服从之明。……吾雅不愿采撷隔墙桃李之繁葩，缀

结于吾家杉松之老干,而沾沾自鸣得意;吾诚爱桃李也,惟当思所以移植之,而何必使与杉松淆其名实者。"(乙卯年《国风报》)

此诸论者,虽专为一问题而发;然启超对于我国旧思想之总批判,及其所认为今后新思想发展应遵之涂径,皆略见焉。中国思想之痼疾,确在"好依傍"与"名实混淆"。若援佛入儒也,若好造伪书也,皆原本于此等精神。以清儒论,颜元几于墨矣,而必自谓出孔子;戴震全属西洋思想,而必自谓出孔子;康有为之大同,空前创获,而必自谓出孔子。及至孔子之改制,何为必托古,诸子何为皆托古,则亦依傍混淆也已。此病根不拔,则思想终无独立自由之望;启超盖于此三致意焉。然持论既屡与其师不合,康、梁学派遂分。

启超之在思想界,其破坏力确不小,而建设则未有闻。晚清思想界之粗率浅薄,启超与有罪焉。启超常称佛说,谓:"未能自度,而先度人,是为菩萨发心";故其生平著作极多,皆随有所见,随即发表。彼尝言:"我读到'性本善',则教人以'人之初'而已";殊不思"性相近"以下尚未读通,恐并"人之初"一句亦不能解;以此教人,安见其不为误人。启超平素主张,谓:须将世界学说为无制限的尽量输入,斯固然矣;然必所输入者确为该思想之本来面目,又必具其条理本末,始能供国人切实研究之资;此其事非多数人专门分担不能。启超务广而荒,每一学稍涉其樊,便加论列;故其所述著,多模糊影响笼统之谈,甚者纯然错误;及其自发现而自谋矫正,则已前后矛盾矣。平心论之,以二十年前思想界之闭塞委靡,非用此种卤莽疏阔手段,不能烈山泽以辟新局;就此点论,梁启超可谓新思想界之陈涉。虽然,国人所责望于启超者不止此,以其人本身之魄力,及其三十年历史上所积之资格,实应为我新思想界力图缔造一开国规模;若此人而长此以自终,则在中国文化史上,不能不谓为一大损失也。

启超与康有为有最相反之一点,有为太有成见,启超太无成见,其应事也有然,其治学也亦有然。有为常言:"吾学三十岁已成,此后不复有进,亦不必求进";启超不然,常自觉其学未成,且忧其不成,数十年日在旁皇求索中;故有为之学,在今日可以论定;启超之学,则未能论定。

然启超以太无成见之故，往往徇物而夺其所守；其创造力不逮有为，殆可断言矣。启超"学问欲"极炽，其所嗜之种类亦繁杂；每治一业，则沈〔沉〕溺焉，集中精力，尽抛其他；历若干时日，移于他业，则又抛其前所治者；以集中精力故，故常有所得；以移时而抛故，故入焉而不深；彼尝有诗题其女令娴《艺蘅馆日记》云："吾学病爱博，是用浅且芜，尤病在无恒，有获旋失诸，百凡可效我，此二无我如"；可谓有自知之明。启超虽自知其短，而改之不勇；中间又屡为无聊的政治活动所牵率，耗其精而荒其业。识者谓启超若能永远绝意政治，且裁敛其学问欲，专精于一二点，则于将来之思想界当更有所贡献；否则亦适成为清代思想史之结束人物而已。

二十九

自明徐光启、李之藻等广译算学天文水利诸书，为欧籍入中国之始；前清学术，颇蒙其影响，而范围亦限于天算。"鸦片战役"以后，渐怵于外患；洪杨之役，借外力平内难，益震于西人之"船坚炮利"；于是上海有制造局之设，附以广方言馆，京师亦设同文馆，又有派学生留美之举。而目的专在养成通译人才，其学生之志量，亦莫或逾此，故数十年中，思想界无丝毫变化。惟制造局中尚译有科学书二三十种，李善兰、华蘅芳、赵仲涵等任笔受；其人皆学有根柢，对于所译之书，责任心与兴味皆极浓重；故其成绩略可比明之徐、李；而教会之在中国者，亦颇有译书。光绪间所为"新学家"者，欲求知识于域外，则以此为枕中鸿秘；盖"学问饥饿"，至是而极矣。甲午丧师，举国震动；年少气盛之士，疾首扼腕言"维新变法"，而耆宿若李鸿章、张之洞辈，亦稍稍和之。而其流行语，则有所谓"中学为体，西学为用"者；张之洞最乐道之，而举国以为至言。盖当时之人，绝不承认欧美人除能制造能测量能驾驶能操练之外，更有其他学问，而在译出西书中求之，亦确无他种学问可见。康有为、梁启超、谭嗣同辈，即生育于此种"学问饥荒"之环境中，冥思枯索，欲以构成一种"不中不西，即中即西"之新学派；而已为时代所不容。盖固有之旧思想，既深根固蒂，而外来之新思想，又来源浅觳，汲而易竭；其支绌灭裂，固宜然矣。

戊戌政变，继以庚子拳祸，清室衰微益暴露。青年学子，相率求学海外；而日本以接境故，赴者尤众。壬寅癸卯间，译述之业特盛；定期出版之杂志不下数十种，日本每一新书出，译者动数家；新思想之输入，如火如荼矣。然皆所谓"梁启超式"的输入，无组织，无选择，本末不具，派别不明，惟以多为贵。而社会亦欢迎之；盖如久处灾区之民，草根木皮，冻雀腐鼠，罔不甘之，朵颐大嚼；其能消化与否不问，能无召病与否更不问也。而亦实无卫生良品足以为代。时独有侯官严复，先后译赫胥黎《天演论》，斯密亚丹《原富》，穆勒约翰《名学》《群己权界论》，孟德斯鸠《法意》，斯宾塞尔《群学肄言》等数种，皆名著也，虽半属旧籍，去时势颇远；然西洋留学生与本国思想界发生关系者，复其首也。亦有林纾者，译小说百数十种，颇风行于时，然所译本率皆欧洲第二三流作者；纾治桐城派古文，每译一书，辄"因文见道"，于新思想无与焉。

晚清西洋思想之运动，最大不幸者一事焉，盖西洋留学生殆全体未尝参加于此运动；运动之原动力及其中坚，乃在不通西洋语言文字之人。坐此为能力所限，而稗贩，破碎，笼统，肤浅，错误，诸弊，皆不能免；故运动垂二十年，卒不能得一健实之基础，旋起旋落，为社会所轻。就此点论，则畴昔之西洋留学生，深有负于国家也。

而一切所谓"新学家"者，其所以失败，更有一种根原，曰：不以学问为目的而以为手段。时主方以利禄饵诱天下，学校一变名之科举，而新学亦一变质之八股；学子之求学者，其什中八九，动机已不纯洁；用为"敲门砖"，过时则抛之而已。此其劣下者，可勿论；其高秀者，则亦以"致用"为信条，谓必出所学举而措之，乃为无负。殊不知凡学问之为物，实应离"致用"之意味而独立生存；真所谓"正其谊不谋其利，明其道不计其功"；质言之，则有"书呆子"然后有学问也。晚清之新学家，欲求其如盛清先辈具有"为经学而治经学"之精神者，渺不可得；其不能有所成就，亦何足怪。故光宣之交，只能谓为清学衰落期；并新思想启蒙之名，亦未敢轻许也。

三十三

读吾书者,若认其所采材料尚正确,所批评亦不甚纰缪;则其应起之感想,有数种如下:

其一:可见我国民确富有"学问的本能",我国文化史确有研究价值,即一代而已见其概。故我辈虽当一面尽量吸收外来之新文化,一面仍万不可妄自菲薄,蔑弃其遗产。

其二:对于先辈之"学者的人格",可以生一种观感。所谓"学者的人格"者,为学问而学问,断不以学问供学问以外之手段;故其性耿介,其志专壹。虽若不周于世用,然每一时代文化之进展,必赖有此等人。

其三:可以知学问之价值,在善疑,在求真,在创获;所谓研究精神者,归著于此点。不问其所疑所求所创者在何部分,亦不问其所得之巨细;要之经一番研究,即有一番贡献。必如是始能谓之增加遗产;对于本国之遗产当有然,对于全世界人类之遗产亦当有然。

其四:将现在学风与前辈学风相比照,令吾曹可以发现自己种种缺点。知现代学问上笼统影响凌乱肤浅等等恶现象,实我辈所造成。此等现象,非彻底改造,则学问永无独立之望,且生心害政,其流且及于学问社会以外。吾辈欲为将来之学术界造福耶?抑造罪耶?不可不取鉴前代得失以自策厉。

吾著此书之宗旨,大略如是。而吾对于我国学术界之前途,实抱非常乐观。盖吾稽诸历史,征诸时势,按诸我国民性,而信其最近之将来,必能演出数种潮流,各为充量之发展。吾今试为预言于此,吾祝吾观察之不谬,而希望之不虚也。

一、自经清代考证学派二百余年之训练,成为一种遗传,我国学子之头脑,渐趋于冷静缜密。此种性质,实为科学成立之根本要素。我国对于"形"的科学,(数理的)渊源本远,根柢本厚;对于"质"的科学,(物理的)因机缘未熟,暂不发展。今后欧美科学,日日输入;我国民用其遗传上极优粹之科学的头脑,凭借此等丰富之资料,瘁精研究,将来必可成为全世界第一等之"科学国民"。

二、佛教哲学，本为我先民最珍贵之一遗产。特因发达太过，末流滋弊，故清代学者，对于彼而生剧烈之反动。及清学发达太过，末流亦敝，则还元的反动又起焉。适值全世界学风，亦同有此等倾向；物质文明烂熟，而"精神上之饥饿"益不胜其苦痛。佛教哲学，盖应于此时代要求之一良药也。我国民性，对于此种学问，本有特长，前此所以能发达者在此；今后此特性必将复活。虽然，隋唐之佛教，非复印度之佛教；而今后复活之佛教，亦必非复隋唐之佛教，质言之，则"佛教上之宗教改革"而已。

三、所谓"经世致用"之一学派，其根本观念，传自孔孟。历代多倡道之，而清代之启蒙派晚出派，益扩张其范围。此派所揭橥之旗帜，谓：学问所当讲求者，在改良社会增其幸福，其通行语所谓"国计民生"者是也。故其论点，不期而趋集于生计问题。而我国人对于生计问题之见地，自先秦诸大哲，其理想皆近于今世所谓"社会主义"。二千年来生计社会之组织，亦蒙此种理想之赐，颇称均平健实。今此问题为全世界人类之公共问题，各国学者之头脑，皆为所恼。吾敢言我国之生计社会，实为将来新学说最好之试验场；而我国学者对于此问题，实有最大之发言权；且尤当自觉悟其对此问题应负最大之任务。

四、我国文学美术，根柢极深厚，气象皆雄伟；特以其为"平原文明"所产育，故变化较少。然其中徐徐进化之迹，历然可寻；且每与外来之宗派接触，恒能吸受以自广。清代第一流人物，精力不用诸此方面，故一时若甚衰落；然反动之征已见。今后西洋之文学美术，行将尽量输入；我国民于最近之将来，必有多数之天才家出焉；采纳之而傅益以己之遗产，创成新派，与其他之学术相联络呼应，为趣味极丰富之民众的文化运动。

五、社会日复杂，应治之学日多，学者断不能如清儒之专孳古典；而固有之遗产，又不可蔑弃。则将来必有一派学者焉，用最新的科学方法，将旧学分科整治，撷其粹，存其真，续清儒未竟之绪，而益加以精严；使后之学者既节省精力，而亦不坠其先业；世界人之治"中华国学"者，亦得有藉焉。

以吾所观察所希望，则与清代兴之新时代，最少当有上列之五大潮流；在我学术界中，各为猛烈之运动，而并占重要之位置。若今日者，正其启蒙期矣。吾更愿陈余义以自厉，且厉国人。

一、学问可嗜者至多，吾辈当有所割弃然后有所专精。对于一学，为彻底的忠实研究，不可如刘献廷所诮"只教成半个学者"，(《广阳杂记》卷五）力洗晚清笼统肤浅凌乱之病。

二、善言政者，必曰"分地自治分业自治"；学问亦然；当分业发展，分地发展。分业发展之义易明，不赘述。所谓分地发展者，吾以为我国幅员，广埒全欧，气候兼三带，各省或在平原，或在海滨，或在山谷；三者之民，各有其特性，自应发育三个体系以上之文明。我国将来政治上各省自治基础确立后，应各就其特性，于学术上择一二种为主干；例如某省人最宜于科学，某省人最宜于文学美术，皆特别注重，求为充量之发展。必如是然后能为本国文化世界文化作充量之贡献。

三、学问非一派可尽，凡属学问，其性质皆为有益无害。万不可求思想统一，如二千年来所谓"表章某某罢黜某某"者。学问不厌辨难，然一面申自己所学，一面仍尊人所学。庶不至入主出奴，蹈前代学风之弊。

吾著此篇竟，吾感谢吾先民之饷遗我者至厚；吾觉有极灿烂庄严之将来横于吾前。

（商务印书馆 1921 年 2 月初版，曾以《前清一代思想界之蜕变》为题刊于 1920 年 11 月 15 日—1921 年 1 月 15 日《改造》第 3 卷第 3—5 号）

老子哲学（节录）

二　老子的学说

第一　本体论

什么叫做本体论？人类思想到稍为进步的时代，总想求索宇宙万物从何而来？以何为体？这是东西古今学术界久悬未决的问题。据我想来，怕是到底不能解决。但虽然不能解决，学者还是喜欢研究他。研究的结果，虽或对于解决本问题枉用工夫，然而引起别方面问题的研究，于学术进步，就极有关系了。今为引起诸君兴味起见，要把全世界学术界对于这问题的大势，用最简略的语句稍为说明。

这个问题最初的争辩，就是有神论和无神论。有神论一派，说宇宙万有都是神创造的。然则宇宙无体，神就是他的体，我们不必研究宇宙，只要研究"神"就彀了。但"神"这样东西，却是只许信仰，不许研究。所以主张有神论的，归根便到学问范围以外。总要无神论发生，学问才会成立，所谓"本体论"才会成个问题。第二步的争辩，就是一元论，二元论，多元论；——或是唯物论，唯心论，心物并行论。其错综关系略如下：

```
          二元——心物对
      ┌ 唯心
  一元 ┤
      │ 唯物
  多元 └ 心物杂
```

　　既已将神造论打破，则万有的本体，自然求诸万有的自身。最初发达的，是从客观上求；于是有一元的唯物论或多元的唯物论。一元的唯物论，当很幼稚的时代，是在万物中拈出一物认他为万物之本。如希腊的德黎士（Thales）说水为万物之本，波斯教说火为万物之本，印度有地宗水宗火宗风宗空宗方宗时宗等。多元的唯物论，如中国阴阳家言"五行化生万物"，印度顺世外道言"四大（地水火风）生一切有情"等。还有心物混杂的多元论，如印度胜论宗说万有由九种事物和合而生，一地二水三火四风五空六时七方八我九意。但多元论总是不能成立；因为凡研究本体的人，原是要求个"一以贯之"的道理，这种又麻烦又有罅漏的学说，自然不能满意；所以主张唯物论的人，结果趋向到一元。印度诸外道所说的"极微"，近世欧美学者说原子的析合电子的振动，算是极精密之一元的唯物论了。以上所说各派的人都是向客观的物质求宇宙本体。但子细研究下去，客观的物质是否能独立存在，却成了大问题。譬如这里一张桌子，一块黑板，拿常识看过去，都说是实有其物。但何以说他是有，是由我的眼看见，由我的心想到；然则桌子黑板，是否能离开了我们意识独立存在？假如我们一群人都像桌子一般没有意识，是否世界上还能说有这块黑板？我们一群人都像黑板一般没有意识，是否世界上还能说有这张桌子？再换一方面说：诸君今日听我说了桌子黑板之后，明天虽然把这桌子黑板撤去，诸君闭眼一想，桌子黑板，依然活活现出来。乃至隔了许多年，诸君离开学校到了外国，一想起今日的情事，桌子黑板，还牢牢在诸君心目中。这样说来，桌子黑板的存在，不是靠他的自身，是靠我们的意识。简单说，就是只有主观的存在，没有客观的存在。这一派的主张，就是唯心的一元论。在欧洲哲学史上，唯物唯心两派的一元论，直闹了二千多年，始终并未解决。其中还常常有心物对立的二元论来调和折衷，议论越发多了。

　　再进一步，本体到底是"空"呀还是"有"呢？又成了大问题。主张唯物论的，骤看过去，好像是说"有"了。但由粗的物质推到原子，由原子推到电子，电子的振动，全靠那视而不见听而不闻的"力"。到底是"有"还是"空"，就很难说了。主张唯心论的，骤看过去，好像是说"空"了。但唯心论总靠我自己做出发点，"我"到底有没有呢？若是连我都没有，怎么能用思想呢？所以法国大哲笛卡儿有句很有名的话，说"我思故我在"。我既不"空"，那末，宇宙本体，自然也都不"空"了。所以这"空有"的问题，也打了几千年官司，没有决定。这是印度人和欧洲人研究本体论的大略形势。

佛说却和这些完全不同。佛说以为什么神咧非神咧物咧心咧空咧有咧，都是名相上的话头；一落名相，便非本体；本体是要离开一切名相才能证得的。《大乘起信论》说得最好：

"依一心法有二种门，一者心真如门，二者心生灭门，是二种门皆各总摄一切法。……以是二门不相离故。"

心真如门是说本体，心生灭门是说名相。真如的本体怎么样呢？他说：

"是故一切法，从本已来，离言说相，离名字相，离心缘相，毕竟平等，无有变异，不可破坏，唯是一心，故名真如。以一切言说假名无实，但随妄念不可得故，言真如者，亦无有相。谓言说之极，因言遣言；此真如体无有可遣，以一切法悉皆真故，亦无可立，以一切法皆同如故。当知一切法不可说不可念，故名为真如。"

我们且看老子的本体论怎么说法，他说：

"有物混成，先天地生，寂兮寥兮，独立而不改，周行而不殆，可以为天下母。吾不知其名，字之曰'道'，强名之曰'大'。"

又说：

"天法道，道法自然。"

又说：

"谷神不死，是谓玄牝，玄牝之门，是谓天地根，绵绵若存，用之不勤。"

又说：

"玄之又玄，众妙之门。"

又说：

"道冲而用之，或不盈，渊兮似万物之宗，……湛兮似或存，吾不知谁之子，象帝之先。"

又说：

"视之不见名曰夷，听之不闻名曰希，搏之不得名曰微，此三者不可致诘，故混而为一。……绳绳不可名，复归于无物，是谓无状之状，无物之象，是谓惚恍。迎之不见其首，随之不见其后。"

又说：

"道之为物，惟恍惟惚。惚兮恍兮，其中有象；恍兮惚兮，其中有物。窈兮冥兮，其中有精；其精甚真，其中有信。"

又说：

"微妙玄通，深不可识，夫惟不可识，故强为之容。"

我们要把这几段话细细的研究出个头绪来。他说的"先天地生"，说的"是谓天地根"，说的"象帝之先"，这分明说道的本体，是要超出"天"的观念来求他，把古代的"神造说"极力破除。后来子思说："天命之谓性，率性之谓道"，董仲舒说"道之大原出于天"，这都是说颠倒了。老子说的是"天法道"，不说"道法天"，是他见解最高处。

他说："有物混成"，岂不明明说道体是"有"吗？他怕人误会了；所以又说："视之不见……听之不闻……搏之不得……绳绳不可名，复归于无物。"然则道体岂不是"无"吗？他又怕人误会了；赶紧说："是谓无状之状，无物之象。"又说："惚兮恍兮，其中有象；恍兮惚兮，其中有物。"然则道体到底是有还是无呢？老子的意思以为：有咧无咧，都是名相边的话，不应该拿来说本体，正如《起信论》说的："真如自性，非有相，非无相，非非有相，非非无相，非有无俱相。"然则为什么又说有说无呢？所谓"因言遣言"，既已和我们说这"道"，不能不假定说是有物，你径认他是"有"却不对了，不得已说是"非有"，你径认他是"非有"，又不对了，不得已说是"非非有"。其实有无两个字都说不上，才开口便错，这是老子反覆丁宁的意思。

究竟道的本体是怎么样呢？他是"寂兮寥兮""视之不见听之不闻搏之不得"的东西，像《起信论》说的"如实空"。他是"其中有精，其精甚真，其中有信"的东西，像《起信论》说的，"如实不空"。他是"独立而不改，周行而不殆"的东西，像《起信论》说的"毕竟平等，无有变异，不可破坏"。他是"可以为天下母""似万物之宗""是谓天地根"的东西，像《起信论》说的"总摄一切法"。《庄子·天下篇》批评老子学说，说他"以虚空不毁万物为实"。这句话最好。若是毁万物的虚空，便成了顽空了；如何能为万物宗为天地根呢？老子所说，很合着佛教所谓"真空妙有"的道理。

他的名和相，本来是不应该说的，但既已开口说了，只好勉强找些形容词来。所以说："微妙玄通，深不可识，夫惟不可识，故强为之容。"试看他怎么"强为之容"？他说了许多"寂兮寥兮""窈兮冥兮""惚兮恍兮恍兮惚兮"，又说"渊兮似……""湛兮似……"，又说"豫焉若……犹然若……俨兮其若……涣兮若……敦兮其若……旷兮其若……混兮其若……"。不直说"万物之宗"，但说"似万物之宗"；不直说"帝之先"，但说"象帝之先"；不直说"不盈"，但说"或不盈"；不直说"存"，但说"绵绵若存"。因为说一种相，怕人跟着所说误会了；所以加上种种不定的形容词，叫你别要认真。

"名"也是这样。他说"吾不知其名，字之曰道，强名之曰大"，又说"是谓玄牝"，又说"玄之又玄"，又说"无状之状，无象之象，是谓惚恍"。因为立一个名，怕人跟着所立误会了，所以左说一个，右说一个，好像是迷离惝恍，其实是表示不应该立名的意思。

然则我们怎么样才能领会这本体呢？佛经上常说"不可思议"，寻常当作"不能彀思议"解，是错了，他说的是"不许思议"，因为一涉思议便非本体，所以《起信论》说"离念境界，唯证相应"。老子说的，也很有这个意思。他说："知者不言，言者不知"，又说："其出弥远，其知弥少"，又说："为学日益，为道日损，损之又损，以至于无为。"因为要知到〔道〕道的本体，是要参证得来的，不是靠寻常学问智识得来的。所以他又说："绝学无忧。"

他又说："上士闻道，勤而行之，中士闻道，若存若亡，下士闻道大笑之，不笑不足以为道也。"道的本体，既然是要离却寻常学问智识的范围去求；据一般人想来，离却学问智识，还求个什么呢？求起来有什么用处呢？怪不得要大笑了。

第二　名相论

本体既是个不许思议的东西，所以为一般人说法，只得从名相上入手。名相剖析得精确，也可以从此悟入真理。佛教所以有法相宗，就是这个缘故。我们且看老子的名相论是怎么样？他的书第一章，就是说明本体和名相的关系。他说道：

"道可道，非常道，名可名，非常名。无，名天地之始；有，名万物之母。故常无，欲以观其妙；常有，欲以观其徼。此两者同，出而异名。同谓之玄。玄之又玄，众妙之门。"（断句有与旧不同处，应注意。）

这一章本是全书的总纲，把体相用三件都提絜起来。头四句是讲的本体，他说："道本来是不可说的。说出来的道，已经不是本来常住之道了；名本来不应该立的，立一个名，也不是有常的名了。"但是既已不得已而立些"名"，那"名"应该怎样分析呢？他第五六两句说道："姑且拿个无字来名那天地之始，拿个有字来名那万物之母罢。"上句说的就是《起信论》的"心真如门"，下句说的就是那"心生灭门"。然则研究这些名相有什么用处呢？他第七第八两句说："我们常要做'无'的工夫，用来观察本来的妙处；又常要做'有'的工夫，用来观察事物的边际。"他讲了这三段话，又怕人将有无分为两事，便错了。所以申明几句，说："这两件本来是同的，不过表现出来名相不同；不同的名叫做有无，同的名叫做什么呢？可以叫做'玄'。"这几句又归结到本体了。

（附言）老子书中许多"无"字，最好作"空"字解。"空"者像一面镜，镜内空无一物，而能照出一切物象；老子说的"无"，正是这个意思。

然则名相从那里来呢？老子以为从人类"分别心"来。他说道：

"天下皆知美之为美，斯恶已；皆知善之为善，斯不善已。故有无相生，难易相成，长短相较，高下相倾，音声相和，前后相随。"

他的意思说是："怎么能知道有'美'呢？因为拿个'恶'和他比较出来；所以有'美'的观念，同时便有'恶'的观念。怎么能知道有'善'呢？因为拿个'不善'和他比较出来；所以有'善'的观念，同时便有'不善'的观念。所谓'有无''难易''长短''高下''前后'等等名词，都是如此。"他以为：宇宙本体原是绝对的，因这分别心，才生出种种相对的名，所以他又说：

"自古及今，其名不去，以阅众甫；（阅同说，众甫谓万物之始。）吾何以知众甫之然哉？以此。"

意谓："人类既造出种种的名，名一立了，永远去不掉；就拿名来解说万有；我们怎么样能知道万有呢？就靠这些名。"《楞严经》说的"无同异中炽然成异"，即是此意。

既已有名相，那名相的孳生次第怎么样呢？他说：

"道生一，一生二，二生三，三生万物。"

这段话很有点奇怪，为甚么不说"一生万物"呢？为甚么不说"一生二，二生万物"呢？又为甚么不说"二生四，四生万物"呢？若从表面上文义看来，那演的式是：

一→二→三→万物

这却有什么道理讲得通呢？我想老子的意思，以为：一和二是对待的名词，无"二"则并"一"之名亦不可得；既说个"一"，自然有个"二"和他对待；所以说"一生二"。一二对立，成了两个，由两个生出个"第三个"来；所以说"二生三"。生出来的"三"，成了个独立体，还等于"一"，随即有"二"来和他对待；生的"三"不止一个，个个都还等于"一"，无数的一和二对待，便衍成万了，所以说"三生万物"。今试命一为甲，命二为乙，命所生之三为丙丁戊己等，那演的式应该如下：

$$\text{道} \to \begin{matrix}一（甲）\searrow \\ \downarrow \\ 二（乙）\nearrow \end{matrix} \text{三} \begin{cases} \begin{matrix}（丙）=一（甲）\searrow \\ \downarrow \\ 二（乙）\nearrow \end{matrix} \text{三} \begin{cases} \begin{matrix}（庚）=一（甲）\searrow \\ \downarrow \\ （辛）=一（甲） \\ （壬）=一（甲）\end{matrix} & \begin{matrix}三（癸）=一（甲）\\ 二（乙）\nearrow\end{matrix} \\ （丁）=一（甲） \\ （戊）=一（甲） \\ （己）=一（甲） \end{cases}$$

生物的雌雄递衍，最容易说明此理，其他一切物象事象，都可以说是

203

由正负两面衍生而来。所以老子说：

"天地之间，其犹橐籥乎，虚而不屈，动而愈出。"

"天地"即是"阴阳""正负"的代表符号，亦即是"一二"的代表符号。他拿乐器的空管比这阴阳正负相摩相荡的形相；说他本身虽空洞无物，但动起来可以出许多声音，越出越多。这个"动"字，算得是万有的来源了。

然则这些动相是从那里来呢？是否另外有个主宰来叫他动？老子说：

"道法自然。"

又说：

"莫之命而常自然。"

"自然"是"自己如此"，参不得一毫外界的意识。"自然"两个字，是老子哲学的根核，贯通体相用三部门。自从老子拈出这两个字，于是崇拜自然的理想，越发深入人心；"自然主义"，成了我国思想的中坚了。

老子以为宇宙万物自然而有动相，亦自然而有静相。所以说：

"万物并作，吾以观复。夫物芸芸，各复归其根；归根曰静。"

"复"字是"往"字的对待名词，"万物并作"，即所谓"动而愈出"，所谓"出而异名"；都是从"往"的方面观察的。老子以为无往不复；从"复"的方面观察，都归到他的"根"；根是甚么呢？就是"玄牝之门，绵绵若存"的"天地根"，就是"橐籥"，就是"绳绳不可名，复归于无物"。所以他又说：

"天下万物生于有，有生于无。"

这是回复到本体论了。若从纯粹的名相论上说，"无"决不能生"有"。老子的意思，以为：万有的根，实在那"非有，非无，非非有，非非无"的本体。既已一切俱非，所以姑且从俗，说个"无"字。其实这已经不是名相上的话。

老子既把名相的来历说明，但他以为：这名相的观念不是好的。他说：

"民莫之令而自均，始制有名。名亦既有，夫亦将知之，知之所以不殆。"（从胡适校本）

这是说："既制出种种的名，人都知有名，知有名便不殆了。"这话怎么讲呢？他说：

"唯之与阿，相去几何？善之与恶，相去何若？"

又说：

"名与身孰亲，得与亡孰病？"

又说：

"祸兮福之所倚，福兮祸之所伏。……人之迷，其日固久。"

老子以为名相都是人类的分别心现出来。这种分别心靠得住吗？你说这是善，那是恶，其实善恶就没一定的标准，一定的距离。你想的是得，怕的是失（亡），其实得了有什么好处，失了有什么坏处呢？人人都求福畏祸，殊不知祸就是福，福就是祸。《老子》全部书中，像这类的话很多；

都含着极精深的道理。我们试将他"善之与恶，相去何若"这两句来研究一下：譬如欧洲这回大战，法国人恨不得杀尽德国人，德国人恨不得杀尽英国人。试问他：你这种行为是善么？他说是：善呀；为甚么是善？他说是：我爱国，爱国便是善。其实据我们旁观看起来，或者几十年以后的人看起来，这算得是善吗？又如希伯来人杀了长子祭天叫做善，不肯杀的叫做恶，到底谁善谁恶呢？又如中国人百口同居叫做善，弟兄分家叫做恶，到底谁善谁恶呢？老子说："善之与恶，相去何若"，就是此意。他以为标了一个善的标准，结果反可以生出种种不善来，还不如把这种标准除去倒好些。他以为这种善恶的名称，都是人所制的，和自然法则不合。却可恨的"自古及今，其名不去"，故说是"人之迷，其日已久"。懂得这点意思，才知道他为甚么说："夫礼者，忠信之薄而乱之首。"为甚么说："大道废，有仁义；慧智出，有大伪；六亲不和，有孝慈；国家昏乱，有忠臣。"为甚么说："天下多忌讳，而民弥贫；民多利器，国家滋昏；人多伎巧，奇物滋起；法令滋彰，盗贼多有。"为甚么说："绝圣弃智，民利百倍；绝仁弃义，民复孝慈；绝巧弃利，盗贼无有。"这些都不是诡激之谈，实在含有许多真理哩。

老子以为这些都是由分别妄见生出来。而种种妄见，皆由"我相"起。所以说：

"吾所以有大患者，为吾有身。及吾无身，吾有何患。"

这是破除"分别心"的第一要着，连自己的身都不肯自私，那么，一切名相都跟着破了。所以他说：

"万物得自化，化而欲作，吾将镇之以无名之朴。"

所谓无名之朴，就是把名相都破除，复归于本体了。

老子这些话对不对，我且不下批评，让诸君自由研究。但我却要提出一个问题：就是"无名之朴"和"自然主义"有无冲突。老子既说："莫之命而常自然。"那自然的结果,是个"动而愈出""万物并作"。老子对于这所出的所作的,都要绝他弃他去他,恐怕不是"自然"罢。我觉得老子学说有点矛盾不能贯彻之处,就在这一点。

第三　作用论

五千言的《老子》,最少有四千言是讲道的作用。但内中有一句话可以包括一切,就是:

"常无为而无不为。"

这句话书中凡三见;此外互相发明的话还很多,不必具引。这句话直接的注解,就是卷首那两句:"常无,欲以观其妙;常有,欲以观其徼。"常无,就是常无为;常有,就是无不为。

为甚么要常无为呢?老子说:

"三十辐共一毂,当其无,有车之用。埏埴以为器,当其无,有器之用。凿户牖以为室,当其无,有室之用。故有之以为利,无之以为用。"

上文说过,《老子》书中的无字,许多当作空字解,这处正是如此。寻常人都说空是无用的东西;老子引几个譬喻,说:车轮若没有中空的圆洞,车便不能转动;器皿若无空处,便不能装东西;房子若没有空的门户窗牖,便不能出入不能流通空气。可见空的用处大着哩;所以说:"无之以为用"。老子主张无为,那根本的原理就在此。

老子喜欢讲无为,是人人知道的,可惜往往把无不为这句话忘却,便弄成一种跛脚的学说,失掉老子的精神了。怎么才能一面无为一面又无不为呢?老子说:

"是以圣人处无为之事，行不言之教。万物作焉而不辞，生而不有，为而不恃，功成而弗居，夫唯弗居，是以不去。"

又说：

"明白四达，能无为乎？生之畜之，生而不有，为而不恃，长而不宰，是谓玄德。"

又说：

"万物恃之而生而不辞，功成不名有，衣养万物而不为主。"

作而不辞，生而不有，为而不恃，长而不宰（即衣养万物而不为主），功成而不居，这几句话，除上文所引三条外，书中文句大同小异的还有两三处。老子把这几句话三翻四覆来讲，可见是他的学说最重要之点了。这几句话的精意在那里呢？诸君知道现在北京城里请来一位英国大哲罗素先生天天在那里讲学吗？罗素最佩服老子这几句话，拿他自己研究所得的哲理来证明。他说："人类的本能，有两种冲动：一是占有的冲动，一是创造的冲动。占有的冲动，是要把某种事物，据为己有。这些事物的性质，是有限的，是不能相容的。例如经济上的利益，甲多得一部分，乙丙丁就减少得一部分；政治上权力，甲多占一部分，乙丙丁就丧失了一部分。这种冲动发达起来，人类便日日在争夺相杀中。所以这是不好的冲动，应该裁抑。创造的冲动正和他相反，是要某种事物创造出来，公之于人。这些事物的性质，是无限的，是能相容的。例如哲学，科学，文学，美术，音乐，任凭各人有各人的创造，愈多愈好，绝不相妨。创造的人，并不是为自己打算甚么好处，只是将自己所得者传给众人，就觉得是无上快乐。许多人得了他的好处，还是莫名其妙，连他自己也莫名其妙。这种冲动发达起来，人类便日日进化。所以这是好的冲动，应该提倡。"罗素拿这种哲理做根据，说：老子的"生而不有，为而不恃，长而不宰"，是专提倡创造的冲动；所以老子的哲学，是最高尚而且最有益的哲学。

我想罗素的解释很对，老子还说：

"天之道，损有余而补不足。人之道则不然，损不足以奉有余。孰能有余以奉天下，唯有道者，是以圣人为而不恃，功成而不处。"

损有余而补不足，说的是创造的冲动；是把自己所有的来帮助人。损不足以奉有余，说的是占有的冲动；是抢了别人所有的归自己。老子说："什么人才能把自己所有的来贡献给天下人？非有道之士不能了。"老子要想奖厉这种"为人类贡献"的精神，所以在全书之末用四句话作结，说道：

"既以为人己愈有，既以与人己愈多。天之道利而不害，圣人之道为而不争。"

这几句话，极精到又极简明。我们若是专务发展创造的本能，那么，他的结果，自然和占有的截然不同。譬如我拥戴别人做总统做督军，他做了却没有我的分，这是"既以为人己便无"了。我把自己的田产房屋送给人，送多少自己就少去多少，这是"既以与人己便少"了。凡属于"占有冲动"的事物，那性质都是如此。至于创造的冲动却不然。老子、孔子、墨子给我们许多名理学问，他自己却没有损到分毫。诸君若画出一幅好画给公众看，谱出一套好音乐给公众听；许多人得了你的好处，你的学问还因此进步，而且自己也快活得很。这不是"既以为人己愈有，既以与人己愈多"吗？老子讲的"无不为"，就是指这一类。虽是为实同于无为，所以又说："为无为则无不治"。

篇末一句的"为而不争"，和前文讲的许多"为而不有"，意思正一贯。凡人要把一种物事据为已有，所以有争，"不有"自然是"不争"了。老子又说："上仁为之而无以为"；韩非子解释他，说是："生于心之所不能已也，非求其报也。"（《解老》篇）无求报之心，正是"无所为而为之"，还有甚么争呢？老子看见世间人实在争得可怜，所以说：

"天之道不争而善胜。"

"夫唯不争，故无尤。"

"上善若水，水善利万物而不争。"

"江海所以能为百谷王者，以其善下之。……以其不争，故天下莫与之争。"

"不自见故明，不自是故彰，不自伐故有功，不自矜故长。夫唯不争，故天下莫能与之争。"

然则有什么方法叫人不争呢？最要紧是明白"不有"的道理。老子说：

"天长地久；天地所以能长且久者，以其不自生，故能长生。是以圣人后其身而身先，外其身而身存。非以其无私耶？"

老子提倡这无私主义，就是教人将"所有"的观念打破。懂得"后其身""外其身"的道理，还有什么好争呢？老子所以教人破除名相，复归于无名之朴，就是为此。

诸君听了老子这些话，总应该联想起近世一派学说来：自从达尔文发明生物进化的原理，全世界思想界起一个大革命；他在学问上的功劳，不消说是应该承认的。但后来把那"生存竞争，优胜劣败"的道理，应用在人类社会学上，成了思想的中坚，结果闹出许多流弊。这回欧洲大战，几乎把人类文明都破灭了；虽然原因很多，达尔文学说，不能不说有很大的影响。就是中国近年，全国人争权夺利像发了狂，这些人虽然不懂甚么学问，口头还常引严又陵译的《天演论》来当护符呢！可见学说影响于人心的力量最大，怪不得孟子说"生于其心，害于其政，发于其政，害于其事"了。欧洲人近来所以好研究老子，怕也是这种学说的反动罢。

老子讲的"无为而无不为""为之而无以为"这些学说，是拿他的自然主义做基础产生出来。老子以为自然的法则，本来是如此；所以常常拿自然界的现象来比方。如说："天之道利而不害"，"天之道不争而善胜"，

"天之道损有余而补不足"；又说："上善若水。"都讲的是：自然状态和"道"的作用很相合，教人学他。在人类里头，老子以为：小孩子和自然状态比较的相近，我们也应该学他。所以说："专气致柔，能婴儿乎？"又说："常德不离，复归于婴儿。"又说："我独泊兮其未兆，如婴儿之未孩。"又说："圣人皆孩之。"然则小孩子的状态怎么样呢？老子说：

"含德之厚，比于赤子。……骨弱筋柔而握固，……精之至也。……终日号而不嗄，和之至也。"

小孩子的好处，就是天真烂缦，无所为而为。你看他整天张着嘴在那里哭，像是有多少伤心事；到底有没有呢？没有；这就是"无为"。并没有伤心，却是哭得如此热闹；这就是"无为而无不为"。老实讲，就是一个"无所为"。这"无所为主义"最好；孔子的席不暇暖，墨子的突不得黔，到底所为何来？孔子、墨子若会打算盘，只怕我们今日便没有这种宝贵的学说来供研究了。所以老子又说："众人皆有以，而我独顽似鄙。"说的是："别人都有所为而为之，我却是像顽石一般，甚么利害得丧的观念都没有。"老子的得力处就在此。所以他说："以辅万物之自然而不敢为。"又说"功成事遂，百姓皆谓我自然"。

老子以为自然状态应该如此，他既主张"道法自然"，所以要效法他。于是拿这种理想推论到政术。说道：

"古之善为道者，非以明民，将以愚之。民之难治，以其智多。故以智治国，国之贼；不以智治国，国之福。"

又说：

"小国寡民，使有什伯之器而不用；使民重死而不远徙；虽有舟舆，无所乘之；虽有甲兵，无所陈之；使人复结绳而用之，甘其食，美其服，安其居，乐其俗，邻国相望，鸡犬之声相闻，民至老死不相往来。"

我们试评一评这两段话的价值："非以明民，将以愚之"这两句，很为后人所诟病；因为秦始皇、李斯的"愚黔首"，都是从这句话生来；岂不是老子教人坏心术吗？其实老子何至如此，他是个"为而不有"的人，为甚么要愚弄别人呢？须知他并不是光要愚人，连自己也愚在里头。他不说的"我独顽似鄙"，"我独如婴儿之未孩"吗？他以为从分别心生出来的智识总是害多利少，不如捐除了他。所以说："以智治国国之贼，不以智治国国之福。"这分明说：不独被治的人应该愚，连治的人也应该愚了。然则他这话对不对呢？我说：对不对暂且不论，先要问做得到做不到。小孩子可以变成大人，大人却不会再变成小孩子。想人类由愚变智有办法，想人类由智变愚没有办法。人类既已有了智识，只能从智识方面，尽量的浚发，尽量的剖析，叫他智识不谬误，引到正轨上来；这才算顺人性之自然，"法自然"的主义，才可以贯彻。老子却要把智识封锁起来，这不是违反自然吗？孟子说："大人不失其赤子之心"；须知所谓"泊然如婴儿"这种境界，只有像老子这样伟大人物才能做到，如何能责望于一般人呢？像"小国寡民"那一段，算得老子理想上之"乌托邦"。这种乌托邦好不好，是别问题；但问有甚么方法能令他出现，则必以人民皆愚为第一条件，这是办得到的事吗？所以司马迁引了这一段，跟着就驳他说道："神农以前吾不知矣。至若《诗》《书》所述，虞夏以来，耳目欲极声色之好，口欲穷刍豢之味，身安逸乐，而心矜夸势能之荣使；俗之渐民久矣。虽户说以眇论，终不能化。"（《史记·货殖列传》）这是说老子的理想决然办不到，驳得最为中肯。老子的政术论所以失败，根本就在这一点。失败还不算，倒反教后人盗窃他的文句，做专制的护符；这却是老子意料不到的了。

《老子》书中许多政术论，犯的都是这病，所以后人得不着他用处。但都是"术"的错误，不是"理"的错误。像"不有""不争"这种道理，总是有益社会的，总是应该推行的，但推行的方法，应该拿智识做基础，智识愈扩充，愈精密，真理自然会实践。老子要人灭了智识，冥合真理，结果恐怕适得其反哩。

老子教人用功最要紧的两句话。说是：

"为学日益，为道日损。"

他的意思说道："若是为求智识起见，应该一日一日的添些东西上去；若是为修养身心起见，应该把所有外缘逐渐减少他。"这种理论的根据在那里呢？他说：

"五色令人目盲，五音令人耳聋，五味令人口爽，驰骋畋猎令人心发狂，难得之货令人行妨。"

这段话对不对呢？我说完全是对的。试举一个例：我们的祖宗晚上点个油灯，两根灯草，也过了几千年了；近来渐渐用起煤油灯，渐渐用起电灯，从十几枝烛光的电灯加到几十枝几百枝；渐渐大街上当招牌上的电灯，装起五颜六色来，渐渐又忽燃忽灭的在那里闪。这些都是我们视觉渐钝的原因，又是我们视觉既钝的结果。初时因为有了亮灯，把目力漫无节制的乱用，渐渐的消耗多了。用惯亮灯之后，非照样的亮，不能看见；再过些日子，照样的亮也不够了，还要加亮，加——加——加，加到无了期。总之因为视觉钝了之后，非加倍刺激，不能发动他的本能。越刺激越钝，越钝越刺激，原因结果，相为循环。若照样闹下去，经过几代遗传，非"令人目盲"不可。此外五声五味，都同此理。近来欧美人患神经衰弱病的，年加一年，烟酒等类麻醉兴奋之品日用日广，都是靠他的刺激作用。文学、美术、音乐，都是越带刺激性的越流行；无非神经疲劳的反响。越刺激，疲劳越甚，像吃辣椒吃鸦片的人，越吃量越大。所以有人说这是病的社会状态，这是文明破灭的征兆。虽然说得太过，也不能不算含有一面真理。老子是要预防这种病的状态，所以提倡"日损"主义。又说：

"治人事天莫若啬。"

韩非子解这啬字最好。他说：

"视强则目不明，听甚则耳不聪，思虑过度则智识乱。……啬之者，爱其精神，啬其智识也。……众人之用神也躁，躁则多费，多费谓之侈；圣人之用神也静，静则少费，少费谓之啬。……神静而后和多，和多而后计得，计得而后能御万物。"（《解老》篇）

这话很能说明老子的精意。老子说："去甚去奢去泰。"说："见素抱朴，少私寡欲。"说："致虚极，守静笃。"都是教人要把精神用之于经济的，节一分官体上的嗜欲，得一分心境上的清明。所以又说：

"祸莫大于不知足，咎莫大于欲得；故知足之足，常足矣。"

凡官体上的嗜欲，那动机都起于占有的冲动；就是老子所谓"欲得"。既已常常欲得，自然常常不会满足，岂不是自寻烦恼？把精神弄得很昏乱，还能彀替世界上做事吗？所以老子"少私寡欲"的教训，不当专从消极方面看他，还要从积极方面看他。他又说："知人者智，自知者明，胜人者有力，自胜者强。"自知自胜两义，可算得老子修养论的入门了。

常人多说《老子》是厌世哲学，我读了一部《老子》，就没有看见一句厌世的话。他若是厌世，也不必著这五千言了。老子是一位最热心热肠的人；说他厌世的，只看见"无为"两个字，把底下"无不为"三个字读漏了。

《老子》书中最通行的话，像那"不敢为天下先"，"知其雄，守其雌，为天下谿；知其白，守其黑，为天下谷"，"将欲歙之，必固张之；将欲弱之，必固强之"，都很像是教人取巧。就老子本身论，像他那种"为而不有，长而不宰"的人，还有甚么巧可取？不过这种话不能说他没有流弊。将人类的机心揭得太破，未免教猱升木了。

老子的大功德，是在替中国创出一种有系统的哲学。他的哲学，虽然草创，但规模很宏大，提出许多问题供后人研究。他的人生观，是极高尚而极适用。庄子批评他，说道："以本为精，以末为粗，以有积为不足，澹然独与神明居。……常宽容于物，不削于人，可谓至极。关尹、老聃乎，古之博大真人哉！"这几句话可当得老子的像赞了。

〔1920年作，原刊1921年5月、8月《哲学》第1—2期，收入《梁任公近著》（第一辑）下卷，商务印书馆1923年5月初版〕

孔子（节录）

第三节　孔学提纲

（一）学

　　《论语》头一句，说："学而时习之"，此外说学字的狠多。到底孔子说的学是学个什么？怎么个学法？胡适之说孔子的学，只是读书，只是文字上传受来的学问。(《中国哲学史大纲》第五章) 这话对吗？"哀公问弟子孰为好学？"孔子就举了一位颜回，还说"不幸短命死矣，今也则无，未闻好学者也"。我们在《易经》《论语》《庄子》里头看见好几条讲颜回的，就找不出的他〔他的〕好读书的痕迹。他做的学问，是"屡空"，是"心斋"，是"克己复礼"，是"不改其乐"，是"不迁怒，不贰过"，是"无伐善，无施劳"，是"有不善未尝不知，知之未尝复行"，是"有若无，实若虚，犯而不校"，是"仰之弥高，钻之弥坚，瞻之在前，忽焉在后"，都与读书无关。若说学只是读书，难道颜回死了，那三千弟子都是束书不观的人吗？孔子却怎说"未闻好学"呢？他自己说："吾十有五，而志于学。"难道他老先生十五岁以前，连读书这点志趣都没有吗？这章书跟着说"三十而立"等句，自然是讲历年学问进步的结果，那"立""不惑""知命"

"耳顺""不逾矩"这种境界,岂是专靠读书能得的?所以我想,孔子所谓"学",是要学来养成自己的人格。那学的门径,大略可分为二:一是内发的;二是多助的。(这两种学问的条理,下文再详。)孔子觉得外助方面,别的弟子都还会用功;内发方面,除了颜回,别人都没甚成绩,所以说"未闻好学"。至于外助的学问,也有多端,读书不过其一端。《易·象传》所谓"多识前言往行以畜其德",就是这一类的学问。然孔子并不十分重他,他说"多闻择其善者而从之,多见而识之,知之次也"。是说这类学问为次等的。又说:"赐也,汝以予为多学而识之者与?"对曰:"然。非与?"曰:"非也。予一以贯之。"这分明说多读书死记,不是做学问的好方法了。至于《论语》里头的学字,可以当作读书解的,原也不少。这是因问而答,专明一义,不能掇拾三两句来抹杀别的。大抵孔子讲外助的学问,"博之以文,约之以礼",算是两个紧要条件,然结果不过得个"亦可以弗畔",原非学问的究竟。若专做"博学于文"一句,便连外助的学问也成了跛脚。所以他又说:"行有余力,则以学文。"据此说来,读书倒变成了随意科,不是必要科了。这一段是我解释学个甚么的问题。

(二) 一贯 忠恕

今试解释怎么学法的问题。方才引孔子告子贡的话,说自己不是"多学而识",是"一以贯之",到底"一"是个甚么?怎么贯法?可惜孔子不曾说明,子贡也不曾追问。幸而孔子又有一天跑到曾子自修室里头,忽然说了一句:"参乎,吾道一以贯之。"曾子答应一个字:"唯。"他老先生一声不响就跑了。那些同学摸不着头脑,围着问曾子。曾子说出个"夫子之道,忠恕而已矣"。好了好了,知道"一贯"就是"忠恕"了。还有一回,子贡问:"有一言而可以终身行之者乎?"孔子答:"其恕乎?己所不欲,勿施于人。"恕字是做学问最要紧的一个字,更明白了。却是又生出个问题:忠恕两个字怎么解法呢?拿忠恕怎么就能贯一切呢?这要从实践方面智识方面来会通解释。朱子说"尽己之谓忠,推己及人之谓恕",本来解得甚好,可惜专从实践伦理方面讲,未免偏了。《大戴礼·孔子三朝记》

孔子说的"知忠必知中，知中必知恕，知恕必知外。……内思毕心曰知中，中以应实曰知恕，内恕外度曰知外"。章太炎引这段话，下一个解释说："周以察物曰忠，心能推度曰恕。"也解得甚好；可惜专从研求智识方面讲，又未免偏了。我想忠恕一贯，是要合这两方面讲，两方面本来是可以会通的，在文"中心为忠"，"如心为恕"。中心为忠，即是拿自己来做中坚的意思。充量的从内面穷尽自己心理的功能，就是"内思毕心"，就是"尽己"。《中庸》说"唯天下至诚，为能尽其性"，又说"诚者自成也"，诚字就可当忠字的训诂。毕心尽性自成，拿现在的流行语讲，就是发展个性。从实践方面说，发展个性是必要；从智识方面说，发展个性也是必要。这是忠的一贯。用自己的心来印证，叫做如心。从实践方面说，是推己及人；从智识方面讲，是以心度物。（《声类》："以心度物曰恕。"）孟子说："古之人所以大过人者无他焉，善推其所为而已矣。"推字就是恕字的训诂。从实践方面讲，将自己的心推测别人，照样的来待他，就是最简易最高尚的道德。消极的推法是"施诸己而不愿，亦勿施诸人"，是"所恶于上，毋以使下；所恶于下，毋以事上；所恶于前，毋以先后；所恶于后，毋以从前；所恶于右，毋以交于左；所恶于左，毋以交于右"。积极的推法，是"己欲立而立人，己欲达而达人"，是"老吾老，以及人之老；幼吾幼，以及人之幼"。从智识方面讲，将已知的事理，推到未知的事理，就是最有系统的学问。演绎的推法，是"举一隅则以三隅反"，是"闻一以知二，闻一以知十"；归纳的推法，（日本高山林次郎著的《论理学》说归纳法亦是推论。）是"好问而好察迩言"，是"察言而观色，虑以下人"，是"文理密察，足以有别"，是"本诸身，征诸庶民"，是"能近取譬"。如此实践方面智识方面都拿恕的道理来应用，就是恕的一贯。

有人问："据此说来，不是一以贯之，是两以贯之了。"其实不然。因为人类是同的，所以孟子说："至于心独无所同然乎？"心既有所同然，所以发达自己个性，自然会尊重别人的个性，所谓"能尽其性则能尽人之性"，故即忠即恕。又非尊重别人的个性，不能完成自己的个性，所谓"不明乎善，不诚其身"，所以即恕即忠。忠恕两字，其实是一事，故说一以贯之。后来荀子说的"以一持万"，就是这个意思。

仔细看来，孔子讲学问，还是实践方面看得重，智识方面看得轻。他拿学与思对举，说道："学而不思则罔，思而不学则殆。"有人拿康德讲的"感觉无思想是瞎的，思想无感觉是空的"，这两句话来解释他。果然如此，那思与学都是用来求智识了。我说不然。孔子说的思，算得是求智识的学问；说的学，只是实行的学问，和智识没有什么关系。所以他屡说的"学而不厌，诲人不倦"，有一回却说"为之不厌，诲人不倦"，可见得学只是为了"学而不思则罔"，是说若只务实行不推求所以要实行之故，便是盲从。"思而不学则殆"，是说若仅有智识不求实行，便同贫子说金，终久是空的。所以两样不可偏废。但他又说："吾尝终日不食，终夜不寝，以思无益，不如学也。"这分明说实行比智识更重要了。所以求智识的学问，到墨子、荀子之后才发达，孔子学说在这里头，占不着重要位置。

（三）仁　君子

前文说孔子所谓学，只是教人养成人格。什么是人格呢？孔子用一个抽象的名来表示他，叫做"仁"；用一个具体的名来表示他，叫做"君子"。

《中庸》《表记》都说"仁者人也"，孟子亦说"仁也者人也"；这是仁字最确切的训诂。在文，仁从二人，是有两个人才表示出仁字的意思。所以郑康成解"仁者人也"，他说人："人也，读如相人偶之人。"（《礼记·中庸注》）相人偶的人字，汉朝有怎么别的读法，虽不可考，但"相人偶"三个字却好极了。偶就是"耦而耕"的耦，"相人偶"，是人与人相互的意思。人与人相互，才能证现出一个抽象的人格（即仁）。曲尽人与人相互之道，人格才算完成，才可以算得一个人。《论语》中许多仁字；各人问仁，孔子答的都不同。若懂得仁字是人格的抽象名词，句句都通了。若从旧说，只说仁是"爱人"，便到处窒碍。"仁者不忧"，为甚么爱人的人便无愁呢？"仁者其言也讱"，难道爱人的人一定要少讲话吗？"颜渊问仁"，孔子答的"克己复礼"；"仲弓问仁"，孔子答的"如见大宾""如承大祭"，这又和爱人有什么关系呢？可见孔子说的仁，只是教人怎样子做人，只是教人能尽其性；能尽其性，自然能尽人之性。《论语》中说出仁的内容有种种，都是完成人格必要的条件。

孔子有个理想的人格，能合着这种理想的人，起个名叫做"君子"。我记得五年前曾在贵校演讲过一次，题目是《孔子之人格教育与君子》，谅来各位还有听过记得的。今且把他简单重述一回。君子这个名词，和英语的 Gentleman 最相类。Gentleman 要想下个恰当的训诂，极不容易，因为他是表示一种崇高优美的人格，所以内容包含得狠丰富。孔子说的君子，正是如此。君子、小人从前不过为区别阶级地位的名词，（如《孟子》之君子、野人）后来渐变为区别品格的名词。孔子指出种种标准，作为人格的模楷。能合这标准，才许他是君子。他的标准是那些呢？因为孔子的话，多半是门弟子记述传下来，大都是因人施教，所以没有个有系统的标准。我们想求得他，最好是先将《易经》六十四条的卦象传"君子以自强不息"，"君子以厚德载物"，"君子以……""君子以……"都录下来，再将《论语》所说的君子全数录出，再将《礼记》及他书引孔子讲君子的话，简择录出，然后分类排比，列为纲目，或者可以求出个总标准来。要之孔子之教，是要人践履这人格的标准，人人有士君子之行。《公羊传》是孔子最后的理想。

孔子讲的人格标准，凡是人都要遵守的，并不因地位的高下生出义务的轻重来。常人开口便说："孔子之教是三纲五伦。"这话狠要子细考究。五伦说是孔子所有，三纲说是孔子所无。诸君不信，试将孔子自著的书和七十子后学者记孔子的话一字不漏的翻读一遍，看是否有"君为臣纲父为子纲夫为妻纲"这种片面的伦理学说。我们只听见孔子说："父父子子，兄兄弟弟，夫夫妇妇，而家道正。"（《易经·家人卦》）我们只听见孔子说："君君臣臣，父父子子。"（《论语》）还听见董仲舒解这两句话，说道："父不父则子不子，君不君则臣不臣耳。"（《春秋繁露·玉杯》篇）倒像责备臣子反较宽，责备君父反较严了。孔子说的"君君臣臣，父父子子"，是从"仁者人也"，"人者人也"，演绎出来。既做人便要尽人道；在人里头做了君，便要尽君道；做了臣便要尽臣道。"为人君，止于仁；为人臣，止于敬；为人子，止于孝；为人父，止于慈；与国人交，止于信。"全然是相互的关系，如此才是"相人偶"。所以孔子所说，是平等的人格主义。

（四）原缺

（五）礼

孔门教的普通学，就是礼乐。为甚么如此注重他呢？因为认他是涵养人格的利器。

礼的起原本甚古，但到孔子时，意义已经屡变，范围愈扩愈大（参观胡氏《中国哲学大纲》一三四——一三八叶）。从训诂上，可以考出他的变迁：

狭义的礼　"礼，所以事神致福。从示从丰，丰亦声。"（《说文》）

广义的礼　"礼者履也。"（《尔雅》《说文》《礼记·仲尼燕居、祭义》《荀子·大略篇》）

最广义的礼　"礼者理也。"（《礼记·乐记、仲尼燕居》《荀子·礼论》）

礼字本义，不过从祭器出来，所以《礼运》说："礼所以傧鬼神。"又说："礼之初始于饮食，共燔黍捭豚，污尊而抔饮，犹若可以致其敬于鬼神。"可知最古的礼，不过是宗教上一种仪式。凡初民种种制度，大半从宗教仪式增广蜕变而来。例如印度的《摩奴法典》，本是教规，后来变成法律。我国的礼，也是这样，渐渐把宗教以外一切社会习惯都包含在礼的范围内，礼字成了人人当践履的意义。所以《易·象传》说："非礼弗履。"《祭义》说："礼者，履此者也。"《荀子·大略篇》说："礼者，人之所履也。"《尔雅·释言》亦说："履，礼也。"礼变成一切行为的轨范了。古代政教合一，宗教上的仪典和国家社会的法制，往往合为一炉，无甚分别。历代帝王，常采集社会上公认的行为轨范，编成一代的礼。所以说："非天子不议礼，不制度。"（《礼记·中庸》）说："三王异世，不相袭礼。"（《礼记·乐记》）所以有夏礼商礼周礼种种不同。（《论语》）到这时候，礼的性质，和法律差不多，成为社会上一种制裁力。所以《左传》里头，替礼字下了许多解说：

"夫礼，所以整民也。"（庄二十三年曹刿语）

"礼，国之干也。礼不行则上下昏，何以长世？"（僖十一年内史过语）

"礼，政之舆也。"（襄二十一年叔向语）

"礼，王之大经也。"（昭十五年叔向语）

"夫礼，天之经也，地之义也，民之行也。"（昭二十五年子太叔述子产语）

此皆孔子以前贤士大夫对于礼的观念。到了孔门，此种观念，益加发达。如：

"礼者，君之大柄也。"（《礼记·礼运篇》）

"礼者，人主之所以为群臣寸尺寻丈检式也。"（《荀子·儒效篇》）

"礼者，法之大分，群类之纲纪也。"（《荀子·劝学篇》）

据此看来，礼的性质，简直与法无甚差别。虽然，有狠不同的一点，是：

"礼者禁于将然之前，而法者禁于已然之后。"（《大戴礼记·礼察篇》）

所以又说："出于礼者入于刑。"当孔子时，法家学派，虽未完全成立，然法治与礼治两种主义之优劣，在士大夫中已成为问题。观叔向、子产辨论之言可见。（《左传》昭六年）孔子是绝对的主张礼治反对法治的人，所以说：

"道之以政，齐之以刑，民免而无耻；道之以德，齐之以礼，有耻且格。"（《论语·为政》）

孔子的意思，以为（一）法不过事后消极的裁制，礼才是事前积极的裁制，直接的效果，已经悬殊。（二）法的裁制力是他动，礼的裁制力是自动，间接的效果，影响非巨。所以说：

"礼云礼云，贵绝恶于未萌，而起敬于微眇，使民日徙善远罪而不自知也。"（《大戴礼记·礼察篇》）

孔子以为礼的作用，可以养成人类自动自治的良习惯，实属改良社会的根本办法。他主张礼治的主要精神在此。然则礼为什么能有这种作用呢？他说：

"礼者，因人之情而为之节文以为民坊者也。"（《礼记·坊记》）

礼所以能发生作用，最重的要素是因人之情。《礼运》有几段说得最好：

"人情以为田，……何谓人情？喜怒哀惧爱恶欲七者不学而能。"
"饮食男女，人之大欲存焉；死亡贫苦，人之大恶存焉。故欲恶者，心之大端也。人藏其心，不可测度也。……欲一以穷之，舍礼何以哉？"

宋以后儒者，都说人欲是不好的，是应该屏绝的。孔门却不然，他的礼教，就是从情欲的基础上建设出来。但他以为情欲虽不可无，却是要节。《乐记》说：

"人生而静，天之性也；感于物而动，性之欲也。物至知知，然后好恶形焉。好恶无节于内，知诱于外，不能反躬，天理灭矣。夫物之感人无穷，而人之好恶无节，则是物至而人化物也。"

荀子亦说：

"礼起于何也？曰：人生而有欲，欲而不得则不能无求，求而无度量分界则不能不争，争则乱，乱则穷。先王恶其乱也，故制礼义以分之，以养人之欲给人之求，使欲必不穷乎物，物必不屈于欲。"（《礼

论篇》）

这两段说对于外感的节制，最为精到。还有对于内发的节制，子游说：

> "有直道而径行者，戎狄之道也。礼道则不然。人喜则斯陶，陶斯咏，咏斯犹，（郑注：'犹当为摇。'）犹斯舞；愠斯戚，戚斯叹，叹斯辟，（郑注：'辟，拊心也。'）辟斯踊矣。品节斯，斯谓礼。"

礼的最大作用，就是个节字。所以《荀子·大略篇》说："礼，节也。"《乐记》亦说："礼节民心。"《中庸》说："喜怒哀乐发而皆中节。"靠的就是这个。《韩非子·解老篇》说："礼者，外节之所以谕内也。"算得礼字最简明确切的训诂了。

以上所引，虽不全是孔子亲说的，但孔子礼教的精意，确是如此。孔子既已把礼的观念，扩充得如此其大，自然不是从前的仪式所能限制。所以《礼运》说：

> "礼也者，义之实也。协诸义而协，则礼虽先王未之有，可以义起也。"

既于仪式之外，别有抽象的礼意，那仪式的礼，倒反不必拘泥了。所以《左传》记：

> "子太叔见赵简子，简子问揖让周旋之礼。对曰：'是仪也，非礼也。'"（昭二十五年）

可见当时讲礼，已有弃形式取精神的倾向。孔子说：

> "礼云礼云，玉帛云乎哉？"

最可以表现这种精神。子太叔引子产的话，说礼是天之经地之义民之行，礼字的意义，已经不是"履也"所能包举了。到《乐记》，更说：

　　"礼也者，理之不可易者也。"

这算是礼的最广义了。孔子答颜渊，说："克己复礼为仁。"这个礼字，应从最广义解。

　　孔门重礼教的缘故，除了以上所述外，还有一个重大的理由，是拿习礼当作一种体育。《礼运》说：

　　"礼，所以固肌肤之会，筋骸之束也。"

这话怎么讲呢？孔子说：

　　"庄敬日强，安肆日偷，君子不以一日使其躬儳焉，如不终日。"

孔子以为人若常常把精神提起，体魄自然强壮；若散散慢慢过日子，便养成偷惰的习惯，整个人变成暮气了。习礼以庄敬为主，最能抖擞精神，所以说"固肌肤之会，筋骸之束"。"仲弓问仁"，孔子告以"出门如见大宾，使民如承大祭"；又告子张说："无大小，无众寡，无敢慢。"都是这个意思。对甚么人对甚么事，都无敢慢，是修养身心最好的方法。这就叫做"约之以礼"（约是约束之意）。

　　孔子既已认礼是一种体育，所以常常要习他。但习的到底是那几种礼呢？《中庸》说"礼仪三百，威仪三千"，这些都是些什么，如今没有考据。但就现存的《礼经》十七篇而论，天子诸侯朝聘燕享那部分，当然是不习的；丧礼那部分，当然是不习的；冠昏祭那几部分，怕也不好习。然则孔门习的是甚么？我想最通行的就是乡饮酒礼和射礼。《史记·孔子世家》说：汉时的儒生还常常习礼乡饮大射于孔子冢。《礼记·射义》记："孔子射于矍相之圃，观者如堵墙。"大概这两种礼是孔门常习的。两种都

225

是团体运动，射礼分耦还含有团体竞争意味。孔子说："君子无所争，必也射乎？"我想孔子生在今日，定然是打球大家。那时若有学校联合运动会，那些阙党童子军怕总要夺标哩。

（六）乐

第二节讲孔子正诗正乐，可见孔子原是一位大音乐家了。他不但自己嗜好，还拿来做他学堂里的必修科目。他如此重乐，有什么理由呢？《乐记》一篇，发挥得最透彻。《乐记》下乐的定义，说道：

> "夫乐者，乐也，人情之所不能免也。乐必发于声音，形于动静。……性术之变，尽于此矣。"

这是说明乐之本质，就是人类好快乐的本性。这种本性发表在声音动静上头，叫做音乐。又说：

> "凡音之起，由人心生也。人心之动，物使之然也。感于物而动，故形于声；声相应，故生变；变成方，谓之音；比音而乐之，及干戚羽旄，谓之乐。"

这一段说音乐的起原，由于心物交感，是从心理学上寻出音乐的基础。又说：

> "乐者……其本在人心之感于物也。是故其哀心感者，其声噍以杀；其乐心感者，其声啴以缓；其喜心感者，其声发以散；其怒心感者，其声粗以厉；其敬心感者，其声直以廉；其爱心感者，其声和以柔。六者非性也，感于物而后动。"

> "夫民有血气心知之性，而无哀乐喜怒之常。应感起物而动，然后音乐形焉。是故志微噍杀之音作，而民思忧；啴谐慢易繁文简节之

音作，而民康乐；粗厉猛起奋末广贲之音作，而民刚毅；廉直劲正庄诚之音作，而民肃敬；宽裕内好顺成和动之音作，而民慈爱；流辟邪散狄成涤滥之音作，而民淫乱。"

"凡音者，生人心者也。……治世之音安以乐，其政和；乱世之音怨以怒，其政乖；亡国之音哀以思，其民困。声音之道，与政通矣。"

这三段，前一段是发明音乐生于人心的道理，后两段是发明音乐生人心的道理。就一方面看，音乐是由心理的交感产生出来的，所以某种心感触，便演出某种音乐；就别方面看，音乐是能转移人的心理的，所以某种音乐流行，便造成某种心理。而这种心理的感召，不是个人的，是社会的，所以音乐关系到国家治乱，民族兴亡。所以做社会教育事业的人，非从这里下工夫不可。这种议论，自秦汉以后，竟没有人懂。若不是近来和欧美接触，我们还说是谬悠夸大之谈哩。

《乐记》这篇书，原是七十子后学者所记，并非孔子亲说。《荀子》里头有《乐论》篇，说得大同小异，但稍为简略。或者这篇书，竟是荀子作的，亦未可定。但这种学理总是孔门传授下来的，所以我们可以认他做孔子学说的一部分。

正乐是孔子一生大事业，今日乐谱都已失传，更从何处论起？但我们可以想见孔门礼教乐教，实有相反相成之妙。《记》中说："礼节民心，乐和民性。"礼的功用，在谨严收敛；乐的功用，在和悦发舒。两件合起来，然后陶养人格，日起有功。《记》又说：

"乐以治心，礼以治躬。心中斯须不和不乐，则鄙诈之心入之矣；外貌斯须不庄不敬，则易慢之心入之矣。"

读此，可以知孔门把礼乐当必修科的用意了。就论体育上，乐的功用，也不让于礼，因为古人乐必兼舞。《记》又说：

> "诗，言其志也；歌，咏其声也；舞，动其容也。三者本于心，然后乐器从之。是故情深而文明，气盛而化神。"

舞的俯仰疾徐，和歌的抑扬抗坠，不独涵养性灵，而且于身体极有益，这也是礼乐交相为用的事。

我想孔子若在今日当教育总长，一定要像法国样子，将教育部改为教育美术部，把国立剧场和国立学校看得一样的重。他若在社会上当个教育家，一定是改良戏曲，到处开音乐会，忙个不了。他的态度如此，所以那位专讲实用主义的墨子，看着莫名其妙，说他教人贪顽废事，做出三篇《非乐》的大文来骂他，却那里懂得孔子人格教育的精意呢！

（七）名

后人常称孔教做名教，这话并不错。但为甚么叫做名教呢？却忘其所以然。我们细读《论语》，就可以明白。《论语》有一章，记：

> "子路曰：'卫君待子而为政，子将奚先？'子曰：'必也正名乎！'子路曰：'有是哉，子之迂也。奚其正？'子曰：'野哉由也。君子于其所不知，盖阙如也。名不正，则言不顺；言不顺，则事不成；事不成，则礼乐不兴；礼乐不兴，则刑罚不中；刑罚不中，则民无所措手足。故君子名之必可言也，言之必可行也。君子于其言，无所苟而已矣。'"

这一章书，骤读过去很有点难懂，名不正的结果，何至就闹到礼乐不兴刑罚不中民无所措手足呢？怕未免有点张大其词罢。试看荀子董子的解释就可以明白。荀子说：

> "今圣王没，名守慢，奇辞起，是非之形不明，则虽守法之吏，诵数之儒，亦皆乱也。……异形离心交喻，异物名实互纽。……如是

则志必有不喻之患,而事必有困废之祸。"(《荀子·正名篇》)

董子说:

"名生于真,非其真弗以为名。名者,圣人之所以真物也。……欲审曲直,莫如引绳;欲审是非,莫如引名。名之审于是非也,犹绳之审于曲直也。诘其名实,观其离合,则是非之情,不可以相谰已。"(《春秋繁露·深察名号篇》)

欲明白正名的要紧处,最好拿眼前的事实来举个例。譬如有人说共和是不好的,问他甚么不好?他说你看中国共和了九年,闹成什么样子?这段话骤然听去,像是有理,其实不然。我们先要知道共和的实质是怎么样,再要问这九年来的中国,是否和共和实质相符。把这九年来的中国说他是共和,这就是非其真而以为名,这就是异物名实互纽。又如现在讲联邦,讲自治,若不先把联邦自治的名实弄到正确,那么,几位督军私自勾结的几省联盟,也要自命为联邦,几位政客也可以设起联省政府来;那么,官僚运动做本省省长,便说是自治。又如讲马克思的共产主义,若不把名实弄得正确,那么,兵大爷组织兵变队,挨门坐抢,他可以说自己是蓝宁,是杜洛兹奇。这就是董子说的"相谰"。在这种名实混淆的状态之下,是非是无从论起的。譬如我们说:"狗是有义气的动物。"若不先定了界说,什么是狗;看见一个狐来,你说这种狗没有义气,不是把人闹糊涂了吗?所以"志必有不喻之患,而事必有困废之祸",这就是"名不正,则言不顺;言不顺,则事不成"。孔子又说:"恶紫之夺朱,恶郑声之乱雅乐。"又说:"恶似是而非者,恶莠恐其乱苗,恶乡愿恐其乱德。"(《孟子》引)都是所以提倡正名的缘故。

老子以为名者起于人类之分别心。这种分别心,是各人不同,各时不同,各地不同,所谓正确不正确,实无从得公共标准。故主张一切废去,复归于无名之朴。孔子以为名是终久废不掉的;既已废不掉,若听他囫囵杂糅,一定闹到言不顺事不成,所以公共标准是必要的。标准怎样才能正确才能公认呢？孔子以为是政府的责任。所以子路问"为政奚先"，孔子答以"正名"。《荀子·正名篇》说："若有王者起，必将有循于旧名，有作于新名。"就是这个意思。孔子若乘时得位，一定先办此事。后来道既不行，晚年乃著《春秋》，就是用极谨严的名，表示极复杂的义。所以庄子说："《春秋》以道名分。"(《天下篇》)董子说："《春秋》辨物之理以正其名。名物如其真，不失秋毫之末。"(《春秋繁露·深察名号篇》)所以孔子正名主义的实行，自然在《春秋》一书，第五节再详论。

孔子为甚么把正名主义看得如此其重呢？因为把名正了，然后主观方面可以顾名思义，客观方面可以循名责实。例如"君君臣臣父父子子"，先要知道君臣父子四个名词里头含有什么意义，然后君要做个真君，臣要做个真臣，……那么，社会秩序也跟着正了。像当时子路所问"待子为政"的卫君——出公辄，是子不子，其父蒯聩也是父不父，孔子以为正名就可以救这些流弊。

孔子的正名主义，对于改良社会有多少效果，我们不敢说；但在学问知识上却有狠大影响。因为名实问题，是孔子头一个提出，此后墨子、惠施、公孙龙、荀卿乃至其他诸子，都从这问题上生出许多学问来。质而言之：当时所谓名学即论理学，是孔子最先注意的。虽所说不如后人之精，那创始的功劳，也很大了（参观胡著页九二——一〇〇）。孔子因认名有许多功用，所以狠奖厉立名。《易·文言》说："不易乎世不成乎名。"《论语》说："君子去仁，恶乎成名？"又说："君子疾没世而名不称焉。"宋儒说好名是件不好的事，孔子却不然，名是不妨好的；不过"声闻过情，君子耻之"，因为过情的声问〔闻〕，已经名实混淆，和正名主义正相反了。

（八）性命

《易·象传》："乾道变化，各正性命。"性命二字成了学问上问题，自此始。但孔子言命较多，(《论语》称"子罕言命"，实非甚罕。) 言性较少。子贡说："夫子之言，性与天道，不可得而闻。"性与天道殆孔子所自证，不甚拿来教一般学者，所以不得而闻。《论语》言性，有"性相近也，习相远也","惟上智与下愚不移"两章。其言既极浑括，远不如后来孟、荀之精密，盖由孔子不甚以此教人。至于言命，则所在多有。孔子自言："五十而知天命。"又说："不知命，无以为君子。"又说："道之将行也欤？命也。道之将废也欤？命也。公伯寮，其如命何！"又说："天生德于予，桓魋其如予何！"又说："天之未丧斯文也，匡人其如予何！"诸如此类，正中屡见，可见知命主义，在孔子学说中，实占极重要的位置。所以墨子反对孔学，特标"非命"为一种旗帜。

命是个什么呢？孔子说命，常与天连举，像是认命为天所造。其实不然。庄子引孔子的话，很有几处解释命字意义：

"仲尼曰：'子之爱亲，命也，不可解于心。'"（《庄子·人间世篇》）
"仲尼曰：'死生，存亡，穷达，贫富，贤与不肖，毁誉，饥渴，寒暑，是事之变，命之行也。日夜相代乎前，而知不能规乎其始者也。'"（《庄子·德充符篇》）

据此可知孔子所谓命，是指那自然界一定法则，不能拿人力转变者而言。他有时带说个天字，不过用来当作自然现象的代名词，并非像古代所说有意识的天。"五十而知天命"句，皇侃疏云："天本无言，而云有所命，假之言也。"这话最通。若作基督教的上帝默示解，便非孔子之意了。

然则知命主义的价值，怎么样呢？我说有好处亦有坏处。好处是今〔令〕人心境恬适；坏处是把人类进取的勇气减少。孔子说：

"自事其心者，哀乐不易施乎前，知其不可奈何而安之若命，德之盛也。"（《庄子·人间世篇》）

这段话讲知命的作用，最为精透。"自事其心"，是自己打叠自己的心境，死生穷达毁誉饥渴等等事变，虽日夜相代乎前，我心的哀乐，却叫他不易施乎其前。怎样才能做到呢？最好是"安之若命"。这若字极要注意。命的有无，且不必深管，只是假定他是有，拿来做自己养心的工具。得了这种诀窍，所以能"遁世无闷，不见是而无闷，乐则行之，忧则违之，确乎其不可拔"（《易·文言传》），所以能"不怨天不尤人"（《论语》），所以能"饭疏食饮水，曲肱而枕之，乐亦在其中"（《论语》）。这是孔子自己学问得力所在，也常常拿来教人。所以《论语》首章说："人不知而不愠，不亦君子乎！"末章说："不知命无以为君子"，意义正相衔接，实是孔子修养人格的重要学说。

孔子说的知命，本来没有什么大流弊：因为他乐行忧违，还带着确乎不拔；他遁世无闷，还带着独立不惧（《易·象传》）。可见得并不是做命的奴隶了。虽然，孔子终是崇信自然法太过，觉得天行力绝对不可抗。所以总教人顺应自然，不甚教人矫正自然，驾驭自然，征服自然。原来人类对于自然界，一面应该顺应他，一面应该驾驭他。非顺应不能自存，非驾驭不能创造。中国受了知命主义的感化，顺应的本能极发达，所以数千年来经许多灾难，民族依然保存，文明依然不坠。这是善于顺应的好处。但过于重视天行，不敢反抗，创造力自然衰弱，所以虽能保存，却不能向上。这是中华民族一种大缺点，不能不说是受知命主义的影响。所以墨子非命，实含精义。至于误解知命主义的人，一味委心任运，甚至造出种种邪说诬民的术数，那更不是孔子的本意了。

（九）鬼神 祭祀

孔子教人，说的都是世间法，不是出世法。所以"季路问事鬼神"，子曰："未能事人，焉能事鬼？""敢问死？"曰："未知生，焉知死？"这是对于现世以外的事，纯然持消极的态度。然则孔子到底主张有鬼呀，还是主张无鬼？我说：孔子所持是相对的无鬼论。他以为鬼并不是没有，但不过由我们的业识造出来。孔子说的鬼神，全是哲学上的意义，没有宗教上的意义。《易·系辞传》说：

"精气为物，游魂为变，是故知鬼神之情状。"

这几句话最精到。"精气为物",说的是鬼之情状;"游魂为变",说的是神之情状。"鬼者归也",精气是有形的,即佛法中之色蕴。《圆觉经》说:"骨内归地,血唾归水,暖气归火,动转归风。人之色身,四大合成,死后还归四大。"举精气则毛发骨血等都包在内,地水火风,各有他的原素,据近世科学的理论,知道物质不灭,所以说"精气为物";游魂是无形的,即佛法中之受想行识四蕴,常为业力所持,流转诸趣,所以说"游魂为变"(参观章炳麟著《菿汉微言》)。孔子说的鬼神情状是如此,直可以谓之绝对的无鬼论。然则他为甚么又极重祭礼呢?自来圣哲施教,每因当时习俗而利导之。《易·象传》说:

"圣人以神道设教,而天下服矣。"

当时民智幼稚,而且古代迷信,深入人心,一时不易革去,所以孔子利用祭礼为修养人格改良社会一种手段。但孔子虽祭,并不认定是有神,所以只说:"祭如在,祭神如神在。"又说:"洋洋乎,如在其上,如在其左右。"这分明是主观的鬼神,不是客观的鬼神了。

为什么祭礼可以为修养人格的手段呢?他的作用就在斋戒。《祭统》说:

"齐之为言齐也,齐不齐以致齐者也。是故君子非有大事也,非有恭敬也,则不齐;不齐则于物无防也,耆欲无止也。及其将齐也,防其邪物,讫其耆欲。心不苟虑,必依于道;手足不苟动,必依于礼。是故君子之齐也,专致其精明之德也。……定之之谓齐。齐者精明之至也,然后可以交于神明也。"

观此,可知斋戒实为养心最妙法门。《易·系辞传》说:"圣人以此斋戒以神明其德。"就是此意。斋戒原不必定要祭祀才有,凡有大事有恭敬皆须斋戒。(《孟子》"弟子斋宿而后敢言",《庄子》"斋,吾语汝"。)但祭礼的斋戒,总算最通行,所以孔子很提倡他。譬如每年有几次大祭祀,祭前都须斋戒一回。斋的时候，节省思虑，休养精神。这是和基督清教徒严守安息日同一作用，于锻炼身心修养人格，实甚有益。

为甚么祭礼可以为改良社会一种手段呢？前次曾经讲过，孔子的祭礼，是由祈主义变为报主义，全是反本报始不忘其初的意思。"万物本乎天"，所以祭天；"人本乎祖"，所以祭祖；使之必报之，所以有群祀。孔子说：

"慎终追远，民德归厚矣。"

祭礼最大作用，不外是使民德归厚。所以孔子又说："明乎郊社之礼，禘尝之义，治国其如示诸掌乎！"(《中庸》) 都是说靠祭礼唤起人民报本的观念，风俗自然淳厚，政治自然易办。若不明此意，《中庸》的话便解不通了。所以孔子的祭，实含有举行纪念祝典的意味，有鬼无鬼倒不十分成问题。所以说："敬鬼神而远之。"又说："非其鬼而祭之，谄也。"

第六节　结论

（一）时中的孔子

孔子说："中庸其至矣夫，民鲜能久矣。"(《论语》) 又说："君子之中庸也，君子而时中。"(《礼记·中庸》) 时中两个字，确是孔子学术的特色。

中是就空间言，不偏走于两极端，常常取折衷的态度；加上一个庸字，是归于适用的意思。孔子赞美大舜说："执其两端，用其中于民。"(《礼记·中庸》) 这两句是中庸最好的注脚。又说："我叩其两端而竭焉。"(《论语》) 是说从两极端推寻出真理。又说："攻乎异端，斯害也已。"(《论语》) 异端即两端；攻即《诗经》"可以攻玉"之攻，是修治的意思；已，止也。孔子的意思说：凡两极端所主张，都含有一面真理，但都各有各毛病。若像攻玉的样子来修治他一番，他的毛病就去掉了。孔子一切学说，都含有这种精神。

例如杨朱的"为我",极端的主张自己本位说;墨子的"兼爱",极端的主张牺牲自己,专务利他。孔子的人格说主张"相人偶"的"仁",用"恕"的方格从两端推验出来,所以"己欲立而立人,己欲达而达人"。这便是执杨、墨两端求得中庸。又如道家说"法令滋彰盗贼多有",极端的反对法治;法家说"以法治国国之福,不以法治国国之贼",极端的崇拜法治。孔子却从中间寻出个礼治主义来。又说:"出于礼者入于刑。"他的《春秋》,便一半含有礼制的性质,一半含有法律的性质。这便是执道、法两端求得中庸。又如老子说"其鬼不神",墨子说"明鬼"。孔子却说个"体物不遗","如在其左右"的"鬼神之德",说鬼神有主观的存在,没有客观的存在。这又是执老、墨两端求得的中庸。又如老子极端的主张"绝欲",慎到闹到"非生人之行,而至死人之理",陈仲子闹到"必蚓而后可";杨朱和他相反,极端的主张"乐生逸身"。孔子讲的礼,却是"因人之情而为之节文",饮食男女的情欲,是应该尊重的,但须加以品节。所以他自己一面是"食不厌精,脍不厌细",一面是"饭蔬〔疏〕食饮水,曲肱而枕之,乐亦在(其)中"。这又是执老、杨的两端求得的中庸。又如棘子成反对当时文胜的流弊,说"君子质而已矣,何以文为",本也含一面真理。孔子嫌他太偏了,说出个"文质彬彬,然后君子"。或人问:"以德报怨,何如?"要矫正人类黯刻计较的恶性,本也甚好。孔子因为如此便行不通,说出个"以直报怨,以德报德"。这都是折衷适用的意思,所以叫做中庸。以上所说,不过随手举几个例,其实孔子学说的全部,都是如此。

孔子主张这种中庸主义,有甚么根据呢?《中庸》说:

"万物并育而不相害,道并行而不相悖。"

《易·系辞传》说:

"天下同归而殊涂,一致而百虑。"

孔子是最崇信自然法的人。他以为自然法的好处，因为自然界本身有自然的调和力，所以能"至赜而不可恶","至动而不可乱";因为有调和力，所以不妨"并育""并行"，而且非并育并行显不出调和力来；因为有调和力，所以能"同归""一致"，却是非"殊涂""百虑"，那调和力便无所依据。孔子学说的主脚点，在效法自然。中庸是效法他调和的结果；并育并行，是供给调和的资料。

孔子主张调和，不主张排斥。因为他立在中间，看见那两极端所说，都含有一面真理，所以不肯排斥他。墨子便不然，他立在这一个极端，认为真理，觉得那一个极端是真理的反面，非排斥不可。所以他的书中，非甚么非甚么的篇名，有许多出来。孔子是最尊重思想自由的人，他的书里头，从没有一句排除异己的话。（有人说孔子杀少正卯，岂不是压制思想自由？我说这件事决不是事实。《史记·孔子世家》虽然有"诛乱政大夫少正卯"八个字，但《史记》有许多后人窜入的话，本来不可尽信；就是太史公选择材料，也非字字精审。再让一步说，《史记》这八个字靠得住，也许是杀了一个凶虐不奉职的人。至于说他的罪名是"其居处足以聚徒成党，其谈说足以饰衺荧罪〔饰邪荧众〕，其强御足以反是独立"，这是出晋王肃伪撰的《孔子家语》，断断信不得的。我想孔子是主张礼治主义的人，像法家的杀人立威，他是根本反对的。后来伪书最喜欢讲齐太公诛华士、子产杀邓析、孔子杀少正卯三事，三个被杀的人罪名都是一样，太公、子产、孔子异时异地不谋而合，做了三篇印板文章，天下那有这情理？所以我要替他三位辨冤。）后来儒家两位大师，孟子距杨、墨，荀子非十二子，虽说是不得已，已经失却孔子精神了。至于李斯教秦始皇"别黑白而定一尊"，董仲舒教汉武帝"表章六艺，罢黜百家"，更是和孔子精神相反。因为这种做法，便是极端，不是中庸了。

中国为甚么能产生这种大规模的中庸学说呢？我想：地势气候人种，都有关系。因为我们的文明，是发育在大平原上头。平原是没有甚么险峻恢诡的形状，没有极端的深刻，也没有极端的疏宕；没有极端的忧郁，也没有极端的畅放。这块大平原，位置在温带，气候四时具备，常常变迁，却变迁得不甚激烈，所以对于自然界的调和性看得最亲切，而且感觉他的善美。人类生在这种地方，调和性本已应该发达。再加以中华民族，是由许多民族醇化而成，若各执极端，醇化事业便要失败。所以多年以来，调和性久已孕育。孔子的中庸主义，可以说都是这种环境的产物。

和孔子相先后的哲学家恁么多，为什么二千年来的中国，几乎全被孔学占领呢？世主的特别提倡，固然是一种原因；但学说的兴废断不是有权势的人能彀完全支配，一定和民族性的契合反拨，有一种针芥相投的关系。我们这平原民族温带民族，生来就富于调和性，凡极端的事物，多数人总不甚欢迎。所以极端的思想，虽或因一时有人提倡主持，像狠兴盛，过些时候，稍为松劲，又反到中庸了。孔子学说，和这种民族特性最相契合，所以能多年做思想界的主脑，就是为此。

然则中庸主义是好呀，还是坏呢？我说：两面都有。好处在他的容量大，从没有绝对排斥的事物。若领略得他的真意义，真可以做到"鱼相忘于江湖，人相忘于道术"。所以中国人争教流血的笑话，始终没有闹过。佛教基督教和各种学术从外国输入，我们都能容纳。中庸主义若从这方面发展出去，便是平等自由的素质了。坏处在容易没却个性。凡两种事物调和，一定各各把他原有的性质，绳削了一部分去，这就是把他个性损坏了。专重调和的结果，一定把社会事务轮廓，弄得囫囵不分明。流弊所极，可以把社会上千千万万人，都像一个模型里铸出来，社会变成死的不是活的了。我想孔子时代的中庸主义，还没有多大毛病，越久了毛病越显著。后来中庸主义和非中庸主义，却成了对峙的两极端，中庸这个名词，已经变质了。依着老子说，"一生二，二生三"的道理，甲与非甲两极端，生出个第三者的乙来，叫做中庸；此后怕是乙与非乙两极端，再生出个第三者的丙来，叫做新中庸罢。

孔子的中庸，还含有时间性，所以说"时中"。《易传》说："随时之义大矣哉！"又说："与时偕行。"全部《易经》，说时字的几于无卦不有。《春秋》的三世，也是把时的关系，看的最重。因为孔子所建设的是流动哲学，那基础是摆在社会的动相上头，自然是移步换形，刻刻不同了。"时中"，就是从前际后际的两端，求出个中来适用。孔子因把"逝者如斯"的现象看得真切，所以对于时的观念，最为明了。"生乎今之世反古之道"，是他所反对的；"虽百世可知"，却是要有所损益。简单说，孔子许多话，都像演电影似的，截头截尾，就教你在白布上颤动的那一段落来注意。若不懂得时间的意味，便觉他有许多话奇怪了。孟子上他个徽号，说是："圣之时。"真是不错！孔子"中"的观念，容或还有流弊；这"时"的观念，却是好极了。我们能受他"与时偕行"的教训，总不要落在时代的后头，那么，非惟能顺应，而且能向上了。

(1920年作，收入《饮冰室合集·专集》第十册，中华书局1936年4月初版)

墨子学案（节录）

第二自序

　　本书既概述墨学之全体大用，而结论则太息于秦汉以后墨学之中绝。及细思之，而有以知其未尽然也。凡一切众生所造之共业不共业，其种子必持续于后而永不灭。虽极微细之事尚且有然，况墨学者，战国二百余年间，其言盈天下；而谓易代之后，遂如飙风卷叶，一扫无迹；天下宁有是理？吾尝谛观思惟：则墨学精神，深入人心，至今不坠，因以形成吾民族特性之一者，盖有之矣。墨教之根本义，在肯牺牲自己。《墨经》曰："任：士损己而益所为也。"（为读去声）《经说》释之曰："任：为身之所恶以成人之所急。"墨子之以言教以身教者，皆是道也。是道也，秦汉以后士大夫信奉者盖鲜；而其统乃存于匹夫匹妇。今试行穷乡下邑，辄见有弱嫠襁负呱呱之子褴褛而行乞者。吾人习见，莫之或奇，莫之或敬也。而不知此种行为之动机，乃纯出于"损己而益所为"，纯是"为身之所恶以成其子之所急"。其在文化与我殊系之民族，则妇女为葆其肤颜之美姣而弃子弗字者，比比然矣。又恒见有壮夫侍其老羸废疾之父母昆弟，因以废其固有之职业，虽百艰而不肯舍去。亦有齿落发白垂尽之年，不肯稍自暇逸，汲汲为其子孙谋者。若此之类，就一方面论，或可谓为妨害个性之发展。就他方面论，则互助精神，圆满适用，而社会之所由密集而永续也。夫所谓

"糜〔摩〕顶至〔放〕踵利天下"者，质言之，则损己以利他而已。利亿万人固利他，利一二人亦利他也。泛爱无择固利他，专注于其所亲亦利他也。己与他之利不可得兼时，当置他于第一位而置己于第二位，是之谓"损己而益所为"，是之谓墨道。今之匹夫匹妇，曷尝诵《墨子》书？曷尝知有墨子其人者？然而不知不识之中，其精神乃与墨子深相悬契。其在他国，岂曰无之？然在彼则为畸行，在我则为庸德。呜呼！我国民其念之：此庸德者非他，乃墨翟、禽滑厘、孟胜、田襄子诸圣哲，溅百余年之心力以莳其种于我先民之心识中，积久而成为国民性之一要素焉。我族能继继绳绳与天地长久，未始不赖是也。复次：我国人二千年来言军旅之事，其对于开边黩武，皆轻贱而厌恶之；对于守土捍难，则最所尊崇。若关羽、张巡、岳飞之流，千百年后妇人孺子犹仰之如天神者，皆损〔捐〕躯于所职以卫国土御外难者也。此种观念，皆出于墨子之非攻而尊守。故吾国之豪杰童话，与他国多异其撰。故吾国史迹中，对外虽无雄略，且往往受他族蹂躏；然始终能全其祖宗疆守勿失坠，虽百经挫挠而必光复旧物者；则亦墨子之怯于攻而勇于守，其教入人深也。而斯义者，则正今后全世界国际关系改造之枢机，而我族所当发挥其特性以易天下者也。吾覆校所讲竟，得此二义，辄写以为第二序。既以见学术之影响于国民性者至巨，且以见治古学者之当周于世用也。至墨子之经济理想，与今世最新之主义多吻合；我国民畴昔疑其不可行者，今他人行之而底厥绩焉；则吾书中既详哉言之矣。

四月五日　启超再记

第二章　墨学之根本观念——兼爱

墨学所标纲领，虽有十条，其实只从一个根本观念出来，就是兼爱。孟子说："墨子兼爱，摩顶放踵利天下为之。"这两句话实可以包括全部墨子。"非攻"是从兼爱衍出来，最易明白，不用多说了。"节用""节葬""非乐"，也出于兼爱。因为墨子所谓爱是以实利为标准；他以为有一部分人奢侈快乐，便损了别部分人的利了；所以反对他。"天志""明鬼"，是借宗教的迷信来推行兼爱主义。"非命"，因为人人信有命便不肯做事不肯爱人了；所以反对他。

墨子讲兼爱，常用"兼相爱交相利"六字连讲，必合起来，他的意思才明。兼相爱是理论，交相利是实行这理论的方法。兼相爱是托尔斯泰的利他主义，交相利是科尔璞特金的互助主义。试先述墨子兼爱的理论：

"圣人以治天下为事者也。不可不察乱之所自起。当（通尝）察乱何自起？起不相爱。……子自爱不爱父，故亏父而自利。弟自爱不爱兄，故亏兄而自利。臣自爱不爱君，故亏君而自利。……虽父之不慈子，兄之不慈弟，君之不慈臣，……皆起不相爱。……盗爱其室不爱其异室，故窃异室以利其室。贼爱其身不爱人，故贼人以利其身。……大夫各爱其家不爱异家，故乱异家以利其家。诸侯各爱其国不爱异国，故攻异国以利其国。……"（《兼爱上》）

此言人类种种罪恶，都起于自私自利。但把自私自利的心去掉，则一切罪恶，自然消灭。然则怎么方法去掉这自利心呢？墨子说：

"凡天下祸篡怨恨，……以不相爱生也。是以仁者非之。既以非之，何以易之？……以兼相爱、交相利之法易之。"（《兼爱中》）

"非人者必有以易之。若非人而无以易之，……其说将必无可焉。是故子墨子曰：'兼以易别。'……吾本原兼之所生，天下之大利者也。吾本原别之所生，天下之大害者也。……以兼为正，是以聪耳明目，相与视听乎？是以股肱毕强，相为动宰乎？而有道肆相教诲。是以老而无妻子者，有所持养以终其寿，幼弱孤童之无父母者，有所放依以长其身。……"（《兼爱下》）

墨子最要紧一句话，是"兼以易别"。他替当时的君主起一个绰号，叫做"别君"，替当时士大夫起一个绰号，叫做"别士"。他们的"墨者"，自己就号做"兼士"。兼和别的不同在那里呢？老实说一句：承认私有权的叫做"别"，不承认私有权的叫做"兼"。向来普通的教义，都是以自己为中心，一层一层的推出去。所以说："天下之本在国，国之本在家，家之本在身。"孔子讲的社会伦理，都以此为立脚点。所以最要紧是一个"恕"字，专以己度人。既已爱自己，便连自己同类的人也要爱他；爱自己的家，也爱别人的家；爱自己的国，也爱别人的国；孔子讲的泛爱，就是从这种论式演绎出来。但孔子和墨子有根本不同之处。孔子是有"己身""己家""己国"的观念，既已有个"己"，自然有个"他"相对待；"己"与"他"之间，总不能不生出差别。所以有"亲亲之杀尊贤之等"；在旧社会组织之下，自然不能不如此。墨子却以为这种差别观念，就是社会罪恶的总根原，一切乖忤，诈欺，盗窃，篡夺，战争，都由此起。（《兼爱中》篇云："是故诸侯不相爱，则必野战。家主不相爱，则必相篡。人与人不相爱，则必相贼。君臣不相爱，则不惠忠。父子不相爱，则不慈孝。兄弟不相爱，则不和调。天下之人皆不相爱，强必执弱，富必侮贫，贵必敖贱，诈必欺愚。凡天下祸篡怨恨，其所以起者，以不相爱生也。"）因为既有个己身以示"别"于他身，到了彼我利害冲突时候，那就损害他身以利己身，也顾不得了。既有个己家己国以示"别"于他家他国，到了彼我利害冲突时候，那就损害他家他国以利己家己国，也顾不得了。在这种组织之下讲泛爱，墨子以为是极矛盾，极不彻底。他说：

"爱人，待周爱人然后为爱人。不爱人，不待周不爱人。不周爱，因为不爱人矣。"（《小取》）

他的意思以为：不必等到甚么人都不爱才算不爱人，只要爱得不周遍，（有爱有不爱）便算不爱人了。差别主义，结果一定落到有爱有不爱，墨子以为这就是"兼相爱"的反面，成了个"别相恶"了。所以说："本原别之所生，天下之大害。"

然则兼相爱的社会便怎么样呢？墨子说：

"视人之室若其室，谁窃？视人之身若其身，谁贼？视人家若其

家，谁乱？视人国若其国，谁攻？"（《兼爱上》）

简单说：把一切含着"私有"性质的团体都破除了，成为一个"共有共享"的团体；就是墨子的兼爱社会。

这种理论，固然是好，但往古来今许多人，都疑他断断不能实现。当时就有人诘难墨子，说道："即善矣，虽然，岂可用哉？"墨子答道："用而不可，虽我亦将非之。焉有善而不可用者？"（《兼爱下》）墨子是一位实行家，从不肯说一句偏于理想的话。他论事物的善恶，专拿有用无用做标准。他以为"善"的范围和有用的范围，一定适相吻合。若不能适用的事，一定算不得"善"。他的根本观念既已如此，所以他自然是确信兼爱社会可以实现，才肯如此主张。墨子何以证明他必能实现呢？墨子以为从人类的利己心，也可以得着反证。他说：

"吾不识孝子之为亲度者，亦欲人爱利其亲与？意欲人之恶贼其亲与？以说观之，即（同则）欲人之爱利其亲也。然即（同则）吾恶（同何）先从事即（同乃）得此？若我先从事乎爱利人之亲，然后人报我以爱利吾亲乎？意我先从事乎恶贼人之亲，然后人报我以爱利吾亲乎？即（同则）必吾先从事乎爱利人之亲，然后人报我以爱利吾亲也。……《大雅》之所道曰：'无言而不仇，无德而不报。投我以桃，报之以李。'此言爱人者必见爱也，而恶人者必见恶也。"（《兼爱下》）

墨子还引许多古代圣王兼爱的例证，如成汤为民求雨以身为牺牲之类，说明兼爱并不是不能实行。古代社会，是否有这种理想的组织，我们虽不敢轻下判断；但现在俄国劳农政府治下的人民，的确是实行墨子"兼以易别"的理想之一部分。他们是否出于道德的动机，姑且不论；已足证明墨子的学说，并非"善而不可用"了。

墨子的兼爱的主义，和孔子的大同主义，理论方法，完全相同。但孔子的大同，并不希望立刻实行；以为须渐渐进化，到了"太平世"才能办到。在进化过渡期内，还拿"小康"来做个阶段。墨子却简单明了，除了实行兼爱，不容有别的主张。孔墨异同之点在此。

非攻主义，是由兼爱主义直接衍出。既已主张兼爱，则"攻"之当"非"，自然不成问题，为甚么还要特标出来做一种主义呢？因为当时军国主义，已日见发达；多数人以为国际上道德和个人道德不同，觉得为国家利益起见，无论出甚么恶辣手段都可以。墨子根本反对此说。他说：

"今有一人，入人园圃，窃其桃李，众闻则非之，上为政者得则罚之。此何也？以亏人自利也。至攘人犬豕鸡豚，其不义又甚入人园圃窃桃李。是何故也？以亏人愈多，其不义兹甚，罪益厚。至入人栏厩马牛者，其不仁义又甚攘人犬豕鸡豚。此何故也？以其亏人愈多。苟亏人愈多，其不仁兹甚，罪益厚。至杀不辜人也，扡其衣裘，取戈剑者，其不义又甚，入人栏厩取人马牛。此何故也？以其亏人愈多，苟亏人愈多，其不仁兹甚矣，罪益厚。当此天下之君皆知而非之，谓之不义。今至大为攻国，则弗知非，从而誉之谓之义，此可谓知义与不义之别乎？杀一人谓之不义，必有一死罪矣。若以此说往，杀十人，十重不义，必有十死罪矣；杀百人百重不义，必有百死罪矣。当此天下之君子皆知而非之，谓之不义。今至大为不义攻国，则弗知非，从而誉之谓之义，情不知其不义也。故书其言以遗后世，若知其不义也，夫奚说书其不义以遗后世哉？今有人于此，少见黑曰黑，多见黑曰白；则以此人不知白黑之辩矣。少尝苦曰苦，多尝苦曰甘；则必以此人为不知甘苦之辩矣。今小为非则知而非之；大为非攻国则不知非，从而誉之谓之义，此可谓知义与不知义之辩乎？是以知天下之君子也，辩义与不义之乱也。"（《非攻上》）

墨子这段话，用极严密的论法，辩斥那些"褊狭的爱国论"，可谓痛快淋漓。不独是发明"非攻"真理，而且教人将所得的观念来实地应用。读此并可以知道墨子做学问的方法了。

反对战争的议论，春秋末年已经萌芽。宋向戌倡晋楚弭兵，就是一种趋时之论。但这是政治家的策略，彼此并无诚意，正与前俄皇亚力山大提倡海牙平和会相同,在思想界可谓毫无势力。孟子的"春秋无义战",算是有力的学说,可惜措词太隐约了。认真标立宗旨,大声疾呼,墨子算是头一个。后来尹文、宋钘,都是受墨子学说的影响,继续鼓吹。但墨子还有格外切实可行的地方,和普通之"寝兵说"不同。墨子所"非"的,是"攻",不是"战"。质言之,侵略主义,极端反对;自卫主义,却认为必要。墨子门下,人人都研究兵法。本书《备城门》以下十一篇所讲都是。墨子听见有某国要攻人的国,就跑去劝止他。若劝他不听,他便带起一群门生去替那被攻的国办防守。有这一着,然后非攻主义才能贯彻。墨子所以异于空谈弭兵者在此。(例证详下文)

(商务印书馆1921年11月初版)

先秦政治思想史（节录）

（一名《中国圣哲之人生观及其政治哲学》）

序 论

第三节 研究法及本书研究之范围

研究法有三种：第一，问题的研究法：先将所欲研究之事项划出范围，拟定若干题目。每个题目，皆上下古今以观其变迁。其总问题，例如"国家起源""政府组织"等等，其分问题例如"土地宜公有抑私有""封建为利为弊""刑罚宜取惩报主义抑取感化主义"等等。研究某时代对于本问题之趋势何如，某学者对于本问题之态度何如。以类相次，一题毕乃及他题。此法长处，能令吾侪对于各种重要问题，得有致密正确的知识，而且最适于实地应用。其短处，在时代隔断，不易看出思想变化之总因间因，且各问题相互之关系，亦不明了。

第二，时代的研究法。此法按时代先后顺序研究。例如先三代次春秋次战国次秦汉等。在同一时代中，又以思想家出生之早晚为次。例如春秋战国间，先老子，次孔子，次墨子，次商君、庄子、孟子、荀子、韩非等。此法长处，能使思想进化之迹历历明白；又可以将各时代之背景——即政治实况及社会实况——委细说明，以观思想发生之动机。其短处，则同一时代中或资料太多，对于各问题难于详细叙述；若勉强叙述之，则易时所述，与前犯复，令读者生厌。又一派之学说先辈与后辈年代隔离（例如孔子与孟子、孟子与荀卿），令读者迷其脉络所在。

第三，宗派的研究法：此法将各种思想抽出其特色，分为若干派。例如儒家思想，自孔子起，继以七十子后学者，继以孟子，荀卿，董仲舒等等；法家思想，自管仲、子产起，次至商鞅、韩非……乃至末流之晁错、诸葛亮等等；以类论次。此法长处，对于一学派之思想渊源——其互相发明递为蜕变及大派中所含支派应时分化之迹，易于说明。各派对于具体问题所主张，亦易于比较。其短处，在时代隔断；例如先述儒家，次述道家，则与孔子时代相次之老子，须于荀卿、董仲舒……诸人叙毕乃能论及，对于思想进化次第，难以说明。又各派末流相互影响甚多，归类难以正确。又数大派之外，其有独立思想而势力较微者，容易漏略。

以上三法，各有短长。好学深思之士，任取一法为研究标准，皆可以成一有价值之名著也。

政治思想与其他思想之关系，兹更当一言：第一，凡伟大之学者必有其哲学上根本观念，而推演之以论政治。故欲研究先秦各派之政治思想，最少亦须对于彼之全体哲学，知其梗概。第二，政治与经济，原有密切不可离之关系。吾国夙崇"政在养民"之训，政论及政策，尤集中于人民生计。故政治思想与经济思想，实应融冶一炉以从事研究。第三，政治思想之深入国民意识中者，恒结晶为法律及制度。而政治之活力，常使晶体的法制生动摇。故两者相互之机括，又治斯学者所最宜注意也。

复次，论研究者所当持之态度：科学所以成立，全恃客观的研究精神。社会科学比诸自然科学完成较晚者，因社会事项，最易惹起吾人主观的爱憎；一为情感所蔽，非惟批评远于正鹄，且并资料之取舍亦减其确实性也。一切社会科学皆然，而政治上理论，出入主奴之见尤甚。中国唐、宋以后学者，所谓"正学异端""纯王杂霸""君子小人"之论嚣然，而斯学愈不可复理。吾侪既以治史为业，宜常保持极冷静的头脑，专务忠实介绍古人思想之真相，而不以丝毫自己之好恶夹杂其间。批评愈少愈妙；必不得已而用，亦仅采引申说明的态度，庶乎有当也。此其一。

国故之学，曷为直至今日乃渐复活耶？盖由吾侪受外来学术之影响，采彼都治学方法以理吾故物。于是乎昔人绝未注意之资料，映吾眼而忽莹；昔人认为不可理之系统，经吾手而忽整；乃至昔人不甚了解之语句，旋吾脑而忽畅。质言之，则吾侪所恃之利器，实"洋货"也。坐是之故，吾侪每喜以欧美现代名物训释古书；甚或以欧美现代思想衡量古人。加以国民自慢性为人类所不能免，艳他人之所有，必欲吾亦有之然后为快。于是尧舜禅让，即是共和；《管子》轨里连乡，便为自治；类此之论，人尽乐闻。平心论之，以今语释古籍，俾人易晓，此法太史公引《尚书》已用之，原不足为病。又人性本不甚相远，他人所能发明者，安在吾必不能？触类比量，固亦不失为一良法。虽然，吾侪慎勿忘格林威尔之格言："画我须是我。"吾侪如忠于史者，则断不容以己意丝毫增减古人之妍丑；尤不容以名实不相副之解释，致读者起幻蔽。此在百学皆然，而在政治思想一科，更直接有"生于其心害于其政"之弊，吾侪所最宜深戒也。此其二。

此两种态度，吾能言之而不能躬践之。吾少作犯此屡矣；今虽力自振拔，而结习殊不易尽。虽然，愿吾同学勿吾效也。

（下略）

本　论

第二十三节　结论

读以上诸节，可知先秦诸哲之学术，其精深博大为何如。夫此所语者，政治思想之一部分耳，他多未及；而其足以牖发吾侪者已如此。"今之少年，喜谤前辈"，或摭拾欧美学说之一鳞一爪以为抨击之资，动则"诬其祖"曰："昔之人无闻知。"嘻！"何其伤于日月乎？多见其不知量也。"

姑舍是。吾侪今日所当有事者，在"如何而能应用吾先哲最优美之人生观使实现于今日"。此其事非可以空言也，必须求其条理以见诸行事。非可恃先哲之代吾侪解决也，必须当时此地之人类善自为谋。今当提出两问题以与普天下人士共讨论焉。

其一，精神生活与物质生活之调和问题　吾侪确信"人之所以异于禽兽者"在其有精神生活。但吾侪又确信人类精神生活不能离却物质生活而独自存在。吾侪又确信人类之物质生活，应以不妨害精神生活之发展为限度；太丰妨焉，太觳亦妨焉；应使人人皆为不丰不觳的平均享用，以助成精神生活之自由而向上。吾侪认儒家解答本问题，正以此为根本精神，于人生最为合理。道家之主张"无欲"，墨家之主张"自苦"，吾侪固认为不可行。但如道家中杨朱一派及法家中之大多数所主张，一若人生除物质问题外无余事，则吾侪决不能赞同。吾侪认物质生活不过为维持精神生活之一种手段；决不能以之占人生问题之主位。是故近代欧美最流行之"功利主义""唯物史观"等等学说，吾侪认为根柢极浅薄，决不足以应今后时代之新要求。虽然，吾侪须知：现代人类受物质上之压迫，其势力之暴，迥非前代比。科学之发明进步，为吾侪所不能拒且不应拒；而科学勃兴之结果，能使物质益为畸形的发展，而其权威亦益猖獗。吾侪若置现代物质情状于不顾，而高谈古代之精神，则所谓精神者，终久必被物质压迫，全丧失其效力；否亦流为形式以奖虚伪已耳。然则宗唯物派之说，遂足以解决物质问题乎？吾侪又断言其不可能。现代物质生活之发展于畸形，其原因发于物界者固半，发于心界者亦半。近代欧美学说——无论资本主义者流，社会主义者流，皆奖厉人心以专从物质界讨生活，所谓"以水济水，以火济火，名之曰益多"。是故虽百变其途，而世之不宁且滋甚也。吾侪今所欲讨论者：在现代科学昌明的物质状态之下，如何而能应用儒家之"均安主义"（用《论语》文意），使人人能在当时此地之环境中，得不丰不觳的物质生活实现而普及。换言之，则如何而能使吾中国人免蹈近百余年来欧美生计组织之覆辙，不至以物质生活问题之纠纷，妨害精神生活之向上。此吾侪对于本国乃至对于全人类之一大责任也。

其二，个性与社会性之调和问题　宇宙间曾无不受社会性之影响束缚而能超然存在的个人；亦曾无不藉个性之繙演推荡而能块然具存的社会。而两者之间，互相矛盾互相妨碍之现象，亦所恒有。于是对此问题态度，当然有两派起焉：个人力大耶？社会力大耶？必先改造个人方能改造社会耶？必先改造社会方能改造个人耶？认社会为个人而存在耶？认个人为社会而存在耶？据吾侪所信，宇宙进化之轨则，全由各个人常出其活的心力，改造其所欲至之环境，然后生活于自己所造的环境之下。儒家所谓"欲立立人，欲达达人"，"能尽其性，则能尽人之性"，全属此旨。此为最合理的生活，毫无所疑。墨法两家之主张以机械的整齐个人使同冶一炉同铸一型，结果至个性尽被社会性吞灭，此吾侪所断不能赞同者也。虽然，吾侪当知：古代社会简而小，今世社会复而庞。复而庞之社会，其威力之足以压迫个性者至伟大，在恶社会之下，则良的个性殆不能以自存。议会也，学校也，工厂也，……凡此之类，皆大规模的社会组织，以个人纳其间，眇若太仓之一粟。吾侪既不能绝对的主张性善说，当然不能认个人集合体之群众可以无所待而止于至善。然则以客观的物准整齐而画一之，安得不谓为持之有故言之成理？彼含有机械性的国家主义社会主义所以大流行于现代，固其所也。吾侪断不肯承认机械的社会组织为善美，然今后社会日趋扩大日趋复杂，又为不可逃避之事实。如何而能使此日扩日复之社会不变为机械的，使个性中心之"仁的社会"能与时势骈进而时时实现。此又吾侪对于本国乃至全人类之一大责任也。

吾确信此两问题者非得合理的调和，末由拔现代人生之黑暗痛苦以致诸高明。吾又确信此合理之调和必有途径可寻；而我国先圣，实早予吾侪以暗示。但吾于其调和之程度及方法，日来往于胸中者十余年矣；始终盖若或见之，若未见之。孔子曰："不愤不启，不悱不发。"孟子曰："有终身之忧，无一朝之患也；乃若所忧则有之。"呜呼！如吾之无似，其能藉吾先圣哲之微言以有所靖献于斯世耶？吾终身之忧何时已耶？吾先圣哲伟大之心力，其或终有以启吾愤而发吾悱也？

（商务印书馆1923年1月初版）

东原哲学（节录）

二 着手研究东原哲学以前应注意的几个问题

第一，我们最诧异的，是东原做那么一部"自成一家言"的哲学书，为什么书名叫做《孟子字义疏证》？照名目看起来，很像是一部注释专经而且偏重逐字训诂的；内容却全不是那回事，岂不可怪！我现在先解答这个问题：

东原说："经之至者道也，所以明道者词也，所以成词者字也。由字以通其词，由词以通其道，必有渐。"（《与是仲明论学书》）这几句话，后来成了汉学家的口头禅，人人都说"通经宜先识字"，却是做了识字工夫便算完结，经通不通且不管。所以《尔雅》《说文》之学大兴，却于思想上更没一毫关系，把人都弄呆了。这是把手段看成目的，所以有此弊。东原却真是以识字为手段而别有"闻道"的目的在其后。这部书正是实现这种程序。

识字和闻道真有那么密切的关系吗？真是非由字不能通词非由词不能通道吗？一点也不错。一个字表示一个概念；字的解释弄不清楚，概念自然是错误混杂或囫囵；概念错误混杂囫囵，所衍出来的思想当然也同一毛病。所以"辨名当物"是整理思想第一步工夫。有人说："古今哲学家都是打的名辞上笔墨官司。"（不记得是欧洲那位哲学家的话。）这句话从一方面看像含有嘲讽的意味，从他方面看却是绝对的实情而且绝对的有用。中国思想界不能健实发展,正坐很少人做这步工夫。东原怕算是头一个哩?

人类的概念是一天比一天复杂的;语言文字无论长得怎样快变得怎样灵活,总不能以同速率的进步来应新增概念的要求;所以不能借旧字旧话来表新增的概念。字还是那个字,话还是那句话,里头所函的概念内容,早已相去万里了。名辞上笔墨官司,都是因为这样打起来的。在泰西那么灵活的语系里头,这种毛病尚且不能免。何况我们的文字那么呆的,用几千年前造下来有一定点画的一个字,凿四方眼似的,硬要他尽那"表现几千年后逐年新增的概念"的职务,那里有不一塌糊涂的道理。我们天天读孔孟的书,却是拿后来新增递变的概念安在书中的字上头,那里还看得见真的孔孟?不信,试拿译外国语做个比方:佛典里头译过来的"空"字,我们一望便浮出"虚无"的概念;欧语译过来的"自由"字,我们一望便浮出"放纵"的概念;你想和原来的意味差多么远?因此《心经》里头的"色即是空",许多人都解作"女色是个虚局";罗素著的《向自由之路》也可以解为"向放纵之路";你想这是多么大的危险?我们拿已经变质的概念放在古字里头去读古书,危险正复如此。东原说:"言之谬非终于言也,将转移人心。心受其蔽,必害于事害于政。"(《疏证·序》)概念错误,生出思想错误,影响延及社会,这是当然的。东原这部书,把哲学上许多重要名辞,各各求出他本来的概念,确是思想上正本清源的工作。

第二,东原是很有自由思想的人,为什么他的书中像摆出孟子距杨墨韩愈攘佛老的牌子,像是要"别黑白而定一尊",怕有点不对罢?我请解答这个问题:

思想是要自由的,但却不能囫囵,却不能模棱。对于和自己不同的见解,必要辩驳,或者乃至排斥。辩驳排斥,不能说是侵人自由,因为他也可以照样的辩驳我排斥我。我们不赞成韩愈的态度,因为他要"人其人火其书";不赞成董仲舒的态度,因为他要"绝其道,勿使并进"。东原虽好辩,却没有这种样子。他对于敌派的攻击,是很公正的,很稳健的。洪蕊登说:"戴氏之书,非故为异同,非缘隙酿嘲,非欲夺彼与此。"(《上朱笥河书》)这几句话批评得对极了。试拿毛西河攻击程朱的书,陆稼书攻击陆王的书,和东原各书相对照,便可以见出东原的态度确是"学者的"了。所以这一点不成问题。

还有一点：须知东原所最用力者，不在排斥敌派，乃在排斥那些"利用敌人资本假冒本号招牌"的人。宋儒偷佛老的话作为自己的家当，这种事实是不能不承认的。佛老见解对不对，另一问题；但断不能说孔孟学术和佛老是一家，是不是呢？东原说："譬犹子孙未睹其祖父之貌者，误图他人之貌为其貌而事之。所事固己之祖父也，貌则非矣。实得而貌不得，亦何伤？呜呼！误图他人之貌者，未有不化为他人之实者也。"(《答彭允初书》) 宋儒之说孔孟正是如此。东原的工作，则段茂堂所谓："以六经孔孟之旨还之六经孔孟；以程朱之旨还诸程朱；以陆王佛氏之旨还诸陆王佛氏。"(《年谱》叶三十四) 以严格言之，也可以说：东原并没有攻击别派的行为，不过将这派那派研究出他们的真相，理清楚他们的系统，叫他们彼此不相蒙混。这种工作，无论对于某种学问，在批评家或历史家是最必要的。我们认东原为最忠实于这种工作的人。

第三，东原这种哲学，总算他自己有独到之处的，为什么不老实说是姓戴的这样说，偏拉拉扯扯说是姓孔姓孟的这样说？他常说："为学要空诸依傍。"(《与某书》) 又说："以己说为圣人所言，是诬圣；借其语以饰吾之说以求取信，是欺学者。"(《疏证》卷中叶四) 像他这样，还不是依傍孔孟吗？究竟他所说的孔孟是否真孔孟？自己有无假冒孔孟招牌？若说并非假冒，那么，姓戴的原没有什么创造，不过将姓孔姓孟的所说背演一番，我们是否该叫他做"东原哲学"？况且孔孟去今二千多年了，如果东原的话即是孔孟的话，在今日是否还有时代价值？我现在请解答这个问题：

我信东原决非假冒孔孟招牌的。他做学问的方法，每立一义，"必征之古而靡不条贯，合诸道而不留余议，巨细毕究，本末兼察，乃敢自认为十分之见"(《与姚姬传书》)。我们按着他的话去读《易经》《论语》《孟子》，处处都"涣然冰释"；按着和他反对方面宋儒们的话去读，便有许多扞格矛盾。因此，我们不能不承认他的话和孔孟同条共贯。若问他自己有创造没有？我敢说：他的学问，并不是东涂西抹随意拉孔孟几句话敷衍出来；他是自己先立出一个"假定的"见解，这见解本是他从实际生活上体验出来的；假定既立之后，还未自认为"十分之见"，再将这见解和从前各派各人所说的比较印证，觉得什么陆王程朱荀杨乃至释老都和自己不合，独有孔孟和自己合；再将孔孟许多方面的话，逐件拿出来磨勘自己的见解，觉得处处都合；他于是确信自己所见到的果然是真理，而这种真理是孔孟"先得我心之所同然"的；于是乎他毅然决然说自己见解和孔孟见解一致。王阳明说"六经皆我注脚"，东原正是如此。不信，试看《原善》这书的体例，自然可以明了：他是先作成每卷的第一章，标出自己见解；每卷第二章以下，却是引六经孔孟的话来注释第一章。到底是"我注六经"呀还是"六经注我"呢？我还有一句彻底的话：我确信绝对的创造是没有的，任何新颖任何高奇的思想，总要受几分历史传下来的影响，只要在全人类千万年相续不断的"创造线"上添上一分半寸，就算是创造。所以东原的诵法孔孟不是因袭，乃是创造。

若问他所说既和二千年前的孔孟相同，是否在今日还有价值？这个问题很容易解答：凡学说有含时代性的，有不含时代性的。例如君主政治好么，议会政治好么，苏维埃政治好么，这是含时代性的；"民为贵，社稷次之"的原理，这是不含时代性的。井田好么，共产好么，几尔特好么，这是含时代性的；"不患寡而患不均"的原理，这是不含时代性的。含时代性的学说，要估量他的时代价值；不含时代性的学说的价值，是不必且不该用时代去估量呢。东原所阐发的孔孟学说，全部是不含时代性的，所以不发生时代价值问题。

有人说：依进化法则，二千年前人的学问，应该不及二千年后人。东原专从孔孟几部古书上讨生活引为同调，岂不是往退化那条路上走吗？我说：此话不然。我们虽不敢说今人必不及古人，也不敢说古人必不及今人。不含时代性的学说，尽可以几千年前的人发明了，几千年后的人无以易之。况且一二千年的光阴，在我们短命的个人看起来觉得很长，放在那"有几十万年历史的全人类进化线上"其实很短。就令我们确信进化之说，也不能把这瞥眼一过的二千年太过夸大，说我们的智慧一定比二千年前人的智慧强。所以像东原这样将二千年有智慧的人——孔孟的话，研究出他的真相而加以引申发明，我认为是必要而且有益的事业。

（原刊 1924 年 1 月 24 日《晨报副镌》）

王阳明知行合一之教(节录)

一 引论

现代(尤其是中国的现在)学校式的教育,种种缺点,不能为讳,其最显著者,学校变成"智识贩卖所"!办得坏的不用说,就算顶好的吧,只是一间发行智识的"先施公司",教师是掌柜的,学生是主顾客人,顶好的学生,天天以"吃书"为职业,吃上几年,肚子里的书装的像蛊胀一般,便算毕业,毕业以后,对于社会上实际情形不知相去几万里!想要把所学见诸实用,恰与宋儒高谈"井田封建"无异,永远只管说不管做;再讲到修养身心磨炼人格那方面的学问,越发是等于零了,学校固然不注意,即使注意到,也没有人去教,教的人也没有自己确信的方法来应用,只好把他搁在一边拉倒。青年们稍为有点志气,对于自己前途切实打主意的,当然不满意于这种畸形教育;但无法能自拔出来,只好自己安慰自己说道:"等我把智识的罐头装满了之后,再慢慢的修养身心与及讲求种种社会实务吧。"其实那里有这回事?就修养方面论,把"可塑性"最强的青年时代白白过了,到毕业出校时,品格已经成型,极难改进,投身到万恶社会中,像洪炉燎毛一般,拢着边便化为灰烬!就实习方面论,在学校里养成空腹高心的习惯,与社会实情格格不入,到底成为一个书呆子一个高等无业游民完事!青年们啊!你感觉这种苦痛吗?你发见这种危险吗?

我告诉你唯一的救济法门，就是依着王阳明知行合一之教做去。

知行合一是一个"讲学宗旨"。黄梨洲说："大凡学有宗旨，是其人之得力处，亦即学者之入门处。天下之义理无穷，苟非定以一二字，如何约之使其在我？"(《明儒学案·发凡》) 所谓"宗旨"者，标举一两个字或一两句话头，包举其学术精神之全部，旗帜鲜明，令人一望而知为某派学术的特色。正如现代政治运动社会运动之"喝口号"令群众得个把柄，集中他们的注意力，则成功自易。凡讲学大师标出一个宗旨，他自己必几经实验，痛下苦功，见得真切，才能拈出来，所以说是"其人得力处"；这位大师既已循着这条路成就他的学问，他把自己阅历甘苦指示我们，我们跟着他的路走去，当然可以事半功倍而得和他相等的结果，所以说是"即学者入门处"。这种"口号式"的讲学法，宋代始萌芽，至明代而极盛。"知行合一"，便是明代第一位大师王阳明先生给我学术史上留下最有名而且最有价值的一个口号。

口号之成立及传播，要具备下列各种要素：(一)语句要简单：令人便于记忆，便于持守，便于宣传。(二)意义要明确：明，谓显浅，令人一望而了解；确，谓严正，不含糊模棱以生误会。(三)内容要丰富：在简单的语句里头能容得多方面的解释，而且愈追求可以愈深入。(四)刺激力要强大：令人得着这个口号便能大感动，而且积极的向前奋进。(五)法门要直捷：依着他实行，便立刻有个下手处；而且不管聪明才力之大小，各各都有下手处。无论政治运动学术运动文艺运动等等，凡有力的口号，都要如此。在现代学术运动所用口号，还有下列两个消极的要素：(一)不要含宗教性：因为凡近于迷信的东西，都足以阻碍我们理性之自发，而且在现代早已失其感动力。(二)不要带玄学性：因为狠玄妙的道理，其真价值如何姑勿论；纵使好极，也不过供极少数人高尚娱乐之具，狠难得多数人普遍享用。根据这七个标准来评定中外古今学术之"宗旨"——即学术运动之口号，我以为阳明知行合一这句话，总算最有永久价值而且最适用于现代潮流的了。

阳明所用的口号也不止一个，如"心即理"，如"致良知"，都是他最爱用的，尤其是"致良知"这个口号，他越到晚年叫的越响，此外如"诚意"，如"格物"，都是常用的。骤看起来，好像五花八门，应接不暇；其实他的学问是整个的，是一贯的，翻来覆去，说的只是一件事。所以我们用知行合一这个口号代表他的学术全部，是不会错的，不会罣漏的。

口号须以内容丰富为要素，既如前述。知行合一这句话，望过去像狠简单，其实里头所含意义甚复杂甚深邃，所以先要解剖他的内容。

（原刊 1926 年 12 月 20 日《晨报副镌》）

儒家哲学（节录）

第一章　儒家哲学是什么？

"哲学"二字，是日本人从欧文翻译出来的名词，我国人沿用之，没有更改。原文为 Philosophy，由希腊语变出，即爱智之意。因为语原为爱智，所以西方人解释哲学，为求知识的学问，求的是最高的知识，统一的知识。

西方哲学之出发点，完全由于爱智；所以西方学者，主张哲学的来历，起于人类的好奇心。古代人类，看见自然界形形色色，有种种不同的状态，遂生惊讶的感想，始而怀疑，既而研究，于是成为哲学。

西方哲学，最初发达的为宇宙论，本体论；后来才讲到论理学，认识论。宇宙万有，由何而来？多元或一元？唯物或唯心？造物及神是有是无？有神如何解释？无神如何解释？等等，是为宇宙论所研究的主要问题。

此类问题，彼此两方，持之有故，言之成理，辨论终久不决。后来以为先决问题，要定出个辨论及思想的方法和轨范。知识从何得来？如何才算精确？还是要用主观的演绎法，先立原理，后及事实才好？还是采客观的归纳法，根据事实，再立原理才好？这样一来，就发生论理学。

再进一步，我们凭什么去研究宇宙万有？人人都回答道凭我的知识。

但"知识本身"到底是什么东西呢？若不穷究本源，恐怕所研究的都成砂上楼阁了。于是发生一种新趋向，从前以知识为"能研究"的主体，如今却以知识为"所研究"的对象。这叫做认识论。认识论，发生最晚，至康德以后，才算完全成立。认识论研究万事万物，是由知觉来的真，还是由感觉来的真？认识的起原如何？认识的条件如何？认识论在哲学中，最晚最有势力，有人说除认识论外，就无所谓哲学，可以想见其位置的重要了。

这样说来，西洋哲学由宇宙论或本体论趋重到论理学，更趋重到认识论，彻头彻尾都是为"求知"起见。所以他们这派学问称为"爱智学"，诚属恰当。

中国学问不然，与其说是知识的学问，毋宁说是行为的学问。中国先哲虽不看轻知识，但不以求知识为出发点，亦不以求知识为归宿点。直译的 Philosop(h)y，其函义实不适于中国。若勉强借用，只能在上头加上个形容词，称为人生哲学。中国哲学以研究人类为出发点，最主要的是人之所以为人之道；怎样才算一个人？人与人相互有什么关系？

世界哲学大致可分三派：印度，犹太，埃及等东方国家，专注重人与神的关系；希腊及现代欧洲，专注重人与物的关系；中国专注重人与人的关系。中国一切学问，无论那一时代，那一宗派，其趋向皆在此一点。尤以儒家为最博深切明。

儒家哲学，范围广博；概括说起来，其用功所在，可以《论语》"修己安人"，一语括之；其学问最高目的，可以《庄子》"内圣外王"，一语括之。做修己的功夫，做到极处，就是内圣；做安人的功夫，做到极处，就是外王。至于条理次第，以《大学》上说得最简明；《大学》所谓"格物，致知，诚意，正心，修身"，就是修己及内圣的功夫；所谓"齐家，治国，平天下"，就是安人及外王的功夫。

然则学问分做两橛吗？是又不然。《大学》结束一句"一是皆以修身为本"。格致诚正，只是各人完成修身工夫的几个阶级；齐家治国平天下，只是各人以已修之身去齐他治他平他。所以"自天子以至于庶人"都适用这种工作。《论语》说"修己以安人"，加上一个"以"字，正是将外王学问纳入内圣之中，一切以各人的自己为出发点。以现在语解释之，即专注重如何养成健全人格。人格锻炼到精纯，便是内圣；人格扩大到普遍，便是外王。儒家千言万语，各种法门，都不外归结到这一点。

以上讲儒家哲学的中心思想，以下再讲儒家哲学的范围。孔子尝说："智，仁，勇三者，天下之达德也。""知者不惑，仁者不忧，勇者不惧。"自儒家言之，必三德具备，人格才算完成。这样看来，西方所谓爱智，不过儒家三德之一，即智的部分；所以儒家哲学的范围，比西方哲学的范围，阔大得多。

儒家既然专讲人之所以为人，及人与人之关系，所以他的问题，与欧西问题，迥然不同。西方学者唯物唯心多元一元的讨论，儒家很少提及；西方学者所谓有神无神，儒家亦看得很轻。《论语》说："子不语，怪力乱神"；孔子亦说，"未知生，焉知死"，把生死神怪，看得很轻，这是儒家一大特色；亦可以说与近代精神相近，与西方古代之空洞谈玄者不同。

儒家哲学的缺点，当然是没有从论理学认识论入手，有人说他空疏而不精密。其实论理学认识论，儒家并不是不讲，不过因为方面太多，用力未专，所以一部分的问题，不如近代人说得精细。这一则是时代的关系，再则是范围的关系，不足为儒家病。

东方哲学辨论得热闹的问题，是些什么？如：

一、性之善恶，孟、荀所讨论。

二、仁义之内外，告、孟所讨论。

三、理欲关系，宋儒所讨论。

四、知行分合，明儒所讨论。

此类问题，其详细情形，到第五章再讲。此地所要说明的，就是中国人为什么注重这些问题？他们是要讨论出一个究竟，以为各人自己修养人格或施行人格教育的应用。目的并不是离开了人生，翻腾这些理论当玩意儿。其出发点既与西方之以爱智为动机者不同，凡中国哲学中最主要的问题，欧西古今学者，皆未研究，或研究的路径不一样；而西方哲学中最主要的问题，有许多项，中国学者认为不必研究，有许多项，中国学者认为值得研究，但是没有研究透彻。

另外有许多问题，是近代社会科学所研究的，儒家亦看得很重。在外王方面：关于齐家的如家族制度问题；关于治国的，如政府体制问题；关于平天下的，如社会风俗问题。所以要全部了解儒家哲学的意思不能单以现代哲学解释之。儒家所谓外王，把社会学，政治学，经济学等等都包括在内；儒家所谓内圣，把教育学，心理学，人类学等等都包括在内。

因为这个原故，所以标题"儒家哲学"四字，很容易发生误会；单用西方治哲学的方法，研究儒家，研究不到儒家的博大精深处。最好的名义，仍以"道学"二字为宜；先哲说"道者，非天之道，非地之道，人之所谓道也"。又说"道不远人，远人不可以为道"。道学只是做人的学问，与儒家内容最吻合。但是《宋史》有一个《道学传》，把道学的范围，弄得很窄，限于程朱一派，现在用这个字，也易生误会，只好亦不用他。

要想较为明显一点，不妨加上一个"术"字，即《庄子·天下篇》所说："古之道术，有在于是者"的"道术"二字。道字本来可以包括术，但再分细一点，也不妨事；道是讲道之本身，术是讲如何做去，才能圆满。儒家哲学，一面讲道，一面讲术；一面教人应该做什么事，一面教人如何做去。

就前文所举的几个问题而论，如性善恶问题，讨论人性本质，是偏于道的；如知行分合问题，讨论修养下手功夫，是偏于术的。但讨论性善恶，目的在教人如何止于至善以去其恶，是道不离术。讨论知行，目的在教人从知入手或从行入手以达到理想的人格境界，是术不离道。

外王方面亦然："民德归厚"是道，用"慎终追远"的方法造成他便是术。"政者正也"是道，用"子帅以正"的方法造成他便是术。"平天下"，"天下国家可均"是道，用"所恶于上毋以使下，所恶于下毋以事上……"的"挈〔絜〕矩"方法造成他便是术。道术交修，所谓"六通四辟，小大精粗，其运无乎不在"，儒家全部的体用实在是如此。

由此言之，本学程的名称，实在以"儒家道术"四字为最好。此刻我们仍然用"儒家哲学"四字，因为大家都用惯了，"吾从众"的意思。如果要勉强解释，亦未尝说不通；我们所谓哲，即圣哲之哲，表示人格极其高尚；不是欧洲所谓 Philosophy 范围那样窄，这样一来，名实就符合了。

第二章 为什么要研究儒家哲学？

为什么要研究儒家道术？这个问题，本来可以不问。因为一派很有名学说，当然值得研究，我们从而研究之，那本不成问题。不过近来有许多新奇偏激的议论，在社会上渐渐有了势力；所以一般人对于儒家哲学，异常怀疑；青年脑筋中，充满了一种反常的思想。如所谓"专打孔家店"，"线装书应当抛在茅坑里三千年"，等等，此种议论，原来可比得一种剧烈性的药品。无论怎样好的学说，经过若干时代以后，总会变质，搀杂许多凝滞腐败的成分在里头，譬诸人身血管变成硬化，渐渐与健康有妨碍。因此，须有些大黄芒硝一类瞑眩之药泻他一泻。所以那些奇论，我也承认他们有相当的功用。但要知道：药到底是药，不能拿来当饭吃。若因为这种议论新奇可喜，便根本把儒家道术的价值抹煞，那便不是求真求善的态度了。现在社会上既然有了这种议论，而且很占些势力，所以应当格外仔细考察一回。我们要研究儒家道术的原因，除了认定为一派很有名的学说而研究之以外，简括说起来，还有下列五点：

一、中国偌大国家，有几千年的历史；到底我们这个民族，有无文化？如有文化，我们此种文化的表现何在？以吾言之，就在儒家。

我们这个社会，无论识字的人与不识字的人，都生长在儒家哲学空气之中。中国思想儒家以外，未尝没有旁的学派，如战国的老、墨，六朝唐的道、佛，近代的耶、回，以及最近代的科学与其他学术，凡此种种，都不能拿儒家范围包举他们，凡此种种，俱为形成吾人思想的一部分。不错，但是，我们批评一个学派，一面要看他的继续性，一面要看他的普遍性。自孔子以来，直至于今，继续不断的，还是儒家势力最大；自士大夫以至台舆皂隶普遍崇敬的，还是儒家信仰最深。所以我们可以说，研究儒家哲学，就是研究中国文化。

诚然儒家以外，还有其他各家；儒家哲学，不算中国文化全体；但是若把儒家抽去，中国文化，恐怕没有多少东西了。中国民族之所以存在，因为中国文化存在；而中国文化，离不了儒家；如果要专打孔家店，要把线装书抛在茅坑里三千年，除非认过去现在的中国人完全没有受过文化的洗礼，这话我们肯甘心吗？

中国文化，以儒家道术为中心，所以能流传到现在，如此的久远与普遍，其故何在？中国学术，不满人意之处尚多，为什么有那些缺点，其原因又何在？吾人至少应当把儒家道术，细细研究，从新估价。当然，该有许多好处，不然，不会如此悠久绵远；我们很公平的先看他好处是什么？缺点是什么？有好处把他发扬，有缺点把他修正。

二、鄙薄儒家哲学的人，认为是一种过去的学问，旧的学问。这个话，究竟对不对？一件事物到底是否以古今新旧为定善恶的标准？这是一个很大的问题。

我们不能说新的完全是好的，旧的完全是坏的；亦不能说古的完全都是，今的完全都不是；古今新旧，不足以为定善恶是非的标准。因为一切学说，都可以分为两类：一种含有时代性，一种不含时代性；即《礼记》所谓："有可与民变革者，有不可与民变革者。"

有许多学说，常因时代之变迁而减少其价值。譬如共产与非共产，就含有时代性；究竟是共产相利？还是集产相利？抑或劳资调和相利？不是含时代性就是含地方性；有的在现在适用，在古代不适用，有的在欧洲适用，在中国不适用。

有许多学说，不因时代之变迁，而减少其价值。譬如不患寡而患不均，不患贫而患不安；利用厚生，量入为出；养人之欲，给人之求；都不含时代性，亦不含地方性；古代讲井田固然适用，近代讲共产亦适用；中国重力田，固然适用，外国重工商，亦能适用。

儒家道术，外王的大部分，含有时代性的居多，到现在抽出一部分不去研究他也可以。还有内圣的全部，外王的一小部分，绝对不含时代性；如智仁勇三者，为天下之达德，不论在何时何国何派，都是适用的。

关于道的方面，可以说含时代性的甚少；关于术的方面，虽有一部分含时代性，还有一部分不含时代性。譬如知行分合问题，朱晦庵讲先知后行，王阳明讲知行合一；此两种方法都可用，研究他们的方法，都有益处。儒家道术，大部分不含时代性，不可以为时代古，思想旧而抛弃之。

三、儒家哲学，有人谓为贵族的非平民的；个人的非社会的。不错，儒家道术，诚然偏重私人道德，有点近于非社会的。而且二千年来诵习儒学的人都属于"士大夫"阶级；有点近于非平民的。但是，这种现象，是否儒学所专有？是否足为儒学之病？我们还要子细考察一回。

文化的平等普及，当然是最高理想；但真正的平等普及之实现，恐怕前途还远着哩。美国是最平民的国家，何尝离得了领袖制度？俄国是劳农的国家，还不是一切事由少数委员会人物把持指导吗？因为少数人诵习受持，便说是带有贵族色彩，那么，恐怕无论何国家，无论何派学说，都不能免，何独责诸中国，责诸儒家呢？况且文化这件东西，原不能以普及程度之难易定其价值之高低。李白、杜甫诗的趣味，不能如白居易诗之易于普及享受；白居易诗之趣味，又不能如盲女弹词之易于普及享受，难道我们可以说《天雨花》比《白氏长庆集》好，《长庆集》又比李杜集好吗？现代最时髦的平民文学，平民美术，益处虽多，然把文学美术的品格降低的毛病也不小，这是不能否认的事实。何况哲学这样东西，本来是供少数人研究的，主张"平民哲学"，这名词是否能成立？我不能不怀疑。

儒家道术，偏重士大夫个人修养，表面看去，范围似窄；其实不然。天下事都是士大夫或领袖人才造出来的。士大夫的行为，关系全国的安危治乱及人民的幸福疾苦最大。孟子说得好："惟仁者宜在高位。不仁而在高位，是播其恶于众也。"今日中国国事之败坏，那一件不是由在高位的少数个人造出来。假如把许多掌握权力的马弁强盗，都换成多读几卷书的士大夫，至少不至闹到这样糟。假使穿长衫的穿洋服的先生们，真能如儒家理想所谓"人人有士君子之行"，天下事有什么办不好的呢？我们受高等教育的青年，将来都是社会领袖，造福造祸，就看我们现在的个人修养何如。儒家道术专注重此点，能说他错吗？

四、有人说自汉武帝以来，历代君主，皆以儒家作幌子，暗地里实行高压政策；所以儒家学问，成为拥护专制的学问，成为奴辱人民的学问。

诚然历代帝王，假冒儒家招牌，实行专制，此种情形，在所不免。但是我们要知道，几千年来，最有力的学派，不惟不受帝王的指使，而且常带反抗的精神。儒家开创大师，如孔、孟、荀都带有很激烈的反抗精神，人人知道的，可以不必细讲。东汉为儒学最盛时代，但是《后汉书·党锢传》，皆属儒家大师，最令当时帝王头痛。北宋二程，列在元祐党籍，南宋朱熹列在庆元党籍，当时有力的人，摧残得很利害。又如明朝王阳明，在事业上虽曾立下大功；在学问上到处都受摧残。由此看来，儒家哲学也可以说是伸张民权的学问，不是拥护专制的学问，是反抗压迫的学问，不是奴辱人民的学问。所以历代儒学大师，非惟不受君主的指使，而且常受君主的摧残。要把贼民之罪加在儒家身上，那真是冤透了。

五、近人提倡科学，反对玄学，所以有科学玄学之争。儒家本来不是玄学，误被人认是玄学，一同排斥，这个亦攻击，那个亦攻击，几于体无完肤。

玄学之应排斥与否，那是另一问题；但是因为排斥玄学，于是排斥儒家，这就未免太冤。儒家的朱、陆，有无极太极之辩，诚然带点玄学色彩；然这种学说，在儒家道术中地位极其轻微，不能算是儒家的中心论点。自孔、孟以至陆、王，都把凭空虚构的本体论搁置一边，那能说是玄学呢？

再说无极太极之辩，实际发生于受了佛道的影响以后，不是儒家本来面目。并且此种讨论，仍由扩大人格出发，乃是方法，不是目的，与西洋之玩弄光景者不同。所以说玄学色彩，最浅最淡，在世界要算中国，在中国要算儒家了。

儒家与科学，不特两不相背，而且异常接近。因为儒家以人作本位，以自己环境，作出发点，比较近于科学精神，至少可以说不违反科学精神。所以我们尽管在儒家哲学上，力下工夫，仍然不算逆潮流，背时代。

据以上五种理由，所以我认为研究儒家道术，在今日实为有益而且必要。

(1926年在清华学校讲授，周传儒笔记，原刊1926年10月8日、15日《清华周刊》第384—385期)

古书真伪及其年代（节录）

总　论

第三章　辨伪学的发达

　　既然有了许多伪书，伪书里又包含了许多伪事，当然免不了学者的怀疑。所以伪书发生于战国，而战国时的学者也跟着发生疑心了。孟子是战国初年的人，他已说："尽信书不如无书。吾于武成，取其二三策而已。"虽然他因抱着了仁者之师必不多有残杀的成见，所以疑武成说的"血流漂杵"，理由并不充足，但我们可从这上，看出当时的人已不渐渐〔渐渐不〕相信古书了。战国末韩非子也曾怀疑诸子百家的伪造古事，他说："孔子墨子俱道尧舜而取舍不同，皆自谓真尧舜；尧舜不复生，将谁与定儒墨之诚乎？"虽不是说某部书是假的，却已明明说出诸子百家信口传说的不可信了。

　　但这不过是对于伪书伪说的一种怀疑而已，还没有做积极的辨伪工夫，更没有一定的辨伪方法和标准，所以先秦伪书伪说留传到汉朝的实在不少。司马迁当汉武帝的时候，眼看见异说纷纭，古事沦没，发愤著书，想"成一家之言，厥协六经异传，整齐百家杂语"。当那种真伪杂出的史料堆积在他面前，当然不能尽数收录，当然不能不用存真去伪的工夫。他因为"百家言黄帝，其文不雅驯"，而以"不离古文者近是"；因为"世言苏秦多异，异时事有类之者，皆附之苏秦"，而"列其行事，次其时序"；因为"说者曰：'尧让天下于许由，许由不受，耻之逃隐。及夏之时，有卞随、务光者，……'"难以称述，故"考信于六艺"；因为"学者多称七十子之徒，誉者或过其实，毁者或损其真，均〔钧〕之未睹厥容貌，则论言弟子籍出孔氏古文，近是"：这种先拿一种可信的书籍做标准而以其他百家言为伪的方法，虽然免不了危险，但先秦诸子的许多伪说伪书，给他这么一来，便不能延续生命了。我们可以说作史学的始祖是司马迁，辨伪学的始祖也是司马迁。从他以后，汉朝学者对于书的真伪，已有很明了的辨别眼光。如汉成帝时，张霸伪造百两篇《尚书》，当时成帝便拿出中秘的百篇《尚书》来比较，立刻便发觉是假的，这便是一个证据。

西汉末，学术界起了今古文之争，当时的学者显分二派。刘歆是古文家，替古文辨护，想建立《左氏春秋传》《毛诗》《逸礼》和《古文尚书》等博士。汉成帝叫太常博士讨论这个问题。那些博士都是今文家，相信今文，怀疑晚出的古文书是假造的，大家都不肯置对。刘歆写一封信给那些人，说明古文是孔子的遗经，责让他们不应该怀疑。太常博士都很怨恨。光禄大夫龚遂、大司空师丹、王莽的左将军公孙禄先后攻击刘歆，说他"颠倒五经，令学士疑惑"。这个案子，一直到现在还未解决。究竟古文的书全是伪呢，还是一部分伪？历代学者，说法不同。但我们可以说，在西汉末，那些今文家怀疑晚出的古文而极力想方法辨别古文的伪，这种群体的辨伪工作，总是可贵。

班固的《汉书》，不惟《儒林传》已把造伪辨伪的事情告诉我们，《艺文志》更说得明白。如《文子》九篇，班固自注云："老子弟子，与孔子并时，而称周平王问，似依托者也。"《力牧》二十二篇注云："六国时所作，托之力牧；力牧，黄帝相。"《孔甲盘盂》二十六篇注云："黄帝之史，或曰：'夏帝孔甲。'似皆非。"《大禹》三十七篇注云："传言禹所作，其文似后世语。"《神农》二十篇注云："六国时，诸子疾时怠于农业，道耕农事，托之神农。"《伊尹说》二十七篇注云："其语浅薄，似依托也。"《天乙》三篇注云："天乙谓汤，其言非殷时，皆依托也。"《黄帝说》四十篇注云："迂诞，依托。"这类托古的伪书，经班固辨别的，有四五十种。我们知道，班固的《艺文志》是根据刘歆的《七略》做的，《七略》又本于刘向的《别录》。可见辨伪学在西汉末已很发达了，虽然刘歆竭力辨护晚出的古文。

今古文之争，到了东汉便渐消沉了。但是当马融、郑玄正在融和今古文注解《三礼》《尚书》……的时候，郑玄的弟子临孝存却根本不相信《周礼》，说是"末世谲乱不经之书"，专门做了《十论七难》来辨别《周礼》不是真的。这《十论七难》虽然不存，但总算是专书辨伪的最早一部书。另外何休也曾经说"《周礼》是六国阴谋书"；王充的《论衡》，尤其表现怀疑的精神，攻击无稽的古史；赵歧注《孟子》，以外篇"其文不能闳深"，删去不注：可见东汉学者也很注意辨伪。

自三国到隋，一般学者都跑到清谈和辞章方面去了，对于考证的事业，很不注意，尤其没有怀疑的精神。我们若想在儒家方面找辨伪的遗迹，几乎是不可能的。（中间只有郭象对于《庄子》外篇、杂篇怀疑。）但若转移眼光到研究佛教的人身上去，便可以知道他们对于佛经的伪书是非常的注意。东晋的道安编佛经目录，把可疑的佛经，另外编入一门，叫做《疑经录》。因为他这样，所以后来编佛经的都很注意伪书了。

《隋众经目录》乃合沙门及学士等撰，分别五例，第四例是《疑伪》，专收可疑或确伪的佛经，也是依道安的成例。又有一部别本《众经目录》是沙门法经做的，把三藏分做六部，每部又分六节，第四五节叫做《疑惑》《伪妄》，把疑惑的佛经从伪妄的佛经分出，比较佛经目录、《隋众经目录》更加精细，更加慎重了。从这点看，隋唐间的佛经目录学发达到最高度，只要佛经稍有可疑，决不容他和真经淆混。却不幸中唐编《开元释教录》，只知贪多，不知辨伪，把法经已认为伪的书也编入真书里，毫无分别，从此佛经辨伪学便渐渐衰微了。

李唐一代，经学家笃守师法，不能自出别裁；文学家专喜创造，不肯留心往迹。我们若想从中唐以前找一个切实的用科学精神来研究古书的人是不可能的；辨伪的学者，更不必说了。中唐以后，风气转变，大家已感觉注疏家的琐碎拘牵。赵匡、啖助对于《春秋》的研究便已不是墨守师法，已别开生面了。大家苦于注疏的呆板，不能不在经书以外另找别的古书——子书——来满足自己的学问欲；既须找了，便不能不对于古书加以辨别或批评。这种趋势，可举柳宗元做一个代表。柳宗元虽是一个文学家，虽和韩愈齐名，但他对于社会政治，都有特别见解，比韩愈来得强，而且喜欢研究古书，怀疑古书。他断定《鹖冠子》《亢仓子》《鬼谷子》《文子》《列子》是伪书，他断定《晏子春秋》是墨子之徒有齐人者做的，都很的确。然柳宗元虽能辨子书之伪而却不能大胆的怀疑经书，比他更早而能疑古惑经的，武则天的时代已出了一位史学家刘知几。刘知几罗列许多证据，指出《尚书》《春秋》《论语》《孟子》对于古史的妄测虚增或矛盾错谬；直接的，笼统的攻击五经和上古之书真伪不分，贻惑后世。在那种辨伪学衰微已久的空气中，首先引导学者做自由的研究，开后来的风气的，刘知几总是头一个，不能不令我们佩服。

到了宋朝，辨伪学便很发达了。宋人为学的方法，根本和汉人不同。他们能够自出心裁去看古书，不肯墨守训诂，不肯专取守一先生之言的态度。他们的胆子很大：汉唐人所不敢说的话，他们敢说；前人已经论定的名言，他们必求一个可信不可信。在这种风气之下，产生了不少的新见解，实在是宋人的特别处。我们考究他的渊源，却不能不认他们受了啖助、赵匡、柳宗元的影响。

宋人最先怀疑古书的是欧阳修。他做了一篇《易童子问》。《易经》的《系词〔辞〕》《文言》《说卦》《序卦》《杂卦》向来认为孔子做的，价值在《论语》之上，他却根本不相信这说而推翻之。此外对于《左传》《周礼》，都有怀疑的批评。他总不愧为北宋辨伪学者的第一个。此外王安石、苏轼、司马光都能表示这种解放的，自由研究的精神，都有疑古辨伪的成绩，我们也不必详讲了。——如王安石疑《春秋》，司马光疑《孟子》之类——

南宋朱熹，一方面是两宋道学的集大成者，一方面是注解古书，用功最多的人。他不但不给古来的注疏拘牵，而且很大胆的表彰吴棫怀疑《古文尚书》不是真书的论调。自从他们提出这问题以后，经过许多学者的研究，到了清初阎若璩才完全证实了。阎若璩的成功，不能不赖吴棫、朱熹的发问，这可见朱熹在辨伪学的价值了。此外他对于《周礼》和先秦诸子也提出了很多疑问，虽然他所注的书也不免有假的，但他开后来怀疑辨伪的路，在南宋总是第一人。

和朱熹同时的，有叶适。他著的《习学记言序目》对于经部许多书都很怀疑，也不相信《易经》的《十翼》是孔子做的，对于诸子如《管子》《晏子》《孙子》《司马法》《六韬》《老子》都有所论辨，而且很有价值，观察的方法也很对。

朱、叶以后，陈振孙著《直斋书录解题》，晁公武著《郡斋读书志》，王应麟著《汉书·艺文志考证》，虽然是一种书目，同刘向的《别录》，刘歆的《七略》一样，却都能够对于伪书提出许多怀疑的论调和问题，供后人的探讨。固然他们所说的多半引用前人之说，但他们自己所发明的也已不少。这三部书至今尚存，他们的功绩是不可磨灭的。此外，朱熹的再传弟子黄震著了一部《黄氏日抄》，里头很有几条是辨《伪古文尚书》的，有几条是辨伪诸子的。

另外还有一位赵汝楳著了一部《周易辑闻》，专辨《十翼》不是孔子做的，比欧阳修还更彻底。这些都是南宋的人，可见南宋的辨伪学很发达。

元朝在文化史上是闰位，比较的任何学术都很少贡献，在辩〔辨〕伪方面也是如此，所以现在不讲。

明初宋濂著《诸子辩》一卷，辨别四十部子书的真伪。从前的人往往在笔记文集或书目中带说几句辨伪的话，没有专著一卷书来辨许多书的伪的。宋濂却和前人不同。我们可以说，专著一书以博辨群书的，宋濂是第一个。

明朝中叶，梅鷟著《尚书考异》，认《伪古文尚书》二十五篇是皇甫谧做的。自朱熹以后，数百年无人注意《尚书》的真伪，到了他才首先发难，渐渐的用科学方法来辨伪，开了后来辨伪的许多法门，虽然结论错了，而价值还是不小。此外，焦竑的《笔乘》，王世贞的《四部乙稿》也有些辨伪书的话。

晚明出了一位辨伪大师，叫做胡应麟，著了一部《四部正讹》。宋濂的《诸子辩》不过是文集里的长篇文章，仍旧放在杂著之部，而且没有博辨群书的真伪，发明通用的方法，还不算专书。专著一书去辨别一切伪书，有原理有方法的，胡应麟著《四部正讹》是第一次。他所辨的书，固然不多；他所辨别的真伪，固然不能完全靠得住；但经史子集四部的书大都曾经过他的研究而可供后人的参考。他那部书的开首几段，说明辨伪的需要，伪书的种类和来历，和我前次讲的略同，我也略采他的意见。那书的末尾几段讲辨伪的方法，应用的工具，经过的历程。全书发明了许多原理原则，首尾完备，条理整齐，真是有辨伪学以来的第一部著作。我们也可以说，辨伪学到了此时，才成为一种学问。

　　清朝学术极发达，因为一般学者大都能用科学方法去整理古书。这种科学精神的发动，很可以说是从辨伪引导出来的。其中辨伪最有名的是阎若璩、胡渭。阎若璩的最大功劳是著了一部《尚书古文疏证》，把《伪古文尚书》的案件，从朱熹、梅鷟、胡应麟等所怀疑而未能决定的，用种种铁证，证明了，正式宣告伪古文的死刑。同时惠栋也著了一部《古文尚书考》，和阎若璩的结论一样，从此没有人相信《伪古文尚书》了。

　　胡渭著《易图明辨》，专辨宋朝所传的《太极图》《河图》《洛书》，用种种方法证明那是宋初时和尚道士，东拉西扯胡乱凑成的，和周公、孔子、汉人、唐人全无关系，把宋朝以后的所谓《易》学的乌烟瘴气都扫清了。这书和《尚书古文疏证》在现在看来，虽是粗疏的地方很多，而其实事求是的精神，实开后来一般学者用科学方法治学的先声，是不可磨灭的。但这种专攻一书的书，和《四部正讹》的性质不同：前者利用已经成立的原则，已经发明的方法，去判决一部书的真伪问题；后者因辨别种种伪书，从而发明种种方法，成立种种原则，而皆是最有力的辨伪书。

　　同时有二部和《四部正讹》性质相同的书，一部是万斯同的《群书疑辨》，一部是姚际恒的《古今伪书考》。万斯同是史学大家，他那书对于《周礼》《仪礼》《左传》《易传》等书，都有怀疑的论辨，其他诸书经他判别的也很多。而他的长兄斯大专著一部《周官辨非》，辨《周礼》是伪书，尤其彻底。姚际恒那部书的体例和《四部正讹》相差不远，所辨的伪书却较多。他究竟曾见《四部正讹》与否，还未能决定。但他的胆子比胡应麟大得多。胡应麟辨经解子史诸集的伪，却不敢疑经的本文。他可不客气的根本攻击《周礼》《毛诗》等书，直疑其伪。他又做了《九经通论》，很详细的辨别九经的真伪，可惜已残逸大半了。《古今伪书考》辨别九十二部书的真伪，虽然有些不很重要的书他经研究，而且没有发明多少原则，似乎比《四部正讹》的价值较低；但同是最重要的辨伪书，同是我们所不可不参考的，诸君可以拿来看看。好在那二书的篇幅很少，有二天的时间就可看完，看了可以知道伪书的大概和辨别的方法。如欲训练自己的脑筋，利用原有的方法，去辨别一书的真伪，那么，《尚书古文疏证》和《易图明辨》都很可以帮助我们。

上面说的阎若璩、胡渭、万斯同、姚际恒、惠栋五人可以做清初辨伪学的代表。到了乾隆时代，这种辨伪风气仍旧很盛。其中孙志祖著了一部《家语疏证》，范家相著了一部《家语证讹》，把《孔子家语》是王肃伪造的公案宣布了。《家语疏证》的体例和《尚书古文疏证》一样，都是取《汉书·儒林传》"疏通证明之"之义。这种工作，因辨《古文尚书》之伪而牵连到《尚书》孔安国注、《论语》孔安国注、《孝经》郑玄注，渐渐的都证明是假的了。

同时出了一位名声很小的辨伪大家，就是著《考信录》的崔述。他把《春秋》以后，诸子百家传说的古事，一件一件的审查，辨别那是真的，那是假的，使得古史的真相不致给传说遮蔽。他虽然专辨伪事，却也不能不顺带辨伪书。他虽然迷信五经、《论语》《孟子》，却也不能不疑其一小部分。他辨伪的方法，除了"考信于六艺"以外，还有许多高妙的法门。他解释作伪的原因，能够求得必要的条件。尤其是他那种处处怀疑，事事求真的精神，发人神智，实在不少。他的遗书，百年来看见的人很少，最近才有人表扬刊布，使史学界发生很大的影响。

嘉庆以后，辨伪的方向稍稍变了。西汉今古文之争，经过了西汉末诸儒的调和，已消沉了千余年，到了此时忽然又翻案了。翻案最有力的人是刘逢禄、魏源。刘逢禄治公羊之学，认《春秋公羊传》是可靠，疑《左氏传》是伪书，著了一部《左氏春秋考证》，对于《春秋》古文家起了一种反动。魏源著了一部《诗古微》，不相信《毛诗》而宗齐、鲁、韩三家。又著了一部《书古微》，不特认《伪古文尚书》是假的，而且根本疑《汉书·艺文志》"古文尚书十六篇"全是假的。他们所发的问题，都和清初不同。王肃造《伪古文尚书》，清初已破案，王肃造的许多伪书也跟着辨清了。刘歆造伪，颠倒五经的公案，到了刘逢禄、魏源才发生问题，比清初更进一步了。

有清之末，吾师康南海先生专著一部《新学伪经考》，把西汉迄清今古文之争算一个总账，认西汉新出的古文书全是假的，承刘、魏之后而集其大成，使古书的大部分如《周礼》《左传》《毛诗》《毛诗传》和刘歆所改窜的书根本摇动，使当时的思想界也跟着发生激烈的摇动，所以当时的人没有不看他是怪物的。他提倡维新变法，固然振荡人心；他打倒历代相传神圣不可侵犯的古经，尤其使人心不能不激变。清末更无人可以和他比较了。

最近疑古最勇，辨伪最力的，可举二人作代表。一个是胡适，一个是钱玄同。我们看辨伪学的手段，真是一步比一步厉害。康南海先生比较刘逢禄、魏源已更进步了，胡适比康先生又更进一步，到了钱玄同不但疑古，而且以改姓疑古，比胡适又更彻底了。他们的成绩虽不很多，但怀疑的精神，已因他们的鼓吹而遍入学术界。

至于我，虽然勇于疑古，比起他们，也已瞠乎其后。我生性便如此，一面尽管疑古，一面仍带保守性。当我少年帮助康先生做《新学伪经考》的时候，虽得他的启发思想的补助不少，一面也疑心他不免有些武断的地方，想修正其一部分。最近对于胡适、疑古玄同等用科学的方法和精神提出无人怀疑的许多问题，虽然不能完全同情，最少认为有力的假定，经过了长期的研究，许有一天可以证实的。但如钱玄同之以疑古为姓，有一点变为以疑古辨伪为职业的性质，不免有些辨得太过，疑得太过的地方。我们不必完全赞成他们辨伪的结论，但这种精神，总是可贵的。他们辨伪的结论，若有错了的，自然有人出来洗刷，不致使真事真书含冤；若不错，那么，伪事伪书便无遁形了。所以我们如努力求真，这种辨（伪）学的发达是大有希望的。

第五章 伪书的分别评价

伪书非辨别不可，那是当然的。但辨别以后，并不一定要把伪书烧完。固然也有些伪书可以烧的，如唐宋以后的人所伪造的古书。但自唐以前或自汉以前的伪书却很可宝贵，又当别论。其故因为伪书断不能凭空造出，必须参考无数书籍；假货中常有真宝贝，我们可把他当做类书看待。战国人伪造的书一定保存了秦始皇焚书以前的资料，汉人伪造的书一定保存了董卓焚书以前的资料，晋人造伪的书一定保存了"八王之乱"以前的资料，因为那些造伪的人生在焚书之前，比后人看的书多些。例如《伪古文尚书》采集极博，他的出处有一大半给人找出来了，还有小半找不出，那些被采集而亡佚的书反赖《伪古文尚书》以传世。又如《列子》是伪书，里面的《杨朱篇》也有人怀疑。但张湛伪造《列子》时，谁敢担保当时没有他书记载杨朱学说？谁敢担保张湛不会剽窃那书以做《杨朱篇》，同剽窃《穆天子传》以做《周穆王篇》一样？现在杨朱学说除了《列子》那篇以外更没有什么可考，那篇当然在可宝贵之列。像这类的伪书，可以当做类书用，其功用全在存古书。这是一种。

伪书第二种功用是保存古代的神话。拿神话当做历史看，固然不可。但神话可以表现古代民众的心理，我们决不可看轻。而且有许多古代文化，别无可考，我们从神话研究，可以得着许多暗示，因而增加了解。所以今日学者有专门研究古民族的神话的。伪书中如谶纬一类，保存古神话不少，我们拿来当小说读，也许可以知道些古代的文化和古民族的心理。

伪书第三种功用是保存古代的制度。如《周礼》一书，虽然决不是周公所作，是伪托的书，而那种精密的政制，伟大的计划，是春秋以前的人所梦想不到的，可知必曾参考战国时多数的政制，取长去短而后成书，而战国政制赖以保存的一定不少。伪造的人虽不知名，但必是战国末至汉初的人。那个人的理想安排到书里的自然很多，那种理想的政制，总不免受有时代的影响，我们既佩服那种理想，又可以跟着探知当时的政制。我们拿《周礼》当做周公时代的政制看，自然错了，《周礼》也就毫无用处。

若跟着《周礼》去研究战国至汉初的政制,那末,《周礼》再可宝贵没有了。这类保存古代制度的伪书很多,只看我们善用不善用。

还有一种保存古代思想的功用也是伪书所有的。例如《列子》,我们若拿来当做列御寇的思想看,那便错了;若拿来当做张湛的思想看,再好没有了;若拿来和《老子》《庄子》放在一起,那又错了;若拿来和王弼《老子注》、何晏《论语注》放再〔在〕一起,却又很有价值了。又如《起信论》《楞严经》,我们根据来研究印度的佛教思想,固然不可;若根据来研究中国化的佛教的一种思想,却又是极重要的资料了。像这类,造伪的人虽然假托别时别人,我们却不和他这样说,单要给他脱下假面具,还他的真面目,一面指出他伪造的证据,宣布他的罪状,一面还他那些卖出的家私,给他一个确定的批评:这么一来,许多伪书都有用处了,造伪的人隐晦的思想也宣显了。

由上面四点看,伪书有许多分明是伪而仍是极端有价值的,我们自然要和没有价值的分别看。但当伪书的真伪和年代未曾确实证明之先,评定价值是不容易的。

(1927年2—6月在北京燕京大学讲授,周传儒、姚名达、吴其昌笔记,清华学校讲义本)

治学编

西学书目表(节录)

序　例

余既为《西书提要》,缺医学、兵政两门未成,而门人梁作霖、黄公祐、家弟启勋,以书问应读之西书,及其读法先后之序,乃为表四卷,札记一卷,示之。媵之以叙曰:

大哉!圣人之道。孔子适周,求得百二十国宝书。圣祖仁皇帝御纂《数理精蕴》,润色西算,弁诸卷首。高宗纯皇帝钦定《四库总目》,凡译出西书,悉予著录。先圣后圣,其事不同,其揆若一。呜呼!溥博宏远,蔑以加矣。海禁既开,外侮日亟。曾文正开府江南,创制造局,首以翻译西书为第一义。数年之间,成者百种;而同时同文馆,及西士之设教会于中国者,相继译录,至今二十余年,可读之书,略三百种。昔纪文达之撰提要,谓《职方外纪》《坤舆图说》等书,为依仿中国邹衍之说,夸饰变幻,不可究诘。阮文达之作《畴人传》,谓第谷天学,上下易位,动静倒置,离经畔道,不可为训。今夫五洲万国之名,太阳地球之位,西人五尺童子,皆能言之。若两公固近今之通人也,而其智反出西人学童之下,何也?则书之备与不备也。

大凡含生之伦,愈愚犷者,其脑气筋愈粗,其所知之事愈简;愈文明者,其脑气筋愈细,其所知之事愈繁。禽兽所知最简,故虎豹虽猛,人能槛之；野人所知亦简，故苗、黎、番、回虽悍，人能制之。智愚之分，强弱之原也。今以西人声、光、化、电、农、矿、工、商诸学，与吾中国考据、词章、帖括家言相较，其所知之简与繁，相去几何矣。《兵志》曰："知己知彼，百战百胜。"人方日日营伺吾侧，纤悉曲折，虚实毕见；而我犹枵然自大，偃然高卧，匪直不能知敌，亦且昧于自知，坐见侵陵，固其宜也。故国家欲自强，以多译西书为本；学子欲自立，以多读西书为功。此三百种者，择其精要而读之，于世界蕃变之迹，国土迁异之原，可以粗有所闻矣。抑吾闻英伦大书楼，所藏书凡八万种有奇，今之所译，直九牛之一毛耳。西国一切条教号令，备哉粲烂，实为致治之本，富强之由，今之译出者何寥寥也？彼中艺术，日出日新，愈变愈上，新者一出，旧者尽废。今之各书译成，率在二十年前，彼人视之，已为陈言矣。而以语吾之所谓学士大夫者，方且诧为未见，或乃瞠目变色，如不欲信。呜呼！岂人之度量相越远邪？抑导之未得其道也？

光绪二十二年九月朔，新会梁启超自叙。

（下略）

《读西学书法》结语
（一名《〈西学书目表〉后序》）

梁启超曰：吾不忍言西学。梁作霖曰：子日与人言西学，曷为不忍言西学？梁启超曰：今日非西学不兴之为患，而中学将亡之为患。风气渐开，敌氛渐逼。我而知西学之为急，我将兴之；我而不知，人将兴之。事机之动，在十年之间而已。今夫守旧之不敌开新，天之理也。动植各物之递嬗，非、墨两洲之迁移，有固然矣。中国俗儒拘墟谬瞀之论，虽坚且悍，然自法越以后，盖稍变矣；中日以后，盖益变矣。援此推之，十年、二十年以后，其所存者希矣。虽然，旧学之蠹中国，犹附骨之疽，疗疽甚易，而完骨为难。吾尝见乎今之所谓西学者矣，彝其语，彝其服，彝其举动，彝其议论，动曰中国之弱，由于教之不善，经之无用也。推其意，直欲举中国文字，悉付之一炬。而问其于西学格致之精微，有所得乎？无有也。问其于西政富强之本末，有所得乎？无有也。之人也，上之可以为洋行之买办，下之可以为通事之西奴，如此而已。更有无赖学子，自顾中国实学，一无所识，乃藉西学以自大，嚣然曰：此无用之学，我不为之，非不能也。然而希、拉、（谓希腊、拉丁）英、法之文，亦未上口，声、光、化、电之学，亦未寓目，而徒"三传"束阁，《论语》当薪，而揣摩风气，摭拾影响，盛气压人，苟求衣食。盖言西学者，十人之中，此两种人，几居其五。若不思补救，则学者日夥，而此类日繁，十年以后，将十之六七矣，二十年以后，将十八九矣。呜呼！其不亡者几何哉！

　　虽然，中学之不自立，抑有故焉。两汉之间，儒者通经，皆以经世，以《禹贡》行水，以《洪范》察变，以《春秋》折狱，以《诗》三百五篇当谏书。盖六经之文，无一字不可见于用，教之所以昌也。今之所谓儒者，八股而已，试帖而已，律赋而已，楷法而已，上非此勿取，下非此勿习。其得之者，虽八星之勿知，五洲之勿识，六经未卒业，诸史未知名，而靦然自命曰：儒也儒也。上自天子，下逮市侩，亦衰然尊之曰：儒也儒也。又其上者，笺注虫鱼，批抹风月，旋贾、马、许、郑之胯下，嚼韩、苏、李、杜之唾余，海内号为达人，谬种传为巨子。更等而上之，则束身自好，禹行舜趋，衍诚意正心之虚论，剿攘彝尊王之迂说。缀学虽多，不出三者，历千有余年，每下愈况，习焉不察，以为圣人之道，如此而已。是则中国之学，其沦陷澌灭，一缕绝续者，不自今日；虽无西学以乘之，而名存实亡，盖已久矣。况于相形之下，有用无用，应时立见；孰兴孰废，不待言决。然此辈既舍此无以为学，此道即离此无以图存。呜呼！岂可言哉？岂可言哉？

　　今夫六经之微言大义，其远过于彼中之宗风者，事理至赜，未能具言，请举其粗浅者。生众食寡，为疾用舒，理财之术尽矣；百姓足，君孰与不足，富国之策备矣；谷与鱼鳖不可胜食，材木不可胜用，农务、渔务、林木之利辟矣；行旅皆欲出于其涂，道路通矣；通功易事，羡补不足，商务兴矣；使于四方，不辱君命，乃谓之士，公法之学行矣；以不教民战，是谓弃之，兵学之原立矣；国人皆曰贤，国人皆曰不可，议院之制

281

成矣。(以上仅证之于"四书",又每事仅举其一条,其详具于专书。)又如《春秋》之义,讥世卿以伸民权,视西人之贵爵执政,分人为数等者何如矣?(古之埃及、希腊,近今之日本,皆有分人数等之弊,凡国有上议院者,皆未免此弊。盖上议院率世族盘踞也。英至今未革,俄尤甚。)疾灭国,疾火攻,而无义战,视西人之治兵修械、争城争地者何如矣?自余一切要政,更仆难尽。夫以士无世官之制,万国太平之会,西人今日所讲求之而未得者,而吾圣人于数千年前发之,其博深切明,为何如矣?然则孔教之至善,六经之致用,固非吾自袒其教之言也。不此之务,乃弃其固有之实学,而抱帖括、考据、词章之俗陋,谓吾中国之学,已尽于是。以此与彼中新学相遇,安得而不为人弱也!

然则奈何?曰:读经、读子、读史,三者相须而成,缺一不可。

吾请语学者以经学:一当知孔子之为教主;二当知六经皆孔子所作;三当知孔子以前有旧教(如佛以前之婆罗门);四当知六经皆孔子改定制度、以治百世之书;五当知七十子后学,皆以传教为事;六当知秦汉以后,皆行荀卿之学,为孔教之孽派;七当知孔子口说,皆在传记,汉儒治经,皆以经世;八当知东汉古文经,皆刘歆所伪造;九当知伪经多摭拾旧教遗文;十当知伪经既出,儒者始不以教主待孔子;十一当知训诂名物,为二千年经学之大蠹,其源皆出于刘歆;十二当知宋学末流,束身自好,有乖孔子兼善天下之义。

请言读子:一当知周秦诸子有二派,曰孔教,曰非孔教;二当知非孔教之诸子,皆欲改制创教;三当知非孔教之诸子,其学派实皆本于六经;四当知老子、墨子为两大宗;五当知今之西学,周秦诸子,多能道之;六当知诸子弟子,各传其教,与孔教同;七当知孔教之独行,由于汉武之表章六艺,罢黜百家;八当知汉以后无子书;九当知汉后百家虽黜,而老、杨之学,深入人心,二千年实阴受其毒;十当知墨子之学当复兴。

请言史学:一当知太史公为孔教嫡派;二当知二千年政治沿革,何者为行孔子之制,何者为非孔子之制;三当知历代制度,皆为保王者一家而设,非为保天下而设,与孔孟之义大悖;四当知三代以后,君权日益尊,民权日益衰,为中国致弱之根原,其罪最大者,曰秦始皇,曰元太祖,曰明太祖；五当知历朝之政，皆非由其君相悉心审定，不过沿前代之敝，前代又沿前代之敝，而变本加厉，后代必不如前代；六当知吾本朝制度，有过于前代者数事；七当知读史以政为重，俗次之，事为轻；八当知后世言史裁者，最为无理。

以上诸义，略举大概，若其条理，当俟专述。要之舍西学而言中学者，其中学必为无用；舍中学而言西学者，其西学必为无本。无用无本，皆不足以治天下，虽庠序如林，逢掖如鲫，适以蠹国，无救危亡。方今四彝交侵，中国微矣，数万万之种族，有为奴之痏；三千年之教宗，有坠地之惧。存亡绝续，在此数年。学者不以此自任，则颠覆惨毒，宁有幸乎？曾子曰："士不可以不宏毅，任重而道远。仁以为己任，不亦重乎？死而后已，不亦远乎？"是在吾党。

（1896年时务报馆印本）

湖南时务学堂学约十章

一曰立志。记曰:"凡学士先志。"孟子曰:"士何事?曰尚志。"朱子曰:"书不熟,熟读可记;义不精,细思可精;惟志不立,天下无可为之事。"又曰:"学者志不立,则一齐放倒了。"今二三子,俨然服儒者之服,诵先王之言,当思国何以蹙,种何以弱,教何以微,谁之咎欤?四万万人,莫或自任,是以及此。我徒责人之不任,我则盍任之矣?"己欲立而立人,己欲达而达人。""天下有道,丘不与易。"孔子之志也。"思天下之民,匹夫匹妇,不被其泽,若己推而纳之沟中。"伊尹之志也。"如欲平治天下,当今之世,舍我其谁?"孟子之志也。"做秀才时,便以天下为己任。"范文正之志也。"天下兴亡,匹夫之贱,与有责焉。"顾亭林之志也。学者苟无此志,则虽束身寡过,不过乡党自好之小儒;虽读书万卷,只成碎义难逃之华士。此必非良有司与乡先生之所望于二三子也。朱子又曰:"立志如下种子,未有播莨稗之种,而能获来牟之实者。"科第衣食,最易累人。学者若志在科第,则请从学究以游;若志在衣食,则请由市侩之道。有一于此,不可教诲,愿共戒之。"先立乎其大者,则其小者不能夺也,此为大人而已矣。"

立志之功课有数端:必须广其识见。所见日大,则所志亦日大,陆子所谓"今人如何便解有志?须先有智识始得"。此一端也。志既立,必养之使勿少衰。如吴王将复仇,使人日聒其侧,曰:"而忘越人之杀而父乎?"学者立志,亦当如此。其下手处,在时时提醒,念兹在兹。此又一端也。志既定之后,必求学问以敷之,否则皆成虚语,久之亦必堕落也。此又一端也。

二曰养心。孔子言"仁者不忧,智者不惑,勇者不惧";而孟子一生得力,在"不动心"。此从古圣贤所最兢兢也。学者既有志于道,且以一身任天下之重,而目前之富贵利达,耳目声色,游玩嗜好,随在皆足以夺志。八十老翁过危桥,稍不自立,一落千丈矣。他日任事,则利害毁誉,苦乐生死,樊然淆乱,其所以相撼者,多至不可纪极。非有坚定之力,则一经挫折,心灰意冷;或临事失措,身败名裂。此古今能成大事之人所以希也。曾文正在戎马之间,读书谭学如平时,用能百折不回,卒定大难。大儒之学,固异于流俗哉!今世变益亟,乱机益剧。他日二三子所任之事,所历之境,其艰巨厄苦,视文正时又将过之。非有入地狱手段,非有治国若烹小鲜气象,未见其能济也。故养心者治事之大原也。自破碎之学盛行,鄙夷心宗,谓为逃禅,因佛之言心,从而避之,乃并我之心,亦不敢自有,何其慎也!率吾不忍人之心,以忧天下,救众生,悍然独往,浩然独来,先破苦乐,次破生死,次破毁誉。记曰:"国有道,不变塞焉,强哉矫!国无道,至死不变,强哉矫!"孟子曰:"富贵不能淫,贫贱不能移,威武不能屈,此之谓大丈夫。"反此即妾妇之道。

养心之功课有二:一静坐之养心,二阅历之养心。学者在学堂中,无所谓阅历,当先行静坐之养心。程子以半日静坐,半日读书。今功课繁迫,未能如此,每日亦当以一小时,或两刻之功为之。静坐时所课亦分两种:一敛其心,收视返听,万念不起,使清明在躬,志气如神;一纵其心,遍观天地之大,万物之理,或虚构一他日办事艰难险阻万死一生之境,日日思之,操之极熟,亦可助阅历之事。此是学者他日受用处,勿以其迂阔而置之也。

三曰治身。颜子请事之语。曰"非礼勿视,非礼勿听,非礼勿言,非礼勿动"。曾子将卒之言曰:"定容貌,正颜色,出辞气。"孔子言"忠信笃敬,蛮貊可行"。斯盖不得以小节目之也。他日任天下事,更当先立于无过之地。与西人酬酢,威仪言论,最易见轻,尤当谨焉。扫除习气,专务笃实,乃成大器。名士狂态,洋务膻习,不愿诸生效也。

治身之功课:当每日于就寝时,用曾子三省之法,默思一日之言论行事，失检者几何，而自记之。始而觉其少，苦于不自知也；既而觉其多，不可自欺，亦不必自馁。一月以后，自日少矣。

四曰读书。今之服方领、习矩步者，畴不曰读书，然而通古今、达中外，能为世益者盖鲜焉。于是儒者遂以无用闻于天下。今时局变异，外侮交迫，非读万国之书，则不能通一国之书。然西人声、光、化、电、格、算之述作，农、矿、工、商、史、律之纪载，岁出以千万种计，日新月异，应接不暇。惟其然也，则吾愈不能不于数十寒暑之中，画出期限，必能以数年之力，使学者于中国经史大义，悉已通彻。根柢既植，然后以其余日，肆力于西籍。夫如是而乃可谓之学。今夫中国之书，他勿具论，即如注疏、两经解、全史、九通，及国朝掌故、官书数种，正经正史，当王之制，承学之士，所宜人人共读者也。然而中寿之齿，犹惧不克卒业。风雨如晦，人寿几何？若从而拨弃之，则所以求先圣之道，观后王之迹者，皆将无所依藉。若率天下人而从事于此，靡论难其人也；即有一二劬学之士，断断然讲之，而此诸书者，又不过披沙拣金，往往见宝，其中精要之处，不过十之一二，其支离芜衍，或时过境迁，不切于今日之用者，殆十八九焉。而其所谓精要之一二者，又必学者于上下千古、纵横中外之学，深造有得，旁通发挥，然后开卷之顷，钩元〔玄〕提要，始有所获。苟学识不及，虽三复若无睹也。自余群书数倍此数，而其不能不读，与其难读之情形，亦称是焉。是以近世学者，虽或浏览极博，覃究极勤，亦不过扬子云所谓"绣其帨鞶"，刘彦和所谓"拾其芳草"，于大道无所闻，于当世无所救也。夫书之繁博而难读也既如彼，其读之而无用也又如此，苟无人董治而修明之，吾恐十年之后，诵经读史之人，殆将绝也。今与诸君子共发大愿，将取中国应读之书，第其诵课之先后，或读全书，或书择其篇焉；或读全篇，或篇择其句焉；专求其有关于圣教、有切于时局者，而杂引外事，旁搜新义以发明之。量中材所能肄习者，定为课分，每日一课，经学、子学、史学，与译出西书，四者间日为课焉。度数年之力，中国要籍，一切大义，皆可了达，而旁证远引于西方诸学，亦可以知崖略矣。夫如是，则读书者无望洋之叹，无歧路之迷，而中学或可以不绝。今与二三子从事焉，若可行也，则将演为学校报，以质诸天下。

读书之功课：凡学者每人设札记一册，分专精、涉猎两门，每日必就所读之书，发新义数则。其有疑义，则书而纳之待问匦，以待条答焉。其详细功课，别著之学校报中。

五曰穷理。瓦特因沸水，而悟汽机之理；奈端因苹果落地，而悟巨体吸力之理；侯失勒约翰因树叶，而悟物体分合之理；亚基米德之创论水学也，因入盆浴而得之；葛立里尤之制远镜也，因童子取二镜片相戏而得之。西人一切格致制造之学，衣被五洲，震轹万国，及推原其起点，大率由目前至粗极浅之理，偶然触悟，遂出新机。神州人士之聪明，非弱于彼也，而未闻有所创获者，用与不用之异也。朱子言"大学始教，必使学者即凡天下之物，莫不因其已知之理，而益穷之，以求至乎其极"。近世汉学家笑之，谓初学之人，岂能穷凡物之理？不知智慧日浚则日出，脑筋日运则日灵，此正始教所当有事也。特惜宋儒之所谓"理"者，去实用尚隔一层耳。今格致之书，略有译本，我辈所已知之理，视前人盖有加焉。因而益穷之，大之极恒星诸天之国土，小之及微尘血轮之世界，深之若精气游魂之物变，浅之若日用饮食之习睹，随时触悟，见浅见深。用之既熟，他日创新法，制新器，辟新学，皆基于是。高材者勉之！

穷理之功课：每刚日诸生在堂上读书，功课毕，由教习随举目前事理，或西书格致浅理数条以问之，使精思以对；对既遍，教习乃将所以然之理揭示之。

六曰学文。《传》曰"言之无文，行而不远"。学者以觉天下为任，则文未能舍弃也。传世之文，或务渊懿古茂，或务沉博绝丽，或务瑰奇奥诡，无之不可；觉世之文，则辞达而已矣，当以条理细备、词笔锐达为上，不必求工也。温公曰："一自命为文人，无足观矣。"苟学无心得，而欲以文传，亦足羞也。

学文之功课，每月应课卷一次。

七曰乐群。荀子曰："人之所以异于禽兽者，以其能群也。"《易》曰："君子以朋友讲习。"曾子曰："君子以文会友，以友辅仁。"直谅多闻，善相劝，过相规，友朋之益，视师长有加焉。他日合天下而讲之，是谓大群；今日合一堂而讲之，是谓小群。杜工部曰："小心事友生。"但相爱，毋相妒；但相敬，毋相慢；集众思，广众益，学有缉熙于光明。

乐群之功课：俟数月以后，每月以数日为同学会讲之期。诸生各出其札记册，在堂互观，或有所问，而互相批答，上下议论，各出心得，其益无穷。凡会讲以教习监之。

八曰摄生。记曰："张而不弛，文武不能也；一张一弛，文武之道也。"故君子之于学也，藏焉修焉，息焉游焉。西人学堂，咸有安息日，得其意矣。"七日来复"，"先王以至日闭关，商旅不行"，此古义之见于经者，殆中西同俗也。今用之起居饮食，皆有定时，勿使过劳。体操之学，采习一二。

摄生之功课：别具堂规中。（以上八条，堂中每日功课所当有事；以下二条，学成以后所当有事。而其基础，皆立自平时，故并著之。）

九曰经世。庄生曰："《春秋》经世。"先王之志，凡学焉而不足为经世之用者，皆谓之俗学可也。居今日而言经世，与唐宋以来之言经世者，又稍异。必深通六经制作之精意，证以周秦诸子，及西人公理公法之书，以为之经，以求治天下之理；必博观历朝掌故沿革得失，证以泰西希腊、罗马诸古史，以为之纬，以求古人治天下之法；必细察今日天下郡国利病，知其积弱之由，及其可以图强之道，证以西国近史宪法章程之书，及各国报章以为之用，以求治今日之天下所当有事，夫然后可以言经世。而游历、讲论二者，又其管钥也。今中国所患者无政才也。记曰："授之以政不达，虽多亦奚以为？"今中学以经义掌故为主，西学以宪法官制为归，远法安定经义治事之规，近采西人政治学院之意，与二三子共勉之。

经世之功课：每柔日堂上读书功课毕，由教习随举各报所记近事一二条，问诸生以办法，使各抒所见；对既遍，然后教习以办法揭示之。（凡在堂上问答，皆以笔谈。）

十曰传教。微夫悲哉！吾圣人之教之在今日也。号称受教者四万万，而妇女去其半焉；不识字者又去其半之半焉；市侩胥吏，又去其半之六七焉；帖括贱儒，又去其半之八九焉。此诚庄生所谓举鲁国皆儒服，而真儒几无一人也。加以异说流行，所至强聒，挟以势力，奇悍无伦。呜呼！及今不思自保，则吾教亡无日矣。今设学之意，以宗法孔子为主义。子贡曰："不得其门而入，不见宗庙之美，百官之富。"彼西人之所以菲薄吾教，与陋儒之所以自蔑其教者，由不知孔子之所以为圣也。今宜取六经义理制度、微言大义，一一证以近事新理，以发明之，然后孔子垂法万世、范围六合之真乃见。《论语》记子欲居九夷，又曰"乘桴浮于海"。盖孔子之教，非徒治一国，乃以治天下。故曰洋溢中国，施及蛮貊；凡有血气，莫不尊亲。他日诸生学成，尚当共矢宏愿，传孔子太平大同之教于万国。斯则学之究竟也。

　　传教之功课，在学成以后。然堂中所课一切，皆以昌明圣教为主义，则皆传教之功课也。

（原刊1897年12月24日《时务报》第49册）

东籍月旦（节录）

叙　论

　　新习得一外国语言文字，如新寻得一殖民地。虽然，得新地而不移民以垦辟之，则犹石田耳；通语言文字而不读其书，则不过一鹦鹉耳。我中国英文英语之见重，既数十年，学而通之者不下数千辈，而除严又陵外，曾无一人能以其学术思想输入于中国。此非特由其中学之缺乏而已，得毋西学亦有未足者耶？直至通商数十年后之今日，而此事尚不得不有待于读东籍之人，是中国之不幸也。然犹有东籍以为之前驱，使今之治东学者得以干前此治西学者之蛊，是又不幸中之幸也。

　　东学之不如西学，夫人而知矣。何也？东之有学，无一不从西来也。与其学元遗山之诗，何如直学杜少陵？与其学桐城派古文，何如直学唐宋八家？然概计我学界现在之结果，治西学者之收效，转若不能及治东学者何也？其故有二：（一）由治西学者大率幼而就学，于本国之学问，一无所知，甚者或并文字而不解；且其见识未定，不能知所别择。其初学之本心，固已非欲求学理、为通儒矣。而所从之师，又率皆市井阛阓之流，所以导之者非学问之途，而衣食之途也。虽其中能自拔流俗者未始无人，然已麟角凤毛矣。若治东学者，大率皆在成童弱冠以上，其脑中之自治力、别择力渐以发达，故向学之心颇切，而所获较多也。（二）由欲读西文政治、经济、哲学等书，而一一诠解之，最速非五六年之功不能；若幼童脑力未开，循小学校一定之学级以上进，则尤非十余年不可。向来治西学者既无远志，又或困于境遇，不能卒业。故吾国寻常学西文之徒，其最高等者不过有中学校卒业之资格而已，何怪乎于精深之学问一无所闻也。若治东学者，苟于中国文学既已深通，则以一年之功，可以尽读其书而无隔阂；即高等专门诸科，苟好学深思者，亦常不待求师而能识其崖略，故其效甚速也。然则以求学之正格论之，必当于西而不于东；而急就之法，东固有未可厚非者矣。

治东学者不可不通东语，此亦正格也。盖通其语则能入其学校，受其讲义，接其通人，上下其议论，且读书常能正确，无或毫厘千里，以失其本意，诚不可少之具矣。虽然，学东语虽较易于西语，然亦非居其地、接其人以岁余之功习之不能。若用简便之法，以求能读其书，则慧者一旬，鲁者两月，无不可以手一卷而味津津矣。故未能学语而专学文，不学作文而专学读书，亦一急就之法，殊未可厚非也。

今我国士大夫学东文能读书者既渐多矣，顾恨不得其涂径。如某科当先，某科当后，欲学某科必不可不先治某科；一科之中，某书当先，某书当后，某书为良，某书为劣，能有识抉择者盖寡焉。同学诸子，怂恿草一书以饷来者。自念浅学如余，未尝能通其语，入其学校，非惟专门之学一无所得，即普通之学亦未遍习，以门外人而语宗庙百官之美富，适为知者嗤点耳。虽然，其留学斯邦诸君子，或功课繁剧，无暇从事；或谦让自持，率不操觚；今我不述，则恐更阅数年，而此种书尚不能出现于我学界，斯宁非一恨事欤？是用不揣固陋，就所见及者草为是篇，虽无大裨于时彦，抑不至贻误于后生，是所差堪自信者耳。

（原刊1902年6月6日《新民丛报》第9号）

莅北京大学校欢迎会演说辞

　　三十一日下午，北京大学校开会欢迎先生。先期在讲堂遍悬国旗，校长、教员、学生咸集。先生莅会后，由马校长述欢迎辞，略谓戊戌新政所留存于今日者，惟一大学校，先生实与此校有关系，今请赐训词于诸生云云。先生演词如下：

　　鄙人今日承本国最高学府北京大学校之欢迎，无任荣幸。适马校长所言鄙人与大学校之关系一节，当年诚有其事。今请略述一二，以告诸君。

　　时在乙未之岁，鄙人与诸先辈，感国事之危殆，非兴学不足以救亡，乃共谋设立学校，以输入欧美之学术于国中。惟当时社会嫉新学如仇，一言办学即视同叛逆，迫害无所不至。是以诸先辈不能公然设立正式之学校，而组织一强学会，备置图书仪器，邀人来观，冀输入世界之智识于我国民，且于讲学之外，谋政治之改革。盖强学会之性质，实兼学校与政党而一之焉。在今日固视为幼稚之团体，然在当时风气未开之际，有闻强学会之名者，莫不惊骇而疑为非常之举。此幼稚之强学会遂能战胜数千年旧习惯而一新当时耳目，具革新中国社会之功，实亦不可轻视之也。至创设此会之诸先辈，今日存者，已寥若晨星，袁大总统，即最尽力于此会之一人焉。厥后谣诼频兴，强学会之势力愈强，而政府嫉恶强学会之心亦愈甚。迨乙未之末，为步军统领所封禁，所有书籍仪器，尽括而去。其中至可感慨者，为一世界地图。盖当购此图时，曾在京师费一二月之久，遍求而不得。后辗转托人，始从上海购来。图至之后，会中人视同拱璧，日出求人来观。偶得一人来观，即欣喜无量。乃此图当时封禁，亦被步军统领衙门抄去，今不知辗转落在何处矣。及至戊戌之岁，朝政大有革新之望。孙寿州先生本强学会会员，与同人谋，请之枢府，将所查抄强学会之书籍仪器发出，改为官书局。嗣后此官书局，即改为大学校。故言及鄙人与大学校之关系，即以大学校之前身为官书局、官书局之前身为强学会，则鄙人固可为有关系之人。然大学校之有今日，实诸先辈及历任校长与教师之力。谓鄙人为创设大学校之发动人，则不敢当。

鄙人在十五年前，实不能料及今日有如是规模宏大之学校，鄙人不能不倾佩历任校长、教师与学生诸君之努力，且当为国家感谢者也。惟以今日之大学校，与欧美日本之大学校相较，则程度之相去尚远。此则鄙人于倾佩之外，不能不责望大学校之校长、教师之勉为尽力，而更不能不责望大学校学生诸君之愈益努力者也。盖大学校之发达，校长、教师与国家、社会，虽同负其责，然与大学校有至密之关系者，实在学生诸君。诸君设不自行勉力，则大学校安能发达？敬祈诸君勉力为中国之学问争光荣。鄙人今请进数言，聊为诸君他山之助。

普通学校目的，在养成健全之人格与其生存发展于社会之能力。此为全教育系统之精神，大学校之目的，固亦不外乎是。然大学校之所以异于普通学校而为全国最高之学府者，则因于普通目的以外，尚有特别之目的在，固不仅其程度有等差而已。特别之目的维何？曰研究高深之学理，发挥本国之文明，以贡献于世界之文明是焉。是以施普通教育之学校，其所授之智识，为人类生活上、社会上日用所必具之智识；所训练之能力，为人类生活上、社会上日用所必具之能力，如是而已。而大学校之所授者，则不仅人类生活上、社会上日用寻常所必具之智识、能力，而为一切现象之法则所谓科学者是焉。此不独大学校与普通学校之分在是，而大学校与专门学校之别亦全在此。盖专门学校之学科，强半与大学相同，往往人有误视为具体而微之大学，殊不知二者之间，固显有区别在焉。专门学校之目的在养成社会上技术之士；而大学之目的则在养成学问之士。故专门学校之所授，虽多科学之原理，而所重者在术，不过因学以致用；大学校之所授，虽亦有技术之智识，而所重者在学，不过因术以明学。我国往往学、术连用，漫无区别；殊不知二者迥不相同，固不能连而为一者也。盖所谓学者，推究一切现象之原理原则以说明一切之现象，于推究原理原则、说明现象之外，别不另设方途以求致用；而所谓术者，则应用学理之方法、技能而已，与推究原理原则以说明现象之学，实判然不能相同者也。故科学之分类以现象为标准：有自然之现象，即有自然之科学；有人类之现象，即有人类之科学；有社会之现象，即有社会之科学。因自然有种种之现象，亦即有自然之种种科学；因人类有种种之现象，亦即有人类之种种科学；因社会有种种之现象，亦即有社会之种种科学。若夫技术，则以人类社会实用之目的为其分类之标准：或合人类之需要，或应社会之要求，或按国家之机关，而有种种之技术。此实为学与术根本相异之处。而大学校与专门学校之区别，亦于是而分焉。是以同一法律科目，专门学校之目的，在于养成学生法官辩护士之能力；而在大学，则惟使学生能知法律现象之原理原则，至于学生毕业以后，为法官，抑为辩护士，则非大学之第一目的矣。其他科目，莫不如是。简言之：专门学校之精神在实际之应用；而大学校之精神则在研究与发明。故凡人类间具有系统之智识，大学校莫不列为学科，固不问其按切实用与否也。譬如西洋大学有希腊、罗马古典之学，北京大学亦有经训考证之科，以言实用，邈乎远矣，而大学校亦不得不列之为一科矣。夫大学校之目的，既在研究高深之学理，大学校之学课，又复网罗人类一切之系统智识，则大学校不仅为一国高等教育之总机关，实一国学问生命之所在，而可视之为一学问之国家者也。且学问为文明之母，幸福之源。一国之大学即为一国文明幸福之根源，其地位之尊严，责任之重大，抑岂我人言语所能尽欤？诸君受学于此最尊严之大学，负研究学问之大任，鄙人所欲进一言为诸君勉者，亦唯祈诸君能保持大学之尊严，努力于学问事业而已。

抑我又有言者，则前清学制之弊，至今犹令人痛恨不已。其误国最甚者，莫如奖励出身之制。以官制为学生受学之报酬，遂使学生以得官为求学之目的，以求学为得官之手段。其在学校之日，所希望者为毕业之分数与得官之等差；及毕业以后，即抛弃学业而勉力作官矣。即以海外之留学生日浸染于外国之学风者而言，当留学之时，固多以学问为目的，而勉力求学；然毕业以后，足迹甫履中国，亦即沾染此恶风，抛弃其数年克苦所得之学问，而努力作官矣。故中国兴学十余年，不仅学问不发达，而通国学生且不知学问为何物。前清学制之害庸可胜言耶！是以鄙人今所更欲为诸君勉者，则望诸君以学问为目的，不当以学问为手段。盖大学为研究学问之地，学问为神圣之事业。诸君当为学问而求学，于学问目的之外，别无他种目的，庶不愧为大学生。若于学问目的之外，别有他种目的，则渎学问之神圣，伤大学之尊严，尚能谓之研究学问乎？诸君勉之！努力学问之事业，以发挥我中国之文明，使他日中国握世界学问之牛耳，为世界文明之导师，责任匪轻。诸君其勉力为我中国文明争光荣！鄙人今尚欲进数言于诸君之前者，则今日之学风问题。夫今日学风之坏，人所同慨。鄙人所欲言者亦非仅指大学一校。惟以大学为全国最高之学府，大学学风足为全国学风之表率，是则鄙人所不能不以此责望于我大学生诸君，祈有以表率我全国之学风，而改善我全国之学风者也。语时或有开罪之处，尚望诸君谅之焉。

（一）服从。言今日学风之坏，莫过于学生缺乏服从之德。不服教师之训导，不受校长之约束，放恣乱为，动起风潮，遂致德无由进，业无由成，我可敬可爱之青年学生，几成为可鄙可贱之无业游民。言念及此，曷胜浩叹！诸君闻我此言，或且有谓鄙人谬悖，欲以奴隶之行，责之共和国之大学生者矣。此在不以服从为然者，必谓学生当有自由，校长、教师，等是同类，安有服从之可言？"服从"二字，乃奴隶之所受，讵可加之于我学生之身？然学生以德之未修、学之未成，始入学校求学，则在学校之中，自当服从校长教师之训导；不然又安名为学生？学生中有言自由者，实不学误之也。且一国之中，一切皆可言自由，唯军队与学生乃不能言自由。军队言自由，则不仅全军瓦解，不能成军，且足以扰乱秩序，其危险莫可名状。学生言自由，亦不仅学业无成，教育无效，其影响于社会、国家，所关殊非浅鲜。故欧美先进之国，其学生莫不谨守服从之德。当退校之时，或多与教师从容谈笑；若在校中，则虽年高德尊若我马校长其人者，苟为学生，亦严格整肃，谨听校长、教师之训导而毋敢或违。鄙人前游美洲大陆，曾遍观其学校，见其学生之谨守服从，至足感人。而尤足奇异者，则美之学生，不仅对于校长、教师，守服从之德，下级学生之于上级学生,亦尽服从之责。上级学生苟有所命,下级学生莫不心悦诚服而为之。此其故何哉?诚以共和之国人人有自由,即当人人能服从。不然,势成人人相抗之象,秩序危殆,国将不国。而欲养成此服从之德,在共和之国舍教育以外,殊无他途可言。固不若专制之国,以威力胁迫人民服从,不问人民之能服从与否也。故专制国之学生,不必养成其服从之德;而共和国之学生,设不于其受教育之日,训练其能守服从之德,则国基危殆,害莫胜言矣。此鄙人之所以以服从之德望大学生诸君,有以矫正我全国学风也。

（二）朴素。孔子有言:"君子食无求饱,居无求安。"此在今日,虽不足奉为我人处世之道,然学生在求学之时,则不可不具此精神。欧美学生自小学而中学,中学而大学,非历二十年之久,不能成业;且学费之巨,亦非中下之产所能任。故学生之能卒业于大学者,百中实不得一二,惟能克苦之学生,始能卒业。至若日本,则能卒业于中学以上之学校者,大抵皆苦学之士,积十余年困苦艰难之学生生活,始克学成而为世用。今日彼国知名之士,若一谈其苦学之经历,则恐我国学生皆当愧死矣。我国学生,本亦寒素之士居多,惟近年来则纨袴之风大盛,衣食惟求精美,居处惟求安适。其最堪痛心者,则莫如求学之青年,奢侈放纵,既伤其德性,复害其学业。设此风不革,则中国教育之前途尚堪问乎?此鄙人之所以祈望大学生诸君,力倡朴素之风,以改革我全国之学风也。

（三）静穆。鄙人非谓学生不当发扬蹈厉,人固贵有发扬蹈厉之精神,而后始能在社会任事。惟发扬蹈厉之精神,当用之于做事之时,不能用之于求学之时。学生在求学时代,当善养其发扬蹈厉之精神,则他日学成以后,庶能发挥此精神于事业,孟子所谓"养我浩然之气"者是也。若在学生时代,而误用之于校长、教师,是为不守规则之学生,非所谓发扬蹈厉之精神也。且天下惟有学问有修养之士,乃能真有发扬蹈厉之精神;无学问、无修养者,仅能谓之狂躁,谓之轻率,以之办事,无一事可成也。故学生若不于学生时代,以静穆之风,善养其发扬蹈厉之精神,则他日必成为狂躁之士,轻率之士,终身将不能成一事,可不勉乎哉!况学问之业,非有冷静之头脑,不能得益。学生若以浮躁之心受学,则不仅不能深入学问之道，我恐即有善教之教师，亦不能有丝毫之得益。故学生若不于求学之时，养成冷静之头脑，则于学问之业，日相去而日远矣。静穆之风，可不贵哉！简言之：静穆之风，一则以成冷静之头脑，一则以养发皇之精神。在学校之日，以之修业而进德；卒业之后，则赖之以任事而成功。此为学生至可宝贵之学风，鄙人深望大学生诸君有以提倡此风也。

关于学风问题，鄙人所欲言者，不仅此三事，惟以此三事者为最要，故特举以告诸君耳。愿诸君勉之，为我中国学问之前途争光荣！

(1912年10月31日讲演，收入张君劢、蓝志先辑《梁任公先生演说集》第一辑，1912年12月初版)

学问之趣味

  我是个主张趣味主义的人：倘若用化学化分"梁启超"这件东西，把里头所含一种原素名叫"趣味"的抽出来，只怕所剩下仅有个 0 了。我以为：凡人必常常生活于趣味之中，生活才有价值。若哭丧着脸挨过几十年，那么，生命便成沙漠，要来何用？中国人见面最喜欢用的一句话："近来作何消遣？"这句话我听着便讨厌。话里的意思，好像生活得不耐烦了，几十年日子没有法子过，勉强找些事情来消他遣他。一个人若生活于这种状态之下，我劝他不如早日投海！我觉得天下万事万物都有趣味，我只嫌二十四点钟不能扩充到四十八点，不彀我享用。我一年到头不肯歇息，问我忙什么？忙的是我的趣味。我以为这便是人生最合理的生活，我常常想运动别人也学我这样生活。

  凡属趣味，我一概都承认他是好的。但怎么样才算"趣味"，不能不下一个注脚。我说："凡一件事做下去不会生出和趣味相反的结果的，这件事便可以为趣味的主体。"赌钱趣味吗？输了怎么样？吃酒趣味吗？病了怎么样？做官趣味吗？没有官做的时候怎么样？……诸如此类，虽然在短时间内像有趣味，结果会闹到俗语说的"没趣一齐来"，所以我们不能承认他是趣味。凡趣味的性质，总要以趣味始以趣味终。所以能为趣味之主体者，莫如下列的几项：一，劳作；二，游戏；三，艺术，四，学问。诸君听我这段话，切勿误会以为：我用道德观念来选择趣味。我不问德不德，只问趣不趣。我并不是因为赌钱不道德才排斥赌钱，因为赌钱的本质会闹到没趣，闹到没趣便破坏了我的趣味主义，所以排斥赌钱；我并不是因为学问是道德才提倡学问，因为学问的本质能彀以趣味始以趣味终，最合于我的趣味主义条件，所以提倡学问。

学问的趣味，是怎么一回事呢？这句话我不能回答。凡趣味总要自己领略，自己未曾领略得到时，旁人没有法子告诉你。佛典说的："如人饮水，冷暖自知。"你问我这水怎样的冷，我便把所有形容辞说尽，也形容不出给你听，除非你亲自嗑一口。我这题目——学问之趣味，并不是要说学问如何如何的有趣味，只要如何如何便会尝得着学问的趣味。

诸君要尝学问的趣味吗？据我所经历过的有下列几条路应走：

第一，"无所为"（为读去声）：趣味主义最重要的条件是"无所为而为"。凡有所为而为的事，都是以别一件事为目的而以这件事为手段；为达目的起见勉强用手段，目的达到时，手段便抛却。例如学生为毕业证书而做学问，著作家为版权而做学问，这种做法，便是以学问为手段，便是有所为。有所为虽然有时也可以为引起趣味的一种方便，但到趣味真发生时，必定要和"所为者"脱离关系。你问我"为什么做学问？"我便答道："不为什么"。再问，我便答道："为学问而学问"；或者答道："为我的趣味"。诸君切勿以为我这些话掉弄虚机；人类合理的生活本来如此。小孩子为什么游戏？为游戏而游戏；人为什么生活？为生活而生活。为游戏而游戏，游戏便有趣；为体操分数而游戏，游戏便无趣。

第二，不息："鸦片烟怎样会上瘾？""天天吃。""上瘾"这两个字，和"天天"这两个字是离不开的。凡人类的本能，只要那部分阁久了不用，他便会麻木会生锈。十年不跑路，两条腿一定会废了；每天跑一点钟，跑上几个月，一天不得跑时，腿便发痒。人类为理性的动物，"学问欲"原是固有本能之一种；只怕你出了学校便和学问告辞，把所有经管学问的器官一齐打落冷宫，把学问的胃弄坏了，便山珍海错摆在面前也不愿意动筷子。诸君啊！诸君倘若现在从事教育事业或将来想从事教育事业，自然没有问题，很多机会来培养你学问胃口。若是做别的职业呢？我劝你每日除本业正当劳作之外，最少总要腾出一点钟，研究你所嗜好的学问。一点钟那里不消耗了？千万别要错过，闹成"学问胃弱"的证候，白白自己剥夺了一种人类应享之特权啊！

第三，深入的研究：趣味总是慢慢的来，越引越多；像到〔倒〕吃甘蔗，越往下才越得好处。假如你虽然每天定有一点钟做学问，但不过拿来消遣消遣，不带有研究精神，趣味便引不起来。或者今天研究这样明天研究那样，趣味还是引不起来。趣味总是藏在深处，你想得着，便要入去。这个门穿一穿，那个窗户张一张，再不会看见"宗庙之美，百官之富"，如何能有趣味？我方才说："研究你所嗜好的学问"，嗜好两个字很要紧。一个人受过相当的教育之后，无论如何，总有一两门学问和自己脾胃相合，而已经懂得大概可以作加工研究之预备的。请你就选定一门作为终身正业（指从事学者生活的人说）或作为本业劳作以外的副业（指从事其他职业的人说）。不怕范围窄，越窄越便于聚精神；不怕问题难，越难越便于鼓勇气。你只要肯一层一层的往里面追，我保你一定被他引到"欲罢不能"的地步。

第四，找朋友：趣味比方电，越磨擦越出。前两段所说，是靠我本身和学问本身相磨擦；但仍恐怕我本身有时会停摆，发电力便弱了。所以常常要仰赖别人帮助。一个人总要有几位共事的朋友，同时还要有几位共学的朋友。共事的朋友，用来扶持我的职业；共学的朋友和共顽的朋友同一性质，都是用来磨擦我的趣味。这类朋友，能彀和我同嗜好一种学问的自然最好，我便和他打伙研究。即或不然——他有他的嗜好，我有我的嗜好，只要彼此都有研究精神，我和他常常在一块或常常通信，便不知不觉把彼此趣味都磨擦出来了。得着一两位这种朋友，便算人生大幸福之一。我想只要你肯找，断不会找不出来。

我说的这四件事，虽然像是老生常谈，但恐怕大多数人都不曾会这样做。唉！世上人多么可怜啊！有这种不假外求不会蚀本不会出毛病的趣味世界，竟自没有几个人肯来享受！古书说的故事"野人献曝"；我是尝冬天晒太阳的滋味尝得舒服透了，不忍一人独享，特地恭恭敬敬的来告诉诸君。诸君或者会欣然采纳吧？但我还有一句话：太阳虽好，总要诸君亲自去晒，旁人却替你晒不来。

(1922年8月6日在南京东南大学为暑期学校学员讲演，原刊1922年8月12日《时事新报·学灯》，收入《梁任公学术讲演集》第二辑，商务印书馆1922年11月初版)

科学精神与东西文化

一

今日我感觉莫大的光荣，得有机会在一个关系中国前途最大的学问团体——科学社的年会来讲演。但我又非常惭愧而且惶恐，像我这样对于科学完全门外汉的人，怎样配在此讲演呢？这个讲题——"科学精神与东西文化"，是本社董事部指定要我讲的。我记得科举时代的笑话：有些不通秀才去应考，罚他先饮三斗墨汁，预备倒吊着滴些墨点出来。我今天这本考卷，只算倒吊着滴墨汁，明知一定见笑大方。但是句句话都是表示我们门外汉对于门内的"宗庙之美，百官之富"如何欣羡如何崇敬如何爱恋的一片诚意。我希望国内不懂科学的人或是素来看轻科学讨厌科学的人听我这番话得多少觉悟，那么，便算我个人对于本社一点贡献了。

近百年来科学的收获如此其丰富：我们不是鸟，也可以腾空；不是鱼，也可以入水；不是神仙，也可以和几百千里外的人答话；……诸如此类，那一件不是受科学之赐？任凭怎么顽固的人，谅来"科学无用"这句话，再不会出诸口了。然而中国为什么直到今日还得不着科学的好处？直到今日依然成为"非科学的国民"呢？我想，中国人对于科学的态度，有根本不对的两点：

其一，把科学看得太低了太粗了：我们几千年来的信条，都说的"形而上者谓之道，形而下者谓之器"，"德成而上，艺成而下"，这一类话。

多数人以为：科学无论如何高深，总不过属于艺和器那部分，这部分原是学问的粗迹，懂得不算稀奇，不懂得不算耻辱。又以为：我们科学虽不如人，却还有比科学更宝贵的学问，——什么超凡入圣的大本领，什么治国平天下的大经纶，件件都足以自豪；对于这些粗浅的科学，顶多拿来当一种补助学问就彀了。因为这种故见横亘在胸中，所以从郭筠仙、张香涛这班提倡新学的先辈起，都有两句自鸣得意的话，说什么"中学为体，西学为用"。这两句话现在虽然没有从前那么时髦了，但因为话里的精神和中国人脾胃最相投合，所以话的效力，直到今日，依然为变相的存在。老先生们不用说了，就算这几年所谓新思潮所谓新文化运动，不是大家都认为蓬蓬勃勃有生气吗？试检查一检查他的内容，大抵最流行的莫过于讲政治上经济上这样主义那样主义，我替他起个名字叫做西装的治国平天下大经纶；次流行的莫过于讲哲学上文学上这种精神那种精神，我也替他起个名字叫做西装的超凡入圣大本领。至于那些脚踏实地平淡无奇的科学，试问有几个人肯去讲求？——学校中能彀有几处像样子的科学讲座？有了，几个人肯去听？出版界能彀有几部有价值的科学书几篇有价值的科学论文？有了，几个人肯去读？我固然不敢说现在青年绝对的没有科学兴味，然而兴味总不如别方面浓。须知，这是积多少年社会心理遗传下来，对于科学认为"艺成而下"的观念，牢不可破；直到今日，还是最爱说空话的人最受社会欢迎。做科学的既已不能如别种学问之可以速成，而又不为社会所尊重，谁肯埋头去学他呢？

其二，把科学看得太呆了太窄了：那些绝对的鄙厌科学的人且不必责备，就是相对的尊重科学的人，还是十个有九个不了解科学性质。他们只知道科学研究所产结果的价值，而不知道科学本身的价值；他们只有数学几何学物理学化学等等概念，而没有科学的概念。他们以为学化学便懂化学，学几何便懂几何；殊不知并非化学能教人懂化学，几何能教人懂几何，实在是科学能教人懂化学和几何。他们以为只有化学数学物理几何等等才算科学，以为只有学化学数学物理几何等等才用得着科学；殊不知所有政治学经济学社会学等等只要彀得上一门学问的没有不是科学，我们若不拿科学精神去研究，便做那一门子学问也做不成。中国人因为始终没有懂得"科学"这个字的意义，所以五十年前很有人奖厉学制船学制炮，却没有人奖厉科学；近十几年学校里都教的数学几何化学物理，但总不见教会人做科学；或者说：只有理科工科的人们才要科学，我不打算当工程师，不打算当理化教习，何必要科学？中国人对于科学的看法大率如此。

我大胆说一句话：中国人对于科学这两种态度倘若长此不变，中国人在世界上便永远没有学问的独立；中国人不久必要成为现代被淘汰的国民。

二

科学精神是什么？我姑从最广义解释："有系统之真智识，叫做科学；可以教人求得有系统之真智识的方法，叫做科学精神。"这句话要分三层说明：

第一层　求真智识：智识是一般人都有的，乃至连动物都有；科学所要给我们的，就争一个真字。一般人对于自己所认识的事物，很容易便信以为真；但只要用科学精神研究下来，越研究便越觉求真之难。譬如说"孔子是人"，这句话不消研究，总可以说是真，因为人和非人的分别是很容易看见的。譬如说"老虎是恶兽"，这句话真不真便待考了：欲证明他是真，必要研究兽类具备某种某种性质才算恶，看老虎果曾具备了没有？若说老虎杀人算是恶，为什么人杀老虎不算恶？若说杀同类是恶，只听见有人杀人，从没听见老虎杀老虎，然则人容或可以叫做恶兽，老虎却绝对不能叫做恶兽了。譬如说"性是善"或说"性是不善"，这两句话真不真，越发待考了：到底什么叫做"性"，什么叫做"善"，两方面都先要弄明白，倘如孟子说的性咧情咧才咧，宋儒说的义理咧气质咧，闹成一团糟，那便没有标准可以求真了。譬如说"中国现在是共和政治"，这句话便很待考：欲知他真不真，先要把共和政治的内容弄清楚，看中国和他合不合。譬如说"法国是共和政治"，这句话也待考：欲知他真不真，先要问"法国"这个字所包范围如何，若安南也算法国，这句话当然不真了。看这几个例，便可以知道：我们想对于一件事物的性质得有真知灼见，很是不容易；要钻在这件事物里头去研究，要绕着这件事物周围去研究，要跳在这件事物高头去研究，种种分析研究结果，才把这件事物的属性大略研究出来，算是从许多相类似容易混淆的个体中，发现每个个体的特征。换一个方向，把许多同有这种特征的事物，归成一类，许多类归成一部，许多部归成一组，如是综合研究的结果，算是从许多各自分离的个体中发现出他们相互间的普遍性。经过这种种工夫，才许你开口说"某件事物的性质是怎么样"。这便是科学第一件主要精神。

第二层 求有系统的真智识：智识不但是求知道一件一件事物便了，还要知道这件事物和那件事物的关系；否则零头断片的智识全没有用处。知道事物和事物相互关系，而因此推彼，得从所已知求出所未知，叫做有系统的智识。系统有二：一竖，二横。横的系统，即指事物的普遍性——如前段所说。竖的系统，指事物的因果律，——有这件事物，自然会有那件事物；必须有这件事物，才能有那件事物；倘若这件事物有如何如何的变化，那件事物便会有或才能有如何如何的变化；这叫做因果律。明白因果，是增加新智识的不二法门，因为我们靠他才能因所已知推见所未知；明白因果，是由智识进到行为的向导，因为我们预料结果如何，可以选择一个目的做去。虽然，因果是不轻容易谭的：第一，要找得出证据；第二，要说得出理由。因果律虽然不能说都要含有"必然性"，但总是愈逼近"必然性"愈好；最少也要含有很强的"盖然性"；倘若仅属于"偶然性"的便不算因果律。譬如说："晚上落下去的太阳，明早上一定再会出来"，说："倘若把水煮过了沸度，他一定会变成蒸汽"，这等算是含有必然性；因为我们积千千万万回的经验，却没有一回例外；而且为什么如此，可以很明白说出理由来。譬如说："冬间落去的树叶明年春天还会长出来"，这句话便待考；因为再长出来的并不是这块叶，而且这树也许碰着别的变故再也长不出叶来。譬如说："西边有虹霓，东边一定有雨"，这句话越发待考；因为虹霓不是雨的原因，他是和雨同一个原因，或者还是雨的结果。翻过来说："东边有雨，西边一定有虹霓"，这句话也待考；因为雨虽然可以为虹霓的原因，却还须有别的原因凑拢在一处，虹霓才会出来。譬如说："不孝的人要着雷打"，这句话便大大待考；因为虽然我们也曾听见某个不孝人着雷,但不过是偶然的一回,许多不孝的人不见得都着雷,许多着雷的东西不见得都不孝;而且宇宙间有个雷公会专打不孝人,这些理由完全说不出来。譬如说:"人死会变鬼",这句话越发大大待考;因为从来得不着绝对的证据,而且绝对的说不出理由。譬如说:"治极必乱,乱极必治",这句话便很要待考;因为我们从中国历史上虽然举出许多前例,但说治极是乱的原因,乱极是治的原因,无论如何,总说不下去。譬如说:"中国行了联省自治制后一定会太平",这话也待考;因为联省自治虽然有致太平的可能性,无奈我们未曾试过。看这些例,便可知我们想应用因果律求得有系统的智识,实在不容易。总要积无数的经验——或照原样子继续忠实观察,或用人为的加减改变试验,务找出真凭实据,才能确定此事物与彼事物之关系。这还是第一步。再进一步,凡一事物之成毁,断不止一个原因,知道甲和乙的关系还不彀,又要知道甲和丙丁戊等等关系;原因之中又有原因,想真知道乙和甲的关系,便须先知道乙和庚庚和辛辛和壬等等关系。不经过这些工夫,贸贸然下一个断案说某事物和某事物有何等关系,便是武断,便是非科学的。科学家以许多有证据的事实为基础,逐层逐层看出他们的因果关系,发明种种含有必然性或含有极强盖然性的原则;好像拿许多结实麻绳组织成一张网。这网愈织愈大,渐渐的函盖到这一组知〔智〕识的全部,便成了一门科学。这是科学第二件主要精神。

  第三层 可以教人的智识:凡学问有一个要件,要能"传与其人"。人类文化所以能成立,全由于一人的智识能传给多数人,一代的智识能传给次代。我费了很大的工夫得一种新知〔智〕识,把他传给别人,别人费比较小的工夫承受我的智识之全部或一部,同时腾出别的工夫又去发明新智识,如此教学相长递相传授,文化内容,自然一日一日的扩大。倘若智识不可以教人,无论这项智识怎样的精深博大,也等于"人亡政息",于社会文化绝无影响。中国凡百学问,都带一种"可以意会,不可以言传"的神秘性,最足为智识扩大之障碍。例如医学,我不敢说中国几千年没有发明,而且我还信得过确有名医,但总没有法传给别人,所以今日的医学,和扁鹊、仓公时代一样,或者还不如。又如修习禅观的人,所得境界,或者真是圆满庄严,但只好他一个人独享，对于全社会文化竟不发生丝毫关系。中国所有学问的性质，大抵都是如此。这也难怪：中国学问，本来是由几位天才绝特的人"妙手偶得"——本来不是按步就班的循着一条路去得着，何从把一条应循之路指给别人？科学家恰恰相反：他们一点点智识，都是由艰苦经验得来。他们说一句话总要举出证据，自然要将证据之如何搜集如何审定一概告诉人。他们主张一件事总要说明理由，理由非能縠还原不可，自然要把自己思想经过的路线，顺次详叙。所以别人读他一部书或听他一回讲义，不惟能縠承受他研究所得之结果，而且一并承受他如何能研究得此结果之方法，而且可以用他的方法来批评他的错误。方法普及于社会，人人都可以研究，自然人人都会有发明。这是科学第三件主要精神。

三

中国学术界，因为缺乏这三种精神，所以生出如下之病证：

一、笼统　标题笼统，——有时令人看不出他研究的对象为何物。用语笼统，——往往一句话容得几方面解释。思想笼统，——最爱说大而无当不着边际的道理，自己主张的是什么，和别人不同之处在那里，连自己也说不出。

二、武断　立说的人，既不必负找寻证据说明理由的责任，判断下得容易，自然流于轻率。许多名家著述，不独违反真理而且违反常识的，往往而有。既已没有讨论学问的公认标准，虽然判断谬误，也没有人能驳他；谬误便日日侵蚀社会人心。

三、虚伪　武断还是无心的过失。既已容许武断，便也容许虚伪。虚伪有二：一，语句上之虚伪，如隐匿真证杜撰假证或曲说理由等等。二，思想内容之虚伪，本无心得，貌为深秘，欺骗世人。

四、因袭　把批评精神完全消失，而且没有批评能力，所以一味盲从古人，剽窃些绪余过活。所以思想界不能有弹力性随着时代所需求而开拓，倒反留着许多沉淀废质在里头为营养之障碍。

五、散失　间有一两位思想伟大的人，对于某种学术有新发明，但是没有传授与人的方法，这种发明，便随着本人的生命而中断。所以他的学问，不能成为社会上遗产。

以上五件，虽然不敢说是我们思想界固有的病证，这病最少也自秦汉以来受了二千年。我们若甘心抛弃文化国民的头衔，那更何话可说？若还舍不得吗？试想！二千年思想界内容贫乏到如此，求学问的涂径榛塞到如此，长此下去，何以图存？想救这病，除了提倡科学精神外没有第二剂良药了。

我最后还要补几句话：我虽然照董事部指定的这个题目讲演，其实科学精神之有无，只能用来横断新旧文化，不能用来纵断东西文化。若说欧美人是天生成科学的国民，中国人是天生成非科学的国民，我们可绝对的不能承认。拿我们战国时代和欧洲希腊时代比较，彼此都不能说是有现代这种崭新的科学精神，彼此却也没有反科学的精神。秦汉以后，反科学精神弥漫中国者二千年，罗马帝国以后，反科学精神弥漫于欧洲者也一千多年。两方比较，我们隋唐佛学时代，还有点"准科学的"精神不时发现，只有比他们强，没有比他们弱。我所举五种病证，当他们教会垄断学问时代，件件都有。直到文艺复兴以后，渐渐把思想界的健康恢复转来，所谓科学者，才种下根苗；讲到枝叶扶疏，华实烂漫，不过最近一百年内的事。一百年的先进后进，在历史上值得计较吗？只要我们不讳疾忌医，努力服这剂良药，只怕将来生天成佛未知谁先谁后哩！我祝祷科学社能做到被国民信任的一位医生；我祝祷中国文化添入这有力的新成分再放异彩！

（1922年8月20日在南通为科学社年会讲演，原刊1922年8月23日《时事新报·学灯》，收入《梁任公学术讲演集》第二辑，商务印书馆1922年11月初版）

治国学的两条大路

梁先生在宁讲学数月，每次讲稿均先期手自编定。此次因离宁在即，应接少暇，故本讲稿仅成其上篇。下篇则由竞芳笔记，谨附识。

诸君！我对于贵会，本来预定讲演的题目，是"古书之真伪及其年代"。中间因为有病，不能履行原约。现在我快要离开南京了，那个题目不是一回可以讲完，而且范围亦太窄。现在改讲本题，或者较为提纲挈领于诸君有益罢。

我以为研究国学有两条应走的大路：

一、文献的学问。应该用客观的科学方法去研究。

二、德性的学问。应该用内省的和躬行的方法去研究。

第一条路，便是近人所讲的"整理国故"这部分事业。这部分事业最浩博最繁难而且最有趣的，便是历史。我们是有五千年文化的民族；我们一家里弟兄姊妹们，便占了全人类四分之一；我们的祖宗世世代代在"宇宙进化线"上头不断的做他们的工作；我们替全人类积下一大份遗产，从五千年前的老祖宗手里一直传到今日没有失掉。我们许多文化产品，都用我们极优美的文字记录下来。虽然记录方法不很整齐，虽然所记录的随时散失了不少；但即以现存的正史，别史，杂史，编年，纪事本末，法典，政书，方志，谱牒，以至各种笔记，金石刻文，等类而论，十层大楼的图书馆也容不下。拿历史家眼光看来，一字一句，都藏有极可宝贵的史料。又不独史部书而已，一切古书，有许多人见为无用者，拿他当历史读，都立刻变成有用。章实斋说"六经皆史"，这句话我原不敢赞成；但从历史家的立脚点看，说"六经皆史料"，那便通了。既如此说，则何只六经皆史？也可以说诸子皆史，诗文集皆史，小说皆史。因为里头一字一句都藏有极可宝贵的史料，和史部书同一价值。我们家里头这些史料，真算得世界第一个丰富矿穴。从前仅用土法开采，采不出什么来；现在我们懂得西法了，从外国运来许多开矿机器了。这种机器是什么？是科学方法。我们只要把这种方法运用得精密巧妙而且耐烦，自然会将这学术界无尽藏的富源开发出来，不独对得起先人，而且可以替世界人类恢复许多公共产业。

这种方法之应用，我在我去年所著的《历史研究法》和前两个月在本校所讲的《历史统计学》里头，已经说过大概。虽然还有许多不尽之处，但我敢说这条路是不错的，诸君倘肯循着路深究下去，自然也会发出许多支路，不必我细说了。但我们要知道：这个矿太大了，非分段开采不能成功，非一直开到深处不能得着宝贝。我们一个人一生的精力，能彀彻底开通三几处矿苗，便算了不得的大事业。因此我们感觉着有发起一个"合作运动"之必要，合起一群人在一个共同目的共同计画之下，各人从其性之所好以及平时的学问根柢，各人分担三两门做"窄而深"的研究，拼着一二十年工夫下去，这个矿或者可以开得有点眉目了。

此外和史学范围相出入或者性质相类似的文献学还有许多，都是要用科学方法研究去。例如：

（一）文字学　我们的单音文字，每一个字都含有许多学问意味在里头。若能用新眼光去研究，做成一部《新说文解字》，可以当作一部民族思想变迁史或社会心理进化史读。

（二）社会状态学　我国幅员广漠，种族复杂。数千年前之初民的社会组织，与现代号称最进步的组织，同时并存。试到各省区的穷乡僻壤，更进一步入到苗子番子居住的地方，再拿二十四史里头蛮夷传所记的风俗来参证，我们可以看见现代社会学者许多想像的事项，或者证实，或者要加修正。总而言之，几千年间一部竖的进化史，在一块横的地平上可以同时看出，除了我们中国以外恐怕没有第二个国了。我们若从这方面精密研究，真是最有趣味的事。

（三）古典考释学　我们因为文化太古，书籍太多，所以真伪杂陈，很费别择；或者文义艰深，难以索解。我们治国学的人，为节省后人精力而且令学问容易普及起见，应该负一种责任，将所有重要古典，都重新审定一番，解释一番。这种工作，前清一代的学者已经做得不少。我们一面凭借他们的基础，容易进行；一面我们因外国学问的触发，可以有许多补他们所不及。所以从这方面研究，又是极有趣味的事。

（四）艺术鉴评学　我们有极优美的文学美术作品。我们应该认识他的价值，而且将赏鉴的方法传授给多数人，令国民成为"美化"。这种工作，又要另外一帮人去做。我们里头有性情近于这一路的，便应该以此自任。

以上几件，都是举其最重要者。其实文献学所包含的范围还有许多，就是上所讲的几件，剖析下去，每件都有无数的细目。我们做这类文献学问，要悬着三个标准以求到达：

第一求真　凡研究一种客观的事实，须先要知道他"的确是如此"，才能判断他"为什么如此"。文献部分的学问，多属过去陈迹，以讹传讹失其真相者甚多。我们总要用很谨严的态度，子细别择，把许多伪书和伪事剔去，把前人的误解修正，才可以看出真面目来。这种工作，前清"乾嘉诸老"也曾努力做过一番；有名的清学正统派之考证学便是。但依我看来，还早得很哩。他们的工作，算是经学方面做得最多，史学子学方面便差得远，佛学方面却完全没有动手呢。况且我们现在做这种工作，眼光又和先辈不同，所凭借的资料也比先辈们为多。我们应该开出一派"新考证学"，这片大殖民地，很毂我们受用咧。

第二求博　我们要明白一件事物的真相，不能靠单文孤证便下武断。所以要将同类或有关系的事情网罗起来贯串比较，愈多愈妙。比方做生物学的人，采集各种标本，愈多愈妙。我们可以用统计的精神作大量观察。我们可以先立出若干种"假定"，然后不断的搜罗资料，来测验这"假定"是否正确。若能善用这些法门，真如韩昌黎说的"牛溲马勃，败鼓之皮，兼收并蓄，待用无遗"。许多前人认为无用的资料，我们都可以把他废物利用了。但求博也有两个条件。荀子说"好一则博"；又说"以浅持博"。我们要做博的工夫，只能择一两件专门之业为自己性情最近者做去，从极狭的范围内生出极博来。否则件件要博，便连一件也博不成。这便是好一则博的道理。又，满屋散钱，穿不起来，虽多也是无用。资料越发丰富，则驾驭资料越发繁难，总须先求得个"一以贯之"的线索，才不至"博而寡要"。这便是以浅持博的道理。

第三求通　好一固然是求学的主要法门。但容易发生一种毛病，这毛病我替他起个名叫做"显微镜生活"。镜里头的事物看得纤悉周备，镜以外却完全不见。这样子做学问，也常常会判断错误。所以我们虽然专门一种学问，却切不要忘却别门学问和这门学问的关系；在本门中，也常要注意各方面相互之关系。这些关系，有许多在表面上看不出来的，我们要用锐利眼光去求得他。能常常注意关系，才可以成通学。

以上关于文献学，算是讲完，两条路已言其一。此外则为德性学。此学应用内省及躬行的方法来研究，与文献学之应以客观的科学方法研究者绝不同。这可说是国学里头最重要的一部分，人人应当领会的。必走通了这一条路，乃能走上那一条路。

近来国人对于知识方面，很是注意，整理国故的名词，我们也听得纯熟，诚然整理国故，我们是认为急务；不过若是谓除整理国故外，遂别无学问，那却不然。我们的祖宗遗予我们的文献宝藏，诚然足以傲世界各国而无愧色，但是我们最特出之点，仍不在此。其学为何？即人生哲学是。

欧洲哲学上的波澜，就哲学史家的眼光看来，不过是主智主义与反主智主义两派之互相起伏。主智者主智；反主智者即主情，主意。本来人生方面，也只有智，情，意三者。不过欧人对主智，特别注重；而于主情，主意，亦未能十分贴近人生。盖欧人讲学，始终未以人生为出发点。至于中国先哲则不然。无论何时代何宗派之著述，凤皆归纳于人生这一途，而于西方哲人精神萃集处之宇宙原理，物质公例等等，到都不视为首要。故《荀子·儒效篇》曰："道，仁之隆也。……非天之道，非地之道，人之所以道也。"儒家既纯以人生为出发点，所以以"人之所以为道"为第一位，而于天之道等等，悉以置诸第二位。而欧西则自希腊以来，即研究他们所谓的形而上学。一天到晚，只在那里高谈宇宙原理，凭空冥索，终少归宿到人生这一点。苏格拉底号称西方的孔子，很想从人生这一方面做工夫，但所得也十分幼稚。他的弟子柏拉图，更不晓得循着这条路去发挥，至全弃其师传，而复研究其所谓天之道。亚里斯多德出，于是又反趋于科学。后人有谓道源于亚里斯多德的话，其实他也不过仅于科学方面，有所创发，离人生毕竟还远得很。迨后斯端一派，大概可与中国的墨子相当；对于儒家，仍是望尘莫及。一到中世纪，欧洲全部，统成了宗教化。残酷的罗马与日耳曼人，悉受了宗教的感化，而渐进于迷信。宗教方面，本来主情意的居多；但是纯以客观的上帝来解决人生，终竟离题尚远。后来再一个大反动，便是"文艺复兴"，遂一变主情主意之宗教，而代以理智。近代康德之讲范畴，范围更过于严谨，好像我们的临"九宫格"一般。所以他们这些，都可说是没有走到人生的大道上去。直到詹姆士，柏格森，倭铿等出，才感觉到非改走别的路不可，很努力的从体验人生上做去，也算是把从前机械的唯物的人生观，拨开几重云雾。但是真果拿来与我们儒家相比，我可以说仍然幼稚。

总而言之，西方人讲他的形而上学，我们承认有他独到之处。换一方面，讲客观的科学，也非我们所能及。不过最奇怪的，是他们讲人生也用这种方法，结果真弄到个莫明其妙。譬如用形而上学的方法讲人，绝不想到是从人生的本体来自证，却高谈玄妙，把冥冥莫测的上帝来对喻。再如用科学的方法讲，尤为妙极。试问人生是什么？是否可以某部当几何之一角，三角之一边？是否可以用化学的公式来化分化合，或是用几种原质来造成？再如达尔文之用生物进化说来讲人生，征考详博，科学亦莫能摇动，总算是壁垒坚固；但是果真要问他人之所以异于禽兽者安在？人既自猿进化而来，为什么人自人而猿终为猿？恐怕他也不能给我们以很有理由的解答。总之，西人所用的几种方法，仅能够用之以研究人生以外的各种问题；人，决不是这样机械易懂的。欧洲人却始终未澈悟到这一点，只盲目的往前做，结果造成了今日的烦闷，彷徨莫知所措。盖中世纪时，人心还能依赖着宗教过活；及乎今日，科学昌明，赖以醉麻人生的宗教，完全失去了根据。人类本从下等动物蜕化而来，那里有什么上帝创造？宇宙一切现象，不过是物质和他的运动，还有什么灵魂？来世的天堂，既不可凭；眼前的利害，复日相肉迫。怀疑失望，都由之而起，真正是他们所谓的世纪末了。

以上我等看西洋人何等可怜！肉搏于这种机械唯物的枯燥生活当中，真可说是始终未闻大道！我们不应当导他们于我们祖宗这一条路上去吗？以下便略讲我们祖宗的精神所在。我们看看是否可以终身受用不尽；并可以救他们西人物质生活之疲敝？

我们先儒始终看得知行是一贯的，从无看到是分离的。后人多谓知行合一之说，为王阳明所首倡，其实阳明也不过是就孔子已有的发挥。孔子一生为人，处处是知行一贯。从他的言论上，也可以看得出来。他说"学而不厌"，又说"为之不厌"，可知"学"即是"为"，"为"即是"学"。盖以知识之扩大，在人努力的自为，从不像西人之从知识方法而求知识。所以王阳明曰："知而不行，是谓不知。"所以说这类学问，必须自证，必须躬行，这却是西人始终未看得的一点。

又儒家看得宇宙人生是不可分的。宇宙绝不是另外一件东西，乃是人生的活动。故宇宙的进化，全基于人类努力的创造。所以《易经》曰："天行健，君子以自强不息。"又看得宇宙永无圆满之时，故易卦六十四，始"乾"而以"未济"终。盖宇宙"既济"，则乾坤已息，还复有何人类？吾人在此未圆满的宇宙中，只有努力的向前创造。这一点，柏格森所见的，也很与儒家相近。他说宇宙一切现象，乃是意识流转所构成，方生已灭，方灭已生，生灭相衔，方成进化；这些生灭，都是人类自由意识发动的结果。所以人类日日创造，日日进化。这意识流转，就唤作精神生活，是要从内省直觉得来的。他们既知道变化流转，就是宇宙真相，又知道变化流转之权，操之在我，所以孔子曰："人能弘道；非道弘人。"儒家既看清了以上各点，所以他的人生观，十分美渥，生趣盎然。人生在此不尽的宇宙当中，不过是蜉蝣朝露一般，向前做得一点，是一点，既不望其成功，苦乐遂不系于目的物，完全在我，真所谓"无入而不自得"。有了这种精神生活，再来研究任何学问，还有什么不成？那么，或有人说，宇宙既是没有圆满的时期，我们何不静止不作，好吗？其实不然。人既为动物，便有动作的本能，穿衣吃饭，也是要动的。既是人生非动不可，我们就何妨就我们所喜欢做的，所认为当做的做下去？我们最后的光明，固然是远在几千万年几万万年之后，但是我们的责任，不是叫一蹴而几的达到目的地；是叫我们的目的地，日近一日。我们的祖宗，尧，舜，禹，汤，孔，孟……在他们的进行中，长的或跑了一尺，短的不过跑了数寸，积累而成，才有今日。我们现在无论是一寸半分，只要往前跑，才是。为现在及将来的人类受用，这都是不可逃的责任。孔子曰："士不可以不弘毅，任重而道远。仁以为己任，不亦重乎？死而后已，不亦远乎？"所以我们虽然晓得道远之不可致，还是要努力的到死而后已。故孔子是"知其不可而为之者"。正为其知其不可而为，所以生活上才含着春意。若是不然，先计较他可为不可为，那么，情志便系于外物，忧乐便关乎得失；或竟因为计较利害的原故，使许多应做的事，反而不做。这样，还那里领略到生活的乐趣呢？

再其次，儒家是不承认人是单独可以存在的。故"仁"的社会，为儒家理想的大同社会。"仁"字，从二人；郑玄曰："仁，相人偶也。"（《礼记注》）非人与人相偶，则"人"的概念不能成立。故孤行执异，绝非儒家所许。盖人格专靠各个自己，是不能完成。假如世界没有别人，我的人格，从何表现？譬如全社会都是罪恶，我的人格受了传染和压迫，如何能健全：由此可知人格是个共同的，不是孤另的。想自己的人格向上，唯一的方法，是要社会的人格向上。然而社会的人格，本是各个自己化合而成。想社会的人格向上，唯一的方法，又是要自己的人格向上。明白这个意力和环境提携，便成进化的道理。所以孔子教人"己欲立，而立人；己欲达，而达人"。所谓立人达人，非立达别人之谓，乃立达人类之谓。彼我合组成人类，故立达彼，即是立达人类。立达人类，即是立达自己。更用"取譬"的方法，来体验这个达字，才算是"仁之方"。其他《论语》一书，讲仁字的，屡见不一见。儒家何为把仁字看得这么重要呢？即上面所讲的，儒家学问，专以研究"人之所以道"为本。明乎仁，人之所以道自见。孟子曰："仁也者，人也；合而言之，道也。"盖仁之概念，与人之概念相函，人者，通彼我而始得名。彼我通，乃得谓之仁。知乎人与人相通，所以我的好恶，即是人的好恶。我的精神中，同时也含有人的精神。不徒是现世的人为然，即如孔孟远在二千年前，他的精神，亦浸润在国民脑中不少。可见彼我相通，虽历百世不变。儒家从这一方面看得至深且切，而又能躬行实践，"无终食之间违仁"，这种精神，影响于国民性者至大。即此一分家业，我可以说真是全世界唯一无二的至宝。这绝不是用科学的方法可以研究得来的，要用内省的工夫，实行体验。体验而后，再为躬行实践，养成了这副美妙的仁的人生观，生趣盎然的向前进。无论研究什么学问，管许是兴致勃勃。孔子曰："仁者不忧"，就是这个道理。不幸汉以后这种精神便无人继续的弘发，人生观也渐趋于机械。八股制兴，孔子的真面目日失。后人日称"寻孔颜乐处"，究竟孔颜乐处在那里？还是莫名其妙。我们既然诵法孔子，应该好好保存这分家私，——美妙的人生观——才不愧是圣人之徒啊！

此外我们国学的第二源泉，就是佛教。佛，本传于印度；但是盛于中国。现在大乘各派，五印全绝。正法一派，全在中国。欧洲人研究佛学的甚多，梵文所有的经典，差不多都翻出来。但向梵文里头求大乘，能得多少？我们自创的宗派，更不必论了。像我们的禅宗，真可算得应用的佛教，世间的佛教的确是印度以外才能发生，的确是表现中国人的特质，叫出世法与入世法并行不悖。他所讲的宇宙精微，的确还在儒家之上。说宇宙流动不居，永无圆满，可说是与儒家相同。曰："一众生不成佛，我誓不成佛"，即孔子立人达人之意。盖宇宙最后目的，乃是求得一大人格实现之圆满相，绝非求得少数个人超拔的意思。儒佛所略不同的，就是一偏于现世的居多；一偏于出世的居多。至于他的共同目的，都是愿世人精神方面，完全自由。现在自由二字，误解者不知多少。其实人类外界的束缚，他力的压迫，终有方法解除；最怕的是"心为形役"，自己做自己的奴隶。儒佛都用许多的话来教人，想叫把精神方面的自缚，解放净尽，顶天立地，成一个真正自由的人。这点，佛家弘发得更为深透，真可以说佛教是全世界文化的最高产品。这话，东西人士，都不能否认。此后全世界受用于此的正多，我们先人既辛苦的为我们创下这分产业，我们自当好好的承受。因为这是人生唯一安身立命之具，有了这种安身立命之具，再来就性之所近的，去研究一种学问，那么，才算尽了人生的责任。

诸君听了我这夜的演讲，自然明白我们中国文化，比世界各国并无逊色。那一般沉醉西风，说中国一无所有的人，自属浅薄可笑。《论语》曰："人虽欲自绝，其何伤于日月乎？多见其不知量也！"这边的诸同学，从不对于国学轻下批评，这是很好的现象。自然，我也闻听有许多人讽刺南京学生守旧，但是只要旧的是好，守旧又何足诟病？所以我很愿此次的讲演，更能够多多增进诸君以研究国学的兴味！

（1923年1月9日在南京东南大学国学研究所讲演，李竞芳笔记，原刊1923年1月23日《时事新报·学灯》，收入《梁任公学术讲演集》第三辑，商务印书馆1923年9月初版）

国学入门书要目及其读法(节录)

附录二 治国学杂话

　　学生做课外学问，是最必要的。若只求讲堂上功课及格，便算完事，那么，你进学校，只是求文凭，并不是求学问。你的人格，先已不可问了。再者，此类人一定没有"自发"的能力，不特不能成为一个学者，亦断不能成为社会上治事领袖人才。

　　课外学问，自然不专指读书：如试验，如观察自然界，……都是极好的。但读课外书，最少要算课外学问的主要部分。

　　一个人总要养成读书趣味。打算做专门学者，固然要如此。打算做事业家，也要如此。因为我们在工厂里在公司里在议院里在……里做完一天的工作出来之后，随时立刻可以得着愉快的伴侣，莫过于书籍，莫便于书籍。

　　但是将来这种愉快得着得不着，大概是在学校时代已经决定。因为必须养成读书习惯，才能尝着读书趣味。人生一世的习惯，出了学校门限，已经铁铸成了。所以在学校中不读课外书以养成自己自动的读书习惯，这个人简直是自己剥夺自己终身的幸福。

　　读书自然不限于读中国书。但中国人对于中国书，最少也该和外国书作平等待遇。你这样待遇他，他给回你的愉快报酬，最少也和读外国书所得的有同等分量。

中国书没有整理过，十分难读，这是人人公认的。但会做学问的人，觉得趣味就在这一点。吃现成饭，是最没有意思的事，是最没有出息的人才喜欢的。一种学问，被别人做完了，四平八正的编成教科书样子给我读，读去自然是毫不费力。但从这不费力上头，结果便令我的心思不细致不刻入。专门喜欢读这类书的人，久而久之，会把自己创作的才能汩没哩。在纽约芝加哥笔直的马路崭新的洋房里舒舒服服混一世，这个人一定是过的毫无意味的平庸生活。若要过有意味的生活，须是哥伦布初到美洲时。

中国学问界，是千年未开的矿穴。矿苗异常丰富。但非我们亲自绞脑筋绞汗水，却开不出来。翻过来看，只要你绞一分脑筋一分汗水，当然还你一分成绩，所以有趣。

所谓中国学问界的矿苗，当然不专指书籍。自然界和社会实况，都是极重要的。但书籍为保存过去原料之一种宝库，且可以为现在实测各方面之引线。就这点看来，我们对于书籍之浩瀚，应该欢喜感谢他，不应该厌恶他。因为我们的事业比方要开工厂，原料的供给，自然是越丰富越好。

读中国书，自然像披沙拣金，沙多金少。但我们若把他作原料看待，有时寻常人认为极无用的书籍，和语句，也许有大功用。须知工厂种类多着呢。一个厂里头还有许多副产物哩。何止金有用，沙也有用。

若问读书方法，我想向诸君上一个条陈：这方法是极陈旧的极笨极麻烦的。然而实在是极必要的。什么方法呢？是钞录或笔记。

我们读一部名著，看见他征引那么繁博，分析那么细密，动辄伸着舌头说道：这个人不知有多大记忆力，记得许多东西，这是他的特别天才，我们不能学步了。其实那里有这回事。好记性的人不见得便有智慧；有智慧的人比较的倒是记性不甚好。你所看见者是他发表出来的成果，不知他这成果原是从铢积寸累困知勉行得来。大抵凡一个大学者平日用功，总是有无数小册子或单纸片，读书看见一段资料觉其有用者，立刻钞下。（短的钞全文，长的摘要记书名卷数叶数。）资料渐渐积得丰富，再用眼光来整理分析他，便成一篇名著。想看这种痕迹，读赵瓯北的《二十二史札记》，陈兰甫的《东塾读书记》，最容易看出来。

这种工作，笨是笨极了，苦是苦极了。但真正做学问的人，总离不了这条路。做动植物的人，懒得采集标本，说他会有新发明，天下怕没有这种便宜事。

发明的最初动机在注意。钞书便是促醒注意及继续保存注意的最好方法。当读一书时，忽然感觉这一段资料可注意，把他钞下，这件资料，自然有一微微的印象印入脑中，和滑眼看过不同。经过这一番后，过些时碰着第二个资料和这个有关系的，又把他钞下，那注意便加浓一度，经过几次之后，每翻一书，遇有这项资料，便活跳在纸上，不必劳神费力去找了。这是我多年经验得来的实况。诸君试拿一年工夫去试试，当知我不说慌〔谎〕了。

先辈每教人不可轻言著述。因为未成熟的见解公布出来，会自误误人，这原是不错的。但青年学生"斐然有述作之志"，也是实际上鞭策学问的一种妙用。譬如同是读《文献通考》的《钱币考》和各史《食货志》中钱币项下各文，泛泛读去，没有什么所得。倘若你一面读一面便打主意做一篇中国货币沿革考，这篇考做的好不好另一问题，你所读的自然加几倍受用了。譬如同读一部《荀子》，某甲泛泛读去，某乙一面读一面打主意做部荀子学案，读过之后，两个人的印象深浅，自然不同。所以我很奖励青年好著书的习惯。至于著的书，拿不拿给人看，什么时候才认做成功，这还不是你的自由吗？

每日所读之书，最好分两类：一类是精读的，一类是涉览的。因为我们一面要养成读书心细的习惯，一面要养成读书眼快的习惯。心不细则毫无所得，等于白读；眼不快则时候不彀用，不能博搜资料。诸经诸子四史通鉴等书，宜入精读之部，每日指定某时刻读他，读时一字不放过，读完一部才读别部。想钞录的随读随钞。另外指出一时刻，随意涉览。觉得有趣，注意细看；觉得无趣，便翻次叶。遇有想钞录的，也俟读完再钞，当时勿窒其机。

诸君勿因初读中国书勤劳大而结果少，便生退悔。因为我们读书，并不是专向现时所读这一本书里头现钱现货的得多少报酬。最要紧的是涵养成好读书的习惯和磨炼出善读书的脑力。青年期所读各书,不外借来做达这两个目的的梯子。我所说的前提倘若不错,则读外国书和读中国书当然都各有益处。外国名著,组织得好,易引起趣味;他的研究方法,整整齐齐摆出来,可以做我们模范;这是好处。我们滑眼读去,容易变成享现成福的少爷们,不知甘苦来历,这是坏处。中国书未经整理,一读便是一个闷头棍,每每打断趣味,这是坏处。逼着你披荆斩棘,寻路来走,或者走许多冤枉路,(只要走路断无冤枉,走错了回头,便是绝好教训。)从甘苦阅历中磨炼出智慧,得苦尽甘来的趣味,那智慧和趣味却最真切。这是好处。

还有一件:我在前项书目表中,有好几处写"希望熟读成诵"字样。我想诸君或者以为甚难,也许反对说我顽旧。但我有我的意思,我并不是奖励人勉强记忆。我所希望熟读成诵的有两种类。一种类是最有价值的文学作品;一种类是有益身心的格言。好文学是涵养情趣的工具。做一个民族的分子,总须对于本民族的好文学十分领略。能熟读成诵,才在我们的"下意识"里头,得着根柢,不知不觉会"发酵"。有益身心的圣哲格言,一部分久已在我们全社会上形成共同意识。我既做这社会的分子,总要彻底了解他,才不至和共同意识生隔阂。一方面我们应事接物时候,常常仗他给我们的光明。要平日摩得熟,临时才得着用。我所以有些书希望熟读成诵者在此。但亦不过一种格外希望而已;并不谓非如此不可。

最后我还专向清华同学诸君说几句话:我希望诸君对于国学的修养比旁的学校学生格外加功。诸君受社会恩惠,是比别人独优的。诸君将来在全社会上一定占势力,是眼看得见的。诸君回国之后对于中国文化有无贡献,便是诸君功罪的标准。饶你学成一位天字第一号形神毕肖的美国学者,只怕于中国文化没有多少影响。若这样便有影响,我们把美国蓝眼睛的大博士抬一百几十位来便彀了,又何必诸君呢。诸君须要牢牢记着你不是美国学生,是中国留学生。如何才配叫做中国留学生,请你自己打主意罢。

(原刊 1923 年 5 月 11 日《清华周刊》第 281 期《书报介绍附刊》第 3 期;又刊 1923 年 6 月 18 日《晨报副镌》)

要籍解题及其读法（节录）

《史记》

（上略）

《史记》著述之旨趣　《史记》自是中国第一部史书。但吾侪最当注意者："为作史而作史"，不过近世史学家之新观念，从前史家作史，大率别有一"超史的"目的，而借史事为其手段。此在各国旧史皆然，而中国为尤甚也。孔子所作《春秋》，表面上像一部二百四十年的史，然其中实孕含无数"微言大义"，故后世学者不谓之史而谓之经。司马迁实当时《春秋》家大师董仲舒之受业弟子，其作《史记》盖窃比《春秋》。故其《自序》首引仲舒所述孔子之言曰："我欲载之空言，不如见之于行事之深切著明也。"其意若曰：吾本有种种理想，将以觉民而救世，但凭空发议论，难以警切，不如借现成的历史上事实做个题目，使读者更为亲切有味云尔。《春秋》旨趣既如此，则窃比《春秋》之《史记》可知。故迁《报任安书》云："欲以究天人之际，通古今之变，成一家之言。"《自序》亦云："略以拾遗补蓺，成一家之言。厥协六经异传，整齐百家杂语。藏诸名山，副在京师，俟后世圣人君子。"由此观之，其著书最大目的，乃在发表司马氏"一家之言"，与荀卿著《荀子》，董生著《春秋繁露》，性质正同。不过其"一家之言"，乃借史的形式以发表耳。故仅以近世史的观念读《史记》，非能知《史记》者也。

《史记》之史的价值　然则《史记》不复有史的价值耶？是又不然。据《自序》："司马氏世典周史。"古代学术，率为官府所专有，而史官尤为其渊海。谈、迁父子入汉，世守其业。《自序》云："百年之间，天下遗文古事，靡不毕集太史公。太史公仍父子相续纂其职。"盖当时具备作史资格者，无如迁父子，故谈临终以此业责迁，而迁亦毅然以此自任。前此史家著述成绩何如，今不可尽考。略以现存之几部古史观之，大抵为断片的杂记，或顺按年月纂录。其自出机杼，加以一番组织，先定全书规模然后驾驭去取各种资料者，盖未之前有，有之自迁书始也。《自序》云："余所谓述故事，整齐其世传，非所谓作也。"此迁自谦云尔。作史安能凭空自造，舍"述"无由。史家惟一职务，即在"整齐其世传"，"整齐"即史家之创作也。能否"整齐"，则视乎其人之学识及天才。太史公知整齐之必要，又知所以整齐，又能使其整齐理想实现，故太史公为史界第一创作家也。

《史记》创造之要点，以余所见者如下：

一、以人物为中心。历史由环境构成耶？由人物构成耶？此为史界累世聚讼之问题。以吾侪所见，虽两方势力俱不可蔑，而人类心力发展之功能，固当畸重。中国史家，最注意于此，而实自太史公发之。其书百三十篇，除十表八书外，余皆个人传记。在外国史及过去古籍中无此体裁。以无数个人传记之集合体成一史，结果成为人的史而非社会的史，是其短处。然对于能发动社会事变之主要人物，各留一较详确之面影以传于后，此其所长也。长短得失且勿论，要之太史公一创作也。

二、历史之整个的观念。从前的史，或属于一件事的关系文书——如《尚书》。或属于各地方的纪载——如《国语》《战国策》。或属于一时代的记载——如《春秋》及《左传》。《史记》则举其时所及知之人类全体自有文化以来数千年之总活动治为一炉。自此始认识历史为整个浑一的，为永久相续的。非至秦汉统一后且文化发展至相当程度，则此观念不能发生。而太史公实应运而生。《史记》实为中国通史之创始者。自班固以下，此意荒矣。故郑渔仲（樵）章实斋（学诚）力言《汉书》以后"断代史"之不当。虽责备或太过，然史公之远识与伟力，则无论何人不能否定也。

右二项就理想方面论。

三、组织之复杂及其联络。《史记》以十二本纪十表八书三十世家七十列传组织而成。其本纪及世家之一部分为编年体，用以定时间的关系。其列传则人的记载，贯澈其以人物为历史主体之精神。其书则自然界现象与社会制度之记述，与"人的史"相调剂。内中意匠特出，尤在十表。据桓谭《新论》谓其"旁行斜上并效《周谱》"，或以前尝有此体制亦未可知；然各表之分合间架，总出诸史公之惨淡经营。表法既立，可以文省事多，而事之脉络亦具。《史记》以此四部分组成全书，互相调和，互保联络，遂成一部博大谨严之著作。后世作断代史者，虽或于表志门目间有增减，而大体组织，不能越其范围。可见史公创作力之雄伟，能笼罩千古也。

四、叙列之扼要而美妙。后世诸史之列传，多借史以传人；《史记》之列传，惟借人以明史。故与社会无大关系之人，滥竽者少。换一方面看，立传之人，并不限于政治方面，凡与社会各部分有关系之事业，皆有传为之代表。以行文而论，每叙一人，能将其面目活现。又极复杂之事项——例如《货殖列传》《匈奴列传》《西南夷列传》等所叙，皆能剖析条理缜密而清晰。其才力固自夐绝。

右二项就技术方面论。

要之《史记》价值，久为学界所公认，吾侪赞美，适成赘词。反不如攻其阙失，犹足附于史公忠臣之列。今姑述此四项，致吾敬仰云尔。

（中略）

读《史记》法之一　读《史记》有二法：一，常识的读法；二，专究的读法。两种读法，有共同之入门准备：

一、先读《太史公自序》及《汉书·司马迁传》。求明了作者年代，性行，经历，及全书大概。

二、读《汉书·叙传》论《史记》之部；刘知几《史通》之《六家》篇，《二体》篇，《正史》篇；郑樵《通志·总序》论《史记》之部。《隋书·经籍志》及《四库提要》之史部正史类关于记述《史记》之部分。求略识本书在史学界之位置及价值。

今先论常识的读法：《史记》为正史之祖，为有组织有宗旨之第一部古史书；文章又极优美。二千年来学者家弦户诵，形成国民常识之一部，其地位与六经诸子相并。故凡属学人，必须一读，无可疑者。惟全篇卷帙颇繁，卒业不易。今为节啬日力计，先剔出以下各部分：

一，十表但阅序文。表中内容不必详究，但流览其体例，略比较各表编次方法之异同便得。

一，八书本为极重要之部分。惟今所传似非原本，与其读此，不如读《汉书》各志，故可全部从省。

一，《世家》中《吴》，《齐》，《鲁》，《管蔡》，《陈杞》，《卫》，《宋》，《晋》，《楚》，《越》，《郑》，各篇，原料什九采自《左传》。既读《左传》，则此可省。但战国一部分之世家仍须读，因《战国策》太无系统故。

一，《武帝纪》，《日者传》，《龟策传》等，已证明为伪书，且芜杂浅俚，自可不读。《扁鹊仓公传》等，似是长编非定本，一涉猎便足。

以上所甄别，约当全书三分之一，所省精力已不少。自余各部分之读法略举如下：

第一，以研究著述体例及宗旨为目的而读之。《史记》以极复杂之体裁混合组织，而配置极完善，前既言之矣。专就列传一部分论，其对于社会文化确能面面顾及。政治方面代表之人物无论矣。学问艺术方面，亦盛水不漏。试以刘向《七略》比附之：如《仲尼弟子》，《老庄申韩》，《孟子荀卿》等传，于先秦学派网罗略具；《儒林传》于秦汉间学派渊源叙述特详，则六艺略诸子略之属也。如《司马穰苴》《孙子吴起》等传，则兵书略之属也。如《屈原贾生》《司马相如》等传，则诗赋略之属也。如《扁鹊仓公传》，则方技略之属也。如《龟策》《日者》两传，则术数略之属也。又如《货殖传》之注重社会经济，《外戚》《佞幸》两传暗示汉代政治祸机所伏；处处皆具特识。又其篇目排列亦似有微意：如本纪首唐虞，世家首吴泰伯，列传首伯夷，皆含有表章让德之意味。此等事前人多已论列，不尽穿凿附会也。

若以此项目的读《史记》，宜提高眼光，鸟瞰全书，不可徒拘拘于寻行数墨，庶几所谓"一家之言"者，可以看出。

第二，以研究古代史迹为目的而读之。《史记》既为最古之通史，欲知古代史迹，总应以之为研究基础。为此项目的而读，宜先用"观大略"的读法，将全篇一气呵成浏览一过。再用自己眼光寻出每个时代之关键要点所在，便专向几个要点有关系之事项，注意精读。如此方能钩元〔玄〕提要，不至泛滥无归。

第三，以研究文章技术为目的而读之。《史记》文章之价值，无论何人当不能否认。且二千年来相承诵习，其语调字法，早已形成文学常识之一部。故专为学文计，亦不能不以此书为基础。学者如以此项目的读《史记》，则宜择其尤为杰作之十数篇精读之。孰为杰作，此凭各人赏会，本难有确定标准。吾生平所最爱读者则以下各篇：

《项羽本纪》《信陵君列传》《廉颇蔺相如列传》《鲁仲连邹阳列传》《淮阴侯列传》《魏其武安侯列传》《李将军列传》《匈奴列传》《货殖列传》《太史公自序》

右诸篇皆肃括宏深，实叙事文永远之模范。班叔皮称：史公"善序述事理，辩而不华，质而不俚。文质相称，良史之才"。如诸篇者，洵足当之矣。学者宜精读多次，或务成诵。自能契其神味；辞远鄙倍。至如明清选家最乐道之《伯夷列传》《管晏列传》《屈原贾生列传》等，以吾论之，反是书中第二等文字耳。

《史记》读法之二　今当继论专究的读法：《史记》为千古不朽之名著，本宜人人共读。徒以去今太远，文义或佶屈难晓，郡国名物等事，世嬗称易，或不审所指。加以传写讹舛，窜乱纷纭，时或使人因疑生蔑。后辈诵习渐希，盖此之由。谓宜悉心整理一番，俾此书尽人乐读。吾夙有志，未能逮也。谨述所怀条理以质当世，有好学者或独力或合作以成之，亦不朽之盛事也：

一、《史记》确有后人续补窜乱之部分，既如前述。宜略以前文所论列为标准，严密考证，凡可疑者，以朱线围之，俾勿与原本相混，庶几渐还史公之真面目。学者欲从事此种研究，可以崔适《史记探原》为主要参考书，而以自己忠实研究的结果下最后之判断。

二、吾辈之重视《史记》，实在其所纪先秦古事。因秦汉以后事，有完备之《汉书》可读，唐、虞、三代、春秋、战国之事，有组织的著述，未或能过《史记》也。而不幸《史记》关于此点，殊不足以餍吾辈所期。后人窜乱之部分无论矣，即其确出史公手者，其所述古史可信之程度，亦远在所述汉事下；此事原不能专怪史公，因远古之史，皆含有半神话的性质，极难辨别。此各国所同，不独我国为然矣。近古——如春秋、战国，资料本尚不少。而秦焚一役，"诸侯史记"荡尽，凭藉缺如，此亦无可如何者。顾吾辈所致憾于史公，不在其搜采之不备，而在其别择之不精。善夫班叔皮之言也："迁之著作，采获古今，贯穿经传，至广博也。一人之精，文重思烦。故其书刊落不尽，尚有盈辞，多不齐一。"（《后汉书·班彪传》）试将《史记》古史之部分与现存先秦古籍相较，其中芜累诬诞之辞，盖实不少。即本书各篇互相矛盾者，亦所在而有。此非"文重思烦，刊落不尽"之明效耶？然居今日而治古史，则终不能不以《史记》为考证之聚光点。学者如诚忠于史公，谓宜将汉以前之本纪世家年表全部磨勘一度，从本书及他书搜集旁证反证，是正其讹谬而汰存其精粹，略用裴注《三国志》之义例，分注于各篇各段之下，庶几乎其有信史矣。学者欲从事此种研究，则梁玉绳《史记志疑》，崔述《考信录》实最重要之参考书。钱大昕《廿二史考异》，王鸣盛《十七史商榷》，赵翼《廿二史札记》三书中《史记》之部，次之。其余清儒札记文集中，亦所在多有。然兹事既极繁重，且平决聚讼，殊大非易。成功与否，要视其人之学力及判断力如何耳。然有志之青年，固不妨取书中一二篇为研究之尝试，纵令不能得满意之结果，其于治学之方法及德性，所裨已多矣。

三、《史记》之训诂名物，有非今人所能骤解者，故注释不可少。然旧注非失之太简，即失之太繁，宜或删或补。最好以现今中学学生所难了解者为标准，别作简明之注，再加以章节句读之符号；庶使尽人能读。

四、地理为史迹筋络，而古今地名殊称，直读或不知所在。故宜编一地名检目，古今对照。

五、我国以帝王纪年，极难记忆。春秋、战国间，各国各自纪年，益复杂不易理。宜于十表之外补一大事年表，贯通全书，以西历纪，而附注该事件所属之朝代或国邑记年于其下。其时代则从《十二诸侯年表》以共和元年起，盖前乎此者无征也。其事件则以载于本书者为限。

以上五项，为整理《史记》方法之纲要，学者如能循此致力，则可以《史记》之学名其家，而裨益于后进者且不赀矣。至如就史文内容分类研究，或比较政治组织，或观察社会状态，则问题甚多，取材各异，在学者自择也。

《诗经》

（上略）

读《诗》法之一　《诗》三百篇，为我国最古而最优美之文学作品。其中颂之一类，盖出专门文学家音乐家所制，最为典重矞皇。雅之一类，亦似有一部分出专门家之手。南与风则纯粹的平民文学也。前后数百年间各地方各种阶级各种职业之人男女两性之作品皆有。所写情感对于国家社会，对于家庭，对于朋友个人相互交际，对于男女两性间之怨慕等等，莫不有其代表之作。其表现情感之法，有极缠绵而极蕴藉者。例如：

"君子于役，不知其期。曷至哉？鸡栖于埘（，日之夕矣，羊牛下来）。君子于役，如之何勿思！"

如：

"陟彼岵兮，瞻望父兮。父曰'嗟！予子行役，夙夜无寐〔已〕，尚〔上〕慎旃哉！由来无死〔止〕。'"

如：

"习习谷风，以阴以雨。黾勉同心，不宜有怒。采葑采菲，无以下体。德音莫违，及尔同死。"

有极委婉而实极决绝者。例如：

　　"泛彼柏舟，亦泛其流〔在彼中河〕。髧彼两髦，实为我仪。之死矢靡它。母也天只，不谅人只！"

有极沉痛而一发务使尽者。例如：

　　"蓼蓼者莪，匪莪伊蒿。哀哀父母，生我劬劳。"

如：

　　"苕之华，其叶青青。知我如此，不如无生。"

有于无字句处写其深痛或挚爱者。例如：

　　"彼黍离离，彼稷之苗。行迈靡靡，中心摇摇。知我者谓我心忧，不知我者谓我何求。悠悠苍天，此何人哉！"

如：

　　"瞻彼日月，悠悠我思。道之云远，曷云能来？"

有其辞繁而不杀以曲达菀结不可解之情者。例如：

　　《谷风》，《载驰》，《鸱鸮》，《节南山》，《正月》，《十月之交》，《小弁》，《桑柔》诸篇。（全文不录）

有极淡远而一往情深者。例如：

>"蒹葭苍苍，白露为霜。所谓伊人，在水一方。溯洄从之，道阻且长。溯游从之，宛在水中央。"

有极旖旎而含情邈然者。例如：

>"春日载阳，有鸣苍〔仓〕庚。女执懿筐，遵彼微行，爰求柔桑。春日迟迟，采蘩祁祁。女心伤悲，殆及公子同归。"

凡此之类，各极表情文学之能事。（右所举例，不过随感忆所及，随摭数章，令学者循此以注意耳。非谓表情佳什仅此，亦非谓表情法之种类仅此也。）故治诗者宜以全诗作文学品读，专从其抒写情感处注意而赏玩之，则诗之真价值乃见也。

孔子曰："诗可以兴，可以观，可以群，可以怨。"孔子于文学与人生之关系看出最真切，故能有此言。古者以诗为教育主要之工具，其目的在使一般人养成美感有玩赏文学的能力，则人格不期而自进于高明。夫名诗仅讽诵涵泳焉，所得已多矣，况孔子举三百篇皆弦而歌之，合文学音乐为一以树社会教育之基础，其感化力之大云胡可量？子之武城，闻弦歌之声。子游对以"君子学道则爱人；小人学道则易使"。谓以诗教也，谓美感之能使社会向上也。吾侪学诗，亦学孔子之所学而已。

诗学之失，自伪《毛序》之言"美刺"始也。伪《序》以美刺释诗者什而八九，其中"刺时""刺其君""刺某人"云云者又居彼八九中之八九。夫感慨时政，憎嫉恶社会，虽不失为诗人情感之一，然岂舍此遂更无可抒之情感者？伪序乃悉举而纳之于刺！例如《邶风》之《雄雉》，《王风》之《君子于役》，明为夫行役在外而妻念之之作，与时君何与？而一以为刺卫宣公，一以为刺周平王！《邶风》之《谷风》，《卫风》之《氓》，明是弃妇自写其哀怨；而一以为刺夫妇失道，一以为刺时！诸如此类，指不胜指。信如彼说，则三百篇之作者乃举如一黄蜂，终日以螫人为事！自身复有性情否耶？三百篇尽成"爱书"，所谓温柔敦厚者何在耶？又如男女相悦之诗什九释为刺淫。彼盖泥于孔子"思无邪"之言，以为"淫则邪，刺之则无邪"也。信如彼说，则构淫词以为刺，直"劝百讽一"耳，谓之无邪可乎？不知男女爱悦，亦情之正，岂必刺焉而始有合于无邪之旨也。是故自美刺之说行，而三百篇成为"司空城旦书"，其性灵之神圣旨没不曜者二千年于兹矣！学者速脱此梏，乃可与语于学诗也。

读《诗》法之二　前段所说，专就陶养情感一方面言。但古人学诗，尚有第二目的，在应用一方面。孔子曰："不学《诗》，无以言。"又曰："诵《诗》三百，授之以政，不达；使于四方，不能专对；虽多亦奚以为？"学《诗》何故能言能专对？授之以政何故能达耶？为政者不外熟察人情，批其窾郤，因而导之。而吾人所以御事应务，其本则在"多识前言往行，以畜其德"。古人学《诗》，将以求此也。《左传》襄二十八年云："赋《诗》断章，余取所求焉。"断章取所求，即学《诗》应用方面之法也。是故"缗蛮黄鸟，止于丘隅"。孔子读之则曰："于止知其所止；可以人而不如鸟乎？""高山仰止，景行行止。"孔子读之则曰："《诗》之好仁如此；乡道而行，不知年数之不足，俛焉日有孳孳，毙而后已。"司马迁读之则曰："虽不能至，而心向往之。""如切如磋，如琢如磨。"子贡读之，悟所以处贫富者。"巧笑倩兮，美目盼兮，素以为绚兮。"子夏读之，明"礼后"之义。孔子并赞叹之曰："赐也商也，始可与言《诗》也已矣。""彻彼桑土，绸缪牖户；今此下民，或敢侮予。"孟子读之则曰："能治其国家，谁敢侮之？""鸤鸠在桑，其子七兮；淑人君子，其仪一兮。"荀子读之则曰："故君子结于一也。"自余如《左传》所记列国卿大夫之赋诗言志，以及《韩诗外传》《新序》之或述事或树义而引《诗》以证成之。凡此之类，并不必问其诗之本事与其本意；通吾之所感于作者之所感，引而申之，触类而长之。此亦锻炼德性、增益才智之一法，古人所恒用而今后尚可袭用者也。

读《诗》法之三　现存先秦古籍，真赝杂糅，几于无一书无问题。其精金美玉字字可信可宝者，《诗经》其首也。故其书于文学价值外尚有一重要价值焉：曰可以为古代史料或史料尺度。

所谓可以为史料者：非谓如伪《毛序》之比附《左传》《史记》强派某篇为某王某公之事云也。《诗经》关系政治者本甚希，即偶有一二属于当时宫廷事实者，（如卫武公饮酒悔过；许穆夫人赋《载驰》之类。）亦不甚足重轻，可置勿论。(《诗经》中关于具体的政治史料反不可尽信。盖文人之言，华而不实者多也。如《鲁颂·閟宫》有"庄公之子"语，明为颂僖公无疑；而篇中又云"戎狄是膺，荆舒是惩"。僖公何从有此丰功伟烈耶?)虽然，历史决不限于政治；其最主要者在能现出全社会心的物的两方面之遗影。而高尚的文学作品，往往最能应给此种要求。《左传·季札观乐》一篇对于十五国风之批评，即从社会心理方面研究《诗经》也。（其果否为季札所批评且勿论。）吾侪若能应用此方法而扩大之，则对于"诗的时代"——纪前九〇〇至六〇〇（年）之中华民族之社会组织的基础及其人生观之根核，可以得较明确的概念；而各地方民性之异同及其次第醇化之迹，亦可以略见。其在物质方面，则当时动植物之分布，城郭宫室之建筑，农器兵器礼器用器之制造，衣服饮食之进步，……凡此种种状况，试分类爬梳，所得者至复不少。故以史料读《诗经》，几于无一字无用也。

所谓史料之尺度者：古代史神话与赝迹太多，吾侪欲严密鉴别，不能不择一两部较可信之书以为准据，以衡量他书所言以下真伪之判决，所谓正日月者视北辰也。若是者，吾名之曰史料之尺度。例如研究孔子史迹当以《论语》为尺度是也。有诗时代及有诗以前之时代，正式之史未出现（《诗》亡然后《春秋》作），而传记谶纬所记古事多糅杂不可究诘。《诗经》既未经后人窜乱，全部字字可信。其文虽非为记事而作，而偶有所记，吾辈良可据为准鹄。例如："天命玄鸟，降而生商"，"厥初生民，时维姜嫄"，乃商、周人述其先德之诗；而所言如此，则稷、契为帝喾子之说，当然成问题。例如："帝作邦作对，自太伯、王季"，明是周人历述其创业之主，则泰伯有无逃荆蛮之事，亦成问题。（恐周人自文、武以前亦如殷制兄终弟及。）例如：各篇中屡言夏禹，如"禹敷下土方"，"缵禹之绪"等，而尧、舜无一字道及，则尧、舜为何等人亦可成问题。诸如此类，若以史家极谨严的态度临之，宁阙疑勿武断，则以《诗经》为尺度，尚可得较絜净之史也。

（原刊1923年11月9日、1924年1月11日《清华周刊》第293期《书报介绍附镌》第6期、第302期《书报介绍附镌》第8期；又清华周刊丛书社1925年12月初版）

指导之方针及选择研究题目之商榷（节录）

前几天与诸君讨论研究方法，我们提出专治一经，这不过是一种辅助的方法，并不是独一无二，非此不可的。近来与诸君谈话觉得所选题目，往往过于宽泛，很难指导。所以我今天选出这个题目，向诸君说说，使得大家有一个共同的标准。

（甲）指导之方针

研究院的目的，是在养成大学者，但是大学者不是很快很短的时间所能养成的。古今中外的大学者，大致以四十岁以前为预备时代；所有著作皆在四十岁以后。文学家，兵家，艺术家纯靠天才可以希望早成；所以有人说学围棋要成国手，须在十七岁以前，十七岁还没学好，以后就狠难学好了。至于大学者，不单靠天才，还要靠修养，如果用科学的方法来研究，并且要得精深结论，必需有相当的时间，并受种种磨炼，使其治学的方法，与治学的兴味都经种种的训练陶冶，才可以使学问成就。所以研究院的志愿，虽在养成大学者，然绝对不敢希望速成；大发明，大贡献，皆在将来；立刻就要成功，那是我们不敢妄想的。

在研究院中，必需作到的，有两件事：

一、养成做学问的能力。

二、养成做学问的良好习惯。

能力方面：

（A）明敏　眼光异常敏锐，就是古人所说的读书得间。一般人看来不成问题的，自己可以发生问题，能够发生问题，即做学问的起点；若凡事不成问题，那便无学问可言了。苹果落地，本来是一个不成问题的事实，牛顿加以怀疑，遂发明万有引力的原理；开水壶盖冲脱，也是一个不成问题的事实，瓦特加以研究，遂发明蒸汽机关。读书亦是做学问的一方面，所有发明创造，皆由发生问题得来。如何才可以磨练得眼光快，脑精快，刁钻古怪，凡别人注意不到的地方，自己都怀疑研究，这是做学问的第一步。

（B）密察　就是《中庸》所谓文理密察，不轻忘，不凿空，仔细观察，并且要晓得如何观察的方法；心思缜密，一点不粗索，一点不苟且。每一问题发生，就搜集材料，不断观察，务求周密，务求圆到，这是做学问的第二步。

（C）别裁　做学问，首先怕没有资料，资料太多，又怕无法驾驭。所谓别裁的意思，即在辨别真伪，辨别有无，辨别主要与次要。若无去取抓〔爬〕梳的能力，那末，满桌材料，皆成瓦砾了。别裁以后，贵在综理；古人说读书如一屋散钱，要如何设法贯穿，始可以供我们的应用。别裁好比绳索，资料好比散钱，用一根绳索把散钱贯穿起来，这是做学问的第三步。

（D）通方　观察一种事物，要彻表彻里，彻始彻终，这就叫作通方。通方，是做学问的最后一步，别裁能力，非要到通方的境地不可。一个问题或现象，可以分作内外两面观察，首先要问题或现象的内容，全部清楚；（如牛顿发明引力，至少对于数学，全部了解。）其次要问题或现象的外围，就是周围有关系的事物全部清楚。前面的可以叫作本通，后面的可以叫作旁通，本通旁通都彻底以后，才不至于偏陋拘虚，好像庄子所说的一区之见。

上述四种，可以说是做学问必需的能力，而且是万不可少的。但是此种能力，在短时间中不易得，尤非经严格训练以后不可得。不过只要一面自己肯受此种训练，一面又自己训练自己，无论如何，必有相当的成功。我们在研究院时间狠短，希望于此短时间中，帮助诸君，养成良好能力。

习惯方面：

（A）忠实　但凡不肯忠实，必定一事无成。学问上的不忠实，无如剿说与盲从。绝对不用自己的脑精思想，一味听人指使，这叫着〔作〕盲从；自己并无心得，随便以古人所说，改头换面，这叫着剿说。这两种都是做学问的大忌，简直是学术界的蟊贼，若些微有点此种坏习惯，简直把终身都糟榻〔蹋〕了。

（B）深切　做学问还有两种弊病，就是肤阔与笼统，各种科目似乎都懂得一点皮毛，其实全不彻底。对于一切现象，好像隔着几层窗纱观物，模模糊糊，看不清楚。肤阔就是不着边际，笼统就是不分明；对于外部，无明白的界限，对于内部，无清楚的间隔。这种毛病，在从前科举时代最多，譬如对空策，读书人中十之七八，皆以此为猎取功名的利器。现在学校里，尤其是国文历史等科，最易养成一种无边际不明了模模糊糊的观念。我们应当设法改正，不要强不知以为知，不要以半解为全知，不做则已，要做就须深切，就须彻底。

（C）敬慎　敬慎是做学问了重要一个条件，不敬慎便流为武断，武断是做学问所最忌讳的。得了一个孤证，而且是未见靠得住的孤证，就随便主张下去；或者对于客观事物，一点不明了，就鲁莽妄下断语，都是不敬慎。判断是非，评定真伪，万不可鲁莽从事。又有一种人喜欢作翻案，出风头，其末流必至于尖酸刻薄，这也是犯不得的。还有一种人，护短护前，明明看见最初的假定靠不住，但是因为费了许多心血，割舍不下，于是支离牵强，曲为附会，现今比较有名的学者，大多犯此毛病，其结果则使学问陷于歧路，这也是亟当改正的。

（D）不倦　《论语》说居之无倦，行之以忠，这也是应当养成的习惯。所谓不倦，有两种意义：一是耐烦，在搜集资料时，不嫌麻烦，在比较资料时，不惜工夫；虽是极小的问题，一样的全副精神对付，并且不认为小题大做。好像达尔文养鸽子，每天的看管观察历一二十年，一点不厌倦。二是持久，所有大学者，皆在中年以后，大致以四十至七十，为著作成熟时期，要是没有老而不衰的精神，其著述那里会成功呢！譬如两个人，一个早达，一个晚成，早达的到三四十岁后就搁笔，晚成的四十以后,仍然继续钻研,其结果则晚成的胜利,早达的失败。现在的青年,大抵在大学毕业,或者留学回来以后,学问就算终了,教书的人,还肯对付功课,不当教员的人,连书都不翻,这是一种狠可悲观的现象。惟一的原因,就是研究学问时代未先养成良好习惯。要得发生兴味,第一要有相当时间以为练习,第二要深入其中,甘苦备尝,假使未与结缘,或者结缘不深,则日久生厌了。

上述四种良好习惯,非养成不可,反方面的坏习惯,非去掉不可。养成能力,即是磨炼材智,养成习惯,即是陶冶德性。我们所谓学者,不是指书呆子,要做学问,固然须得养成真实能力,良好习惯,就是作事方面,此种能力与习惯,也是不可少的。研究院的表面目的,固在造成著作家及教育家,但是骨子里还须要有做社会上领袖人物必须备的能力与习惯,此种能力与习惯,在本院中就用读书与作论文的方法来养成。假使在研究院住上一年二年或者三年,经过一番磨练涵养,比较从前弊病减少,能力增加,这就算成功了。离校以后,具有此项本钱,无论读书亦可,做事亦可。否则纵然功课很好,论文很好,但是将来做学问做事的本钱,一点没有得到,这种小成就,有限得很,实在没有什么重要。研究院诸君,应当抱定宗旨,不望在院内有什么著作的成就,而在有做学问的预备。

(乙)选择研究题目之商榷

在未选择题目以前,先定下几种原则,合乎这几种原则的就选,不合这几种原则的就不选。我所拟的原则如下:

一、有范围,而且范围不宜太大。在牌告上已经公布的题目中,陈寅恪先生的题目,比较明了,我自己的题目,最是宽泛。诸君选择题目,不可太大,大了无法指导,并且容易犯空疏笼统的毛病。题目范围要明了,要狭小,最大限度,也需一年之内,能够彻底研究终了的。

二、须有相当丰富材料。古人说长袖善舞,多财善贾,如果材料丰富,可以用很小的劳力收很大的效果。并且容易引起兴味。若是证据短少,材料缺乏,或须求之于地下,或须求之于远方,都是耗时费事,并且用力不讨好，这种题目最不相宜。

三、材料虽有，要用相当劳力，始能搜集。太便易，太捡现成，不足以训练材智，也不足以陶冶习惯。时常这样贪图现成，日子久了，必定畏难苟安，学问必无所成，就有成也不能深造。

四、材料要比较的容易寻求。做学问贵在善于利用材料，不一定图书丰富，才可以做学问；就单有一部十三经，单有一部二十四史，这也足够我们研究了。譬如善烹调的人，不只会烹调燕窠鱼翅，仅有小菜，有香料，也可以烹调得很好。不怕图书简陋，材料缺乏；我们可以用种种方法，得到良好结果。

五、题目须前人所未作，或前人作得不满意，亟须改作。研究前人已经研究过的题目，容易受他人束缚；纵然费了九牛二虎的气力，不过作一点补缀改正的工夫；往往一个问题经前代大师考订过后，我们简直没有插嘴的余地了。并且利用他人材料，自己不去搜集，磨练不了自己的能力。

六、题目须能照顾各方面。选择一个题目，最好要对于搜集判断组织三方面，俱有训练的机会。这个题目做了，我们的能力习惯都得着顶好的训练，再研究别的问题时，那便异常容易了。或者多做几个题目，一个训练搜集，一个训练判断，一个训练组织，这样一项一项的来也可以。

根据上面所述的方针及原则，拟出若干题目，以为示例。有写得很详细的，有写得很简略的，这是因为一时的方便，没有别的意思。其没有指出范围及参考书的几个题目，无论是谁，高兴研究，可以依照写出来了的方法，自行编制。

（下略）

（周传儒笔记，原刊1925年10月2日、9日《清华周刊》第353—354期）

人生编

校刻浏阳谭氏《仁学》序

呜呼！此支那为国流血第一烈士亡友浏阳谭君之遗著也。烈士之烈，人人知之；烈士之学，则罕有知之者，亦有自谓知之，而其实未能知者。余之识烈士，虽仅三年，然此三年之中，学问、言论、行事，无所不与共。其于学也，同服膺南海，无所不言，无所不契。每共居，则促膝对坐一榻中，往复上下，穷天人之奥，或彻数日夜废寝食，论不休。每十日不相见，则论事论学之书盈一箧。呜呼！烈士之可以千古，尚有出乎烈之外者，余今不言，来者曷述焉？乃叙曰：

《仁学》何为而作也？将以光大南海之宗旨，会通世界圣哲之心法，以救全世界之众生也。南海之教学者曰：以求仁为宗旨，以大同为条理，以救中国为下手，以杀身破家为究竟。《仁学》者，即发挥此语之书也；而烈士者，即实行此语之人也。

今夫众生之大蔽，莫甚乎有我之见存。有我之见存，则因私利而生计较，因计较而生罣碍，因罣碍而生恐怖，驯至一事不敢办，一言不敢发。充其极也，乃至见孺子入井而不怵惕，闻邻榻呻吟而不动心，视同胞国民之糜烂而不加怜，任同体众生之痛痒而不知觉，于是乎大不仁之事起焉。故孔子绝四，终以"无我"。佛说曰："无我相。"今夫世界乃至恒河沙数之星界，如此其广大；我之一身，如此其藐小。自地球初有人类，初有生物，乃至前此无量劫，后此无量劫，如此其长；我之一身，数十寒暑，如此其短。世界物质如此其复杂；我之一身，分合六十四原质中之各质组织而成，如此其虚幻。然则我之一身，何可私之有？何可爱之有？既无可私，既无可爱，则毋宁舍其身以为众生之牺牲，以行吾心之所安。盖大仁之极，而大勇生焉。顾婆罗门及其他旧教，往往有以身饲蛇虎，或断食，或卧车辙下求死；而孔、佛不尔者，则以吾固有不忍人之心。既曰不忍矣，而洁其身而不思救之，是亦忍也。故佛说"我不入地狱，谁入地狱？"孔子曰："天下有道，丘不与易也。"古之神圣哲人，无不现身于五浊恶世，经历千辛万苦者，此又佛所谓"乘本愿而出世"，孔子所谓"求仁而得仁又何怨"也。

烈士发为众生流血之大愿也久矣。虽然，或为救全世界之人而流血焉，或为救一种之人而流血焉，或为救一国之人而流血焉，乃至或为救一人而流血焉。其大小之界至不同也；然自仁者视之，无不同也。何也？仁者平等也，无差别相也，无拣择法也，故无大小之可言也。此烈士所以先众人而流血也。况有《仁学》一书，以公于天下，为法之灯，为众生之眼，则烈士亦可以无慊于全世界也夫！亦可以无慊于全世界也夫！

烈士流血后九十日，同学梁启超叙。

（原刊1899年1月2日《清议报》第2册）

重印郑所南《心史》序

　　启超欲求郑所南先生《心史》，养养然梦寐以之者十余年。乙巳四月，客有自署无冰者，以家藏本见赠。穷日夜之力读之，每尽一篇，腔血辄腾跃一度。既卒业，隐几蕢腾，睡则呓诵"誓以匹夫纾国难，艰于乱世取人才。屡曾算至难谋处，裂破肺肝天地哀"之句，咿嘤作小儿啜泣声。同舍生眙之，谓其病也。呜呼！启超读古人诗文辞多矣，未尝有振荡余心若此书之甚者。先生自跋曰："吾不知此书纸耶字耶语耶法耶誓耶诚耶人耶鬼耶神耶天耶心耶理耶性耶？"但启超读之，则如见先生披垢腻衣，手八尺藤杖，凛凛然临于吾前，滔滔然若悬河以诏我以所谓"一是"之大义者。呜呼！此书一日在天壤，则先生之精神，与中国永无尽也。

　　先生所抱主义，至单极简。全书殆数万言，所陈说唯一义，反之复之络之绎之，而不见其有一词之费。《诗》曰："其仪一兮；其仪一兮，心如结兮。"荀卿释之曰："故君子结于一也。"先生之谓矣。今之少年，其貌为先生之容者盖比比，吾不敢谓其皆无先生之志。虽然，学先生者必于其本；本原一谬，其去千里。吾观先生性情之厚，其独得于天者，或非人人所能几；至其坚苦刻厉力学自得之处，曷尝不谆谆然？示后辈以周行而俾之率由，一言蔽之，亦曰诚而已矣。今之少年，发愤于国之积弱，诟龟呼天，或且迁怒以及孔子。然日本四十年前维新之业，彼中人士，推论自出，皆曰食儒教之赐无异辞。吾读所南先生之书，而叹儒教之精神，可以起国家之衰而建置之者，盖在是矣！盖在是矣！夫先生盖舍儒教外，他无所学者也。先生之人格，求诸我国数千年先民中，罕与相类，惟日本之吉田松阴绝肖之。其行谊之高洁肖；其气象之俊伟肖；其主义之单纯肖；其自信之坚确肖；其实行其所持之主义，百折而气不挫也肖；其根本于道心道力，予天下后世以共见也肖。呜呼！海西海东数百年间，两人而已！两人而已！顾以一松阴能开今后之日本，而先生乃赍志没，仅以区区之《心史》贻子孙，此盖所处之时势难易不同。而日本则一松阴唱之，十百千万松阴和之；而所南并世无一所南。岂惟并世，即距今六七百年，而所谓区区之《心史》，犹若隐若见于人间世；而举国中，知有先生者，尚不可多得，微论崇拜也。先生固言之矣，曰："国之所与立者，非力也，人心也。故善观人国家者，惟观人心何如尔。此固儒者寻常迂阔之论，然万万不逾此理。"又曰："今之人，万其心，一于利。初若剖肝胆相授，熟窥于久实不然。坐空一世悉莫我与合。"又曰："我始之待人为君子也，十必望其八九；久之则七六矣；又久之则五四三二矣；又久之至于一亦无所取者有之。"呜呼！人心败坏一至此极，欲国之不亡，岂有幸也？呜呼《心史》！呜呼《心史》！书万卷，读万遍，超度全国人心，以入于光明俊伟之域，乃所以援拯数千年国脉，以出于层云霾雾之中。先生有灵，尚呵护之！

乙巳四月，后学梁启超校竟记。

(1905年5月作，收入《饮冰室合集·文集》第六册，中华书局1936年1月初版)

莅同学欢迎会演说辞

先生丁酉、戊戌间，尝讲学于湖南，其后亦尝讲学于日本东京。及门诸子，现在京者凡十余人。十月二十三日胥谋开欢迎会于化石桥之尚志学会。席间由范源廉君起立致词，述过去之历史，并言同人受先生之教育，虽久违函丈，常兢兢自勉以期不辱师门，今后更愿常承先生之指导云云。先生答辞如下：

今日在首善之区，得与吾同学诸君聚首一堂，而列席者竟有十余人，亦始愿所不及也。昔龚定庵有言："但开风气不为师。"吾夙以其语有妙谛而服膺之。吾不敢自谓能开风气也，然窃有志焉；至于为师，则实不敢以自居。此非谬为谦让也。凡讲学大师必以学问为唯一之生涯，以教育为唯一之目的；其行谊必严正使人矜式，其立言将以俟百世而不汲汲于一时。吾之性质，自问不足以当此。又以国家危迫，虽活动于稍广之范围，勉竭绵薄，挽回目前浩劫。故就其与同学之关系言之，以云精神之感通，则亲爱逾恒，何俟多言；以云对于诸君曾有特别诱导之劳，则只增惭悚而已。

诸君中有相从于广州者，有相从于湖南者，有相从于日本东京者。实则与吾晨夕讲诵者，大率不过三数月耳，吾辄牵于事他适，不能终业。就中曾深相砥砺者，惟丁戊间时务学堂耳。而当时共事之人，若谭浏阳、唐浏阳两先生，皆先后以身殉国。当时为同学所最相爱重者，若林、李、蔡、田诸子，悉与唐先生共命。盖庚子汉口之役，吾同学死亡过半。今尚生存者，除坐中诸子外，惟蔡松坡及其他二三人耳。当十余年前风气锢塞之日，吾同学诸君以区区数十人，人自为战，以与社会奋斗，虽矢亡援绝致身授命而曾不悔。问其何以能如是？则恃有强毅之精神贯注之而已。在吾辈今日，以与死亡诸君较，吾辈学问阅历，或稍有进于昔；若此种精神，能如昔时与否，盖有所不敢自信矣。今大局之危，甚于畴昔。吾侪负荷，任重道远。窃愿诸君常兢兢于后死者之责，必思如何然后他日可以见死友于地下也。

中国社会最易消磨人物而斫丧其英气，自昔有然，今则尤甚。鄙人归国旬余，感此污浊之空气，已在在觉其可危。苟非有自克之毅力，常抵抗社会之恶潮流，则入而与之俱化。孟子不云乎："我犹未免为乡人也，是则可忧也。"己不自立，遑语于立人！则吾侪十余年来相期许、相劝勉之初志，不其荒乎？吾侪若能常念，昔年同学为国牺牲、独立不惧之精神，庶乎可以告无罪于天下耳。

（1912年10月23日讲演，收入张君劢、蓝志先辑《梁任公先生演说集》第一辑，1912年12月初版）

"知不可而为"主义与"为而不有"主义

今天的讲题是两句很旧的话：一句是"知其不可而为之"，一句是"为而不有"。现在案照八股的作法，把他分作两股讲。

诸君读我的近二十年来的文章，便知道我自己的人生观是拿两样事情做基础：（一）"责任心"，（二）"兴味"。人生观是个人的，各人有各人的人生观。各人的人生观不必都是对的，不必于人人都合宜。但我想：一个人自己修养自己，总须拈出个见解，靠他来安身立命。我半生来拿"责任心"和"兴味"这两样事情做我生活资粮，我觉得于我很是合宜。

我是感情最富的人，我对于我的感情都不肯压抑，听其尽量发展。发展的结果常常得意外的调和。"责任心"和"兴味"都是偏于感情方面的多，偏于理智方面的很少。

"责任心"强迫把大担子放在肩上是很苦的，"兴味"是很有趣的。二者在表面上恰恰相反，但我常把他调和起来。所以我的生活虽说一方面是很忙乱的，很复杂的；他方面仍是很恬静的，很愉快的。我觉得世上有趣的事多极了；烦闷，痛苦，懊恼，我全没有；人生是可赞美的，可讴歌的，有趣的。我的见解便是（一）孔子说的"知其不可而为之"和（二）老子的"为而不有"。

"知不可而为"主义"为而不有"主义和近世欧美通行的功利主义根本反对。功利主义对于每做一件事之先必要问："为什么？"胡适《哲学史大纲》上讲墨子的哲学就是要问为什么。"为而不有"主义便爽快的答道："不为什么。"功利主义对于每做一件事之后必要问："有什么效果？""知不可而为"主义便答道："不管他有没有效果。"

今天讲的并不是诋毁功利主义。其实凡是一种主义皆有他的特点，不能以此非彼。从一方面看来，"知不可而为"主义，容易奖励无意识之冲动；"为而不有"主义，容易把精力消费于不经济的地方。这两种主义或者是中国物质文明进步之障碍，也未可知。但在人类精神生活上却有绝大的价值，我们应该发明他享用他。

"知不可而为"主义是：我们做一件事明白知道他不能得着预料的效果，甚至于一无效果，但认为应该做的便热心做去。换一句话说，就是做事时候把成功与失败的念头都撇开一边，一味埋头埋脑的去做。

这个主义如何能成立呢？依我想：成功与失败本来不过是相对的名词。一般人所说的成功不见得便是成功，一般人所说的失败不见得便是失败。天下事有许多从此一方面看说是成功，从别一方面看也可说是失败；从目前看可说是成功，从将来看也可说是失败。比方乡下人没见过电话，你让他去打电话，他一定以为对墙讲话，是没效果的；其实他方面已经得到电话，生出效果了。再如乡下人看见电报局的人在那里乓乓、乓乓的打电报，一定以为很奇怪，没效果的；其实我们从他的手里已经把华盛顿会议的消息得到了。照这样看来，成败既无定形，这"可"与"不可"不同的根本先自不能存在了。

孔子说："我则异于是，无可无不可。"他这句话似乎是很滑头，其实他是看出天下事无绝对的"可"与"不可"，即无绝对的成功与失败。别人心目中有"不可"这两个字，孔子却完全没有。"知不可而为"本来是晨门批评孔子的话，映在晨门眼帘上的孔子是"知不可而为"。实际上的孔子是"无可无不可而为"罢了。这是我的第一层的解释。

进一步讲，可以说宇宙间的事绝对没有成功，只有失败。成功这个名词是表示圆满的观念，失败这个名词是表示缺陷的观念。圆满就是宇宙进化的终点，到了进化终点，进化便休止；进化休止不消说是连生活都休止了。所以平常所说的成功与失败不过是指人类活动休息的一小段落。比方我今天讲演完了，就算是我的成功；你们听完了，就算是你们的成功。

到底宇宙有圆满之期没有，到底进化有终止的一天没有？这仍是人类生活的大悬案,这场官司从来没有解决,因为没有这类的裁判官。据孔子的眼光看来,这是六合以外的事应该"存而不论"。此种问题和"上帝之有无"是一样不容易解决的。我们不是超人,所以不能解决超人的问题。人不能自举其身,我们又何能拿人生以外的问题来解决人生的问题?人生是宇宙的小段片,孔子不讲超人的人生,只从小段片里讲人生。

人类在这条无穷无尽的进化长途中,正在发脚蹒跚而行;自有历史以来,不过在这条路上走了一点,比到宇宙圆满时候,还不知差几万万年哩!现在我们走的只是像体操教员刚叫了一声"开步走!"就想要得到多少万万年后的成功,岂非梦想?所以谈成功的人不是骗别人,简直是骗自己!

就事业上讲,说什么周公致太平,说什么秦始皇统一天下,说什么释迦牟尼普渡众生。现在我们看看周公所致的太平到底在那里?大家说是周公的成功,其实是他的失败。"六王毕,四海一"这是说秦始皇统一天下了,但仔细看看,他所统一的到底在那里?并不是说他传二世而亡,他的一分家当完了,就算失败。只看从他以后,便有楚汉之争,三国分裂,五胡乱华,唐之藩镇,宋之辽金,就现在说,又有督军之割据,他的统一之功算成了吗?至于释迦牟尼,不但说没普渡了众生,就是当时的印度人,也未全被他普渡。所以世人所说的一般大成功家,实在都是一般大失败家。再就学问上讲,牛顿发明引力,人人都说是科学上的大成功,但自爱斯坦之相对论出,而牛顿转为失败,其实牛顿本没成功,不过我们没有见到就是了。近两年来欧美学界颂扬爱斯坦成功之快之大,无比矣!我们没学问,不配批评,只配跟着讴歌,跟着崇拜!但照牛顿的例看来,他也算是失败。所以无论就学问上讲就事实上讲,总一句话说:只有失败的没有成功的。

人在无边的"宇"(空间)中,只是微尘,不断的"宙"(时间)中,只是段片。一个人无论能力多大,总有做不完的事,做不完的便留交后人。这好像一人忙极了,有许多事做不完,只好说"托别人做吧!"一人想包做一切事,是不可能的,不过从全体中抽出几万万分之一点做做而已。但这如何能算是成功?若就时间论,一人所做的一段片,正如"抽刀断水水更流",也不得叫做成功。

孔子说"死而后已",这个人死了那个人来继续。所以说继继绳绳,始能成大的路程。天下事无不可,天下事无成功。

然而人生这件事却奇怪的很:在无量数年中,无量数人,所做的无量数事,个个都是不可,个个都是失败,照数学上零加零仍等于零的规律讲,合起来应该是个大失败,但许多的"不可"加起来却是一个"可",许多的"失败"加起来却是一个"大成功"。这样看来也可说是上帝生人就是教人作失败事的,你想不失败吗?那除非不做事。但我们的生活便是事,起居饮食也是事,言谈思虑也是事,我们能到不做事的地步吗?要想不做事,除非不做人。佛劝人不做事,便是劝人不做人。如果不能不做人,非做事不可。这样看来普天下事都是"不可而为"的事,普天下人都是"不可而为"的人。不过孔于是"知不可而为",一般人是"不知不可而为"罢了。

"不知不可而为"的人,遇事总要计算计算,某事可成功,某事必失败;可成功的便去做,必失败的便躲避。自以为算盘打对了,其实全是自己骗自己,计算的总结与事实绝对不能相应。成败必至事后始能下判断的。若事前横计算竖计算,反减少人作事的勇气。在他挑选趋避的时候,十件事至少有八件事因为怕失败,不去做了。

算盘打得精密的人,看着要失败的事都不敢做,而为势所迫,又不能不勉强去做,故常说:"要失败啦!我本来不愿意做,不得已啦!"他有无限的忧疑,无限的惊恐,终日生活在摇荡苦恼里。

算盘打得不精密的人,认为某件事要成功,所以在短时间内欢喜鼓舞的做去,到了半路上忽然发现他的成功希望是空的,或者做到结尾,不能成功的真相已经完全暴露,于是千万种烦恼悲哀都凑上来了。精密的人不敢做,不想做,而又不能不做,结果固然不好;但不精密的人,起初喜欢去做,继后失败了灰心丧气的不做,比前一类人更糟些。

人生在世界是混混沌沌的,从这种境界里过数十年,那末,生活便只有可悲更无可乐。我们对于"人生"真可以诅咒。为什么人来世上作消耗面包的机器呢?若是怕没人吃面包,何不留以待虫类呢?这样的人生可真没一点价值了。

"知不可而为"的人怎样呢？头一层：他预料的便是失败；他的预算册子上件件都先把"失败"两个字摆在当头，用不着什么计算不计算，拣择不拣择。所以孔子一生一世只是："毋意！毋必！毋固！毋我！""意"是事前猜度，"必"是先定其成败，"固"是先有成见，"我"是为我。孔子的意思就是人不该猜度，不该先定事之成败，不该先有成见，不该为着自己。

第二层：我们既做了人，做了人既然不能不生活，所以不管生活是段片也罢，是微尘也罢，只要在这微尘生活段片生活里，认为应该做的，便大踏步的去做，不必打算，不必犹豫。

孔子说："无适也，无莫也，义之与比。"又说："鸟兽不可与同群，吾非斯人之徒欤而谁欤？天下有道，丘不与易也。"这是绝对自由的生活。假设一个人常常打算何事应做，何事不应做，他本来想到街上散步，但一念及汽车撞死人，便不敢散步，他看见飞机很好，也想坐一坐，但一念及飞机摔死人，便不敢坐，这类人是自己禁住自己的自由了。要是外人剥夺自己的自由，自己还可以恢复，要是自己禁住自己的自由，可就不容易恢复了。"知不可而为"主义是使人将做事的自由大大的解放，不要作无为之打算，自己捆绑自己。

孔子说："智者不惑，仁者不忧，勇者不惧。"不惑就是明白，不忧就是快活，不惧就是壮健。反过来说，惑也，忧也，惧也，都是很苦的，人若生活于此中，简直是过监狱的生活。

遇事先计画成功与失败，岂不是一世在疑惑之中？遇事先怕失败，一面做，一面愁，岂不是一世在忧愁之中？遇事先问失败了怎么样，岂不是一世在恐惧之中？

"知不可而为"的人，只知有失败，或者可以说他们用的字典里，从没有"成功"二字。那末，还有什么可惑可忧可惧呢？所以他们常把精神放在安乐的地方。所以一部《论语》，开宗明义便说，"不亦乐乎！""不亦悦乎！"用白话讲，便是"好呀！""好呀！"

孔子说："发愤忘食，乐以忘忧，不知老之将至。"可见他作事是自己喜欢的，并非有何种东西鞭策才作的，所以他不觉胡子已白了，还只管在那里做。他将人生观立在"知不可而为"上，所以事事都变成不亦乐乎，不亦悦乎，这种最高尚最圆满的人生，可以说是从"知不可而为"主义发生出来。我们如果能领会这种见解，即令不可至于乐乎悦乎的境地，至少也可以减去许多"惑""忧""惧"，将我们的精神放在安安稳稳的地位上。这样才算有味的生活，这样才值得生活。

第一股做完了，现在做第二股，仍照八股的做法，说几句过渡的话。"为而不有"主义与"知不可而为"主义，可以说是一个主义的两面。"知不可而为"主义可以说是"破妄返真"，"为而不有"主义可以说是"认真去妄"。"知不可而为"主义可使世界从烦闷至清凉，"为而不有"主义可使世界从极平淡上显出灿烂。

"为而不有"这句话，罗素解释的很好。他说人有两种冲动，（一）占有冲动，（二）创造冲动。这句话便是提倡人类的创造冲动的。他这些学说诸君谅已熟闻，不必我多讲了。

"为而不有"的意思是不以所有观念作标准，不因为所有观念始劳动。简单一句话，便是为劳动而劳动。这话与佛教说的"无我我所"相通。

常人每做一事，必要报酬，常把劳动当作利益的交换品，这种交换品只准自己独有，不许他人同有，这就叫做"为而有"。如求得金钱，名誉，因为"有"，才去"为"。有为一身有者，有为一家有者，有为一国有者。在老子眼中看来，无论为一身有，为一家有，为一国有，都算是为而有，都不是劳动的真目的。人生劳动应该不求报酬，你如果问他"为什么而劳动？"他便答道："不为什么。"再问"不为什么为什么劳动？"他便老老实实说"为劳动而劳动，为生活而生活"。

老子说"上人为之而无以为"。韩非子给他解释的很好："生于其心之所不能已，非求其为报也。"简单说来，便是无所为而为。既无所为，所以只好说为劳动而劳动，为生活而生活，也可说是劳动的艺术化，生活的艺术化。

老子还说"既以为人己愈有，既以与人己愈多"。这是说我要帮助人，自己却更有，不致损减。我要给人，自己却更多，不致损减。这话也可作

"为而不有"的解释。按实说老子本来没存"有""无""多""少"的观念，不过假定差别相以示常人罢了。

在人类生活中最有势的便是占有性。据一般人的眼光看来，凡是为人的好像己便无。例如楚汉争天下，楚若为汉，楚便无，汉若为楚，汉便无，韩信张良帮汉高的忙谋皇帝，他们便无。凡是与人的好像己便少，例如我们到磁器铺子里买瓶子，一个瓶子，他要四元钱，我们只给他三元半，他如果卖了，岂不是少得五角？岂不是既以与人己便少吗？这似乎是和己愈有己愈多的话相反。然自他一方面看来，譬如我今天讲给诸君听，总算与大家了，但我仍旧是有，并没减少。再如教员天天在堂上给大家讲，不特不能减其所有，反可得"教学相长"的益处。至若弹琴，唱歌给人听，也并没损失，且可使弹的唱的更加熟练。文学家，诗人，画家，雕刻家，慈善家，莫不如此。即就打算盘论，帮助人的虽无实利，也可得精神上的愉快。

老子又说"含德之厚，比于赤子，赤子终日号而不嗄，和之至也"。他的意思就是说成人应该和小孩子一样，小孩子天天在那里哭，小孩子并不知为什么而哭，无端的大哭一场，好像有许多痛心的事，其实并不为什么。成人亦然。问他为什么吃？答为饿。问他为什么饿？答为生理上必然的需要。再问他为什么生理上需要？他便答不出了。所以"为什么"是不能问的，如果事事问为什么，什么事都不能做了。

老子说"无为而无不为"，我们却只记得他的上半截的"无为"，把下半截的"无不为"忘掉了。这的确是大错。他的主义是不为什么，而什么都做了，并不是说什么都不做。要是说什么都不做，那他又何必讲五千言的《道德经》呢？

"知不可而为"主义与"为而不有"主义都是要把人类无聊的计较一扫而空，喜欢做便做，不必瞻前顾后。所以归并起来，可以说这两种主义就是"无所为而为"主义，也可以说是生活的艺术化，把人类计较利害的观念，变为艺术的情感的。

这两种主义的概念，演讲完了。我很希望他发扬光大推之于全世界。但要实行这种主义须在社会组织改革以后。试看在俄国劳农政府之下，

"知不可而为"和"为而不有"的人比从前多多了。

社会之组织未变，社会是所有的社会，要想打破所有的观念，大非易事，因为人生在所有的社会上，受种种的牵掣，倘有人打破所有的观念，他立刻便缺乏生活的供给。比方作教员的，如果不要报酬，便立刻没有买书的费用。然假使有公共图书馆，教员又何必自己买书呢？中国人常喜欢自己建造花园，然而又没有钱，其势不得不用种种不正当的方法去找钱，这还不是由于中国缺少公共花园的缘故吗？假使中国仿照欧美建设许多极好看极精致的公共花园，他们自然不去另造了。所以必须到社会组织改革之后，对于公众有种种供给时，才能实行这种主义。

虽是这样说法，我们一方面希望求得适宜于这种主义的社会，一方面在所处的混浊的社会中，还得把这种主义拿来寄托我们的精神生活，使他站在安慰清凉的地方。我看这种主义恰似青年修养的一付清凉散。我不是拿空话来安慰诸君，也不是勉强去左右诸君，他的作用着实是如此的。

最后我还要对青年进几句忠告。老子说"宠辱不惊"。这句话最关重要。现在的一般青年或为宠而惊，或为辱而惊。然为辱而惊的大家容易知道，为宠而惊的大家却不易知道。或者为宠而惊的比较为辱而惊的人的人格更为低下也说不定。五四以来，社会上对于青年可算是宠极了，然根底浅薄的人，其所受宠的害，恐怕比受辱的害更大吧。有些青年自觉会做几篇文章，便以为满足；其实与欧美比一比，那算得什么学问，徒增了许多虚荣心罢了。他们在报上出风头，不过是为眼前利害所鼓动，为虚荣心所鼓动，别人说成功，他们便自以为成功，岂知天下没成功的事？这些都是被成败利钝的观念所误了。

古人的这两句话，我希望现在的青年在脑子里多转几转，把他当作失败中的鼓舞，烦闷中的清凉，困倦中的兴奋！

（1921年12月11日应哲学社之请在北京高等师范学校讲演，建猷、品青笔记，收入杨维新编《梁任公先生最近讲演集》第一辑，1922年2月初版）

趣味教育与教育趣味

一

　　假如有人问我："你信仰的甚么主义？"我便答道："我信仰的是趣味主义。"有人问我："你的人生观拿什么做根柢？"我便答道："拿趣味做根柢。"我生平对于自己所做的事，总是做得津津有味，而且兴会淋漓；什么悲观咧厌世咧这种字面，我所用的字典里头，可以说完全没有。我所做的事，常常失败——严格的可以说没有一件不失败——然而我总是一面失败一面做；因为我不但在成功里头感觉趣味，就在失败里头也感觉趣味。我每天除了睡觉外，没有一分钟一秒钟不是积极的活动；然而我绝不觉得疲倦，而且很少生病；因为我每天的活动有趣得很，精神上的快乐，补得过物质上的消耗而有余。

　　趣味的反面，是干瘪，是萧索。晋朝有位殷仲文，晚年常郁郁不乐，指着院子里头的大槐树叹气，说道："此树婆娑，生意尽矣。"一棵新栽的树，欣欣向荣，何等可爱！到老了之后，表面上虽然很婆娑，骨子里生意已尽，算是这一期的生活完结了。殷仲文这两句话，是用很好的文学技能，表出那种颓唐落寞的情绪。我以为这种情绪，是再坏没有的了；无论一个人或一个社会，倘若被这种情绪侵入弥漫，这个人或这个社会算是完了，再不会有长进。何止没长进？什么坏事，都要从此产育出来。总而言之，趣味是活动的源泉，趣味干竭，活动便跟着停止。好像机器房里没有燃料，发不出蒸汽来，任凭你多大的机器，总要停摆。停摆过后，机器还要生锈，产生许多毒害的物质哩！人类若到把趣味丧失掉的时候，老实说，便是生活得不耐烦，那人虽然勉强留在世间，也不过行尸走肉。倘若全个社会如此，那社会便是痨病的社会，早已被医生宣告死刑。

二

"趣味教育"这个名词，并不是我所创造，近代欧美教育界早已通行了。但他们还是拿趣味当手段，我想进一步，拿趣味当目的。请简单说一说我的意见：

第一：趣味是生活的原动力，趣味丧掉，生活便成了无意义，这是不错。但趣味的性质，不见得都是好的；譬如好嫖好赌，何尝不是趣味？但从教育的眼光看来，这种趣味的性质，当然是不好。所谓好不好，并不必拿严酷的道德论做标准；既已主张趣味，便要求趣味的贯彻，倘若以有趣始以没趣终，那么趣味主义的精神，算完全崩落了。《世说新语》记一段故事："祖约性好钱，阮孚性好屐，世未判其得失；有诣约，见正料量财物，客至屏当不尽，余两小簏，以著背后，倾身障之，意未能平；诣孚，正见自蜡屐；因叹曰：'未知一生当着几纳屐。'意甚闲畅；于是优劣始分。"这段话，很可以作为选择趣味的标准。凡一种趣味事项，倘或是要瞒人的，或是拿别人的苦痛换自己的快乐，或是快乐和烦恼相间相续的，这等统名为下等趣味。严格说起来，他就根本不能做趣味的主体；因为认这类事当趣味的人，常常遇着败兴，而且结果必至于俗语说的"没兴一齐来"而后已，所以我们讲趣味主义的人，绝不承认此等为趣味。人生在幼年青年期，趣味是最浓的，成天价乱碰乱进；若不引他到高等趣味的路上，他们便非流入下等趣味不可。没有受过教育的人，固然容易如此；教育教得不如法，学生在学校里头找不出趣味，然而他们的趣味是压不住的，自然会从校课以外乃至校课反对的方向去找他的下等趣味；结果，他们的趣味是不能贯彻的，整个变成没趣的人生完事。我们主张趣味教育的人，是要趁儿童或青年趣味正浓而方向未决定的时候，给他们一种可以终身受用的趣味。这种教育办得圆满,能彀令全社会整个永久是有趣的。

第二:既然如此,那么教育的方法,自然也跟着解决了。教育家无论多大能力,总不能把某种学问教通了学生,只能令受教的学生当着某种学问的趣味,或者学生对于某种学问原有趣味,教育家把他加深加厚。所以教育事业,从积极方面说,全在唤起趣味;从消极方面说,要十分注意不可以摧残趣味。摧残趣味有几条路:头一件是注射式的教育:教师把课本里头的东西叫学生强记;好像嚼饭给小孩子吃,那饭已经是一点儿滋味没有了,还要叫他照样的嚼几口,仍旧吐出来看;那么,假令我是个小孩子,当然会认吃饭是一件苦不可言的事了。这种教育法,从前教八股完全是如此,现在学校里形式虽变,精神却还是大同小异,这样教下去,只怕永远教不出人才来。第二件是课目太多:为培养常识起见,学堂课目固然不能太少;为恢复疲劳起见,每日的课目固然不能不参错掉换。但这种理论,只能为程度的适用;若用得过分,毛病便会发生。趣味的性质,是越引越深。想引得深,总要时间和精力比较的集中才可。若在一个时期内,同时做十来种的功课,走马看花,应接不暇,初时或者惹起多方面的趣味,结果任何方面的趣味都不能养成。那么,教育效率,可以等于零;为什么呢?因为受教育受了好些时,件件都是在大门口一望便了,完全和自己的生活不发生关系,这教育不是白费吗?

第三件是拿教育的事项当手段:从前我们学八股,大家有句通行话说他是敲门砖,门敲开了自然把砖也抛却,再不会有人和那块砖头发生起恋爱来。我们若是拿学问当作敲门砖看待,断乎不能有深入而且持久的趣味。我们为什么学数学,因为数学有趣所以学数学;为什么学历史,因为历史有趣所以学历史;为什么学画画,学打球,因为画画有趣打球有趣所以学画画学打球。人生的状态,本来是如此,教育的最大效能,也只是如此。各人选择他趣味最浓的事项做职业,自然一切劳作,都是目的,不是手段,越劳作越发有趣。反过来,若是学法政用来作做官的手段,官做不成怎么样呢?学经济用来做发财的手段,财发不成怎么样呢?结果必至于把趣味完全送掉。所以教育家最要紧教学生知道是为学问而学问,为活动而活动;所有学问,所有活动,都是目的,不是手段,学生能领会得这个见解，他的趣味，自然终身不衰了。

三

以上所说，是我主张趣味教育的要旨。既然如此，那么在教育界立身的人，应该以教育为唯一的趣味，更不消说了。一个人若是在教育上不感觉有趣味，我劝他立刻改行，何必在此受苦？既已打算拿教育做职业，便要认真享乐，不辜负了这里头的妙味。

孟子说："君子有三乐，而王天下不与存焉"，那第三种就是："得天下英才而教育之"；他的意思是说教育家比皇帝还要快乐。他这话绝不是替教育家吹空气，实际情形，确是如此。我常想：我们对于自然界的趣味，莫过于种花；自然界的美，像山水风月等等，虽然能移我情，但我和他没有特殊密切的关系，他的美妙处，我有时便领略不出；我自己手种的花，他的生命和我的生命简直并合为一；所以我对着他，有说不出来的无上妙味。凡人工所做的事，那失败和成功的程度都不能预料；独有种花，你只要用一分心力，自然有一分效果还你，而且效果是日日不同，一日比一日进步。教育事业正和种花一样：教育者与被教育者的生命是并合为一的；教育者所用的心力，真是俗语说的"一分钱一分货"，丝毫不会枉费；所以我们要选择趣味最真而最长的职业，再没有别样比得上教育。

现在的中国，政治方面，经济方面，没有那件说起来不令人头痛；但回到我们教育的本行，便有一条光明大路，摆在我们前面。从前国家托命，靠一个皇帝，皇帝不行，就望太子；所以许多政论家——像贾长沙一流都最注重太子的教育。如今国家托命是在人民，现在的人民不行，就望将来的人民；现在学校里的儿童青年，个个都是"太子"，教育家便是"太子太傅"。据我看：我们这一代的太子，真是"富于春秋典学光明"，这些当太傅的，只要"鞠躬尽瘁"，好生把他培养出来，不愁不眼见中兴大业。所以别方面的趣味，或者难得保持，因为到处挂着"此路不通"的牌子，容易把人的兴头打断；教育家却全然不受这种限制。

教育家还有一种特别便宜的事，因为"教学相长"的关系，教人和自己研究学问是分离不开的：自己对于自己所好的学问，能有机会终身研究，是人生最快乐的事，这种快乐，也是绝对自由，一点不受恶社会的限制。做别的职业的人，虽然未尝不可以研究学问，但学问总成了副业了；从事教育职业的人，一面教育，一面学问，两件事完全打成一片。所以别的职业是一重趣味，教育家是两重趣味。

孔子屡屡说："学而不厌，诲人不倦"，他的门生赞美他说："正唯弟子不能及也"。一个人谁也不学，谁也不诲人，所难者确在不厌不倦。问他为什么能不厌不倦呢？只是领略得个中趣味，当然不能自已。你想：一面学，一面诲人，人也教得进步了，自己所好的学问也进步了，天下还有比他再快活的事吗？人生在世数十年，终不能一刻不活动，别的活动，都不免常常陷在烦恼里头，独有好学和好诲人，真是可以无入而不自得，若真能在这里得了趣味，还会厌吗？还会倦吗？孔子又说："知之者不如好之者，好之者不如乐之者。"诸君都是在教育界立身的人，我希望更从教育的可好可乐之点，切实体验，那么，不惟诸君本身得无限受用，我们全教育界也增加许多活气了。

（1922年4月10日在直隶教育联合研究会讲演，收入《梁任公学术讲演集》第一辑，商务印书馆1922年11月初版）

敬业与乐业

　　我这题目，是把《礼记》里头"敬业乐业"和《老子》里头"安其居乐其业"那两句话断章取义造出来。我所说是否与《礼记》《老子》原意相合，不必深求；但我确信敬业乐业四个字，是人类生活不二法门。

　　本题主眼，自然是在敬字乐字。但必先有业才有可敬可乐的主体，理至易明。所以在讲演正文以前，先要说说有业之必要。

　　孔子说："饱食终日，无所用心，难矣哉！"又说："群居终日，言不及义，好行小慧，难矣哉！"孔于是一位教育大家，他心目中没有什么人不可教诲，独独对于这两种人便摇头叹气说道"难！难！"可见人生一切毛病都有药可医，惟有无业游民，虽大圣人碰着他，也没有办法。

　　唐朝有一位名僧百丈禅师，他常常用两句格言教训弟子，说道："一日不做事，一日不吃饭。"他每日除上堂说法之外，还要自己扫地擦桌子洗衣服，直到八十岁日日如此。有一回他的门生想替他服劳，把他本日应做的工悄悄地都做了，这位言行相顾的老禅师，老实不客气，那一天便绝对的不肯吃饭！

　　我征引儒门佛门这两段话，不外证明人人都要正当职业，人人都要不断的劳作。倘若有人问我："百行什么为先？万恶什么为首？"我便一点不迟疑答道："百行业为先，万恶懒为首。"没有职业的懒人，简直是社会上蛀米虫，简直是"掠夺别人勤劳结果"的盗贼。我们对于这种人，是要彻底讨伐，万不能容赦的。有人说：我并不是不想找职业，无奈找不出来。我说：职业难找，原是现代全世界普通现象，我也承认。这种现象应该如何救济,别是一个问题,今日不必讨论。但以中国现在情形论,找职业的机会,依然比别国多得多;一个精力充满的壮年人,倘若不是安心躲懒,我敢信他一定能得相当职业。今日所讲,专为现在有职业及现在正做职业上预备的人——学生——说法,告诉他们对于自己现有的职业应采何种态度。

第一要敬业:敬字为古圣贤教人做人最简易直捷的法门,可惜被后来有些人说得太精微,倒变了不适实用了。惟有朱子解得最好,他说"主一无适便是敬"。用现在的话讲:凡做一件事便忠于一件事,将全副精力集中到这事上头,一点不旁骛〔鹜〕,便是敬。业有什么可敬呢?为什么该敬呢?人类一面为生活而劳动,一面也是为劳动而生活。人类既不是上帝特地制来充当消化面包的机器,自然该各人因自己的地位和才力,认定一件事去做。凡可以名为一件事的,其性质都是可敬。当大总统是一件事,拉黄包车也是一件事,事的名称,从俗人眼里看来有高下,事的性质,从学理上解剖起来并没有高下。只要当大总统的人信得过我可以当大总统才去当,实实在在把总统当作一件正经事来做;拉黄包车的人信得过我可以拉黄包车才去拉,实实在在把拉车当作一件正经事来做;便是人生合理的生活。这叫做职业的神圣。凡职业没有不是神圣的,所以凡职业没有不是可敬的,惟其如此,所以我们对于各种职业,没有什么分别拣择。总之人生在世是要天天劳作的,劳作便是功德,不劳作便是罪恶。至于我该做那一种劳作呢?全看我的才能何如境地何如。因自己的才能境地做一种劳作做到圆满,便是天地间第一等人。

怎样才能把一种劳作做到圆满呢?唯一的秘诀就是忠实,忠实从心理上发出来的便是敬。《庄子》记痀瘘丈人承蜩的故事,说道:"虽天地之大,万物之多,而惟吾蜩翼之知。"凡做一件事,便把这件事看作我的生命,无论别的什么好处,到底不肯牺牲我现做的事来和他交换。我信得过我当木匠的做成一张好桌子,和你们当政治家的建设成一个共和国家同一价值;我信得过我当挑粪的把马桶收拾得干净,和你们当军人的打胜一枝压境的敌军同一价值。大家同是替社会做事,你不必羡慕我,我不必羡慕你。怕的是我这件事做得不妥当,便对不起这一天里头所吃的饭。所以我做事的时候，丝毫不肯分心到事外。曾文正说："坐这山，望那山，一事无成。"我从前看见一位法国学者著的书，比较英、法两国国民性，他说："到英国人公事房里头，只看见他们埋头执笔做他的事，到法国人公事房里头，只看见他们衔着烟卷像在那里出神；英国人走路，眼注地上，像用全副精神注在走路上，法国人走路，总是东张西望，像不把走路当一回事。"这些话比较得是否确切，姑且不论；但很可以为敬业两个字下注脚。若果如他们所说，英国人便是敬，法国人便是不敬。一个人对于自己的职业不敬，从学理方面说，便亵渎职业之神圣；从事实方面说，一定把实情做糟了，结果自己害自己。所以敬业主义，于人生最为必要，又于人生最为有利。庄子说："用志不纷，乃凝于神。"孔子说："素其位而行，不愿乎其外。"我说的敬业，不外这些道理。

　　第二要乐业："做工好苦呀！"这种叹气的声音，无论何人都会常在口边流露出来。但我要问他："做工苦，难道不做工就不苦吗？"今日大热天气，我在这里喊破喉咙来讲，诸君扯直耳朵来听，有些人看着我们好苦；翻过来，倘若我们去赌钱去吃酒，还不是一样的淘神费力？难道又不苦？须知苦乐全在主观的心，不在客观的事。人生从出胎的那一秒钟起到咽气的那一秒钟止，除了睡觉以外，总不能把四肢五官都阁起不用，只要一用，不是淘神，便是费力，劳苦总是免不掉的。会打算盘的人只有从劳苦中找出快乐来。我想天下第一等苦人，莫过于无业游民，终日闲游浪荡，不知把自己的身子和心子摆在那里才好，他们的日子真难过。第二等苦人，便是厌恶自己本业的人，这件事分明不能不做，却满肚子里不愿意做，不愿意做逃得了吗？到底不能，结果还是绉〔皱〕着眉头哭丧着脸做去，这不是专门自己替自己开顽笑吗？我老实告诉你一句话：凡职业都是有趣味的，只要你肯继续做下去，趣味自然会发生。为什么呢？第一，因为凡一件职业，总有许多层累曲折，倘能身入其中，看他变化进展的状态，最为亲切有味。第二，因为每一职业之成就，离不了奋斗；一步一步的奋斗前去，从刻苦中得快乐，快乐的分量加增。第三，职业的性质，常常要和同业的人比较骈进，好像赛球一般，因竞胜而得快乐。第四，专心做一职业时，把许多游思妄想杜绝了，省却无限闲烦恼。孔子说："知之者不如好之者，好之者不如乐之者。"人生能从自己职业中领略出趣味，生活才有价值。孔子自述生平，说道："其为人也，发愤忘食，乐以忘忧，不知老之将至云尔。"这种生活，真算得人类理想的生活了。

  我生平最受用的有两句话，一是"责任心"，二是"趣味"。我自己常常力求这两句话之实现与调和，又常常把这两句话向我的朋友强聒不舍。今天所讲，敬业即是责任心，乐业即是趣味。我深信人类合理的生活总该如此；我盼望诸君和我同一受用。

  （1922年8月14日在上海中华职业学校讲演，原刊1922年8月18日《时事新报·学灯》，收入《梁任公学术讲演集》第一辑，商务印书馆1922年11月初版）

为学与做人

诸君！我在南京讲学将近三个月了。这边苏州学界里头，有好几回写信邀我；可惜我在南京是天天有功课的，不能分身前来。今天到这里，能彀和全城各校诸君聚在一堂，令我感激得很。但有一件，还要请诸君原谅：因为我一个月以来，都带着些病，勉强支持。今天不能作很长的讲演，恐怕有负诸君期望哩。

问诸君"为甚么进学校？"我想人人都会众口一辞的答道："为的是求学问。"再问："你为什么要求学问？""你想学些什么？"恐怕各人的答案就很不相同，或者竟自答不出来了。诸君啊！我请替你们总答一句罢："为的是学做人。"你在学校里头学的什么数学几何物理化学生理心理历史地理国文英语，乃至什么哲学文学科学政治法律经济教育农业工业商业等等，不过是做人所需要的一种手段，不能说专靠这些便达到做人的目的。任凭你把这些件件学得精通，你能彀成个人不能成个人还是别问题。

人类心理，有知，情，意三部分；这三部分圆满发达的状态，我们先哲名之为三达德——智，仁，勇。为什么叫做"达德"呢？因为这三件事是人类普通道德的标准，总要三件具备才能成一个人。三件的完成状态怎么样呢？孔子说："知者不惑，仁者不忧，勇者不惧。"所以教育应分为知育情育意育三方面。——现在讲的智育德育体育，不对。德育范围太笼统，体育范围太狭隘。——知育要教到人不惑，情育要教到人不忧，意育要教到人不惧。教育家教学生，应该以这三件为究竟；我们自动的自己教育自己，也应该以这三件为究竟。

怎么样才能不惑呢？最要紧是养成我们的判断力。想要养成判断力：第一步，最少须有相当的常识；进一步，对于自己要做的事须有专门智识；再进一步，还要有遇事能断的智慧。假如一个人连常识都没有，听见打雷，说是雷公发威；看见月食，说是虾蟆贪嘴。那么，一定闹到什么事都没有主意，碰着一点疑难问题，就靠求神问卜看相算命去解决。真所谓"大惑不解"，成了最可怜的人了。学校里小学中学所教，就是要人有了许多基本的常识，免得凡事都暗中摸索。但仅仅有这点常识还不彀。我们做人，总要各有一件专门职业；这门职业，也并不是我一人破天荒去做，从前已经许多人做过。他们积了无数经验，发见出好些原理原则，这就是专门学识。我打算做这项职业，就应该有这项专门学识。例如我想做农吗：怎样的改良土壤，怎样的改良种子，怎样的防御水旱病虫等等，都是前人经验有得成为学识的。我们有了这种学识，应用他来处置这些事，自然会不惑；反是则惑了。做工做商等等都各各有他的专门学识，也是如此。我想做财政家吗：何种租税可以生出何样结果，何种公债可以生出何样结果等等，都是前人经验有得成为学识的。我们有了这种学识，应用他来处置这些事，自然会不惑；反是则惑了。教育家军事家等等都各各有他的专门学识，也是如此。我们在高等以上学校所求的智识，就是这一类。但专靠这种常识和学识就彀吗？还不能。宇宙和人生是活的不是呆的；我们每日所碰见的事理是复杂的变化的不是单纯的印板的。倘若我们只是学过这一件才懂这一件，那么，碰着一件没有学过的事来到跟前，便手忙脚乱了。所以还要养成总体的智慧才能得有根本的判断力。这种总体的智慧如何才能养成呢？第一件：要把我们向来粗浮的脑筋，着实磨练他，叫他变成细密而且踏实。那么，无论遇着如何繁难的事，我都可以彻头彻尾想清楚他的条理，自然不至于惑了。第二件：要把我们向来昏浊的脑筋，着实将养他，叫他变成清明。那么，一件事理到跟前，我才能很从容很莹澈的去判断他，自然不至于惑了。以上所说常识学识和总体的智慧，都是智育的要件，目的是教人做到知者不惑。

怎么样才能不忧呢？为什么仁者便会不忧呢？想明白这个道理，先要知道中国先哲的人生观是怎么样。"仁"之一字，儒家人生观的全体大用都包在里头。"仁"到底是什么？很难用言语说明。勉强下个解释，可以说是："普遍人格之实现。"孔子说："仁者人也。"意思说是人格完成就叫做"仁"。但我们要知道：人格不是单独一个人可以表见的，要从人和人的关系上看出来。所以仁字从二人，郑康成解他做"相人偶"。总而言之，要彼我交感互发，成为一体，然后我的人格才能实现。所以我们若不讲人格主义，那便无话可说。讲到这个主义，当然归宿到普遍人格。换句话说：宇宙即是人生，人生即是宇宙，我的人格和宇宙无二无别。体验得这个道理，就叫做"仁者"。然则这种仁者为甚么就会不忧呢？大凡忧之所从来，不外两端，一曰忧成败，二曰忧得失。我们得着"仁"的人生观，就不会忧成败。为什么呢？因为我们知道宇宙和人生是永远不会圆满的，所以《易经》六十四卦，始"乾"而终"未济"。正为在这永远不圆满的宇宙中，才永远容得我们创造进化。我们所做的事，不过在宇宙进化几万万里的长途中，往前挪一寸两寸，那里配说成功呢？然则不做怎么样呢？不做便连这一寸两寸都不往前挪，那可真真失败了。"仁者"看透这种道理，信得过只有不做事才算失败，凡做事便不会失败。所以《易经》说："君子以自强不息。"换一方面来看：他们又信得过凡事不会成功的，几万万里路挪了一两寸，算成功吗？所以《论语》说："知其不可而为之。"你想！有这种人生观的人，还有什么成败可忧呢？再者：我们得着"仁"的人生观，便不会忧得失。为什么呢？因为认定这件东西是我的，才有得失之可言。连人格都不是单独存在，不能明确的画出这一部分是我的那一部分是人家的，然则那里有东西可以为我所得？既已没有东西为我所得，当然也没有东西为我所失。我只是为学问而学问，为劳动而劳动，并不是拿学问劳动等等做手段来达某种目的——可以为我们"所得"的。所以老子说："生而不有，为而不恃。""既以为人己愈有，既以与人己愈多。"你想！有这种人生观的人，还有什么得失可忧呢？总而言之：有了这种人生观，自然会觉得"天地与我并生，而万物与我为一"；自然会"无入而不自得"。他的生活，纯然是趣味化艺术化。这是最高的情感教育，目的教人做到仁者不忧。

怎么样才能不惧呢？有了不惑不忧工夫，惧当然会减少许多了。但这是属于意志方面的事；一个人若是意志力薄弱，便有很丰富的智识，临时也会用不着；便有很优美的情操，临时也会变了卦。然则意志怎么才会坚强呢？头一件须要心地光明。孟子说："浩然之气，至大至刚。行有不慊于心，则馁矣。"又说："自反而不缩，虽褐宽博，吾不惴焉；自反而缩，虽千万人吾往矣。"俗语说得好："生平不作亏心事，夜半敲门也不惊。"一个人要保持勇气，须要从一切行为可以公开做起。这是第一着。第二件要不为劣等欲望之所牵制。《论语》记："子曰：吾未见刚者。或对曰：申枨。子曰：枨也欲，焉得刚？"一被物质上无聊的嗜欲东拉西扯，那么，百炼刚也会变为绕指柔了。总之一个人的意志，由刚强变为薄弱极易，由薄弱返到刚强极难。一个人有了意志薄弱的毛病，这个人可就完了。自己作不起自己的主，还有什么事可做？受别人压制，做别人奴隶，自己只要肯奋斗，终须能恢复自由。自己的意志做了自己情欲的奴隶，那么，真是万劫沉沦，永无恢复自由的余地，终身畏首畏尾，成了个可怜人了。孔子说："和而不流，强哉矫；中立而不倚，强哉矫；国有道，不变塞焉，强哉矫；国无道，至死不变，强哉矫。"我老实告诉诸君说罢：做人不做到如此，决不会成一个人。但做到如此真是不容易，非时时刻刻做磨练意志的工夫不可。意志磨练得到家，自然是看着自己应做的事，一点不迟疑，扛起来便做，"虽千万人吾往矣"。这样才算顶天立地做一世人，绝不会有藏头躲尾左支右绌的丑态。这便是意育的目的，要教人做到勇者不惧。

我们拿这三件事作做人的标准，请诸君想想，我自己现时做到那一件——那一件稍为有一点把握。倘若连一件都不能做到，连一点把握都没有，嗳哟！那可真危险了，你将来做人恐怕就做不成。讲到学校里的教育吗：第二层的情育第三层的意育，可以说完全没有；剩下的只有第一层的知育。就算知育罢：又只有所谓常识和学识，至于我所讲的总体智慧靠来养成根本判断力的，却是一点儿也没有。这种"贩卖智识杂货店"的教育，把他前途想下去，真令人不寒而栗！现在这种教育，一时又改革不来，我们可爱的青年，除了他更没有可以受教育的地方。诸君啊！你到底还要做人不要？你要知道危险呀！非你自己抖擞精神想方法自救，没有人能救你呀！

诸君啊！你千万别要以为得些断片的智识就算是有学问呀。我老实不客气告诉你罢：你如果做成一个人，智识自然是越多越好；你如果做不成一个人，智识却是越多越坏。你不信吗？试想想全国人所唾骂的卖国贼某人某人，是有智识的呀，还是没有智识的呢？试想想全国人所痛恨的官僚政客——专门助军阀作恶鱼肉良民的人，是有智识的呀，还是没有智识的呢？诸君须知道啊：这些人当十几年前在学校的时代，意气横厉，天真烂缦，何尝不和诸君一样？为什么就会堕落到这样田地呀？屈原说的："何昔日之芳草兮，今直为此萧艾也！岂其有他故兮，莫好修之害也。"天下最伤心的事，莫过于看着一群好好的青年，一步一步的往坏路上走。诸君猛醒啊！现在你所厌所恨的人，就是你前车之鉴了。

诸君啊！你现在怀疑吗？沉闷吗？悲哀痛苦吗？觉得外边的压迫你不能抵抗吗？我告诉你：你怀疑和沉闷，便是你因不知才会惑。你悲哀痛苦，便是你因不仁才会忧。你觉得你不能抵抗外界的压迫，便是你因不勇才有惧。这都是你的知情意未经过修养磨练，所以还未成个人。我盼望你有痛切的自觉啊！有了自觉，自然会自动。那么，学校之外，当然有许多学问，读一卷经，翻一部史，到处都可以发见诸君的良师呀！

诸君啊！醒醒罢！养足你的根本智慧，体验出你的人格人生观，保护好你的自由意志。你成人不成人，就看这几年哩！

（1922年12月27日在苏州学生联合会讲演，原刊1923年1月15日《晨报副镌》，收入《梁任公学术讲演集》第三辑，商务印书馆1923年9月初版）

东南大学课毕告别辞

诸君！我在这边讲学半年，大家朝夕在一块儿相处，我很觉得快乐。并且因为我任有一定的功课，也催逼着我把这部十万余言的《先秦政治思想史》著成；不然，恐怕要等到十年或十余年之后。中间不幸身体染有小病，即今还未十分复原，我常常恐怕不能完课；如今幸得讲完了！这半年以来，听讲的诸君，无论是正式选课或是旁听，都是始终不曾旷课，可以证明诸君对于我所讲有十分兴味。今当分别，彼此实在很觉得依恋难舍。因为着我们这半年来，彼此人格上的交感不少。最可惜者，因为时间短促，以致仅有片面的讲授，没有相互的讨论，所谓教学相长，未能如愿做到！今天为这回最末的一次讲演，当作与诸君告别之辞。

诸君千万不要误解，说梁某人是到这边来贩卖知识，我自计知识之能贡献于诸君者实少。知识之为物，实在是无量的广漠，谁也不能说他能给谁以绝对不易的知识；顶多，亦只承认他有相对的价值。即如讲奈端罢，从前总算是众口同词的认为可靠，但是现在，安斯坦又几乎完全将他推倒。专门的知识，尚且如此，何况像我这种泛滥杂博的人并没有一种专门名家的学问呢？所以切盼诸君，不要说我有一艺之长，讲的话便句句可靠。最多：我想，亦只叫诸君知道我自己做学问的方法。譬如诸君看书，平素或多忽略不经意的地方，必要寻着这个做学问的方法，乃能事半功倍。真正做学问，乃是找着方法去自求，不是仅看人家研究所得的结果。因为人家研究所得的结果，终是人家的。况且所得的，也未必都对。讲到此处，我有一个笑话告诉诸君：记得在某一本小说里，说："吕纯阳下山觅人传道，又不晓得谁是可传，他就设法来试验。有一次，在某地方，遇着一个人，吕纯阳登时将手一指，点石成金，就问那个人要否。那人只摇着头，说不要。吕纯阳再点一块大的试他，那人仍是不为所动。吕纯阳心里便十分欢喜，以为道有可传的人了；但是还恐怕靠不住，再以更大的金块试他，那人果然仍是不要。吕纯阳便问他不要的原因，满心承望他答覆一个热心向道。那晓得那人不然！他说：我不要你点成了的金块，我是要你那点金的指头，盖有了这只指头，便可以自由点用。"这虽是个笑话，但却很有意思。所以很盼诸君，要得着这个点石成金的指头，——做学（问）的方法——那么，以后才可以自由探讨，并可以辨正师傅的是否。教拳术的教师最少要希望徒弟能与他对敌，学者亦当悬此为鹄。最好是要青出于蓝而胜于蓝；若仅仅是看前人研究所得，而不自行探讨，那么，得一便不能知其二。且取法乎上，得仅在中，这样，学术岂不是要一天退化一天吗？人类知识进步，乃是要后人超过前人。后人应用前人的治学方法，而复从旧方法中，开发出新方法来。方法一天一天的增多，便一天一天的改善。拿着改善的新方法去治学，自然会优于前代。我个人的治学方法，或可以说是不错，我自己应用来也有些成效。可惜这次全部书中所说的，仍为知识的居多；还未谈做学的方法。倘若诸君细心去看，也可以寻找得出来。既经找出，再循着这方法做去，或者更能发现我的错误，或是来批评我，那就是我最欢喜的。

　　我今天演讲，不是关于知识方面的问题。诚然，知识在人生地位上，也是非常紧要，我从来并未将他看轻；不过，若是偏重知识，而轻忽其他人生重要之部，也是不行的。现在中国的学校，简直可说是贩卖知识的杂货店，文哲工商，各有经理一般。来求学的，也完全以顾客自命。固然欧美也同坐此病，不过病的深浅，略有不同。我以为长此以往，一定会发生不好的现象。中国现今政治上的窳败，何尝不是前二十年教育不良的结果？盖二十年前的教育，全采用日德的军队式，并且仅能袭取皮毛，以至造成今日一般无自动能力的人！现在哩，教育是完全换了路了，美国式代日式德式而兴，不出数年，我敢说是全部要变成美国化，或许我们这里，——东南大学——就是推行美化的大本营。美国式的教育，诚然是比德国式日本式的好；但是毛病还很多，不是我们理想之鹄。英人罗素回国后，颇艳称中国的文化，发表的文字很多，他非常盼望我们这占全人类四分之一的特殊民族，不要变成了美国的"丑化"。这一点可说是他看得很清楚。美国人切实敏捷，诚然是他们的长处；但是中国人即使全部将他移植过来，使纯粹变成了一个东方的美国，漫讲没有这种可能，即能，我不知道诸君怎样，我是不愿的。因为倘若果然如此，那真是罗素所说的，把这有特质的民族，变成了丑化了。我们看得很清楚，今后的世界，决非美国式的教育所能域领。现在多数美国的青年，而且是好的青年，所作何事？不过是一生到死，急急忙忙的，不任一件事放过：忙进学校，忙上课，忙考试，忙升学，忙毕业，忙得文凭，忙谋事，忙花钱，忙快乐，忙恋爱，忙结婚，忙养儿女。还有最后一忙，——忙死。他们的少数学者，如詹姆士之流，固然总想为他们别开生面；但是大部份已经是积重难返。像在这种人生观底下过活，那么，千千万万人，前脚接后脚的来这世界上走一躺〔趟〕，住几十年，干些什么哩？唯一无二的目的，岂不是来做消耗面包的机器吗？或是怕那宇宙间的物质运动的大轮子，缺了发动力，特自来供给他燃料？果真这样，人生还有一毫意味吗？人类还有一毫价值吗？现在全世界的青年，都因此无限的凄惶失望，知识愈多，沉闷愈苦。中国的青年，尤为利害。因为政治社会不安宁，家国之累，较他人为甚，环顾宇内，精神无可寄托。从前西人唯一维系内心之具，厥为基督教。但是科学昌明后，第一个致命伤，便是宗教。从前在苦无可诉的时候，还得远远望着冥冥的天堂。现在呢，知道了，人类不是什么上帝创造，天堂更渺不可凭，这种宗教的麻醉剂，已是无法存在。讲到哲学吗，西方的哲人，素来只是高谈玄妙，不得真际，所足恃为人类安身立命之具，也是没有。再如讲到文学吗，似乎应该少可慰藉；但是欧美现代的文学，完全是刺戟品，不过叫人稍醒麻木。但一切耳目口鼻所接，都足陷人于疲敝，刺戟一次，疲麻的程度又增加一次；如吃辣椒然，浸假而使舌端麻木到极点，势非取用极辣的胡椒来刺戟不可。这种刺戟的功用，简直如有烟癖的人，把鸦片或吗啡提精神一般。虽精神或可暂时振起，但是这种精神，不是鸦片和吗啡带得来的，是预支将来的精神。所以说一次预支，一回减少，一番刺戟，一度疲麻。现在他们的文学，只有短篇的最合胃口；小诗两句或三句；戏剧要独幕的好。至于荷马、但丁，屈原、宋玉，那种长篇的作品，可说是不曾理会。因为他们碌碌于舟车中，时间来不及，目的只不过取那种片时的刺戟，大大小小，都陷于这种病的状态中，所以他们一般有先见的人，都在遑遑求所以疗治之法。我们把这看了，那么，虽说我们在学校应求西学，而取舍自当有择；若是不问好歹，必无条件的移植过来，岂非人家饮鸩，你也随着服毒，可怜可笑孰甚！

近来国中青年界很习闻的一句话，就是"智识饥荒"。却不晓得还有一个顶要紧的"精神饥荒"在那边。中国这种饥荒，都闹到极点。但是只要我们知道饥荒所在，自可想方法来补救。现在精神饥荒，闹到如此，而人多不自知，岂非危险！一般教导者，也不注意在这方面提倡，只天天设法怎样将知识去装青年的脑袋子。不知道精神生活完全，而后多的知识才是有用；苟无精神生活的人，为社会计，为个人计，都是知识少装一点为好。因为无精神生活的人，知识愈多，痛苦愈甚；作歹事的本领也增多。例如黄包车夫，知识粗浅，他决没有有知识的青年这样的烦闷；并且作恶的机会也很少。大奸慝的卖国贼，都是智识阶级的人做的。由此可见没有精神生活的人，有知识实在危险。盖人苟无安身立命之具，生活便无所指归，生理心理，并呈病态。试略分别言之：就生理言，阳刚者必至发狂自杀；阴柔者自必委靡沉溺。再就心理言，阳刚者便悍然无顾，充分的恣求物质上的享乐。然而欲望与物质的增加率，相竞腾升，故虽有妻妾宫室之奉，仍不觉得快乐。阴柔者便日趋消极，成了一个竞争场上落伍的人；凄惶失望，更为痛苦。故谓精神生活不全，为社会，为个人，都是知识少点的为好。因此我可以说为学的首要，是救精神饥荒。

救济精神饥荒的方法，我认为东方的——中国与印度——比较最好，东方的学问，以精神为出发点；西方的学问，以物质为出发点。救知识饥荒，在西方找材料；救精神饥荒，在东方找材料。东方的人生观，无论中国印度，皆认物质生活为第二位；第一，就是精神生活。物质生活，仅视为补助精神生活的一种工具，求能保持肉体生存为已足；最要，在求精神生活的绝对自由。精神生活，贵能对物质界宣告独立；至少，要不受其牵掣。如吃珍味，全是献媚于舌，并非精神上的需要。劳苦许久，仅为一寸软肉的奴隶，此即精神不自由。以身体全部论，吃面包亦何尝不可以饱？甘为肉体的奴隶，即精神为所束缚。必能不承认舌——一寸软肉为我，方为精神独立。东方的学问道德，几全部是教人如何方能将精神生活对客观的物质或己身的肉体宣告独立。佛家所谓解脱，近日所谓解放，亦即此意。客观物质的解放尚易；最难的为自身——耳目口鼻……的解放。西方言解放，尚不及此，所以就东方先哲的眼光看去，可以说是浅薄的，不澈底的。东方的主要精神，即精神生活的绝对自由。

求精神生活绝对自由的方法，中国印度不同。印度有大乘小乘不同；中国有儒墨道各家不同。就讲儒家，又有孟荀朱陆的不同。任各人性质机缘之异，而各择一条路走去。所以具体的方法，很难讲出。且我用的方法，也未见真是对的，更不能强诸君从同。但我自觉烦闷时少，自二十余岁到现在，不敢说精神已解脱，然所以烦闷少，也是靠此一条路，以为精神上的安慰。至于先哲教人救济精神饥荒的方法，约有两条：

（一）裁抑物质生活，使不得猖獗，然后保持精神生活的圆满；如先平盗贼，然后组织强固的政府。印度小乘教，即用此法。中国墨家，道家的大部，以及儒家程朱，皆是如此。以程朱为例：他们说的持敬制欲，注重在应事接物上裁抑物质生活，以求达精神自由的境域。

（二）先立高尚美满的人生观，自己认清楚将精神生活确定，靠其势力以压抑物质生活。如此，不必细心检点，用拘谨功夫，自能达到精神生活绝对自由的目的。此法可谓积极的，即孟子说："先立乎其大者，则其小者不能夺也。"不主张一件一件去对付；且不必如此。先组织强固的政府，则地方自安；即有小丑跳梁，不必去管，自会消灭；如雪花飞近大火，早已自化了。此法佛家大乘教，儒家孟子陆王皆用之。所谓"浩然之气"，即是此意。

以上二法，我不过介绍与诸君，并非主张诸君一定要取某种方法。两种方法虽异，而认清精神要解脱这一点却同。不过说青年时代应用的，现代所适用的，我以为采积极的方法较好。就是先立定美满的人生观，然后应用之以处世。至于如何的人生观方为美满，我却不敢说。因为我的人生观，未见得真是对的；恐怕能认清最美满的人生观，只有孔子、释迦牟尼有此功夫。我现在将我的人生观讲一讲；对不对，好不好，另为一问题。

我自己的人生观，可以说是从佛经及儒书中领略得来。我确信儒家佛家有两大相同点：

（一）宇宙是不圆满的，正在创造之中，待人类去努力，所以天天流动不息，常为缺陷，故为未济。若是先已造成，——既济的，那就死了，固定了，正因其在创造中，乃如儿童时代，生理上时时变化。这种变化，即人类之努力；除人类活动以外，无所谓宇宙。现在的宇宙，离光明处还远，不过走一步比前好一步；想立刻圆满，不会有的。最好的境域，——天堂，大同，极乐世界——不知在几千万年之后，决非我们几十年生命所能做到的。能了解此理，则作事自觉快慰。以前为个人为社会做事，不成功或做坏了，常感烦闷。明乎此，知做事不成功，是不足忧的，世界离光明尚远，在人类努力中，或偶有退步，不过是一现相。譬如登山，虽有时下，但以全部看仍是向上走。青年人烦闷，多因希望太过；知政治之不良，以为经一次改革，即行完满；及屡试而仍有缺陷，于是不免失望。不知宇宙的缺陷正多，岂是一步可升天的？失望之因，即根据于奢望过甚。《易经》说："乐则行之；忧则违之，确乎其不可拔！"此言甚精采。人要能如此看，方知人生不能不活动；而有活动，却不必往结果处想；最要不可有奢望。我相信孔子即是此人生观，所以"发愤忘食，乐以忘忧，不知老之将至"。他又说："智者乐水，仁者乐山，智者动，仁者静，智者乐，仁者寿。"天天快活，无一点烦闷气象。这是一件最重要的事。

（二）人不能单独存在，说世界上那一部分是我，很不对的。所以孔子"毋我"，佛家亦主张"无我"。所谓无我，并不是将固有的我压下或抛弃，乃根本就找不出我来。如说几十斤的肉体是我，那么，科学发明，证明我身体上的原质，也在诸君身上，也在树身上。如说精神的某部分是我，我敢说今天我讲演，我已跑入诸君精神里去了。常住学校中许多精神，变为我的一部分。读孔子的书及佛经，孔佛的精神，又有许多变为我的一部分。再就社会方面说，我与我的父母妻子，究竟有若干区别？许多人——不必尽是纯孝——看父母比自己还重要，此即我父母将我身之我压小。又如夫妇之爱，有妻视其夫，或夫视其妻，比己身更重的。然而何为我呢？男子为我；抑女子为我？实不易分。故澈底认清我之界限，是不可能的事，（此理佛家讲得最精，惜不能多说。）世界上本无我之存在。能体会此意，则自己作事，成败得失，根本没有。佛说："有一众生不成佛，我不成佛！""我不入地狱，谁入地狱？"至理名言，洞若观火。孔子也说："诚者，非但诚己而已也。……"将为我的私心扫除，即将许多无谓的计较扫除。如此，可以做到"仁者不忧"的境域。有忧时，就是"先天下之忧而忧"。为人类——如父母，妻子，朋友，国家，世界，——而痛苦，免除私忧，即所以免烦恼。

我认东方宇宙未济人类无我之说，并非论理学的认识；实在如此。我用功虽少，但时时能看清此点，此即我的信仰。我常觉快乐，悲愁不足扰我，即此信仰之光明所照。我现已年老，而趣味淋漓，精神不衰，亦靠此人生观。至于我的人生观，对不对，好不好，或与诸君的病合不合，都是另外一问题。我在此讲学，并非对于诸君有知识上的贡献；有呢，就在这一点。好不好，我自己也不知道。不过诸君要知道自己的精神饥荒，要找方法医治。我吃此药，觉得有效，因此贡献诸君采择。世界的将来，要靠诸君努力！

（1923年1月13日在南京东南大学讲演，李竞芳、王觉新笔记，原刊1923年1月20日《时事新报·学灯》，收入《梁任公学术讲演集》第三辑，商务印书馆1923年9月初版）

知命与努力

今天所讲的题目是"知命与努力",知命同努力这两件事,骤看似乎不易合并在一处,《列子·力命》篇中曾经说明力与命不能相容,我从前作的诗也有"百年力与命相持"之句,都是把知命同努力分开,而且以为两者不能并存,可是,究竟是不是这样呢?现在便要研究这个问题。胡适之先生在欧洲演说中国文化,狠攻击知命之说,以为知命是一种懒惰哲学,这种主张,能养成懒惰根性。这话若不错,那么,我们这个懒惰人族,将来除了自然淘汰之一途外,真没有别条路可走了。但究竟是不是这样呢?现在还当讨论。

在《论语》里面有一句话:"不知命无以为君子。"意思是说:凡人非有知命的工夫不能作君子。君子二字在儒家的意义常是代表高尚人格的。可以知道儒家的意见,是以知命为养成高尚人格的重要条件。其他"五十而知命"等类的话狠多,知命一事在儒家可谓重视极了。再来返观儒家以外的各家的态度怎样呢?墨家树起反对之帜,矫正儒家,所攻击的,大半是儒家所重视的。所以墨家自然不相信命,《墨子·非命》篇中便极端否认知命,在现在讲,可算"打倒知命"了。列子的意见,更可从《力命》篇中看出,他假设两人对话,一名力,一名命,争论结果,偏重于命。列子是代表道家的,可见道家的主张,是根本将命抬到最高的地位,而将力压服在下面,和墨家重力黜命的宗旨恰恰相反。可是儒家就不然,一面讲命,一面亦讲力,知命和努力,是同在一样的重要地位,即以"不知命无以为君子"一句论,为君子便是努力,但却以知命为必要条件,可知在儒家的眼光中两者毫无轩轾了。

命字到底怎么解呢?《论语》中的话很简单,未曾把定义揭出来。我们只好在儒家后辈的书籍中寻解说,《孟子》《荀子》《礼记》,这三种都是后来儒家的重要的书。《孟子》说:"莫之致而至者命也。"意谓并不靠我们力量去促成,而它自己当然来的,便是命。《荀子》说:"节遇谓之命。"节是时节,意谓在某一时节偶然遇着的,便是命。《礼记》说:"分于道之谓命。"这一条戴东原解释得最详,他以为道是全体的统一的,在那全体的里面,分一部分出来,部分对于全体,自然要受其支配,那叫做"分限",便是命。综合这几条,简单的说,就是:我们的行为,受了一种不可抵抗的力量的支配,偶然间遇着一个机会,或者被限制着止许在一定范围内自由活动,这便是命。命的观念,大概如此。

分限——命——的观念既明,究竟有多少种类,经过详密的分析,大约有下列四种:(一)自然界给予的分限:这类分限,极为明显易知,如现在天暖,须服薄衣,转眼秋冬来了,又要需用厚衣,这便是一种自然界的分限,用外国语解释,便是自然界对于人类行为,给的一个 order,只能在范围内活动,想超过是不能的。人类常常自夸,人力万能征服了自然界,但是到底征服了多少,还是个问题,譬如前时旧金山和日本的地震,人类几十年努力经营的结果,只消自然界几秒钟的破坏,便消灭无余,人类到底征服了自然界多少呢?近几天,天文家又传说慧〔彗〕星将与地球接近,星尾若扫到地面,便要发生危险,此事固未实现,然假设慧〔彗〕星尾与地面接触了,那变化又何堪设想,彼时人类征服自然界的力量又如何呢?这样便证明自然界的力量,委实比我们人类大得多,人类不得不在它给予的分限中讨生活的。(二)社会给予的分限:凡是一个社会,必有它的时间的遗传和空间的环境,这两样都能给予人们以重变〔要〕的分限。无论如何强有力的人,在一个历时很久的社会中,总不能使那若干年遗传的结果消灭,并且自身反要受它的影响。即如我中华民国,挂上民治招牌已十六年了,实际上种种举动,所以名实不符者,实在是完全受了数千年历史情〔惰,下同〕力所(支)配,不克自拔。社会如此,个人亦如此,一人如此,众人亦如此,不独为世所诟病的军阀官僚,难免此情力之支配，乃至现代蓬勃之青年，是否果能推翻情力，不受其支配，仔细思之，当然不敢自信。吾人一举一动，一言一行，所不为情力所干涉者，实不多见的。至于空间方面，亦复如是，现在中国经济状况，日趋贫乏，几乎有全国国民皆有无食之苦的景况，若想用人的力量去改这种不幸的情形，不是这一端改好，那一端又发生毛病；便是那一端改好，这一端又现出流弊。环境的势力，好似一条长链，互相牵掣，吾人的生活，便是在这全国环境互相牵掣的势力支配的底下决定，人为的改造，是不能实现的。小而言之，一个团体，也是这样，凡一个学校，它有学风，某一个在这学校里念书的学生，当然受学风的影响和支配，想跳出学风以外，是不容易的。而这个学校的学风，又不是单独成立的，及〔又〕与其他学校，发生连带关系，譬如在北京某一学校，它的学风，不能不受全北京学校的学风的影响和支配，而不能脱离，就是这样。全北京的学风，影响到某一校；一校的学风，又影响到某一人，关系是如此其密切而复杂，所以社会在空间上给予人们的分限，是不可避免，而不易改造的。（三）个人固有的分限：在个人自身的性质，能力，身体，人格，经济，诸方面，常有许多不由自主的状态，这便是个人固有的分限。这些分限，有的是先天带来的，有的是受了社会的影响自然形成的，然而其为分限则一。譬如有些人身体好，有些人身体坏，身体好的人每天做十多点钟的功课，不觉疲倦，身体弱的人每天只用功几点钟，便非常困乏，再不停止，甚至患病，像这种差别，是没有法子去平均和补救的。讲其原因，自然是归咎于父母的身体不强壮，才遗传这般的体质。这不独个人为然，即以民族前言，华人同欧美比较，相去实在很远，这都是以前的祖先遗留的结果，不是一时的现象，然而既经堕落到如此地步，再想齐驱并驾，实无方法可施。即曰实行卫生，或可稍图改善，然一样的运动，一样的营养，而强者自强，弱者自弱，想立刻平等，是不可能的。才能经济诸端，尤其易见，有聪明有天才的人，一目十行，倚马万言，资质愚笨的人，自然赶他不上；有遗产的子弟，可以安富尊荣，卒业游学。家境困苦的人，自然千辛万苦，往往学业不完，这种分限，凡为人类，怎能逃脱。身体才能，固然不能变易，即如物质方面之经济力，似乎可以转换，然而要将一个穷学生于顷刻中化为富豪,亦是不能实现的事。物质的限制尚且如此之难去,何论其他,个人分限,诚不可轻视的了。(四)对手方给予的分限:凡人固然自己要活动,然而同时别人也要活动,彼此原都是一样的。加之人的活动方面,对自然常少,而对于他人的常多,所以人们活动是最易和他人发生关系的,(既)然如此,人们活动的时候,那对手方对于自己的活动也很有影响,这影响就是分限了。人们对他人发生活动,他人为应付起见,发出相当的活动来对抗。于是自己起了所谓反应,反应也有顺的,也有逆的,遇见顺的,尚不要紧,遇见逆的,则自己的活动将受其限制,而不能为所欲为,于是便构成了对手方的分限。这可以拿施教育者与受教育者做个比方,施者虽极力求其领会,然受者仍有活动的余地,若起了逆的反应,这个教育的方法,便要失败的。此犹言团体行为也,个人对个人也是如此,朋友,夫妇间的关系,何莫不然,无论如何任性的人,他的行为总难免反〔受〕其妻之若干分限,妻之方面亦同,人生最亲爱者,莫如夫妇,而对手方犹不能不有分限,遑论其他。犹之下棋,我走一着,人亦走一着,设禁止人之移棋,任我独下,自属全胜,无如事实不许,禁止他人,既难做到,而人之一着,常常与我以危险,制我之死命,于是不得不放弃预定计画,与之极力周旋,以求最后之胜利,此即对手分限之说,乃人人相互间,双方行为接触所起之反应了。

　　此四种分限——再加分析,容或更有——既经明了,只受一种之限制时,已足发生困难,使数十年之工作,一旦毁坏,然人生厄运,不止如是,实际上,吾人日常生活,几无不备受四种分限之包围和压迫。因此,假使有一不知命的人,不承认分限,甚至不知分限,或不注意分限,以为无论何事,我要如何便如何,可以达到目的。此种人勇气虽然很大,动辄行其开步走的主义,一往直前,可是,设使前边有一堵墙,拦住去路,人告诉他前面有墙,墙是走不过去的,而他悍然不顾,以为没有墙,我不信墙的限制,仍然前行。有时前面本是无墙,侥幸得以穿行,然已是可一不可再的成功,今既有墙,若是墙能任意穿行,自然很好,但墙实在是不能通过的东西,于是结果,他碰了墙,碰得头破脑裂,不得不回来,回来改变方向,仍是照这样碰墙,碰了几回之后,一经躺下,比任何软弱人还软弱，再无复起的希望。因他努力自信，总想超过他的希望，不想结果失望，自然一蹶不振，这种人的勇气，不能永久保持，一遇阻碍，必生厌倦，所以不知命——不信分限，专恃莽气的人是很难成功的。

儒家知命的话，在《论语》中有最重要的一句，便是批评孔子的"知其不可为而为之"那一句。可见知其一可为而为之——不知或不信分限，不是勇气；必要知其不可为而为之，才算勇气。明知山上有金矿动手去掘的人，那（不）算有勇；要明知不可为，而知道应该去做的人，才算伟大。这句话很可以表现孔子的全部人格，也可以作为知命与努力的注脚，"知其不可为"便是知命，"而为之"便是努力，孔子的伟大和勇和〔气〕，在此可以完全看出了。我们的科学家，或是梦想他的能力可以征服自然界，能够制止地震，固不算真科学家；或是因为知遇地震无法防止，便不讲预防之法，听其自然，也非真科学家。我们的真科学家，必具有下列的精神，便是明知地震是无法控制的，也不作谬妄的大言，但也不流于消极，仍然尽心竭力去研究预防的（方）法，能够预防多少，便是多少，不因不能控制而自馁，也不因稍一预防而自夸。这种科学家才是真科学家，如我们所需要的。他们的预料，本来只在某一限度，限度之上就应当无效或失败，但他们知道应该做这种工作，仍是勤勉地去做着，尝试复尝试，不妨其多，结果如是失败，原不出其所料，万无失望的打击，幸而一二分的成功，于是他们便喜出望外了。知命之道，如此而已。

这种一二分的成功，为何可喜呢？因为世界的成功，都是比较的，无止境的。中国爱国的人，都想把国家弄得像欧美日本一样富强，好似欧洲〔美〕日本便是国家的极轨一样，谁知欧美日本，也不见得便算成功，国中正有无穷的纷扰哩！犹如庄〔列〕子所语的愚公移山，他虽不能一手把很高的山移完，可是他的子孙能够继续着去工作，他及身虽止能见到移去一尺二尺，也是够愉快，比起来未见分毫的移动，强得多了。成功犹如万万里的长道，一人的生命能力，万不能走完，然而走到中途，也胜与终身不走的哩！所以知命者，明知成功之不可必，了解分限之不可逃，在分限圈制前提之下去努力，才是真能努力的人啊！

我们为何需要真正的努力，因为只有真正的努力，才可不厌不倦。人何以有厌倦，多因不知分限，希望大〔太〕过，动遭失败，所以如此。知命的人，便无此弊。孔门学问如"学而不厌，诲人不倦"，"为之不厌，诲人不倦"，"居之无倦"，"请益又〔曰〕无倦"，"自强不息"，"不怨天不尤人"诸端。所谓不厌，不倦，不息，不怨，不尤，都是不以前途阻碍而退馁，是消极的知命。如"学而时习之，不亦悦〔说〕乎；有朋自远方来，不亦乐乎"，都是以稍有成功而自娱，是积极的努力。所以我们不止要排除尊己黜人的妄诞，也宜蠲去美人恨己的忧伤，因这两者都于事实是无益的。我人徒见美国工人生活舒适，比中国资产阶级甚或过之，于是自怨自艾，于己之地位运动宁复有济。犹之豫湘人民，因罹兵灾，遽羡妒他省人民，又岂于事实有补。总之，生此环境，丁此时期，惟有勤勉乃身，委曲求全，其他夸诞怨艾之念，均不可存的。

孔子的"发愤忘食，乐以忘忧"工夫，实在是知命和努力的一个大榜样。儒家弟子，受其感化的，代不乏人，如汉之诸葛亮，固知辅蜀讨曹之无功，然而仍以"鞠躬尽瘁，死而后已"为职志者，深明"汉贼不两立，皇室不偏安"之义，晓得应该如此做去，故不得不做，此由知命而进于努力者也。又如近代之胡林翼，曾国藩，固曾勋业彪炳，而读其遗书，则立言无不以安命为本，因二公饱经事故，阅历有得，故谆谆以安命为言，此由努力而进于知命者也。凡人能具此二者，则作事时较有把握，较能持久。其知命也，非为懒惰而知命，实因镇定而知命；其努力也，非为侥幸而努力，实为牺牲而努力。既为牺牲而努力，做事自然勇气百倍，既无厌倦，又有快乐了。所以我们要学孔子的发愤忘食，便是学他的努力；要学孔子的乐以忘忧，便是学他的知命。知命和努力，原来是不可分离，互相为用的，再没有不相容的疑惑了。知命与努力，这便是儒家的一大特色，也是中国民族一大特色，向来伟大人物，无不如此。诸君持身涉世，如能领悟此一语的意义，做到此一层工夫，可以终身受用不尽！

（1927年5月22日在华北大学讲演，王劭年、张泽雄笔述，
原刊1927年5月29日《国闻周报》第4卷第20期）

北海谈话记

先生每于暑期将近时，约同学诸君作北海之游，俯仰咏啸于快雪浴兰之堂，亦往往邀名师讲学其间。去年夏宝山张君劢先生因事来京，为诸同学讲宋贤名理，盖穆然有鹅湖鹿洞之遗风焉。今夏复赓盛游，以时故，诸贤因不能莅止，先生恐无以孚此嘉会，故自述此篇，以为诸同学之勉策云尔。弟子海宁吴其昌。

今天本想约一二位朋友来演讲的，但是都不能来，故只好自己稍谈几句。现在一学年快完了，自己在学校内一年以来，每星期除了在讲堂上与同学会面外，其余接谈时间已不能多，暑期以后，有许多同学，不能再来了，即能再来，也暂时有三四月的分别，所以借此地，约大家来玩玩。本来此地是风景最美的地方，也可以说是我们的先后同学的一个纪念的地方。

大约三十多年前，我二十余岁，在长沙，与几位同志办了个时务学堂。学生先后两班，每班各四十人，办了一年多，遇着戊戌政变，学堂解散了。第一班同学中有位蔡松坡，那时他只有十余岁，在班中算是年龄最轻的。想起三十年前事，令我很有感触；那时算是中国最初办的学校，功课简陋得可笑；但我现在回忆，还是非常有兴趣；因为人数很少，所以感情易融洽；而功课简单，也就有简单的好处，现在学校功课是多极了，试问学生终日忙忙于机械的训谏中，那有深造自得了〔的〕机会？在那时功课是很少的，而同学也就各专习一科；而且精神非常团结。同学们都成了极好的朋友，共了多少次患难，几十人，几乎变成了一人。功课因专做一两门，精力集中，故比较的能深造，最少可以说物质的，功利的观念，比现在不知浅薄多少。当时同学于"书本子"学问之外，大家对于"做人"人〔的〕方法，非常注意，所以后来人材很多。

蔡松坡在全班四十人中，也算是高材生之一，当时的批评：最好的是李炳寰，其次是林圭，蔡松坡可以轮到第三，李，林，二人，都是于庚子革命之役殉难了。那一役主持的人是时务学堂教员唐佛尘先生才常，他是中国第一次革命的领袖，成仁于汉口，我们同学随同殉难的有二十多人，与唐先生同为中国第一次革命的牺牲者。那时因蔡松坡年纪还小，唐先生不许他直接加入革命事务，叫他带信到湖南给黄泽生先生。黄先生是当时在湖南带领新军的，他是罗忠节公的再传弟子，生平一切私淑罗忠节公；他虽然和我们同志，却认为时机未到，屡劝唐先生忍耐待时。他不愿意蔡松坡跟着牺牲，便扣留着不放他回去。松坡当时气愤极了，后来汉口事完全失败，黄先生因筹点学费，派松坡往日本留学。从日本回来，方入政界，卒至为国劳瘁而死；于护国之役这一次，总算替国家办了点事业。他死的时（候），不过三十五岁，假使他多活十年，也不过四十五岁，至少国内局面，比今天不同一点。

当时我们看松坡，也不过是个好学的小学生罢了；他自己也想不到后来为国家的大材。一个人将来是什么样人谁也不能料定的，此不独蔡松坡为然，例如：诸葛武侯在隆中的时候，曾文正公在四十岁以前，胡文忠公三十五六岁以前，他自己也就没有料到将来会做这样伟大的事。不过国家需要人材，那是时时需要的，而人们当时时准备着，以供国家的要求。遇到相当的机会，便立刻可以替国家服务。所谓事业也不必一定限定于政治的军事的，才可算事业；所以一个人能抱定为国家服务的意旨，不会没有建设的。就怕自家没有准备着，则机会来了，当然只有放弃的，所以我们当修养着，自己认清自己的责任。

反观现在的学校，多变成整套的机械作用：上课下课，闹得头昏眼花；进学校的人，大多数除了以得毕业文凭为目的以外，更没有所谓意志，也没有机会做旁的事情，有志的青年们，虽然不流于这种现象，也无从跳出圈套外。于是改造教育的要求，一天比一天迫切了。我这两年来清华学校当教授，当然有我的相当抱负而来的：我颇想在这种新的机关之中，参合着旧的精神。吾所理的想〔想的〕，也许太难不容易实现：我要想把中国儒家道术的修养来做底子，而在学校功课上把他体现出来。在已往的儒家各个不同的派别中，任便做那一家，那都可以的，不过总要有这类的修养来打底子；自己把做人的基础，先打定了。吾相信假定没有这类做人的基础，那末做学问并非为自己做的。至于智识一方面，固然要用科学方法来研究，而我所希望的是：科学不但应用于求智识，还要用来做自己人格修养的工具。这句话怎么讲呢？例如当研究一个问题时，态度应如何忠实，工作应如何耐烦，见解要如何独立，整理组织应如何洽理而且细密……凡此之类，都一面求智识，同时一面即用以磨炼人格，道德的修养，与智识的推求，两者打成一片。现世的学校，完全偏在智识一方面，而老先生又统统偏在修养一边，又不免失之太空了；所以要斟酌于两者之间。我所最希望的是：在求智识的时候，不要忘记了我这种做学问的方法，可以为修养的工具；而一面在修养的时候，也不是参禅打坐的空修养，要如王阳明所谓在"事上磨炼"。

事上磨炼，并不是等到出了学校入到社会才能实行，因为学校本来就是一个社会，除方才所说用科学方法作磨炼工具外，如朋友间相处的方法，乃至一切应事接物，何一不是我们用力的机会。我狠痴心，想把清华做这种理想的试验场所。但照这两年的经过看来，我的目的，并未能达到多少。第一个原因，全国学风都走到急功近利及以断片的智识相夸耀，谈到儒家道术的修养，都以为迂阔不入耳，在这种氛团〔围〕之下，想以一个学校极少数人打出一条血路，实在是不容易。第二件，清华学校自有他的历史，自有他的风气，我不过是几十位教员中之一位，当未约到多数教员合作以前，一个人很难为力的。第三件，我自己也因智识方面嗜好太多，在堂上讲课与及在私室和诸君接谈时，多半也驰骛于断片的智识，不能把精神集中于一点。因为这种原因，所以两年来所成就，不能如当初的预期。

我对于同学诸君，尤其万分抱歉。大学部选修我的功课的，除了堂上听讲外，绝少接谈的机会，不用说了，就是在研究院中，恐怕也不能不令诸君失望。研究院的形式，很有点像道尔顿制的教育，各人自己研究各人的嗜好，而请教授指导指导。老实说，我对于任何学问，并没有专门的特长，所以对于诸同学的工作，中间也有我所知道的，我当然很高兴地帮帮他们的忙；也许有我们同学的专门工作，比我还做得好，这倒不是客气话。外国研究院中的教授，于很隘小范围内的学问，他真个可以指导研究，而除此隘小范围以外，他都不管；而我今日在研究院中的地位，却是糟了！同学以为我什么都懂得，所以很亲密地天天来请教我；而我自己觉得很惭愧，没有充分帮助。不过，虽然如此，而我的希望，仍是很浓厚着，仍努力继续下去。什么希望呢？假定要我指导某种学问的最高境界，我简直是不能，可以说：我对于专门学问深刻的研究，在我们同事诸教授中，谁都比我强，我谁都赶不上他；但是，我情愿每天在讲堂上讲做学问的方法。或者同学从前所用的方法不十分对，我可以略略加以纠正。或者他本来已得到方法，而我的方法，可以为相当的补助。这一点，我在智识上对于诸同学可以说是有若干的暗示；也许同学得到我这种的暗示，可以得到做学问的路，或者可以加增一点勇气。

还有一点：我自己做人，不敢说有所成就；不过直到现在，我觉得还是天天想向上。在人格上的磨炼及扩充，吾自少到现在，一点不敢放松。对于诸同学，我不敢说有多少人格上的感化，不过我总想努力令不至有若干恶影响到诸同学。诸同学天天看我的起居，谈笑，各种〈种〉琐屑的生活，或者也可以供我同学们相当的暗示或模范。大家至少可以感觉到这一点：我已有一日之长，五十余岁的人，而自己训练自己的工作，一点都不肯放过，不肯懈怠；天天看惯了这种样子，也可以使我们同学得到许多勇气。所以我多在校内一年，我们一部同学，可以多得一年的薰染，则我的志愿，已算是不虚了。

现在中国的情形，糟到什么样了！将来如何变化？谁也不敢推测。在现在的当局者，那一个是有希望的？那一个党派是有希望的？那末中国就此沉沦下去了吗？不！决不的！如果我们这样想，那我们便太没志气，太不长进了！现在一般人，做的不好，固然要后人来改正；就是现在一般人，做的很好，也要后人来继续下去。现在学校的人，当然是将来中国的中坚；然而现在学校里的人，准备了没有？准备什么样来担任这个重大的责任？智识才能，固然是要的；然而道德的信仰，——不是宗教——是断然不可少的。现在时事，糟到这样，难道是缺乏智识才能的缘故么？老实说：甚么坏事情，不是智识才能分子做出来的？现在一般人，根本就不相信道德的存在，而且想把他留下的残余，根本去划除。

我们一回头，看数十年前，曾文正公那般人的修养。他们看见当时的社会也坏极了，他们一面自己严厉的约束自己，不跟恶社会跑，而同时就以这一点来朋友间互相勉厉，天天这样琢磨着，可以从他们往来的书札中考见。一见面，一动笔，所用以切磋观磨规劝者，老是这么样坚忍，这么样忠实，这么样吃苦，有恒，负责任，……这一些话；这些话看起来是很普通的，而他们就只用这些普通话来训炼自己。不怕难，不偷巧，最先从自己做起，立个标准，扩充下去，渐次声应气求，扩充到一班朋友，久而久之，便造成一种风气，到时局不可收拾的时候，就只好让他们这班人出来收拾了。所以曾，胡，江，罗，一般书呆子，居然被他们做了这样伟大的事业，而后来咸丰以后风气，居然被他们改变了，造成了他们做书呆子时候的理想道德社会了。可惜江公，罗公，早死一点，不久胡公也死了，单剩曾文正公，晚年精力也衰了。继曾文正公者，是李文忠公。他就根本不用曾胡罗诸人的"道德改造"政策，而换了他的"功利改造"政策。他的智力才能，确比曾文正公强；他专奖厉一班只有才能不讲道德的人物。继他而起的，是袁项城，那就变本加厉，明目张胆的专提拔一种无人格的政客作他的爪牙，天下事就大糟而特糟了。顾亭林《日知录》批评东汉的名节，数百年养成不足，被曹操一人破坏之而有余，正是同出一辙呀。

李文忠公，功名之士；以功名为本位，比较以富贵为本位的人，还算好些。再传下去，便不堪设想了，"其父杀人报仇其子必且行劫"；袁项城就以富贵为本位了！当年曾胡江罗以道德，气节，廉耻，为提倡的成迹〔绩〕，遂消灭无遗。可怜他们用了大半世的功力，象有点眉目了，而被李文忠公以下的党徒，根本划除一点也不留，无怪数十年来中国的内乱便有增无遗了。一方面又从外国舶来了许多什么党，什么派，什么主义，……譬如孙中山先生，他现在已死了，我对他不愿意有甚么奇〔苛〕论，且我对于他的个人，也有相当的佩服：——但是，孙中山比袁项城总算好得多了。不过，至少也是李鸿章所走的一条路。尤其是他的党派见解：无论甚么样的好人，不入他的党，多得埃〔挨〕臭骂；无论甚么坏东西，只要一入他的党，立刻变成了很好的好人。固然，国民党的发达，就是靠这样投机者之投机；而将来的致命伤，也都尽在这般人之中，这句话似乎可以断定吧？

现在既然把甚么道德的标准，统统破坏无遗；同时，我们解剖现代思想的潮流，就不出这二股范围之外，一是袁世凯派，二是孙中山派，而一方面老先生们，又全不知挽救的方法，天天空讲些礼教，刚刚被一般青年看做笑话的资料而瞧不起他。我们试看曾文正公等，当时是甚么样修养的？是这样的么？他们所修养的条件：是什么样克己，什么样处事，什么样改变风气，……先从个人，朋友，少数人做起，诚诚恳恳，脚踏实地的，一步一步做去；一毫不许放松，我们读曾氏的《原才》，便可见了。风气虽坏，自己先改造自己，以次改造我的朋友，以及朋友的朋友，找到一个是一个，这样继续不断的努力下去，必然有相当的成功。假定曾文正胡文忠迟死数十年，也许他们的成功是永久了；假定李文忠，袁项城也走这一条路，也许直到现在还能见这种风气呢？

然而现在的社会，是必须改造的！不改造他，眼看他就此沉沦下去，这是我们的奇耻大辱！但是谁来改造他？一点不客气，是我辈！我辈不改造！谁来改造？要改造社会，先从个人做人方面做去，以次及于旁人，一个，二个，……以至千万个；只要我自己的努力不断，不会终没有成迹〔绩〕的。江，罗诸公，我们知道他是个乡下先生，他为什么有这样伟大的事业？在这一点上，我对于诸同学，很抱希望：希望什么？希望同学以改造社会风气为各人自己的责任。

至于成功么？是不可说的。天地一日没有息；我相信我们没有绝对成功的一日。我们能工作一部份，就有一部的成迹〔绩〕，最怕是不做。尤其我们断不要忘了这句话：社会坏，我们切不要"随其流而扬其波，哺〔铺〕其糟而啜其醴"。不然，则社会愈弄愈坏，坏至于极，是不堪设想的。至少我有一分力量要加以一分的纠正。至于机会之来不来，是不可说的；

385

但是无论有没有机会，而我们改善社会的决心的〔和〕责任，是绝对不能放松的。所以我希望我们同学不要说："我的力量太小"，或者说："我们在学校里，是没有功夫的"。实际上，只要你有多少力量，尽多少责任就得。至于你无论在什么地方，总是社会的一分子，你也尽一分子的力，我也尽一分子的力，力就大了。将来无论在政治上，或教育上，或文化上，或社会事业上……乃至其他一切方面，你都可以建设你预期的新事业，造成你理想的新风气，不见得我们的中国就此沉沦下去的。这是对于品格上修养的话。

至于智识上的修养——在学问著述方面，改造自己，那末因我个人对于史学有特别兴趣，所以昔时曾经发过一个野心，要想发愤从新改造一部中国史。现在知道，这是绝对不是一个人的力量所可办到的。非分工合作，是断不能做成的。所以我在清华，也是这个目的：希望用了我的方法，遇到和我有同等兴味的几位朋友，合起来工作，忠实的切实的努力一下。我常常这样地想：假定有同志约二三十人，用下二三十年工夫去，终可以得到一部比较好的中国史。我在清华二年，也总可说已经得到几个了；将来或聚在一块，或散在各方，但是终有合作的可能。我希望他们得我多少暗示的帮助，将来他们的成绩比我强几倍。

归纳起来罢！以上所讲的有二点：

（一）是做人的方法，——在社会上造成一种不逐时流的新人。

（二）是做学问的方法，——在学术界上造成一种适应新潮的国学。

我在清华的目的如此，虽不敢说我的目的，已经满足达到，而终已得了几个很好的朋友，这也是使我自己可以安慰自己的一点。

今天，是一年快满的日子了，趁天气清和时候约诸同学在此相聚，我希望在座的同学们，能完全明了，了解这二点——做人，做学问，——而努力向前干下去呀！

还有与朋友之间，最好是互相劝导切磨，所谓"相观而善"。一个人生平不得到一个很好的朋友，他的痛苦，比鳏寡孤独还难过；但是朋友可以找出来的，还可以造出来的。我去改造他，他来改造我。一方面可以找朋友，一方面可以造朋友。所以无论何人，终该要有朋友的，然而，得好朋友，是何等不容易啊？得到了朋友，要看古人对于朋友如何的劝磨，如何的规正；最少不要象现在"功利派"利害的结合：因了一点无聊的纠葛，或者互相团结，或者互相闹翻，日后想起来，只有可笑，没有话说。我情愿我们同学中永远不会发生因一点无聊的事情，而感情发生裂痕，类似这一类的事实，我情愿吾们同学大家以至诚相待，不忘了互相改造与策勉，亲密到同家人父子兄弟一样，那是何等痛快！因为朋友是很难得的，日后散了，回想当时聚在一起做学问的快活，是不能再得的了！

  我今天所讲的话，很无伦次，本来不过既然约诸位到此地来玩，随便谈谈罢了。不过，总可算是很真挚的话。

    （1927年初夏讲，周传儒、吴其昌笔记，原刊吴其昌编
  《清华学校研究院同学录》，1927年刊本）

文化编

复古思潮平议

吾友蓝君，尝著论辟复古之谬，登载本报第一号①。海内人士读之，多骇汗谯诃，即鄙人乍见，亦不免失色相诧，思宜有所以折衷之，乃为平议如次：

吾以为蓝君所言，洵诡激而失诸正鹄，吾不能为之阿辩也。然此种诡激之言，曷为发生于今日，则固有使之者焉，亦不可不深省也。蓝君之论最骇人听闻者，彼对于忠孝节义，皆若有所怀疑，而对于崇拜孔子，亦若有所不慊。此其持论诚偏宕而不足为训也。盖忠孝节义诸德，其本质原无古今中外之可言。昔人不云乎，天下之善一也。凡道德上之抽象名词，若智仁勇、诚明、忠信、笃敬、廉让乃至若某若某，虽其涵孕之范围广狭全偏或有不同，然其同于为美德，则无以易。盖事理善恶之两面，譬则犹光明之与暗黑，讨论事理者，辩析若何而足为光明之标准焉可也，研究若何而能使光明之焕发赓续焉可也，若乃贱斥光明而尊尚暗黑，则岂惟螫理，实乃拂情。即如忠孝节义四德者，原非我国所可独专，又岂外国所能独弃。古昔固尊为典彝，来兹亦焉能泯蔑？以忠孝节义与复古并为一谭，揆诸论理，既已不辞；以厌恶复古故而致疑于忠孝节义，其瞀缪又岂仅因噎废食之比云尔！若夫孔子教义，其所以育成人格者，体用周备，放诸四海而皆准，由之终身而不能尽。以校泰西古今群哲，得其一体而加粹精者，盖有之矣；若孟子所谓集大成，庄生所谓大小精粗其运无乎不备，则固未

---

① 蓝公武《辟近日复古之谬》一文，刊《大中华》第1卷第1期。

有加于孔子者。孔子而可毁，斯真虽欲自绝，其何伤于日月也！且试思我国历史，若将孔子夺去，则暗然复何颜色。且使中国而无孔子，则能否抟挠此民族以为一体，盖未可知。果尔，则二千年来之中国知作何状？又况孔子之教，本尊时中，非若其他教宗之树崖岸、排异己，有以锢人之灵明而封之以故见也。然则居今日而教人以诵法孔子，又岂有几微足为国民进取之障者？故蓝君此论，实诡激而失正鹄。其说若昌，弊且不可纪极，吾断不能为之阿辩也。

顾以吾所知，蓝君盖粹美君子人也。其钻仰孔子之论著，且尝传诵于世（见《庸言报》）。今曷为而忽有此诡激恣谬之论？且其论既出，而国中一部分人，犹或于骇责之中含恕谅之意。吾默察世变，觉其几甚微，而逆想回环激荡之所由，乃不禁栗然以惧，是故不得不折其衷而两是正之。

夫提倡旧道德，（道德本无新旧之可言，"旧道德"三字，实不成名词，但行文之便，姑就时流之名名之耳。）宁非谋国知本之务。然此论何以忽盛于今日，则其机有不可不察者。自前清之季，举世竞言新政新学，竺旧之徒，本大有所不慊，而壁垒无以自坚，日即靡伏。虽曰靡伏，而谋所以堙遏之者，卒未尝息。以不可堙遏之势而强事堙遏，故激而横决，以有辛亥之革命。又正惟以堙遏之结果，其迁流之势，不轨于正，故其所演生之现象，无一焉能餍人望。其间桀黠轻儇之辈，复乘此嬗蜕抢攘之隙，恣为纵欲败检之行，乃益在在惹起社会之厌苦，而予人以集矢之的。一年以来，则其极端反动力之表现时代也。是故吾辈自昔固汲汲于提倡旧道德，然与一年来时流之提倡旧道德者，其根本论点，似有不同。吾侪以为道德无时而可以蔑弃，且无中外新旧之可言。正惟倾心新学新政，而愈感旧道德之可贵；亦正惟实践旧道德，而愈感新学新政之不容已。今之言旧道德者不然。彼睹目前社会泯棼之象，曾不深求其所以然，不知其为种种复杂原因之所和合蕴酿，而一切以府罪于其所不喜之新学新政。其意若曰：天下扰扰，正坐此辈横议处士兴风作浪造言生事，苟不尔者，吾国今日固犹是唐虞三代也。又若曰：吾国自有所以善治之道，可以无所待于外，今特患不能复吾故步耳；苟其能焉，他复何求！此非吾故为深刻之言，试质诸多数老辈之良心，是否有此两种见地蟠据于其脑际而确乎不拔者？此种见地展转谬演，于是常觉新学新政之为物，恒与不道德相缘；欲挫新学新政之焰而难于质言，则往往假道德问题以相压迫。坐是之故，引起新学家一部分人之疑惑，亦谓道德论与复古论相缘，凡倡道德，皆假之以为复古地也，非起而与角，则退化之运，将不知所届。此所以互相搏激而异论日起也。

然则新思潮与旧道德果有不相容者存乎？道德论与复古论果有何种之缘系乎？请得而博论之。

今都会之地，士大夫群居相语，每一矢口，辄相与太息于人心风俗之败坏。败坏云者，劣于昔之云也。吾以为全国多数小民之风俗，固不敢谓视前加良，亦未见其视前加坏。于营营蛰蛰之中，仍略带浑浑噩噩之气，与他国风俗相校，各有得失，不能尽诬也。然则今日，曷为以风俗特坏闻？曰：特坏者，惟吾曹号称士大夫者流耳。盖日日太息于人心风俗败坏之人，即败坏人心风俗之主动者也。而如吾曹者，其亦孰不诵孔氏之书，服忠孝节义之训，而其所造业，胡乃适得其反？譬言某药可以辟疫，而常备此药之家，乃即为播疫之丛。是必所备药或非其真也，或备而未尝服也，或服之不以其法也，或其他不良之起居食息与药力相消也。不探其源以治之，而但侈言置药以御疫，疫不得御，徒反使人致疑于药而已。夫孰不知提倡道德为改良风俗之大原，然以今日社会周遭之空气，政治手段之所影响，中外情势之所诱胁，苟无道以解其症而廓其障，则虽日以道德论喃喃于大众之前，曷由有效？徒损道德本身之价值耳！尤可异者，竺旧者流，侈然俨以道德为其专卖品，于是老官僚、老名士之与道德家，遂俨成三位一体之关系。而欲治革命以还道德堕落之病者，乃径以老官僚、老名士为其圣药，而此辈亦几居之不疑。夫此辈中固多操行洁白之士，吾岂敢尽诬！要之当前清末叶，此辈固多已在社会上占优越之地位，其言论行事，本有风行草偃之资，此辈诒谋苟臧，中国岂至有今日？

平心论之，中国近年风气之坏，坏于佻浅不完之新学说者，不过什之二三；坏于积重难返之旧空气者，实什而七八。今之论者，动辄谓自由平等之邪说，深中人心，将率天下而入于禽兽。申令文告，反复诵言；坐论偶语，群焉集矢。一若但能廓清此毒，则治俗即可立致清明。夫当鼎革之交二三年间，此种狂焰，固尝披靡一时，吾侪痛心疾首，视今之论者未多让焉。今日则兹焰殆尽熄矣,而治俗又作何象者?盖今日风气之坏,其孽因实造自二十年以来,彼居津要之人,常利用人类之弱点,以势利富贵奔走天下,务斫丧人之廉耻,使就我范围。社会本已不尚气节,遭此诱胁,益从风而靡;重以使贪使诈之论,治事者奉为信条,佥壬乘之,纷纷以自跻于青云;其骄盈佚乐之举动,又大足以歆动流俗,新进之俦,艳羡仿效,薪火相续,日以蔓滋。俗之大坏,职此之由。故一般农工商社会,其良窳无以大异于前,而独所谓士大夫者,日日夷于妾妇而沦于禽兽。此其病之中于国家者,其轻重深浅,以视众所指目之自由平等诸邪说何如?夫假自由平等诸名以败德者,不过少数血气未定之青年,其力殊不足以左右社会。若乃所谓士大夫居高明之地者,开口孔子,闭口礼教,实则相率而为败坏风俗之源泉。今谋国者方日日蹈二十年来之覆辙,汩流以扬波,而徒翘举方严广漠之门面语曰尊崇孔子、曰维持礼教者,以相扇奖,冀此可以收效。殊不知此等语者,今之所谓士大夫,人人优能言之,无所施其扇奖;其在一般社会,则本自率循,又无所深待于扇奖。而欲求治俗之正本清源,要视乎在上位者之真好恶以为祈向。义袭而取,恐未有能济者也。

　　读者幸勿疑吾谓此种扇奖之可以已也,吾固日日从事于扇奖之一人,此天下所共见也。顾吾谓扇奖之道,贵用其中而蕲其平,一有所倚,则弊之所届,恒出意外。譬诸树表,表之攲以分寸,影之斜以寻丈,此最不可不慎也。今指当道为有意复古,必且斷斷自辩曰:吾曷尝尔尔。然而事实所趋,遂章章不可掩也。此亦无待吾一一胪举其迹,吾但请读者闭目以思,最近一二年来,上自中央地方各级机关之组织,下逮各部大小行政之措施,曷尝有一焉非尽反民国元二年之所为?岂惟民国元二年而已,前清光、宣之交,凡所规画所建置,殆无不废变停顿。夫光、宣之政,诚不足以餍人望也,民国初元之政,诚尤不足以餍人望也,然岂必其政之本体,绝对不适用于中国,毋亦行之非其道非其人耳?既察某制度为今后所万不可不采行,前此行之而有弊,只能求其弊之所在,而更张补救之耳。若并制度其物而根本摧弃之,天下宁有此政猷?例如民选议会制度,既为今世各国所共由,且为共和国体所尤不可缺,前此议会未善,改正其选举法可也,直接间接以求政党之改良可也,厘定其权限可也;若乃并议会其物而去之，安见其可？例如司法独立，既天下之通义，前此法庭未善，改变其级制可也，改变其程序可也，改变其任用法可也；若乃并法庭其物而去之，安见其可？推之百政，莫不皆然。

彼其制度，既为早晚必须采用之制度，今虽废之，不旋踵为时势所迫，必胥谋所以复兴之。而一废一兴之际，第一，则使国运进步迟阻若干年；第二，则隳已肇之基础，将来作始更难；第三，则使人民彷徨迷惑，减国家之威信耳。昔吴淞铁路初建，政府以二十余万金购而毁之，在彼时曷尝不以为有所大不得已者存！既毁之际，曷尝不多数人称快！由今思之，所为何来？夫今一日众共集矢之制度，后之视今，必且与吴淞铁路同感，可断言也，而狐埋狐抇，天下其谓政府何？又或有所瞻顾，不敢悍然径废其名，遂复换面改头，指鹿为马，此其为弊，殆更甚焉。夫作法于真，其敝犹伪；作法于伪，敝将若之何？今凡百设施，多属创举，既非夙习，运用倍难，苟诚心以赴，期于必成，使当事者怀靖共毋忝之心，使社会作拭目观成之想，其庶黾勉，日起有功。今也不然，于其本所不欲之事，阴摧坏其实而阳涂饰其名。受其事者曰，此敷衍吾侪耳，吾毋宁以敷衍应之。而自爱之心与践职义务之观念，日趋薄弱。社会亦曰：某项事业，所以敷衍某类人耳。先怀一种轻蔑之心以对此事业；甚者从而掎之，而进行乃益以艰；及其挫跌，则抚掌称快，曰吾固谓此种制度之不可采，今果如是也。呜呼！凡今之所以应付各种新政者，何一非尔尔耶？则旁观者嚣然以复古为疑，亦何足怪！

以言夫用人耶，鼎革之交，万流杂进，羊胃羊头，见者呃逆，谋澄叙之，宜也。而一矫其弊，遂乃以前清官历为衡才独一之标准。问其故，则曰尊经验也。夫前清官吏中，其洁白干练通达治理者，原大有人在，吾诚不敢挟主奴之见，漫为牴排。虽然，其中大多数，锢蔽龌龊，悾黠偷靡，晚清之败坏，岂不以此辈？革命之局，宁非此辈实助长之？其尤无耻者，则朝失清室之官，暮入同盟之会，极口骂项，胁肩美新，及事势一迁，又反颜下石。第其品质，宜在豺虎不食之班，即予优容，亦惟高阁束之已足。而今皆弹冠联翩，专城相望，且俨然以挽回风习、主持大化自命，为上游所器赏，为社会所欢承。不旋踵而赃证狼籍，对簿跄跟，而败落相寻，继踵犹昔。叩其所谓经验，则期会书薄，钩距掊克，对面盗贼，暮夜苞苴，乃至以财政厅长而不解预算之字义，以兼理司法之知事而不知有新刑律其物。此类笑柄，更仆难罄，犹且能名鹊起，一岁屡迁，俯睨新进，视如无物。呜呼！凡今日登庸人才之标准，岂不如是耶？则旁观者嚣然以复古为疑，又何足怪！

　　甚矣国人之善忘也。记有之："不知来，视诸往。"彼晚清以来之陈迹，岂不犹历历在人耳目耶？使其所操术而可以措国家于治安，则清室其至今存矣。二十年前，而所谓旧法者，已失其维持国家之功用，国人不胜其敝，乃骇汗号吁以求更新；今又以不胜新之敝也，乃更思力挽之以返于二十年前之旧。二十年前所共患苦者，若全然忘却；岂惟忘却，乃更颠倒歆慕，视为盛世郅治而思追攀之。（此非吾过言，试以一年来所规画之政策，与二十年前政象比较，其刻意追攀之点不知凡几。吾他日更当为文列举评之。）夫目之于色，有同美焉。二十年前共指为甚恶者，二十年后忽能变为甚美，此宁非天下大可怪之事！而或者曰：清之亡非亡于其恋旧也，而实亡于其骛新。使清廷非惟新是骛，而坚持其旧者以相始终，夫安得有今日？若此论者，微论其言之终不能成理也，藉曰事理或然，然尤当知清廷之骛新，本非其所欲也。非所欲而曷为骛之？则以旧制之作用已穷，事势所驱，不得不出于此。譬诸行旅，所遵之路，荆棘已塞，乃始改从他涂。夫在今日，彼路之荆棘是否能刈除？是否不为事势所驱，更折而出于骛新之举？终已不能，则将来几经波折之后，卒亦取清廷所回旋之覆辙而次第一一复蹈之，可断言耳。夫清廷曷为以骛新而得亡？正以其本不改新，而徒以大势所迫勉趋于新。虽勉趋于新，而于新之性质、新之价值，实未有所了解，常以恋旧之精神牵制于其间，故新与旧之功用两相消，进退失据，而一败涂地也。今以恋旧责当局，而当局决不肯自讱。虽然，试静气一自勘其心理，其有以异于二十年前老辈之心理者几何？凡所设施，又何一非新与旧功用相消者？此复古之疑，所以虽哓辩而终无以自解于天下也。

　　或曰：病斯有待于药，药求已病而已。复古论虽曰可议，然以药数年来骛新太过之病，安见其不可？应之曰：斯固然也。然在一二年前病象颇剧之时，服之或不失为良药；今则病征已变，犹服之不已，则药反成病矣。大抵一时偶感之病，来势虽勇，而祛除实易；积年蟠结之病，不甚惹警觉，而绵久遂不可复救。夫恋旧者人类之通性也，当其一时受刺激于外，骛新太过，就令任其自然，不加矫正，非久必为惰力性作用所支配，自能返其故态。然此惰力性作用猖獗之后，欲更从而振之，恐非加以雷霆万钧，莫之能致。夫惮于趋新而狃于安旧，圆颅通性，固已有然。况我民族尤以竺旧为特长，而以自大为凤禀；而坐谈礼教，吐弃学艺，又最足以便于空疏涂饰之辈。靡然从风，事有固然。若详推其利害之所届，则此种方严广漠之门面语，其于矫正末俗，实际上收效能几，殊未敢知；而惰力性或且缘此大增，率国人共堕入于奄奄无生气之境，此则吾所为睊睊而忧者耳。

若夫蓝君所论之诡激，吾既已不惮辞而辟之。要之此两者，皆社会心理之病征而已，而其病则不能相克而常相生。蔑古论昌，则复古论必乘之；复古论昌，则蔑古论又必乘之。以极端遇极端，累反动以反动，则其祸之中于国家社会者遂不可纪极。孟子曰："生于其心，害于其政；发于其政，害于其事。"是以君子慎之也。

（原刊 1915 年 7 月 20 日《大中华》第 1 卷第 7 期）

五十年来中国进化概论

（一）

申报馆里的朋友，替他们"馆翁申老先生"做五十整寿，出了许多题目找人做寿文，把这个题目派给我。呵呵！恰好我和这位"申老先生"是同庚，只怕我还是忝长几天的老哥哥哩！所以我对于这篇寿文，倒有点特别兴味。

却是一件，我们做文章的人，最怕人出题目叫我做。因为别人标的题，不见得和我所要说的话内容一致；我到底该做他的题呀，还是该说我的话呢？即如这个题目，头一桩受窘的是范围太广阔：若要做一篇名副其实的文章，恐怕非几十万字不可。再不然，我可以说一句"请看本书第二第三两编里头那几十篇大文"，我便交白卷完事。第二桩受窘的是目的太窄酷：题目是五十年的进化，许我说他的退化不呢？既是庆寿文章，逼着要带几分"善颂善祷"的应制体裁，那末，可是更难着笔了。

既已硬派我在这个题目底下做文章，我却有两段话须得先声明：

第一　我所说的不能涉及中国全部事项，因为对于逐件事项观察批评，我没有这种学力。我若是将某件某件如何进步说个大概，我这篇文章，一定变成肤廓滥套的墨卷。我劝诸君，不如看下边那几十篇大文好多着哩。诸君别要误认我这篇是下边几十篇的总括，我不过将我下笔时候感触的几件事随便写下来，绝无组织，绝无体例。老实说：我这篇只算是

"杂感",不配说是"概论"。

第二　题目标的是"进化",我自然不能不在进化范围内说;但要我替中国瞎吹,我却不能。我对于我们所亲爱的国家,固然想"隐恶而扬善";但是他老人家有什么毛病,我们也不应该"讳疾忌医",还是直说出来大家想法子补救补救才好。所以我虽说他进化,那不进化的地方,也常常提及。

这样说来,简直是"文不对题"了。好吗!就把不对题的文胡乱写出来。

(二)

有一件大事,是我们五千年来祖宗继续努力,从没有间断过的,近五十年,依然猛烈进行,而且很有成绩。是件什么事呢?我起他一个名,叫做"中华民族之扩大"。原来我们中华民族,起初不过小小几个部落,在山东河南等处地方得些根据地。几千年间慢慢地长……长……长成一个硕大无朋的巨族,建设这泱泱雄风的大国。他长的方法有两途:第一是把境内境外无数的异族叫他同化于我。第二是本族的人年年向边境移植,把领土扩大了。五千年来的历史,都是向这条路线进行,我也不必搬多少故事来作证了。近五十年,对于这件事,有几方面成功狠大,待我说来:

一　洪杨乱后,跟着西南地方有苗乱,蔓延狠广,费了十几年工夫才平定下来。这一次平定,却带几分根本解决性质,从此以后,我敢保中国再不会有"苗匪"这名词了。原来我族对苗族,乃是黄帝尧舜以来一桩大公案,闹了几千年,还没有完全解决。在这五十年内,才把黄帝伐蚩尤那篇文章,做完最末的一段,确是历史上值得特笔大书的一件事。

二　辛亥革命,满清逊位,在政治上含有很大意义,下文再说。专就民族扩大一方面看来,那价值也真不小。原来东胡民族,和我们捣乱捣了一千七八百年,五胡南北朝时代的鲜卑,甚么慕容燕,拓拔魏,宇文周;唐宋以后,契丹跑进来叫做辽;女真跑进来叫做金;满洲跑进来叫做清;这些都是东胡族,我们吃他们的亏真算吃彀了。却是跑进来过后,一代一代的都被我们同化。最后来的这帮满洲人，盘据是盘据得最久，同化也同化得最透。满洲算是东胡民族的大总汇，也算是东胡民族的大结束。近五十年来，满人的汉化，以全速率进行；到了革命后，个个满人头上都戴上一个汉姓，从此世界上可真不会有满洲人了。这便是把二千年来的东胡民族，全数融纳进来，变了中华民族的成分，这是中华民族扩大的一大段落。

三　内地人民向东北西北两方面发展，也是近五十年一大事业。东三省这块地方，从前满洲人预备拿来做退归的老巢，狠用这封锁手段，阻止内地人移植。自从经过中日、日俄几场战争，这块地方变成四战之区，交通机关大开，经济现状激变。一方面虽然许多利权落在别人手上，一方面关内外人民关系之密度，确比从前增加好些，东三省人和山东直隶人渐渐打成一片了。再看西北方面，自从左宗棠开府甘陕，内地的势力，日日往那边膨胀。光绪间新疆改建行省，于是两汉以来始终和我们若即若离的西域三十六国，算是完全编入中国版图，和内地一样了。这种民族扩大的势力，现在还日日向各方面进行，外蒙古阿尔泰青海川边等处，都是在进步活动中。

四　海外殖民事业，也在五十年间狠有发展。从前南洋一带，自明代以来，闽粤人已经大行移殖，近来跟着欧人商权的发达，我们侨民的经济势力，也确立得些基础。还有美洲澳洲等处，从前和我们不相闻问，如今华侨移住，却成了世界问题了。这都是近五十年的事，都是我们民族扩大的一种表征。

民族扩大，是最可庆幸的一件事，因此可以证明我们民族正在青春时代，还未成年，还天天在那里长哩。这五十年里头，确能将几千年未了的事业了他几桩，不能不说是国民努方的好结果。最可惜的，有几方面完全失败了。第一是台湾，第二是朝鲜，第三是安南。台湾在这五十年内的前半期，狠成了发展的目的地，和新疆一样，到后半期被人抢去了。朝鲜和安南，都是祖宗屡得屡失的基业，到我们手上完全送掉。海外殖民，也到处被人迎头痛击。须知我们民族会往前进，别的民族也会往前进。今后我们若是没有新努力，恐怕只有兜截转来，再没有机会能继续扩大了。

（三）

　　学问和思想的方面，我们不能不认为已经有多少进步，而且确已替将来开出一条大进步的路径。这里头最大关键，就是科举制度之扑灭。科举制度，有一千多年的历史，真算得深根固蒂。他那最大的毛病，在把全国读书人的心理都变成虚伪的因袭的笼统的，把学问思想发展的源泉都堵住了。废科举的运动，在这五十年内的初期，已经开始，像郭嵩焘冯桂芬等辈，都略略发表这种意见。到"戊戌维新"前后，当时所谓新党如康有为梁启超一派，可以说是用全副精力对于科举制度施行总攻击。前后约十年间，经了好几次波折，到底算把这件文化障碍物打破了。如今过去的陈迹，狠像平常，但是用历史家眼光看来，不能不算是五十年间一件大事。

　　这五十年间我们有什么学问可以拿出来见人呢？说来惭愧，简直可算得没有。但是这些读书人的脑筋，却变迁得真厉害。记得光绪二年有位出使英国大臣郭嵩焘，做了一部游记，里头有一段，大概说："现在的夷狄，和从前不同，他们也有二千年的文明。"嗳哟！可了不得！这部书传到北京，把满朝士大夫的公愤都激动起来了。人人唾骂，日日奏参，闹到奉旨毁板才算完事。曾几何时，到如今"新文化运动"这句话，成了一般读书社会的口头禅；马克思差不多要和孔子争席，易卜生差不多要推倒屈原。这种心理对不对，另一问题，总之这四十几年间思想的剧变，确为从前四千余年所未尝梦见。比方从前思想界是一个死水的池塘，虽然许多浮萍荇藻掩映在面上，却是整年价动也不动；如今居然有了"源泉混混不舍昼夜"的气象了。虽然他流动的方向和结果，现在还没有十分看得出来，单论他由静而动的那点机势，谁也不能不说他是进化。

　　古语说得好："学然后知不足。"近五十年来，中国人渐渐知道自己的不足了。这点子觉悟，一面算是学问进步的原因，一面也算是学问进步的结果。第一期，先从器物上感觉不足。这种感觉，从鸦片战争后渐渐发动，到同治年间借了外国兵来平内乱，于是曾国藩李鸿章一班人，狠觉得外国的船坚炮利，确是我们所不及，对于这方面的事项，觉得有舍己从人的必要，于是福建船政学堂、上海制造局等等渐次设立起来。但这一期内，思想界受的影响狠少；其中最可纪念的，是制造局里头译出几部科学书。这些书现在看起来虽然狠陈旧狠肤浅，但那群翻译的人，有几位颇忠实于学问，他们在那个时代，能彀有这样的作品，其实是亏他。因为那时读书人都不会说外国话，说外国话的都不读书，所以这几部译本书，实在是替那第二期"不懂外国话的西学家"开出一条血路了。第二期，是从制度上感觉不足。自从和日本打了一个败仗下来，国内有心人，真像睡梦中着了一个霹雳。因想道堂堂中国为什么衰败到这田地，都为的是政制不良，所以拿"变法维新"做一面大旗，在社会上开始运动，那急先锋就是康有为梁启超一班人。这班人中国学问是有底子的，外国文却一字不懂。他们不能告诉人"外国学问是什么？应该怎么学法？"只会日日大声疾呼，说"中国旧东西是不彀的，外国人许多好处是要学的"。这些话虽然像是囫囵，在当时却发生狠大的效力。他们的政治运动，是完全失败，只剩下前文说的废科举那件事，算是成功了。这件事的确能彀替后来打开一个新局面，国内许多学堂，国外许多留学生，在这期内蓬蓬勃勃发生，第三期新运动的种子，也可以说是从这一期播殖下来。这一期学问上最有价值的出品，要推严复翻译的几部书，算是把十九世纪主要思潮的一部分介绍进来。可惜国里的人能彀领略的太少了。第三期，便是从文化根本上感觉不足。第二期所经过时间，比较的狠长——从甲午战役起到民国六七年间止。约二十年的中间，政治界虽变迁狠大，思想界只能算同一个色彩。简单说：这二十年间，都是觉得我们政治法律等等，远不如人，恨不得把人家的组织形式，一件件搬进来，以为但能彀这样，万事都有办法了。革命成功将近十年，所希望的件件都落空，渐渐有点废然思返。觉得社会文化是整套的，要拿旧心理运用新制度，决然不可能，渐渐要求全人格的觉悟。恰值欧洲大战告终，全世界思潮都添许多活气。新近回国的留学生，又狠出了几位人物，鼓起勇气做全部解放的运动。所以最近两三年间，算是划出一个新时期来了。

　　这三期间思想的进步，试把前后期的人物做个尺度来量他一下，便狠明白。第一期，如郭嵩焘张佩纶张之洞等辈，算是狠新狠新的怪物。到第二期时，嵩焘佩纶辈已死去，之洞却还在。之洞在第二期前半，依然算是提倡风气的一个人，到了后半，居然成了老朽思想的代表了。在第二期，康有为梁启超章炳麟严复等辈，都是新思想界勇士，立在阵头最前的一排。到第三期时，许多新青年跑上前线，这些人一躺一躺被挤落后，甚至已经全然退伍了。这种新陈代谢现象，可以证明这五十年间思想界的血液流转得狠快，可以证明思想界的体气，实已渐趋康强。

拿过去若干个五十年和这个五十年来比，这五十年诚然是进化了；拿我们这五十年和别人家的这五十年来比，我们可是惭愧无地。试看这五十年的美国何如，这五十年的日本何如，这五十年的德国何如，这五十年的俄国何如。他们政治上虽然成败不同苦乐不等，至于学问思想界，真都算得一日千里。就是英法等老国，又那一个不是往前飞跑？我们闹新学闹了几十年，试问科学界可曾有一两件算得世界的发明，艺术家可曾有一两种供得世界的赏玩，出版界可曾有一两部充得世界的著述？哎！只好等第三期以后看怎么样罢。

（四）

"五十年里头，别的事都还可以勉强说是进化，独有政治，怕完全是退化吧？"这句话，几几乎万口同声都是这样说，连我也狠难得反对。虽然，从骨子里看来，也可以说这五十年的中国，最进化的便是政治。

原来政治是民意所造成，不独"德谟克拉西"政治是建设在多数人意识之上，即独裁政治寡头政治，也是建设在多数人意识之上。无论何种政治，总要有多数人积极的拥护——最少亦要有多数人消极的默认，才能存在。所以国民对于政治上的自觉，实为政治进化的总根源。这五十年来中国具体的政治，诚然可以说只有退化并无进化；但从国民自觉的方面看来，那意识确是一日比一日鲜明，而且一日比一日扩大，自觉。觉些甚么呢？

第一：觉得凡不是中国人都没有权来管中国的事。

第二：觉得凡是中国人都有权来管中国的事。

第一种是民族建国的精神；第二种是民主的精神。这两种精神，从前并不是没有；但那意识常在睡眠状态之中，朦朦胧胧的；到近五十年，——实则是近三十年——却狠鲜明的表现出来了。我敢说：自从满洲退位以后，若再有别个民族想钞袭五胡元魏辽金元清那套旧文章再来"入主中国"，那可是海枯石烂不会出来的事。我敢说：已经挂上的民国招牌，从今以后千千万万年再不会卸下。任凭你像尧舜那么贤圣，像秦始皇明太祖那么强暴，像曹操司马懿那么狡猾，再要想做中国皇帝，乃永远没有人答应。这种事实，你别要看轻他了，别要说他只有空名并无实际。古语说得好："名者实之宾"，凡事能彀在社会上占得个"正名定分"，那么，第二步的"循名责实"，自然会跟着来。总之在最近三十年间我们国民所做的事业，第一件，是将五胡乱华以来一千多年外族统治的政治根本铲除。第二件，是将秦始皇以来二千多年君主专制的政治永远消灭。而且这两宗事业，并非无意识的偶然凑会。的确是由人民一种根本觉悟经了狠大的努力，方才做成。就这一点看来，真配得上进化这两个字了。

民国成立这十年来，政治现象，诚然令人呕〔怄〕气。但我以为不必失望。因为这是从两个特别原因造成，然而这些原因都快要消灭了。第一件：革命时候，因为人民自身力量尚未充足，不能不借重固有势力来做应援。这种势力，本来是旧时代的游魂。旧时代是有二千多年历史的，他那游魂，也算得"取精用宏"，一二十年的猖獗，势所难免。如今他的时运，也过去大半了，不久定要完全消灭。经过一番之后，政治上的新时代，自然会产生出来。（不是委心任命的话，其实事理应该如此。）第二件：社会上的事物，一张一弛，乃其常态。从甲午戊戌到辛亥，多少仁人志士，实在是闹得筋疲力倦，中间自然会发生一时的情〔惰〕力。尤为可惜的，是许多为主义而奋斗的人物，都做了时代的牺牲死去了，后起的人，一时接不上气来。所以中间这一段，倒变成了黯然无色。但我想这时代也过去了。从前的指导人物，像是已经喘过一口气，从新觉悟，从新奋斗。后方的战斗力，更是一天比一天加厚。在这种形势之下，当然有一番新气象出来。

要而言之，我对于中国政治前途，完全是乐观的，我的乐观，却是从一般人的悲观上发生出来。我觉得这五十年来的中国，正像蚕变蛾蛇蜕壳的时代，变蛾蜕壳，自然是一件极艰难极苦痛的事，那里能彀轻轻松松的做到。只要他生理上有必变必蜕的机能，心理上还有必变必蜕的觉悟，那么，把那不可逃避的艰难苦痛经过了，前途便别是一个世界。所以我对于人人认为退化的政治，觉得他进化的可能性却是最大哩。

（五）

此外社会上各种进化状况，实在不少，可惜我学力太薄，加以时日仓卒，不能多举了。好在还有各位专门名家的论著，可以发挥光大。我姑且把我个人的"随感"，胡乱写出来，并且表示我愿意和我们老同年"申老先生"继续努力。

（1922年4月作，原刊抱一编《最近之五十年》，申报馆1923年2月初版）

什么是文化？

"什么是文化？"这个定义真是不容易下。因为这类抽象名词，都是各家学者各从其所抽之象而异其概念，所以往往发生聚讼。何况"文化"这个概念，原是很晚出的，从翁特（Wundt）和立卡儿特（Rickert）以后，才算成立，他的定义，只怕还没有讨论到彻底哩。我现在也不必征引辨〔辩〕驳别家学说，径提出我的定义来。是：

"文化者，人类心能所开积出来之有价值的共业也。"

"共业"两个字，用的是佛家术语。"业"是什么呢？我们所有一切身心活动，都是一刹那一刹那的飞奔过去，随起随灭，毫不停留。但是每活动一次，他的魂影便永远留在宇宙间，不能磨灭。勉强找个比方：就像一个老宜兴茶壶，多泡一次茶，那壶的内容便生一次变化。茶吃完了，茶叶倒去了，洗得干干净净，表面上看来什么也没有；然而茶的"精"渍在壶内，第二次再泡新茶，前次渍下的茶精便起一番作用，能令茶味更好。茶之随泡随倒随洗，便是活动的起灭；渍下的茶精便是业。茶精是日渍日多，永远不会消失的，除非将壶打碎。这叫做业力不灭的公例。在这种不灭的业力里头，有一部分我们叫他做"文化"。（这个比方，自然不能确切，因为拿死的茶壶比活的人，如何会对呢？不过为学者容易构成观念起见，找个近似的做引线罢了。）

茶壶是死的，呆的，各归各的，这个壶渍下的茶精，不能通到那个壶。人类不然，活的，整个的，相通的。一个人的活动，势必影响到人；而且跑得像电子一般快，立刻波荡到他所属的社会乃至人类全体。活动流下来的魂影，本人溃得最深，大部分遗传到他的今生他生或他的子孙，永不磨灭，是之谓"别业"。还有一部分，像细雾一般，霏洒在他所属的社会乃至全宇宙，也是永不磨灭，是之谓"共业"。又叫做业力周遍的公例。文化是共业范围内的东西。因为通不到旁人的"别业"，便与组织文化的网子无关了。但还有一点应当注意：共业是实在的，整个的。虽然可以说是由许多别业融化而成，但决不是把许多别业加起来凑成。

文化是共业之一部；但共业之全部并非都是文化。文化非文化，当以有无价值为断。然则价值又是什么呢？凡事物之"自然而然如此"或"不能不如此"者，则无价值之可评；即评，也是白评。可以如此可以不如此而我们认为应该如此，这是经我们评定选择之后才发生出来的价值；认为应该如此，就做到如此，便是我们得着的价值。由此言之，必须人类自由意志选择且创造出来的东西才算有价值。自由意志所无如之何的东西，我们便没有法子说出他的价值。我们拿价值有无做标准来看宇宙间事物，可以把他们划然分为两系：一是自然系，二是文化系。自然系是因果法则所支配的领土，文化系是自由意志所支配的领土。

人类活动，有一部分是与文化系无关的。依我的见解，人类活动之方式及其所属系统，应表示如下：

```
生理的 ────── 受动 ──────────── 自然系
                       ┌ 无意识的
心理的 ──┤ 模仿 ┤
                       └ 有意识的
              创造 ──────────── 文化系
```

生理上的受动，如饥则食，渴则饮，疲倦则休息，乃至血管运行渣液排泄等等，心理上的受动，如五官接物则有感觉，有感觉则有印象有记忆等等；这都是不得不然的理法，与天体运行物质流转性质相同，全属自然界现象，其与文化系无关，自不待言。再进一步，则心理作用中之无意识的模仿，如衣服的款式常常变迁，如两个人相处日子久了彼此的言语动作有一部分互相传染，这都是"自然而然如此"，也与文化系无关。就全社会活动而论，也有属于这类的。例如社会在某种状态之下，人口当然会增殖；在某种状态之下，当然会斗争或战争；乃至在某种状态之下，当然发生某种特殊阶级；这都是拿因果法则推算得出来的。换一句话说，这是生物进化的通则，并非人类所独有，所以不能归入文化范围内。

人类所以独称为文化的动物者，全在其能创造且能为有意识的模仿。"创造"怎么解呢？

"创造者，人类以自己的自由意志选定一个自己所想要到达的地位，便用自己的'心能'闯进那地位去。"

假如人类没有了这种创造的意志和力量，那么，一部历史，将如河岸上沙痕，一层一层的堆积上去，经几千几万年都是一样；我们也可以算定他明年如何后年如何乃至百千万年后如何。然而人类决不如此，他的自由意志怎样的发动和发动方向如何，不惟旁人猜不着，乃至连他自己今天也猜不着明天怎么样，这一秒钟也猜不着后一秒钟怎么样。他是绝对不受任何因果律之束缚限制，时时刻刻可以为不断的发动，便时时刻刻可以为不断的创造。人类能对于自然界宣告独立开拓出所谓文化领域者，全靠这一点。创造的概念，大略如右。但仍须注意者四点：

（一）创造不必定在当时此地发生效果。所以有在此时创造，到几百年后才看见结果的。例如孔子的创造力，到汉以后才表见，或者从今日以后才表见。亦有在此处创造，结果不见于此处而见于彼处者。例如基督的创造力，在犹太看不出，在罗马才看得出。要之一切创造，都循"业力周遍不灭"的公例，超越时间空间，永远普遍的存在。

（二）创造的效果，不必定和创造人所期待者同其内容。例如清教徒到美洲，原只为保持信仰自由，结果会创建美国。汉武帝通西域，原只为防御匈奴，结果会促成中印交通。这是什么缘故呢？因为一个创造，常常引起第二第三个创造。所以也可以说创造能率是累进的。

（三）创造是永不会圆满的。这句话怎么讲呢？凡一件事物到完成的时候，便是创造力停止的时候。譬如这张桌子，完全造成后放在这里，还有什么创造？创造的工夫，一定要在未有桌子或未成桌子之时。（这些譬喻总不能贴切，万勿拘泥。）桌子是死的，有完成的那一天，所以经过一个期间，创造便停止。人类文化是活的，永远没有完成的那一天，所以永远容得我们创造，亦正惟因此之故，从事创造者，只能以"部分的""不圆满的"自甘。

（四）创造是不能和现境距离很远的。创造的动机，总是因为对于现在的环境不满意或不安心，想另外开拓出一种新环境来。所以创造必与现境生距离，其理易明。但这种距离，是不容太远而且不会太远的；太远便引不起创造或创造不成。创造者总是以他所处的现境为立脚点，前走一步或两步。换一句话说，是：在不圆满的宇宙中间，一寸二寸的向圆满理想路上挪去。

以上算把创造的性质大略解释明白了，跟着还要说说"模仿"的性质。我们既已晓得创造之可贵，提到模仿，便认为创造的反面，像是很不值钱的。这种见解却错了。模仿分为有意识无意识两种；无意识的模仿，自然没有什么价值，前文曾经说过。现在所讲，专指有意识的模仿。依我看：

"模仿是复性的创造。有模仿才有共业。"

"复"有两义：一是个体的复集，二是时间的复现。假如人类没有这两种性能，那么，虽然有很大的创造，也只是限于一时，连"业"也不能保持；或者限于一人，只能造成"别业"；如何会有文化呢？须知无论创造力若何伟大之人，（例如孔子、释迦）总不能没有他所依的环境；既有所依的环境，自然对于环境（固有的文化）有所感受；感受即是模仿的资粮。所以严格说来，无论何种创造行为中，都不能绝对的不含有模仿的成分。这是说创造以前的事。创造以后呢？一方面自己将所创造者常常为心理的复现，令创造的内容越加丰富确实。一方面熏感到别人；被熏感的人，把那新创造的吸收到他的"识阈"中，形成他的"心能"之一部分，加工协造。这两种作用，都是模仿；内中第二种尤为重要。

凡有意识的模仿，都是经过自由意志选择才发生的，所以他的本质，已经是和创造同类。尤当注意者：凡模仿的活动，必不能与所模仿者丝毫都吻合。因为所模仿的对象经过能模仿者的"识阈"，当然起多少化学作用，当然有若干之修正或蜕变。所以严格说来，无论何种模仿行为中，又不能绝对的不含有创造的成分。因此也可以说："模仿是群众体的创造。"明白这种意味，方才知道所谓"民族心"所谓"时代精神"者作何解。

人类有创造模仿两种"心能"，都是本着他的自由意志，不断的自动互发。因以"开拓"其所欲得之价值，而"积厚"其所已得之价值。随开随积，随积随开，于是文化系统以成。所以说："文化者，人类心能所开积出来之有价值的共业也。"

以上所说，把"文化"的观念，略已确定；还要附带着一审查文化之内容。依我说：

"文化是包含人类物质精神两面的业种业果而言。"

文化是人类以自由意志选定价值凭自己的心能开积出来，以进到自己所想站的地位，既如前述。价值选定，当然要包含物质精神两面。人类欲望最低限度，至少也想到"利用厚生"；为满足这类欲望，所以要求物质的文化如衣食住及其他工具等之进步。但欲望决不是如此简单便了，人类还要求秩序，求愉乐，求安慰，求拓大；为满足这类欲望，所以要求精神的文化如言语，伦理，政治，学术，美感，宗教等。这两部分拢合起来，便是文化的总量。

说到这里，要把业种业果两语先为解释一下：这也是用的佛家术语。"种"即种子，"果"即果实。一棵树是由很微细的一粒种子发生出来，这粒种子，含有无限创造力，不断的长，长，长，开枝，发叶，放花，结果；到结成满树果实时，便是创造力成了结晶体，便算"一期的创造"暂作结束。但只要这棵树不死，他的创造力并不消灭，还跟着有第二第三乃至无数期的创造。一面那果实里头，又含有种子。碰着机会，又从新发出创造力来，也是一期二期……的不断。如是一个种生无数个果，果又生种，种又生果，一层一层的开积出去。人类活动所组成的文化之网，正是如此。

但此中有一点万不可以忘记：业果成熟时，便是一期创造的结束。现在请归到文化本题来说明此理：人类用创造或模仿的方式开积文化，那创造心模仿心及其表现出来的活动便是业种，也可以说是文化种。活动一定有产出来的东西，产出来的东西一定有实在体。换一句话说：创造力终须有一日变成"结晶"。这种结晶，便是业果，也可以说是文化果。文化种与文化果有很不同的性质：文化种是活的，文化果是呆的。试举其例：科学发明是业种，是活的；用那发明来造成的机器是业果，是呆的。人权运动是业种，是活的；运动产生出来的宪法是业果，是呆的。美感是业种，是活的；美感落到字句上成一首诗落到颜色上成一幅画是业果，是呆的。所以我说创造不会圆满，圆满时创造便停。业果成熟，便是活力变成结晶，便是一期的创造圆满而停息。就这一点论，很可以拿珊瑚岛作个譬喻：海底的珊瑚，刻刻不停的在那里活动，我们不知道他有目的没有；假使有目的，可以说他想创造珊瑚岛。但是到珊瑚岛造成时，他本身却变作灰石。文化到了结晶成果的时候，便有这种气象。所以已成的文化果是不容易改变的；停顿久了，那僵质也许成为活动的障碍物。但人类文化果，究竟不能拿珊瑚岛作比。因为珊瑚变成灰石之后，灰石里头，便一毫活力也没有。人类文化果不然，正如刚才说的树上果实，果中含有种子，所以能彀从文化果中熏发文化种，从新创造起来。人性中不可思议的神秘，都在这一点。

今请将文化内容的总量列一张表作结：

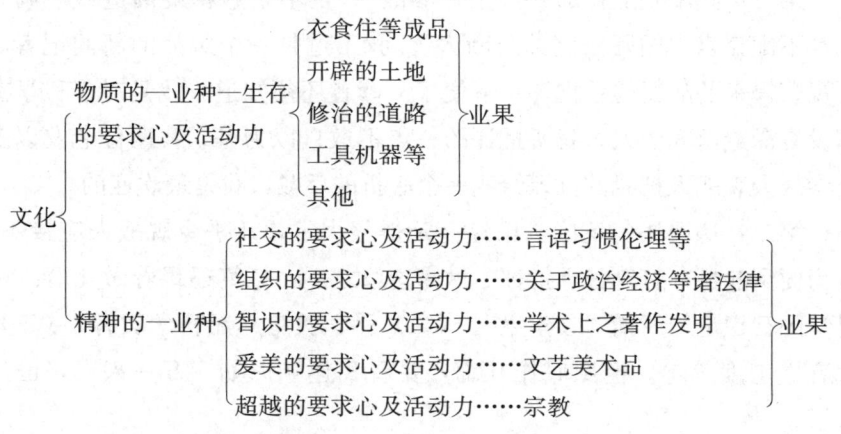

文化
├─ 物质的—业种—生存的要求心及活动力 ─ 业果
│   ├ 衣食住等成品
│   ├ 开辟的土地
│   ├ 修治的道路
│   ├ 工具机器等
│   └ 其他
└─ 精神的—业种 ─ 业果
     ├ 社交的要求心及活动力……言语习惯伦理等
     ├ 组织的要求心及活动力……关于政治经济等诸法律
     ├ 智识的要求心及活动力……学术上之著作发明
     ├ 爱美的要求心及活动力……文艺美术品
     └ 超越的要求心及活动力……宗教

（1922年11月在南京金陵大学第一中学讲演，原刊1922年12月1日《晨报副镌》，收入《梁任公学术讲演集》第三辑，商务印书馆1923年9月初版）

人生观与科学
——对于张丁论战的批评（其一）

（一）

张君劢在清华学校演说一篇《人生观》，惹起丁在君做了一篇《玄学与科学》和他宣战。我们最亲爱的两位老友，忽然在学界上变成对垒的两造。我不免也见猎心喜，要把我自己意见写点出来助兴了。

当未写以前，要先声叙几句话：

第一：我不是加在那一造去"参战"；也不是想斡旋两造做"调人"；尤其不配充当"国际法庭的公断人"。我不过是一个观战的新闻记者，把所视察得来的战况随手批评一下便了。读者还须知道：我是对于科学玄学都没有深造研究的人。我所批评的一点不敢自以为是。我两位老友以及其他参战人观战人把我的批评给我一个心折的反驳，我是最欢迎的。

第二：这回战争范围，已经蔓延得很大了，几乎令观战人应接不暇。我为便利起见，打算分项批评。做完这篇之后，打算还跟着做几篇：（一）科学的智识论与所谓"玄学鬼"。（二）科学教育与超科学教育。（三）论战者之态度等等。但到底作几篇，要看我趣味何如。万一兴尽，也许不作了。

第三：听说有几位朋友都要参战，本来想等读完了各人大文之后再下总批评。但头一件，因技痒起来等不得了。第二件，再多看几篇，也许"崔颢题诗"叫我搁笔，不如随意见到那里说到那里。所以这一篇纯是对于张丁两君头一次交绥的文章下批评，他们二次彼此答辩的话，只好留待下次。其余陆续参战的文章，我很盼早些出现。或者我也有继续批评的光荣。或者我要说的话被人说去，或者我未写出来的意见已经被人驳倒，那么，我只好不说了。

（二）

凡辩论先要把辩论对象的内容确定：先公认甲是什么乙是什么，才能说到甲和乙的关系何如。否则一定闹到"驴头不对马嘴"，当局的辩论没有结果，旁观的越发迷惑。我很可惜君劢这篇文章，不过在学校里随便讲演，未曾把"人生观"和"科学"给他一个定义。在君也不过拈起来就驳。究竟他们两位所谓"人生观"所谓"科学"，是否同属一件东西，不惟我们观战人摸不清楚，只怕两边主将也未必能心心相印哩。我为替读者减除这种迷雾起见，拟先规定这两个名词的内容如下：

（一）人类从心界物界两方面调和结合而成的生活，叫做"人生"。我们悬一种理想来完成这种生活，叫做"人生观"。（物界包含自己的肉体及己身以外的人类乃至己身所属之社会等等。）

（二）根据经验的事实分析综合，求出一个近真的公例以推论同类事物，这种学问叫做"科学"。（应用科学改变出来的物质或建设出来的机关等等只能谓之"科学的结果"，不能与"科学"本身并为一谈。）

我解释这两个名词的内容，不敢说一定对。假定拿以上所说做个标准，我的答案便如下：

"人生问题，有大部分是可以——而且必要用科学方法来解决的。却有一小部分——或者还是最重要的部分是超科学的。"

因此我对于君劢在君的主张，觉得他们各有偏宕之处。今且先驳君劢。

君劢既未尝高谈"无生"，那么，无论尊重心界生活到若何程度，终不能说生活之为物能毂脱离物界而单独存在。既涉到物界，自然为环境上——时间空间——种种法则所支配，断不能如君劢说的那么单纯，专凭所谓"直觉"的"自由意志"的来片面决定。君劢列举"我对非我"之九项，他以为不能用科学方法解答者，依我看来什有八九倒是要用科学方法解答。他说"忽君主忽民主忽自由贸易忽保护贸易等等，试问论理学公例何者能证其合不合乎？"其意以为这类问题既不能骤然下一个笼统普遍的断案，便算屏逐在科学范围以外。殊不知科学所推寻之公例乃是：（一）在某种条件之下，会发生某种现象。（二）欲变更某种现象，当用某种条件。笼统普遍的断案，无论其不能，即能，亦断非科学之所许。若仿照君劢的论调，也可以说"忽衣裘忽衣葛忽附子玉桂忽大黄芒硝……试问论理学公例何者能证其合不合乎？"然则连衣服饮食都无一定公例可以支配了，天下有这种理吗？殊不知科学之职务不在绝对的普遍的证明衣裘衣葛之孰为合孰为不合，他却能证明某种体气的人在某种温度之下非衣裘或衣葛不可。君劢所列举种种问题，正复如此。若离却事实的基础劈地凭空说君主绝对好民主绝对好自由贸易绝对好保护贸易绝对好……当然是不可能。却是在某种社会结合之下宜于君主，在某种社会结合之下宜于民主，在某种经济状态之下宜自由贸易，在某种经济状态之下宜保护贸易，……那么，论理上的说明自然是可能，而且要绝对的尊重。君劢于意云何？难道能并此而不承认吗？总之凡属于物界生活之诸条件，都是有对待的。有对待的自然一部或全部应为"物的法则"之所支配。我们对于这一类生活，总应该根据"当时此地"之事实，用极严密的科学方法，求出一种"比较合理"的生活。这是可能而且必要的。就这点论，在君说"人生观不能和科学分家"，我认为含有一部分真理。

君劢尊直觉尊自由意志，我原是赞成的，可惜他应用的范围太广泛而且有错误。他说："……常有所观察也主张也希望也要求也，是之谓人生观。甲时之所以为善者，至乙时则又以为不善而求所以革之；乙时之所以为善者，至丙时又以为不善而求所以革之。……"君劢所用"直觉"这（两）个字，到底是怎样的内容，我还没有十分清楚。照字面看来，总应该是超器官的一种作用。若我猜得不错，那么，他说的"有所观察而甲乙〈丙〉时或以为善或以为不善"，便纯然不是直觉的范围。为什么"甲时以为善乙时以为不善"，因为"常有所观察"；因观察而以为不善，跟着生出主张希望要求。不观察便罢，观察离得了科学程序吗？"以为善不善"，正是理智产生之结果。一涉理智，当然不能逃科学的支配。若说到自由意志吗？他的适用，当然该有限制。我承认人类所以贵于万物者在有自由意志；又承认人类社会所以日进，全靠他们的自由意志。但自由意志之所以可贵，全在其能选择于善不善之间而自己作主以决从违。所以自由意志是要与理智相辅的。若像君劢全抹杀客观以谈自由意志，这种盲目的自由，恐怕没有什么价值了。（君劢清华讲演所列举人生观五项特征，第一项说人生观为主观的以与客观的科学对立，这话毛病很大。我以为人生观最少也要主观和客观结合才能成立。）

然则我全部赞成在君的主张吗？又不然。在君过信科学万能，正和君劢之轻蔑科学同一错误。在君那篇文章，很像专制宗教家口吻，殊非科学者态度，这是我替在君可惜的地方，但亦无须一一指摘了。在君说"我们有求人生观统一的义务"。又说"用科学方法求出是非真伪，将来也许可以把人生观统一"。（他把医学的进步来做比喻。）我说人生观的统一，非惟不可能，而且不必要。非惟不必要，而且有害。要把人生观统一，结果岂不是"别黑白而定一尊"，不许异己者跳梁反侧？除非中世的基督教徒才有这种谬见，似乎不应该出于科学家之口。至于用科学来统一人生观，我更不相信有这回事。别的且不说，在君说"世界上的玄学家一天没有死完，自然一天人生观不能统一"，我倒要问：万能的科学，有没有方法令世界上的玄学家死完？如其不能，即此已可见科学功能是该有限制了。闲话少叙，请归正文。

人类生活，固然离不了理智；但不能说理智包括尽人类生活的全内容。此外还有极重要一部分——或者可以说是生活的原动力，就是"情感"。情感表出来的方向很多。内中最少有两件的的确确带有神秘性的，就是"爱"和"美"。"科学帝国"的版图和威权无论扩大到什么程度，这位"爱先生"和那位"美先生"依然永远保持他们那种"上不臣天子下不友诸侯"的身分。请你科学家把"美"来分析研究罢，什么线，什么光，什么韵，什么调……任凭你说得如何文理密察，可有一点儿搔着痒处吗？至于"爱"那更"玄之又玄"了。假令有两位青年男女相约为"科学的恋爱"，岂不令人喷饭？又何止两性之爱呢？父子朋友……间至性，其中不可思议者何限？孝子割股疗亲，稍有常识的也该知道是无益。但他情急起来，完全计较不到这些。程婴、杵臼代人抚孤，抚成了还要死。田横岛上五百人，死的半个也不剩。这等举动，若用理智解剖起来，都是很不合理的，却不能不说是极优的人生观之一种。推而上之，孔席不暖，墨突不黔，释迦割臂饲鹰，基督钉十字架替人赎罪。他们对于一切众生之爱，正与恋人之对于所欢同一性质。我们想用什么经验什么轨范去测算他的所以然之故，真是痴人说梦。又如随便一个人对于所信仰的宗教，对于所崇拜的人或主义，那种狂热情绪，旁观人看来，多半是不可解而且不可以理喻的。然而一部人类活历史，却什有九从这种神秘中创造出来。从这方面说，却用得着君劢所谓主观所谓直觉所谓综合而不可分析等等话头。想用科学方法支配他，无论不可能，即能，也把人生弄成死的没有价值了。

我把我极粗浅极凡庸的意见总括起来，就是：

"人生关涉理智方面的事项，绝对要用科学方法来解决。关涉情感方面的事项，绝对的超科学。"

我以为君劢和在君所说，都能各明一义。可惜排斥别方面太过，都弄出语病来。我还信他们不过是"语病"。他们本来的见解，也许和我没有什么大分别哩。

以上批评"人生观与科学"的话，暂此为止。改天还想讨论别的问题。

十二年五月二十三日在翠微山秘魔崖作
（原刊1923年5月29日《晨报副镌》）

非"唯"

近来学界最时髦的话头是"唯……主义""唯……主义"。这种话头，起初是从印度学传来的，如"三界唯心万法唯识"之类便是。最近欧学输入，名目越发多了，最著者如"唯物史观""唯心哲学"，乃至"唯用""唯感""唯美""唯实""唯乐"等等。标名新颖，立说精奇，很替学界增许多光焰。

这种做学问法，我也承认他有两点好处。列举如下：

第一，标出一个鹄的，自然可以免思想笼统的毛病，黄梨洲说："凡学须有宗旨，是其人得力处，亦即学者用力处。"标出"唯……主义"，令思想归边，专从这一边研究，务要"持之有故言之成理"，自然一天一天的鞭辟近里，有许多新发明。

第二，旗帜鲜明，于传播学说最利便而且有力。凡提倡一种学说的人，目的总是想把学说应用到实际，自然是希望信从我的人越多越好。标出一个字做宗旨，令人容易了解我学说的性质，只要表同情的便走集这面旗子底下，共同尽力。结果能令学说变成宗教性，传播得极广极猛。

但这都是从做学问方法，或传播学问的手段上立论。若讲到学问的本质吗？——除却自然科学不计外，专就人生的学问讲——我以为：人生是最复杂的最矛盾的，真理即在复杂矛盾的中间。换句话说：真理是不能用"唯"字表现的，凡讲"唯什么"的都不是真理。

"唯什么""唯什么"的名目很多，最主要的莫如"唯物论"和"唯心论"。其实人生之所以复杂矛盾，也不过以心物相互关系为出发点。所以我的"非唯"论，就从这唯物唯心两派"非"起。

"非唯物"和"非唯心"的根本理论，若详细论列，要著一部几十万字的书才能说明。现在暂且不讲。只讲因这种学说发生出来的毛病：

心力是宇宙间最伟大的东西，而且含有不可思议的神秘性，人类所以在生物界占特别位置者就在此。这是我绝对承认的。若心字上头加上一个唯字，我便不能不反对了。充"唯心论"的主张，必要将所有物质的条件和势力一概否认，才算贯彻。然而事实上那里能做到？自然界的影响和限制且不必论；乃至和我群栖对立的"人们"，从我看来，皆物而非心；我自己身体内种种机官和生理上作用，皆物而非心。总而言之，无论心力如何伟大，总要受物的限制，而且限制的方面很多，力量很不弱。所以唯心论者若要贯彻他的主张，结果非走到非生活的——最少也是非共同生活的——那条路上不可。因为生活条件的大部份是物质，既生活就不能蔑视他了。若既生活而又专讲唯心，把物的条件看不在眼内，结果则如宋儒说的"心具众理"，"一旦豁然贯通，则众物之表里精粗无不到"。这种学说在个人修养的收获上是很杳茫的；而在社会设施上可以发生奇谬，闹出种种乱子来。所以我要反对他。

物的条件之重要，前文已经说过。所以关于遗传咧环境咧种种影响，乃至最狭义的以经济活动为构成文化的主要要素，这些学说，我都承认他含有一部份真理。若在物字上头加上一个唯字，我又不能不反对了。须知人类和其他动物之所以不同者，其他动物至多能顺应环境罢了，人类则能改良或创造环境，拿什么去改良创造，就是他们的心力。若不承认这一点心力的神秘，便全部人类进化史都说不通了。若要贯彻唯物论的主张吗？结果非归到"机械的人生观"不可。——去年人生观的论战，陈独秀赤裸裸的以极大胆的态度提出机械的人生观，在那一面算是最彻底的，非丁在君、胡适之所及。——机械的人生观是否合理，且不必多辨。须知这种话是和"命定主义"一鼻孔出气的："万事有个造化主安排定"，"八字从胎里带下来"，……这类种种鬼话，固然是"命定主义"；气候咧，山川咧，物产的丰饶或觳薄咧，交通的便利或闭塞咧，……乃至社会形成的习惯咧，血统带来的遗传咧，若说这些事项有无限的权威，我们人类完全受他的支配，也是一种"命定主义"。此说若真，那么，人类一切活动，都是白饶，我们笼着手听什么环境什么遗传摆布罢了。殊不知人类这种怪物，最是不安本分，不管他们力量做得到做不到的事，都要去碰碰。你说他们白碰吗？不然不然。他们横碰竖碰，碰一百回有九十九回失败，但碰通了一回却了不得了，他们便趁风使帆，演出几多把戏；他们又是死皮赖脸不怕碰钉子的，碰了一回还来第二回第三回到百千万回。弄得自然界的专制皇帝和过去历史界的积世老婆婆也把这些顽皮孩子们无可奈何，只得让他们"无佛称尊"了！人类之"曲线形的进化史"，都是从这样子演出来。唯物史观的人们啊！机械人生观的人们啊！若使你们所说是真理，那么我只好睡倒罢，请你也跟我一齐睡倒罢！"遗传的八字"，"环境的流年"，早已经安排定了，你和我跳来跳去，"干吗？"哈哈！机械人生观的人们啊！须知机械全是他动的，不能自动。人类若果是机械，还有什么存在的意义和价值？所以这一派学说，我是不能不反对的。

　　以上是我对于赫赫有名的唯心唯物两派主义下的"哀的美敦书"。其余"唯什么""唯什么"的我都一齐宣战。

　　孟子说："所恶执一者，为其贼道也，举一而废百也。"问我为什么要"非唯"？为的就是这个缘故。

　　李斯说："别黑白而定一尊。"董仲舒说："凡不在……之科者，皆绝其道勿使并进。"这都是学术界专制帝王的口吻。主张"唯什么""唯什么"的正是同一口吻。问我为什么要"非唯"？为的就是这个缘故。

　　读完我这篇文章的人怕会说："然则你是灰色的。"我答道："或者不错。然而灰色或者是好的。为什么好？好在他不'唯'……"

　　凡主张"唯什么""唯什么"的人们，我都很盼他赐教，我愿意答覆。

一三，二，一五，稿

（原刊 1924 年 3 月 3 日《教育与人生》第 20 期

家

书

编

与李蕙仙（1898年11月26日）

　　九月二十三日书悉一是。吾在此乃受彼中朝廷之供养，一切丰盛方便非常，以起居饮食而论，尤胜似家居也。来书问有立足之地，当速来接云云。立足之地何处无之？在此即无政府之供养，而著书撰报亦必可自给。然卿之来，则有不方便者数事：一，今在患难之中，断无接妻子来同住，而置父母兄弟于不问之理；若全家接来，则真太费矣，且搬动甚不易也。二，我辈出而为国效力，以大义论之，所谓"匈奴未灭，何以家为"。若以眷属自随，殊为不便。且吾数年来行踪之无定，卿已知之矣。在中国时犹如此，况在异域？当无事时犹如此，况在患难？地球五大洲，随处浪游，或为游学，或为办事，必不能常留一处，则家眷居于远地，不如居于近乡矣。三，此土异服异言，多少不便，卿来亦必不能安居，不如仍在澳也，此吾所以决意不接来也。此间情形及吾心事，具见于大人安禀及二弟书中，可以取观。来书谓想吾必非一蹶不振之人，然待吾扬眉吐气时，不知卿及见否云云。卿本达人，志气不同凡女子，何必作颓唐语乎？此次之变，以寻常理势论之，先生及吾皆应万无生理；而冒此奇险，若有神助，种种出人意外，是岂无故哉？益信天之所以待我者厚，而有以玉成之也。患难之事，古之豪杰无不备尝，惟庸人乃多庸福耳，何可自轻乎？卿固知我，然我愿卿之自此以后，更加壮也。先生之教，道理极多，吾间未以语卿。卿如有向学之志，盍暇日常与二弟讲论之？卿家居无甚事，经此变后，益当知世俗之荣辱苦乐，富贵贫贱，无甚可喜，无甚可恼，惟有读书穷理，是最快乐事。有时忽有心得，其乐非寻常所可及也。卿盍从事于此乎？若有志，则常就二弟及薇君相与讲求，久之当想吾言之不谬也。

（下略）

（《梁任公先生年谱长编稿本》第三册，中华书局 2015 年 11 月初版）

与李蕙仙(1900年5月24日)

本埠自西五月初一日,始弛疫禁,余即遍游各小埠演说。现已往者两埠,未往者尚三埠。檀山乃八岛布列于太平洋中,欲往小埠,必乘轮船,航海而往,非一月不能毕事,大约西六月杪始能他行也。来檀不觉半年矣,可笑。女郎何蕙珍者,此间一商人之女也。其父为保皇会会友。蕙珍年二十,通西文,尤善操西语,全檀埠男子无能及之者。学问见识皆甚好,喜谈国事,有丈夫气,年十六即为学校教师,今四年矣。一夕其父请余宴于家中,座有西国缙绅名士及妇女十数人,请余演说,而蕙珍为翻译。明晨各西报即遍登余演说之语,颂余之名论,且兼赞蕙珍之才焉。余初见蕙珍,见其粗头乱服如村姑,心忽略之;及其入座传语,乃大惊,其目光炯炯,绝一好女子也。及临行与余握手(檀俗华人行西例,相见以握手为礼,男女皆然。)而言曰:"我万分敬爱梁先生,虽然,可惜仅爱而已,今生或不能相遇,愿期诸来生。但得先生赐以小像,即遂心愿。"余是时唯唯而已,不知所对。又初时有一西报为领事所嘱,诬谤余特甚,有人屡作西文报纸与之驳难,而不著其名,余遍询同志,皆不知。及是夕,蕙珍携其原稿示我,乃知皆蕙珍所作也。余益感服之。虽近年以来,风云气多,儿女情少,然见其事、闻其言,觉得心中时时刻刻有此人,不知何故也。越数日,使赠一小像去(渠报以两扇),余遂航海往游附属各小埠,半月始返。既返,有友人来谓余曰:"先生将游美洲,而不能西语,殊为不便,亦欲携一翻译同往乎?"余曰:"欲之,然难得妥当人。"友人笑而言曰:"先生若志欲学西语,何不娶一西妇晓华语者,一面学西文,一面当翻译,岂不甚妙？"余曰："君戏我，安有不相识之西人闺秀而肯与余结婚？且余有妇，君岂未知之乎？"友人曰："某何人，敢与先生作戏言？先生所言，某悉知之。某今但问先生，譬如有此闺秀，先生何以待之？"余熟思片时，乃大悟，遂谓友人曰："君所言之人，吾知之，吾甚敬爱之，且特别思之。虽然，吾尝与同志创立一夫一妻世界会，今义不可背。且余今日万里亡人，头颅声价至值十万，以一身往来险地，随时可死。今有一荆妻，尚且会少离多，不能厮守，何可更累人家好女子？况余今日为国事奔走天下，一言一动，皆为万国人所观瞻。今有此事，旁人岂能谅我？请君为我谢彼女郎，我必以彼敬爱我之心敬爱彼，时时不忘，如是而已。"友人未对，余忽又有所感触，乃又谓之曰："吾欲替此人执柯，可乎？"盖余忽念及孺博也。友人遽曰："先生既知彼人，某亦不必吞吐其词，彼人目中岂有一男子足当其一盼？彼于数年前已誓不嫁矣。请先生勿再他言。"遂辞去。今日（距友人来言时五日也）又有一西人请余赴宴，又请蕙珍为翻译，其西人（即前日在蕙珍家同宴者）乃蕙珍之师也。余于席上与蕙珍畅谈良久，余不敢道及此事，彼亦不言，却毫无爱恋抑郁之态，但言中国女学不兴为第一病源，并言当如何整顿小学校之法以教练儿童，又言欲造切音新字，自称欲以此两事自任而已。又劝余入耶苏教，盖彼乃教中人也。其言滔滔汨汨，长篇大段，使几穷于应答。余观其神色，殆自忘为女子也。我亦几忘其为女子也。余此次相会，以妹呼之。余曰："余今有一女儿，若他日有机缘，当使之为贤妹女弟子。"彼亦诺之不辞。彼又谓余曰："闻尊夫人为上海女学堂提调，想才学亦如先生，不知我蕙珍今生有一相见之缘否？先生有家书，请为我问好。"余但称惭愧而已。临别，伊又谓余曰："我数年来，以不解华文为大憾事，时时欲得一通人为师以教我，今既无可望。虽然，现时为小学校教习，非我之志也。我将积数年束修所入，持往美洲，就学于大学堂，学成归国办事。先生他日维新成功后，莫忘我，但有创办女学堂之事，以一电召我，我必来。我之心惟有先生。"云云，遂握手珍重而别。余归寓后，愈益思念蕙珍，由敬重之心，生出爱恋之念来，几于不能自持。明知待人家闺秀，不应起如是念头，然不能制也。酒阑人散，终夕不能成寐，心头小鹿，忽上忽落，自顾生平二十八年，未有如此可笑之事者。今已五更矣,起提笔详记其事,以告我所爱之蕙仙,不知蕙仙闻此将笑我乎?抑恼我乎?吾意蕙仙不笑我,不恼我,亦将以我敬爱蕙珍之心而敬爱之也。吾因蕙仙得谙习官话,遂以驰骋于全国;若更因蕙珍得谙习英语,将来驰骋于地球,岂非绝好之事?而无如揆之天理,酌之人情,按之地位,皆万万有所不可也。吾只得怜蕙珍而已。然吾观蕙珍磊磊落落,无一点私情,吾知彼之心地,必甚洁净安泰,必不如吾之可笑可恼。故吾亦不怜之,惟有敬爱之而已。蕙珍赠我两扇,言其手自织者,物虽微而情可感,余已用之数日,不欲浪用之。今以寄归,请卿为我什袭藏之。卿亦视为新得一妹子之纪念物,何如?呜呼!余自顾一山野鄙人,祖宗累代数百年,皆山居谷汲耳。今我乃以二十余岁之少年,虚名振动五洲,至于妇人女子为之动容,不可为非人生快心之事。而我蕙仙之与我,虽复中经忧患,会少离多,然而美满姻缘,百年恩爱,以视蕙珍之言,今生不能相遇,愿期诸来生者何如,岂不过之远甚!卿念及此,惟当自慰,勿有一分抑郁愁思可也。有檀山《华夏新报》(此报非我同志)所记新闻一段剪出,聊供一览。此即记我第一次与蕙珍相会之事者也。……下田歌子之事,孝高来书言之。此人极有名望,不妨亲近之,彼将收思顺为门生云。卿已放缠足否?宜速为之,勿令人笑维新党首领之夫人尚有此恶习也。此间人多放者,初时虽觉苦痛,半月后即平复矣。不然他日蕙珍妹子或有相见之时,亦当笑杀阿姊也。一笑。家中坟墓无事,可勿念。大人闻尚在香港云。

(丁文江、赵丰田编《梁启超年谱长编》,上海人民出版社 1983 年 8 月初版;《梁任公先生年谱长编稿本》第五册,中华书局 2015 年 11 月初版)

与梁思顺（1913年1月30—31日）

连得七、八、九号禀，至慰。汝真纯孝，能与我精神感通。计汝作第九次禀时，吾心颇有所刺激不宁也。然吾亦尝学道自得，岂外界所得牵移？吾十日来，半掷日力于字课，此吾频年所用养心之良法。汝若侍侧，当能窥其微矣。汝学日进，吾闻此则百忧解。阿庄、阿达之态，皆足令我悬想开颜。改岁后，吾或微行一入京，第恐不能密，又惹无味之酬应耳。造像明日可成，成当遂寄。

壬子腊不尽六日　饮冰

残腊向尽，严屏百事，不使与耳目接。同舍生各有所适，向夕相率去，余独占一室。室中养海棠二，蜡梅二，红白梅各一，水仙六，他二卉不知名。案头群籍尽束，惟置《玉溪生集》，诵其近体殆遍。自斟海西葡萄酒侑之，研墨新足，呵冻作字课，所写即玉溪《锦瑟》《碧城》诸什也。尽八纸，得二十章，縢以小骈文。一夕所课如此，不知为苦为乐也。

壬子腊不尽五日　饮冰

（《梁启超未刊书信手迹》上册，中华书局1994年11月初版）

与梁思顺（1916年2月8日）

书及禧柬并收。屋有售主，速沽为宜，第求不亏已足，勿计赢也。此著既办，冰泮后即可尽室南来，赁庑数椽，齑盐送日，却是居家真乐。孟子言："生于忧患，死于安乐。"汝辈小小年纪，恰值此数年来无端度虚荣之岁月，真是此生一险运。吾今舍安乐而就忧患，非徒对于国家自践责任，抑亦导汝曹脱险也。吾家十数代清白寒素，此乃最足以自豪者，安可逐腥膻而丧吾所守耶？此次义举虽成，吾亦决不再仕宦，使汝等常长育于寒士之家庭，即授汝等以自立之道也。吾近来心境之佳，乃无伦比。每日约以三四时见客治事，以三四时著述，余晷则以学书，（近专临帖，不复摹矣。）终日孜孜，而无劳倦，斯亦忧患之赐也。

此书钞示成、永两儿，原纸娴儿保之。

二月八日

（《梁启超未刊书信手迹》上册，中华书局1994年11月初版）

与梁思顺（1916年3月20—21日）

吾居此山陬四日矣。今夕乃忽烦闷（主人殷勤乃愈增吾闷）不自聊，盖桂使尚须八九日乃至也。最苦者烟亦吸尽，无可买。（夜间无茶饮。饭亦几不能入口，饥极，则时亦觉甘。）书亦读尽，一灯如豆，虽有书亦不能读也。前此三日中，作文数篇，（有日记寄去，已收否？不见日记，则不知吾此书作何语也。）文兴发则忘诸苦。今文既成，而心乃无所寄，怅怅不复能为怀。此间距云南仅三日程，吾悔不于初到时即一往彼，（吾深负云南人，彼中定怨我矣。）稍淹信宿，更折而回，犹未晚也。呜呼！吾此时深念吾爱女，安得汝飞侍我旁耶？吾欲更作文或著书以振我精神，今晚已瞢瞢，不能属思，明日誓当抖擞一番也。吾欲写字，则又无纸，箧中有笺数十幅，珍如拱璧，不敢浪费也。离沪迄今，虽仅半月，而所历乃至诡异，亦不能名其苦乐。但吾抱责任心以赴之，究竟乐胜于苦也。约廿七八乃能行，行半月，乃能至梧州，此后所历更不知若何诡异，今亦不复预计。极闷中写此告家人。

三月二十日由帽溪山庄

孟曦昨日至海防，即夕入云南，觉顿早安抵梧州。

嗟夫思顺，汝知吾今夕之苦闷耶？吾作前纸，书时九点耳，今则四点犹不能成寐。吾被褥既委不带，今所御者，此间佣保之物也，秽乃不可向迩。地卑湿，蚤缘延榻间以百计，嘬吾至无完肤，又一日不御烟卷矣。（能乘此戒却，亦大妙。）今方渴极，乃不得涓滴水。一灯如豆，油且尽矣。主人非不殷勤，然彼伧也，安能使吾适者？汝亦记台湾之游矣，今之不适，且十倍彼时耳。因念频年佚乐太过，致此形骸习于便安，不堪外境之剧变，此吾学养不足之明证也。人生惟常常受苦，乃不觉苦，不至为苦所窘耳。更念吾友受吾指挥效命于疆场者，其苦不知加我几十倍，我在此已太安适耳。吾今当力求睡得，睡后，吾明日必以力自振，誓利用此数日间著一书矣。

二十夜向晨

　　此间寄书殊不易，吾且作此留之，明日或更有所作，积数纸乃寄也。吾今日已甚好，已着手著书，可勿念。

廿一日

（《梁启超未刊书信手迹》上册，中华书局1994年11月初版）

与梁思顺（1919年1月13日）

　　舟行之乐，为生平所未见，波平如镜，绝似泛瓜皮于西湖也。君劢最畏海行，一登舟即解衣高卧，置备呕器于枕畔；数日后，乃以大航海家自命矣。

　　所乘横滨丸，乃丙辰二月吾在上海乘往香港者，汽炉旁之暗室，即吾草檄之地。而同行之人，觉顿、孟曦皆为异物，循揽前尘，感慨系之。舟中执事皆已易人，惟一给役在耳，颇似白头宫女谈天宝也。

　　每日起皆极早，观日出已二度。

　　初登舟即开始习法文，顷已记诵二百字。循此不倦，归时或竟能读法文书矣。

　　每日功课，晨起专习法文约一时许，次即泛览东籍，约两三日尽一册。午后假寐半时许，即与百里下棋，日两三局。傍晚为打球戏。晚饭后读文学书，中间仍时时温诵法文。

　　同舟有暹罗特使，询暹事颇悉。

　　又有波兰人。阳历元旦，食堂悬各国旗，波兰无有，其人乃自制一面。

　　抵星加坡时，有领事作向导，尚能遍历诸地。抵滨屿时无向导者（时间亦太短），听命于车夫，仅在汽车中过数小时耳。初欲往山顶旅馆，旋以时间不足而止，极扫兴也。

　　明日抵哥仑波，泊舟二日。其地为佛说《楞伽经》处，当恣意揽胜耳。

此行若能携汝同游,岂非至乐?舟掠缅甸纬度而过,回望怅然。娴儿读。

　　　　　　　　　　　　　冰　正月十三日

（《梁启超未刊书信手迹》下册,中华书局 1994 年 11 月初版）

与梁思顺（1922年11月26—29日）

我的宝贝思顺：

　　我接到你这封信，异常高兴，因为我也许久不看见你的信了。我不是不想你，却是没有工夫想；四、五日前吃醉酒，（你勿惊，我到南京后已经没有吃酒了，这次因陈伯严老伯请吃饭，拿出五十年陈酒来吃，我们又是二十五年不见的老朋友，所以高兴大吃。）忽然想起来了。据廷灿说，我那晚拿一张纸，写满了"我想我的思顺"、"思顺回来看我"等话，不知道他曾否寄给汝看。

以上廿六日写

　　你猜我一个月以来做的什么事，我且把我的功课表写给汝看：

　　每日下午二时至三时，在东南大学讲"中国政治思想史"，除来复日停课外，日日如是。

　　每来复五晚，为校中各种学术团体讲演，每次二小时以上。

　　每来复四晚，在法政专门讲演，每次二小时。

　　每来复二上午，为第一中学讲演，每次二小时。

　　每来复六上午，为女子师范讲演，每次二小时。

　　每来复一、三、五从早上七点半起至九点半，（最苦是这一件，因为六点钟就要起来。）我自己到支那内学院上课，听欧阳竟无先生讲佛学。

　　此外各学校或团体之欢迎会等，每来复总有一次以上。

　　讲演之多既如此，而且讲义都是临时自编。自到南京以来（一个月），所撰约十万字。

　　张君劢跟着我在此，日日和我闹，说"铁石人也不能如此做"，总想干涉我,但我没有一件能丢得下。

前几天因吃醉酒(那天是来复二晚),明晨坐东洋车往听佛学,更感些风寒,归来大吐,睡了半日。君劢硬说我有病,到来复四日,我在讲堂下来,君劢请一位外国医生等着诊验我的身体。奇怪,他说我有心脏病,要我把讲演著述一概停止。(说我心脏右边大了,又说常人的脉只有什么七十三至,我的脉到了九十至。)我想我身子甚好,一些不觉得什么,我疑心总是君劢造谣言。那天晚上是法政学校讲期,我又去了。君劢在外面吃饭回来,听见大惊,一直跑到该校,从讲堂上硬把我拉下来,自己和学生讲演,说是为国家干涉我。再明日星期五,我照例上东南大学的讲堂。到讲堂门口时,已见有大张通告,说梁先生有病放假,学生都散了,原来又是君劢捣的鬼。他已经立刻写信各校,将我所有讲演都停一星期再说。

以上廿八日写

医生说不准我读书,著书,构思,讲演,不准我吃酒,吃茶吃烟。我的宝贝,你想这种生活我如何能过得?

廿八晚写

神经过敏的张君劢,听了医生的话,天天和我吵闹,说我的生命是四万万人的,不能由我一个人作主。他既已跟着我,他便有代表四万万人监督我的权利和义务。我们现在磋商的条件:

1. 除了本校正功课每日一点钟外,其余讲演一切停止。
2. 除了编《中国政治思想史》讲义,其余文章一切不做。
3. 阳历十二月三十一日以前截止功课,回家休息。
4. 每星期一、三、五之佛学听讲照常上课。(此条争论甚烈,君劢现已许我。)
5. 十日后医生诊视,说病无加增则照此实行,否则再议。

我想我好好的一个人,吃醉了一顿酒,被这君劢捉着错处,(呆头呆脑的书呆子,又蛮不讲理。)如此其欺负我,你说可气不可气!君劢声势汹汹,他说我不听他的话,他有本事立刻将我驱逐出南京。问他怎么办法?他说他要开一个"梁先生保命会",在各校都演说一次,不怕学生不全体签名,送我出境,你说可笑不可笑?

我从今日起已履行君劢所定契约了。也好，稍为清闲些。
懒得写了，下回再说。

以上廿九日

（《梁启超未刊书信手迹》下册，中华书局1994年11月初版）

与梁思顺（1923年5月8日）

宝贝思顺：

你看见今日《晨报》，定要吓坏了。我现在极高兴的告诉你，我们借祖功宗德庇荫，你所最爱的两位弟弟，昨日从阎王手里把性命争回。我在西山住了差不多一个月，你是知道的。昨日是你二叔生日，又是五七国耻纪念，学生示威游行，那三个淘气精都跟着我进城来了。约摸午前十一点时候，思成、思永同坐菲律宾带来的小汽车出门，正出南长街口，被一大汽车横撞过来，两个都碰倒在地。思永满面流血，飞跑回家。大家正在惊慌失色，他说快去救二哥罢，二哥碰坏了。等到曹五将思成背到家来，脸上一点血色也没有，眼睛也几乎定了。（两个孩子真勇敢得可爱，思成受如此重伤，忍耐得住，还安慰我们。思永伤亦不轻，还拚命看护他的哥哥。）思忠看见两个哥哥如此，呱的一声哭起来，几乎晕死。我们那时候不知伤在何处，眼看着更无指望，勉强把心镇定了，赶紧请医生。你三姑丈和七叔乘汽车去（幸我有借来汽车在门），差不多一点钟才把医生捉来。出事后约摸二十多分钟，思成渐渐回转过来了，血色也有了。我去拉他的手，他使劲握着我不放，抱着亲我的脸，说道：爹爹啊，你的不孝顺儿子，爹爹妈妈还没有完全把这身体交给我，我便把他毁坏了，你别要想我罢！又说：千万不可告诉妈妈。又说：姐姐在那里，我怎样能见他？我那时候心真碎了，只得勉强说：不要紧，不许着急。但我看见他脸色回转过来，实在亦已经放心许多。我心里想，只要拾回性命，便残废也甘心。后来医生到了，全身检视一番，腹部以上丝毫无伤，只是左腿断了，随即将装载病人的汽车装来，送往医院。初时大家忙着招呼思成，不甚留心思永何如。思永自己说没有伤，跟着看护他哥哥。后来思永也睡倒了，我们又担心他，不知伤着那里，把他一齐送到医院检查。啊啊！真谢天谢地，也是腹部以上一点没有，不过把嘴唇碰裂了一块（腿上亦微伤），不能吃东西。现在两兄弟都在协和医院，同居一房，思永一个礼拜可以出院，思成约要八个礼拜。但思成也不须用手术（不须割），因为骨并未碎，只要扎紧，自会复原。今朝我同你二叔、三姑、七叔去看他们，他们哥儿俩已经说说笑笑，又淘气到了不得了。昨天中饭是你姑丈和三姑合请你二叔寿酒，晚上是我请，中饭全家都没有吃，晚饭我们却放心畅饮压惊了。我怕你妈妈着急发病，昨日一日瞒着，没有报告。今朝我从医院出来，写了一封快信，又叫那两个淘气精各写一封去，大约你妈妈明天早车也要来看他们了。内中还把一个徽音也急死了，也饿着守了大半天（林家全家也跟着我们饿），如今大家都欢喜了。你二叔说，若使上帝告诉我们，说你的孩子总要受伤，伤什么地方听你自择，我们只有说是请伤这里，因为除此以外，无论伤那里，都是不了。我们今天去踏查他们遇险的地方，只离一寸多，便是几块大石头，若碰着头部，真是万无生理。我们今天在六部口经过，见一个死尸横陈，就是昨天下午汽车碰坏的人，至今还没殡殓，想起来真惊心动魄。今年正月初二，我一出门，遇着那么一个大险，这回更险万倍，到底皆逢凶化吉，履险如夷，真是徼天之幸。我本来不打算告诉你，因为《晨报》将情形登出，怕你一见吓倒，所以详细写这封信。我今日已经打了二十多圈牌了，我两三日后仍回西山，我在那里住的舒服极了。（每日早起，又不饮酒。）

爹爹　阳历五月八日
旧历三月廿三日

（《梁启超未刊书信手迹》下册，中华书局 1994 年 11 月初版）

与梁思成 （1923年5月）

父示思成：

　　吾欲汝以在院两月中取《论语》《孟子》，温习暗诵，务能略举其辞，尤于其中有益修身之文句，细加玩味。次则将《左传》《战国策》全部浏览一遍，可益神智，且助文采也。更有余日读《荀子》则益善。各书可向二叔处求取。《荀子》颇有训诂难通者，宜读王先谦《荀子集解》。可令张明去藻玉堂老王处取一部来。

　　　　（丁文江、赵丰田编《梁启超年谱长编》，上海人民出版社
　　　　1983年8月初版）

与梁思顺（1923年11月5日）

宝贝思顺：

　　昨天松坡图书馆成立，（馆在北海快雪堂，地方好极了。你还不知道呢，我每来复四日住清华，三日住城里，入城即住馆中。）热闹了一天。今天我一个人独住在馆里，天阴雨，我读了一天的书，晚间独酌醉了，〔好孩子，别要着急，我并（没）有怎么醉，酒亦不是常常多吃的。〕书也不读了，找我最爱的孩子谈谈罢。

　　谈什么呢？想不起来了。

　　哦，想起来了。

　　你报告希哲在那边商民爱戴的情形，令我喜欢得了不得。我常想，一个人要用其所长（人才经济主义）。希哲若在国内混沌社会里头混，便一点看不出本领，当领事真是模范领事了。我常说天下事业无所谓大小，（士大夫救济天下，和农夫善治其十亩之田，所成就一样。）只要在自己责任内，尽自己力量做去，便是第一等人物。希哲这样勤勤恳恳，做他本分的事，便是天地间堂堂地一个人，我实在喜欢他。

　　好孩子，你气不分弟弟妹妹们，希哲又气不分你，有趣得狠。（你请你妈妈和我打弟弟们替你出气。你妈妈给思成们的信帮他们，他们都拍手欢呼胜利；我说我帮我的思顺，他们淘气，实在该打。）平心而论，爱女儿那里会不爱女婿呢？但总是间接的爱，是不能为讳的。徽音我也狠爱她，我常和你妈妈说，又得一个可爱的女儿。但要我爱她和爱你一样，终久是不可能的。

　　我对于你们的婚姻，得意得了不得。我觉得我的方法好极了，由我留心观察看定一个人，给你们介绍，最后的决定在你们自己。我想这真是理想的婚姻制度。好孩子，你想希哲如何？老夫眼力不错罢！徽音又是我第二回的成功。我希望往后你弟弟妹妹们个个都如此。（这是父母对于儿女最后的责任。）我希望普天下的婚姻都像我们家孩子一样。唉！但也太费心力了。像你这样有怎么多弟弟妹妹，老年心血都会被你们绞尽了。你们两个大的，我所尽力，总算成功，但也是各人缘法侥幸碰着，如何能确有把握呢？好孩子，你说我往后还是少管你们闲事好呀，还是多操心呢？

你妈妈在家寂寞得狠，常和我说：放暑假时候狠高兴，孩子们都上学便闷得慌。这也是没有法的事。像我这样一个人，独处一年，我也不闷，因为我做我的学问便已忙不过来。但天下人能有几个像我这种脾气呢？

王姑娘近来体气大坏，（因为你那两个殇弟产后缺保养。）我狠担心，他也是我们家庭极重要的人物。他狠能伺候我，分你们许多责任。你不妨常常写些信给他，令他欢喜。

我本来答应过庄庄，明年暑假绝对不讲演，带着你们顽一个夏天。但前几天，我已经答应中国公学暑期学校讲一月了。（他们苦苦要我，我耳朵软，答应了。）

我明春要到陕西讲演一个月，你回来的时候，还不知我在家不呢。

酒醒了，不谈了。

耶告（这两个字是王右军给他儿女信札的署名法。）
十一月五日

（《梁启超未刊书信手迹》下册，中华书局1994年11月初版）

与孩子们（1925年7月10日）

孩子们：

我像许久没有写信给你们了。但是前几天寄去的相片每张上都有一首词，也抵得过信了。

今天接着大宝贝五月九日小宝贝五月三日来信，狠高兴。那两位"不甚宝贝"的信也许明后天就到罢？

我本来前十天就去北戴河，因天气狠凉，索性等达达放假才去。他明天放假了，却是还在狠凉。一面张冯开战消息甚紧，你们二叔和好些朋友都劝勿去，现在去不去还未定呢。

我还是照样的忙，近来和阿时忠忠三个人合作做点小顽意，把他们做得兴高采烈。我们的工作，多则一个月少则三个礼拜便做完，做完了你们也可以享受快乐。（把这行小字涂了罢，免得你们易猜。）你们猜猜干些什么？

庄庄，你的信写许多有趣话告诉我，我喜欢极了。你往后只要每水船都有信，零零碎碎把你的日常生活和感想报告我，我总是喜欢的。我说你"别要孩子气"，这是叫你对于正事——如做功课与及料理自己本身各事等——自己要拿主意，不要依赖人。至于做人带几分孩子气，原是好的。你看爹爹有时还"有童心"呢！

你入学校还是在加拿大好。你三个哥哥都受美国教育，我们家庭要变"美国化"了！我狠想你将来不经过美国这一级便到欧洲去，（也并非一定如此，还要看环境的利便。）所以在加拿大预备像更好。稍旧一点的严正教育，受了狠有益，你还是安心入加校罢。至于未能立进大学，这有什么要紧？

"求学问不是求文凭"。总要把墙基越筑得厚越好。你若看见别的同学都入大学便自己着急,那便是"孩子气"了。

思顺对于徽音感情完全恢复,我听见真高兴极了。这是思成一生幸福关键所在,我几个月前,狠怕思成因此生出精神异动,毁掉了这孩子,现在我完全放心了。思成前次给思顺的信说"感觉着做错多少事便受多少惩罚,非受完了不会转过来"。这是宇宙间惟一真理。佛教说的"业"和"报",就是这个真理。(我笃信佛教就在此点,七千卷《大藏经》也只说明这点道理。)凡自己造过的"业"无论为善为恶,自己总要受"报",一斤报一斤,一两报一两,丝毫不能躲闪,而且善和恶是不准抵销的。佛对一般人说轮回,说他(佛)自己也曾犯过什么罪,因此曾入过某层地狱,做过某种畜生,他自己又也曾做过许多好事,所以亦也曾享过什么福,……如此,恶业受完了报,才算善业的帐,若使正在享善业的报的时候又做些恶业,善报受完了,又算恶业的帐。并非有个什么上帝做主宰,全是"自业自得"。又并不是像耶教说的到世界末日算总帐,全是"随作随受"。又不是像耶教说的"多大罪恶一忏悔便完事",忏悔后固然得好处,但曾经造过的恶业,并不因忏悔而灭,是要等"报"受完了才灭。佛教所说的精理大略如此。他说的六道轮回等等不过为一般浅人说法,说些有形的天堂地狱,其实我们刻刻在轮回中,一生不知经过多少天堂地狱。即如思成和徽音,去年便有几个月在刀山剑树上过活!这种地狱,比城隍庙十王殿里画出来还可怕!因为一时造错了一点业,便受如此惨报,非受完了不会转头。倘若这业是故意造的而且不知忏悔,则受报连绵下去,无有尽时。因为不是故意的,而且忏悔后又造善业,所以地狱的报受毂之后,天堂又到了。若能绝对不造恶业(而且常造善业——最大善业是"利他")则常住天堂(这是借用俗教名词),佛说是"涅槃"(涅槃的本意是"清凉世界")。我虽不敢说常住涅槃,但我总算心地清凉的时候多,换句话说:我住天堂时候比住地狱的时候多,也是因为我比较的少造恶业的缘故。我的宗教观人生观的根本在此,这些话都是我切实受用的所在。因思成那封信像是看见一点这种真理,所以顺便给你们谈谈。

思成看着许多本国古代美术,真是眼福,令我羡慕不已。甲胄的扣带，我看来总算你新发明了（可得奖赏），或者书中有讲及，但久已没有实物来证明。

昭陵石马怎么会已经流到美国去，真令我大惊！那几只马是有名的美术品，唐诗里"可要昭陵石马来"，"昭陵风雨埋冠剑，石马无声蔓草寒"，向来诗人讴歌不知多少。那些马都有名字——是唐太宗赐的名，画家雕刻家都有名字可考据的。我所知道的，现在还存四只。（我们家里藏有拓片，但太大，无从裱，无从挂，所以你们没有看见。）怎么美国人会把他搬走了！若在别国，新闻纸不知若何鼓噪，在我们国里，连我怎么一个人，若非接你信，还连影子都不晓得呢！可叹可叹！

希哲既有余暇做学问，我狠希望他将国际法重新研究一番。因为欧战以后，国际法的内容和从前差得太远了，十余年前所学，现在只好算古董！既已当外交官，便要跟着潮流求自己职务上的新智识。还有中国和各国的条约全文，也须切实研究。希哲能趁这个空闲做这类学问最好。若要汉文的条约汇纂，我可以买得寄来。

和思顺思永两人特别要说的话没有什么。下次再说罢。

思顺信说："不能不管政治"，近来我们也狠有这种感觉。你们动身前一个月多人凝议，也就是这种心理的表现。现在除我们最亲密的朋友外，多数稳健分子，也都拿这些话责备我。看来早晚是不能袖手的。现在打起精神做些预备工夫，（这几年来抛空了许久，有点吃亏。）等着时局变迁再说罢。

这回上海事件，纯是共产党预定计画，顽固骄傲的英侨和英官吏凑上去助他成功，真可恨。君劢百里辈不说话，就是为此。但我不能不说，他们也以为然（但嫌我说得太多）。现在交涉是完全失败了，外交当局太饭桶，气人得狠。将来总是因此起内部变化，但光明的路子像还远得狠哩。

老 Baby 好顽极了，从没有听见哭过一声。但整天的喊和笑也狠毂他的肺开张了。自从给亲家收拾之后，每天总睡十三四个钟头，一到八点钟，什么人抱他他都不要，一抱他他便横过来，表示他要睡，放在床上爬几爬滚几滚就睡着了。这几天有点可怕！——好咬人，借来磨他的新牙，老郭每天总要著他几口。他虽然还不会叫亲家，却是会填词送给亲家。我问他"是不是要亲家和你一首？"他说"得，得，得，""对，对，对。"

夜深了，不和你们顽了，睡觉去。

七月十日　爹爹

前几天填得一首词。词中的寄托，你们看得出来不？

浣溪沙
端午后一日夜坐

乍有官蛙闹曲池；
更堪鸣砌露蛩悲！
隔林辜负月如眉。

坐久漏签催倦夜，
归来长簟梦佳期。
不因无益废相思。
(李义山诗："直道相思了无益。")

（《梁启超未刊书信手迹》下册，中华书局1994年11月初版）

与梁思顺、梁思成、梁思永、梁思庄
（1925年10月3日）

爱儿思顺、思成、思永、思庄：

葬礼已于今日（十月三日，即旧历八月十六日）上午七点半钟起至十二点钟止，在哀痛庄严中完成了。

葬前在广惠寺作佛事三日。昨晨八点钟行周年祭礼，九点钟行移灵告祭礼，九点二十分发引，从两位舅父及姑丈起，亲友五六十人陪我（步行）同送到西便门，时已十一点十分（沿途有警察照料）。我们先返，忠忠、达达扶柩赴墓次。二叔先在山上预备迎迓（二叔已经半月未下山了）。我回清华稍憩，三点半钟带同王姨、懿、宁、礼赴墓次。直至日落时忠等方奉柩抵山。我们在甘露旅馆一宿，思忠守灵，小六、煜生陪他一夜。有警察四人值夜逻巡，还有工人十人告奋勇随同陪守。

今晨七点三十五分移灵入圹。从此之后，你妈妈真音容永绝了。全家哀号，悲恋不能自胜，尤其是王姨，去年产后，共劝他节哀，今天尽情一哭，也稍抒积痛。三姑也得尽情了。最可怜思成、思永，到底不能毂凭棺一恸。人事所限，无可如何，你们只好守着遗像，永远哀思罢了。我的深痛极恸，今在祭文上发泄，你们读了便知我这几日间如何情绪。下午三点钟我回到清华。现在虽余哀未忘，思宁、思礼们已嬉笑杂作了。唐人诗云："纸灰飞作白蝴蝶，血泪染成红杜鹃。日落狐狸眠冢上，夜归儿女笑灯前。"真能写出我此时实感。

昨日天气阴霾，正很担心今日下雨，凌晨起来，红日杲杲，始升葬时，天无片云，真算大幸。

此次葬礼并未多通告亲友，然而会葬者竟多至百五六十人。各人皆黎明从城里乘汽车远来，汽车把卧佛寺前大路都挤满了。祭席共收四十余桌，送到山上的且有六桌之多，盛情真可感！

　　你们二叔的勤劳，真是再没有别人能学到了。他在山上住了将近两个月，中间仅入城三次，都是或一宿而返，或当日即返，内中还开过六日夜工，他便半夜才回寓。他连椅子也不带一张去，终日就在墓次东走走西走走。因为有多方面工程他一处都不能放松。他最注意的是圹内工程，真是一砖一石，都经过目，用过心了。我窥他的意思，不但为妈妈，因为这也是我的千年安宅，他怕你们少不更事，弄得不好，所以他趁他精力尚壮，对于他的哥哥尽这一番心。但是你们对于这样的叔叔，不知如何孝敬，才算报答哩。今天葬礼完后，我叫忠忠、达达向二叔深深行一个礼，谢谢二叔替你们姐弟担任这一件大事。你们还要每人各写一封信叩谢才好。

　　我昨日到清华憩息时，刚接到你们八月三十日来信。信上说起工程的那几句话，那里用着你们耽心，二叔早已研究清楚了。他说先用塞门特①不好，要用塞门特和中国石灰和合做成一种新灰，再用石卵或石末或细砂来调，（某处宜用石卵，某处宜用细砂，我也说不清楚，但你二叔讲起来如数家珍。）砖缝上一点泥没有用过，都是用他这种新灰，冢内圹虽用砖，但砖墙内尚夹有石片砌成的圹，石坛都用新灰灌满，圹内共用新灰原料，专指塞门特及石灰，所调之砂石等在外，一万二千余斤。二叔说算是全圹熔炼成一整块新石了。开穴入地一丈三尺，圹高仅七尺，圹之上培以新灰炼石三尺，再培以三尺普通泥土，方与地平齐。二叔说圹外工程随你们弟兄自出心裁，但他敢保任你们要起一座大塔，也承得住了。据我看果然是如此。

　　圹内双冢，你妈妈居右，我居左。双冢中间隔以一墙，墙厚二尺余，即由所谓新灰炼石者制成。墙上通一窗，丁方尺许。今日下葬后，便用浮砖将窗堵塞。二叔说到将来我也到了，便将那窗的砖打开，只用红绸蒙在窗上。合葬办法原有几种：（一）是同一冢内置两石床。这是同时并葬乃合用。既分先后，则第二次葬时恐伤旧冢，此法当然不适用。（二）是同

----

① 塞门特：即水门汀，也就是水泥。

一坟园分造两冢。但此已乖同穴之义，我不愿意。（三）便是现今所用两冢同一圹，中隔以一墙。第二次葬时旧冢一切不劳惊动，这是再好不过了。还有一件是你二叔自出意匠：他在双冢前另辟一小院子，上盖以石板，两旁用新灰炼石，墙前面则此次用砖堵塞，如此则今次封圹之后，泥土不能侵入左冢，将来第二次葬时将砖打开，葬后再用新灰炼石造一墙，便千年不启。你二叔今日已将各种办法，都详细训示思忠。因为他说第二次葬时，不知他是否还在，即在也怕老迈不能经营了。所以要你们知道，而且遵守他的计画。他过天还要画一圹内的图，将尺寸说明，预备你们将来开圹行第二次葬礼时用。你们须留心记着，不可辜负二叔两个月来心血。

　　工程坚美而价廉，亲友参观者无不赞叹。盖因二叔事事考究，样样在行，工人不能欺他，他又待工人有恩礼，个个都感激他，乐意出力。他说从前听见罗素说：中国穿短衣服的农人工人，个个都有极美的人生观。他前次不懂这句话怎么解，现在懂得了。他说，住在都市的人都是天性已漓。他这两个月和工人打伙，打得滚热，才懂得中国的真国民性。我想二叔这话很含至理，但非其人，也遇着看不出罢了。

　　二叔说他这两个月用他的科学智识和工人的经验合并起来，新发明的东西不少，建筑专门家或者还有些地方要请教他哩。思成你写信给二叔，不妨提提这些话，令他高兴。二叔当你妈妈病时，对于你很有点呕〔怄〕气，现在不知气消完了没有。你要趁这机会，大大的亲热一下，令他知道你天性未漓，心里也痛快。你无论功课如何忙，总要写封较长而极恳切的信给二叔才好。

　　我的祭文也算我一生好文章之一了。情感之文极难工，非到情感剧烈到沸点时，不能表现他（文章）的生命，但到沸点时又往往不能作文。即如去年初遭丧时，我便一个字也写不出来。这篇祭文，我做了一天，慢慢吟哦改削，又经两天才完成。虽然还有改削的余地，但大体已很好了。其中有几段，音节也极美，你们姊弟和徽音都不妨熟诵，可以增长性情。

　　昨天得到你们五个人的杂碎信，令我于悲哀之中得无限欢慰。但这封信完全讲的葬事，别的话下次再说罢。我也劳碌了三天，该早点休息了。

　　　　　　　　（《梁任公先生年谱长编稿本》第十六册，中华书局
　　　　　　2015年11月初版）

与孩子们（1926年10月4日）

孩子们：

　　我昨天做了一件极不愿意做之事——去替徐志摩证婚。他的新妇是王受庆夫人，与志摩恋爱上，才和受庆离婚，实在是不道德之极。我屡次告诫志摩而无效。胡适之、张彭春苦苦为他说情，到底以姑息志摩之故，卒徇其请。我在礼堂演说一篇训词，大大教训一番，新人及满堂宾客无一不失色，此恐是中外古今所未闻之婚礼矣。今把训词稿子寄给你们一看。青年为感情冲动，不能节制，任意决破礼防的罗网，其实乃是自投苦恼的罗网，真是可痛，真是可怜！徐志摩这个人其实聪明，我爱他不过，此次看着他陷于灭顶，还想救他出来，我也有一番苦心。老朋友们对于他这番举动无不深恶痛绝，我想他若从此见摈于社会，固然自作自受，无可怨恨，但觉得这个人太可惜了，或者竟弄到自杀。我又看着他找得这样一个人做伴侣，怕他将来苦痛更无限，所以想对于那个人当头一棒，盼望他能有觉悟（但恐甚难），免得将来把志摩弄死。但恐不过是我极痴的婆心便了。闻张歆海近来也狠堕落，日日只想做官，（志摩却是狠高洁，只是发了恋爱狂——变态心理——变态心理的犯罪。）此外还有许多招物议之处，我也不愿多讲了。品性上不曾经过严格的训练，真是可怕，我因昨日的感触，专写这一封信给思成、徽音、思忠们看看。

十月四日　爹爹

（《梁启超未刊书信手迹》下册，中华书局1994年11月初版）

与孩子们（1927年2月6—16日）

孩子们：

　　旧历年前写了好几封信，新年入城顽了几天，今天回清华，猜着该有你们的信。果然，思成一月二日、思永一月六日、忠忠十二月三十一日的信同时到了——思顺和庄庄的是一个礼拜前已到，已回过了。

　　我讲个笑话给你们听：达达入协和受手术，医生本来说过要一礼拜后方能出院，看着要在协和过年了。谁知我们年初一入城，他已经在南长街大门等着。原来医院也许病人请假，医生被他磨不过，放他出来一天，到七点钟仍旧要回去。到年初三他真正出院了，现已回到清华，顽得极起劲。他的病却不轻，医生说割得正好，太早怕伤身子，太迟病日深，更难治。这样一来，此后他身体的发育（连智慧也有影响）可以有特别的进步，真好极了。

　　我从今天起，每天教达达、思懿国文一篇。目的还不在专教他们，乃是因阿时寒假后要到南开当先生了，我实在有点不放心，所以借他们来教他的教授法，却是已经把达达们高兴到了不得了。

以上二月六日写

　　前信未写完，昨天又接到思顺一月四日、八日两信，庄庄一月四日信，趁现在空闲，一总回信多谈些罢。

　　庄庄功课样样及格，而且副校长狠夸奖他，我听见真高兴。就是你姊姊快要离开加拿大，我有点舍不得你独自一人在那边。好在你已成了大孩子了，我一切都放心，你去年的钱用得狠省俭，也足见你十分谨慎。但是我不愿意你们太过刻苦,你们既已都是狠规矩的孩子,不会乱花钱,那么便不必太苦,反变成寒酸。你赶紧把你预算开来罢,一切不妨预备松动些。暑假中到美国旅行和哥哥们会面是必要的,你总把这笔费开在里头便是。年前汇了五百金去,尚缺多少?我接到信立刻便汇去。

张君劢愿意就你们学校的教职,我已经有电给姊姊了,他大概暑期前准到。他的夫人是你们世姊妹,姊姊走了,他来也和自己姊姊差不多,这是我最替庄庄高兴的事。却是你要做衣服以及要什么东西赶紧写信来,我托他多多的给你带去。

思顺调新加坡的事,我明天进城便立刻和顾少川说去,若现任人没有什么特别要留的理由,大概可望成功吧。成与不成,此信到时当已揭晓了。使馆经费仍不见靠得住,因为二五附加税问题狠复杂,恐怕政府未必能有钱到手。你们能豰调任一两年,弥补亏空,未尝不好。至于调任后有无风波,谁也不敢说,只好再看罢。

以上二月十日写

前信未写完便进城去,在城住了三天,十四晚才回清华。顾少川已见着了,调任事恐难成。据顾说,现在各方面请托求此缺者已三十人,只好以不动为搪塞;且每调动一人,必有数人牵连着要动,单是川资一项已无法应付,只得暂行一概不动云云。升智利事亦曾谈到,倒可以想法,但我却不甚热心此著。因若使馆经费有著,则留坎亦未尝不可;若无著,则赔累恐更甚,何必多此一举呢?附加税问题十天半月内总可以告一段落,姑且看一看再说罢。

少川另说出一种无聊的救济办法,谓现在各使馆有向外国银行要求借垫而外交部予以担保承认者,其借垫额为薪俸与公费之各半数,手续则各使馆自行与银行办妥交涉,致电或函请外交部承诺,不知希哲与汇丰、麦加利两银行有交情否?若有相当交情,不妨试一试。

以上二月十五日写

(这几张可由思成保存,但仍须各人传观,因为教训的话于你们都有益的。)

思成和思永同走一条路,将来互得联络观摩之益,真是再好没有了。思成来信问有用无用之别,这个问题狠容易解答。试问唐开元、天宝间李白、杜甫与姚崇、宋璟比较，其贡献于国家者孰多？为中国文化史及全人类文化史起见，姚、宋之有无，算不得什么事；若没有了李、杜，试问历史减色多少呢？我也并不是要人人都做李、杜，不做姚、宋。要之，要各人自审其性之所近何如，人人发挥其个性之特长，以靖献于社会，人才经济，莫过于此。思成所当自策厉者，惧不能为我国美术界作李、杜耳。如其能之，则开元、天宝间时局之小小安危算什么呢？你还是保持这两三年来的态度，埋头埋脑做去便对了。

你觉得自己天才不能副你的理想，又觉得这几年专做呆板工夫，生怕会变成画匠。你有这种感觉，便是你的学问在这时期内将发生进步的特征，我听见倒喜欢极了。孟子说："能与人规矩，不能使人巧。"凡学校所教与所学，总不外规矩方面的事，若巧则要离了学校，方能发见。规矩不过求巧的一种工具，然而终不能不以此为教、以此为学者，正以能巧之人习熟规矩后，乃愈益其巧耳。（不能巧者，依着规矩可以无大过。）你的天才到底怎么样，我想你自己现在也未能测定，因为终日在师长指定的范围与条件内用功，还没有自由发抒自己性灵的余地。况且凡一位大文学家、大美术家之成就，常常还要许多环境与及附带学问的帮助。中国先辈屡说"要读万卷书，行万里路"。你两三年来蛰居于一个学校的图案室之小天地中，许多潜伏的机能如何便会发育出来？即如此次你到波士顿一躺，便发生许多刺激。区区波士顿算得什么？比起欧洲来真是"河伯"之与"海若"，若和自然界的崇高伟丽之美相比，那更不及万分一了，然而令你触发者已经如此。将来你学成之后，常常找机会转变自己的环境，扩大自己的眼界和胸次，到那时候，或者天才会爆发出来，今尚非其时也。今在学校中，只有把应学的规矩尽量学足。不惟如此，将来到欧洲回中国，所有未学的规矩也还须补学。这种工作乃为一生历程所必须经过的，而且有天才的人绝不会因此而阻抑他的天才，你千万别要对此而生厌倦，一厌倦即退步矣。至于将来能否大成，大成到怎么程度，当然还是以天才为之分限。我生平最服膺曾文正两句话："莫问收获，但问耕耘。"将来成就如何，现在想他则甚？着急他则甚？一面不可骄盈自慢，一面又不可怯弱自馁，尽自己能力做去，做到那里是那里，如此则可以无入而不自得，而于社会亦总有多少贡献。我一生学问得力专在此一点，我盼望你们都能应用我这点精神。

思永回来一年的话怎么样？主意有变更没有？刚才李济之来说，前次你所希望的已经和毕士卜谈过，他狠高兴，已经有信去波士顿博物院，一位先生名罗治者和你接洽，你见面后所谭何如，可即回信告我。现在又有一帮瑞典考古学家要大举往新疆发掘了，你将来学成归国，机会多着呢！

忠忠会自己格外用功，而且埋头埋脑不管别的事，好极好极！姊姊哥哥们都有信来夸你，我和你娘娘都极喜欢，西点事三日前已经请曹校长再发一电给施公使，未知如何，只得尽了人事后听其自然。你既走军事和政治那条路，团体的联络是少不得的，但也不必忙，在求学时期内，暂且不以此分心也是好的。

旧历新年期内，我着实顽了几天。许久没有打牌了，这次一连打了三天，也狠觉有兴。本来想去汤山，因达达受手术，他娘娘离不开，也没有去成。

昨日清华已经开学了，自此以后我更忙个不了，但精神健旺，一点不觉得疲倦。虽然每遇过劳时，小便还带赤化，但既与健康无关，绝对的不管他便是了。

阿时已到南开教书。北院一号只有我和王姨带着两个白鼻住着，清静得狠。

相片分寄你们都收到没有？还有第二次照的呢，过几天再寄。

二月十六日　爹爹

思成信上讲钟某的事，很奇怪。现在尚想不着门路去访查，若能得之，则图书馆定当想法购取也。

Lodge　此人为美国参议院前外交委员长之子，现任波士顿博物院采集部长，关于考大学事拟与思永有所接洽。毕士卜已有信致彼，思永或可直往访之。

（《梁启超未刊书信手迹》下册，中华书局1994年11月初版）

与孩子们（1927年8月29日）

　　一个多月没有写信，只怕把你们急坏了。

　　不写信的理由很简单，因为向来给你们的信都在晚上写的。今年热得要命，加以蚊子的群众运动比武汉民党还要利害，晚上不是在院中外头，就是在帐子里头，简直五六十晚没有挨着书桌子，自然没有写信的机会了。加以思永回来后，谅来他去信不少，我越发落得躲懒了。

　　关于忠忠学业的事情，我新近去过一封电，又思永有两封信详细商量，想早已收到。我的主张是叫他在威士康逊把政治学告一段落，再回到本国学陆军。因为美国决非学陆军之地，而且在军界活动，非在本国有些"同学系"的关系不可以。以"打人学校"决不要进。至于国内何校最好，我在这一年内切实替你调查预备便是。

　　思成再留美一年，转学欧洲一年，然后归来最好。关于思成学业，我有点意见。思成所学太专门了，我愿意你趁毕业后一两年，分出点光阴多学些常识，尤其是文学或人文科学中之某部门，稍为多用点工夫。我怕你因所学太专门之故，把生活也弄成近于单调。太单调的生活，容易厌倦，厌倦即为苦恼，乃至堕落之根源。再者，一个人想要交友取益，或读书取益，也要方面稍多，才有接谈交换，或开卷引进的机会。不独朋友而已，即如在家庭里头，像你有我这样一位爹爹，也属人生难逢的幸福。若你的学问兴味太过单调，将来也会和我相对词竭，不能领着我的教训，你全生活中本来应享的乐趣，也削减不少了。我是学问趣味方面极多的人，我之所以不能专精有成者在此。然而我的生活内容异常丰富，能彀永久保持不厌不倦的精神，亦未始不在此。我每历若干时候，趣味转个新方面，便觉得像换个新生命，如朝旭升天，如新荷出水，我自觉这种生活是极可爱的，极有价值的。我虽不愿你们学我那泛滥无归的短处，但最少也想你们参采我那烂漫向荣的长处。（这封信你们留着，也算我自作的小小一个像赞。）我这两年来对于我的思成，不知何故常常像有异兆的感觉，怕他渐渐会走入孤峭冷僻一路去。我希望你回来见我时，还我一个三四年前活泼有春气的孩子，我就心满意足了。这种境界，固然关系人格修养之全部，但学业上之薰染陶熔，影响亦非小。因为我们做学问的人，学业便占却全生活之主要部分。学业内容之充实扩大，与生命内容之充实扩大成正比例。所以我想医你的病，或预防你的病，不能不注意及此。这些话许久要和你讲，因为你没有毕业以前，要注重你的专门，不愿你分心，现在机会到了，不能不慎重和你说。你看了这信，意见如何（徽音意思如何），无论校课如何忙迫，是必要回我一封稍长的信，令我安心。

你常常头痛，也是令我不能放心的一件事。你生来体气不如弟妹们强壮，自己便当自己格外撙节补救，若用力过猛，把将来一生健康的幸福削灭去，这是何等不上算的事呀。前在费校功课太重，也是无法；今年转校之后，务须稍变态度。我国古来先哲教人做学问方法，最重优游涵饫，使自得之。这句话以我几十年之经谂〔验〕结果，越看越觉得这话亲切有味。凡做学问总要"猛火熬"和"慢火炖"两种工作循环交互着用去。在慢火炖的时候，才能令所熬的起消化作用，融洽而实有诸己。思成你已经熬过三年了，这一年正该用炖的工夫。不独于你身子有益，即为你的学业计，亦非如此不能得益。你务要听爹爹苦口良言。

庄庄在极难升级的大学中居然升级了，从年龄上你们姊妹弟兄们比较，你算是最早一个大学二年级生，你想爹爹听着多么欢喜！你今年还是普通科大学生，明年便要选定专门了，你现在打算选择没有？我想你们弟兄姊妹，到今还没有一个学自然科学，很是我们家里的憾事，不知道你性情到底近这方面不？我很想你以生物学为主科，因为它是现代最进步的自然科学，而且为哲学社会学之主要基础，极有趣而不须粗重的工作，于女孩子极为合宜。学回来后，本国的生物随在可以采集试谂〔验〕，容易有新发明。截到今日止，中国女子还没有人学这门（男子也很少），你来做一个"先登者"不好吗？还有一样，因为这门学问与一切人文科学有密切关系，你学成回来，可以做爹爹一个大帮手，我将来许多著作，还要请你做顾问哩！不好吗？你自己若觉得性情还近，那么就选他，还选一两样和他有密切联络的学科以为辅。你们学校若有这门的好教授，便留校，否即在美国选一个最好的学校转去，姊姊哥哥们当然会替你调查妥善，你自己想想定主意罢。

专门科学之外，还要选一两样关于自己娱乐的学问，如音乐、文学、美术等。据你三哥说，你近来看文学书不少，甚好甚好。你本来有些音乐天才，能彀用点功，叫他发荣滋长最好。

姊姊来信说你因用功太过，不时有些病。你身子还好，我倒不十分担心。但做学问原不必太求猛进，像装罐头样子，塞得太多太急，不见得便会受益。我方才教训你二哥，说那"优游涵饫，使自得之"，那两句话，你还要记着受用才好。

你想家想极了，这本难怪。但日子过得极快，你看你三哥转眼已经回来了；再过三年，你便变成一个学者回来帮着爹爹工作，多么快活呀！

思顺报告营业情形的信已到。以区区资本而获利如此其丰，实出意外，希哲不知费多少心血了。但他是一位闲不得的人，谅来不以为劳苦。永年保险押借款剩余之部及陆续归还之部，拟随时汇到你们那里经营。永年保险明年秋间便满期。现在借款认息八厘，打算索性不还他，到明年照扣便了。又国内股票公债等如可出脱者（只要有人买），打算都卖去，欲再凑美金万元交你们（只怕不容易），因为国内经济界全体破产即在目前，旧物只怕都成废纸了。

我们爷儿俩常打心电，真是奇怪。给他们生日礼一事，我两月前已经和王姨谈过，写信时要说的话太多，竟忘记写去，谁知你又想起来了。耶稣诞我却从未想起，现在可依你来信办理。几个学生都照给他们压岁钱，生日礼、耶稣诞各二十元。桂儿姊弟压岁、耶稣各十元。你们两夫妇却只给压岁钱，别的都不给了，你们不说爹爹偏心吗？

我数日前因闹肚子，带着发热，闹了好几天，旧病也跟着发得利害。

新病好了之后，唐天如替我制一药膏方，服了三天，旧病又好去大半了。现在天气已凉，人极舒服。

这几天几位万木草堂老同学韩树园、徐君勉、伍宪子都来这里，共商南海先生身后事宜，他家里真是八塌糊涂，没有办法。最糟的是他一位女婿（三姑爷），南海生时已经种种捣鬼，连偷带骗。南海现在负债六七万，至少有一半算是欠他的（他串同外人来盘剥）。现在还是他在那里把持。二姨太是三小姐的生母，现在当家，惟女儿女婿之言是听，外人有什么办法？君勉任劳任怨，想要整顿一下，便有"干涉内政"的谤言，只好置之不理。他那两位世兄和思忠、思庄同庚，现在还是一点事不懂（远不及达达、司马懿），活是两个傻大少。（人尚不坏，但是饭桶，将来亦怕变坏。）还有两位在家的小姐，将来不知被那三姑爷摆弄到什么结果，比起我们的周姑爷和你们弟兄姊妹，真成了两极端了。我真不解，像南海先生这样一个人，为什么全不会管教儿女，弄成这样局面。我们公同商议的结果，除了刊刻遗书由我们门生负责外，盼望能筹些款，由我们保管着，等到他家私花尽，（现在还有房屋、书籍、字画等，亦值不少。）能毂稍为接济那两位傻大少及可怜的小姐，算稍尽点心罢了。

思成结婚事，他们两人商量最好的办法，我无不赞成。在这三几个月，当先在国内举行庄重的聘礼，大约须在北京，林家由徽的姑丈们代行，等商量好再报告你们。

福鬖来津住了几天，现在思永在京，他们当短不了时时见面。

达达们功课狠忙，但他们做得兴高采烈，都狠有进步。下半年都不进学校了，良庆（在南开中学当教员）给他们补些英文、算学。照此一年下去，也许抵得过学校里两年。

老白鼻越发好顽了。

爹爹　八月廿九日

两点钟了，不写了。

（《梁启超未刊书信手迹》下册，中华书局1994年11月初版）

与孩子们（1927年11月23日—12月5日）

孩子们：

有顶好消息报告你们：我自出了协和以来，真养得大好而特好，一点药都没有吃。只是如思顺来信所说，拿家里当医院，王姨当看护，严格的从起居饮食上调养。一个月以来，赤化像已根本扑灭了，脸色一天比一天好，体子亦胖了些。这回算是思永做总司令，王姨执行他的方略。若真能将宿病从此断根，他这回回家，总算尽代表你们的职守了。我半月前因病已好，想回清华，被他听见消息，来封长信说了一大车唠叨话，现在暂且中止了。虽然著述之兴大动，也只好暂行按住。

思顺这次来信，苦口相劝，说每次写信便流泪。你们个个都是拿爹爹当宝贝，我是狠知道的，岂有拿你们的话当耳边风的道理？但两年以来，我一面觉得这病不要紧，一面觉得他无法可医，所以索性不理会他。今既证明有法可医，那么我有什么不能忍耐呢？你们放下十二个心罢。

却是因为我在家养病，引出清华一段风潮，至今未告结束。依思永最初的主张，本来劝我把北京所有的职务都辞掉，后来他住在清华，眼看着惟有清华一时还摆脱不得，所以暂行留着。秋季开学，我到校住数天，将本年应做的事大略定出规模，便到医院去。原是各方面十分相安的，不料我出院后几天，外交部有改组董事会之举，并且章程上规定，校长由董事中互选，内中头一位董事就聘了我。当部里征求我同意时，我原以不任校长为条件才应允（虽然王荫泰对我的条件没有明白答复认可）。不料曹云祥怕我抢他的位子，便暗中运动教职员反对，结果只有教员朱某一人附和他。我听见这种消息，便立刻离职，他也不知道，又想逼我并清华教授也辞去，好同清华断绝关系。于是由朱某运动一新来之研究院学生（年轻受骗），上一封书（匿名）说，院中教员旷职，请求易人。老曹便将那怪信油印出来寄给我，讽示我自动辞职。不料事为全体学生所闻，大动公愤，向那写匿名信的新生责问，于是种种卑劣阴谋尽行吐露。学生全体跑到天津求我万勿辞职（并勿辞董事），恰好那时老曹的信正到来，我只好顺学生公意，声明绝不自动辞教授，但董事辞函却已发出。学生们又跑去外交部请求，勿许我辞。他们未到前，王外长的挽留函也早发出了。他们请求外部撤换校长及朱某，外部正在派员查办中，大约数日后将有揭晓。这类事情，我只觉得小人可怜可笑，绝不因此动气。而且外部挽留董事时，我复函虽允诺，但仍郑重声明，以不任校长为条件，所以我也断不至因这种事情再惹麻烦，姑且当作新闻告诉你一笑罢。

我近来最高兴的是得着思成长信，知道你的确还是从前那活泼有春气的孩子，又知道身体健康也稍回复了——但因信中有"到哈佛后已不头痛"那句话，益证明我从前的担心并非神经过敏了。你若要我绝对放心，辄要在寒假期内找医生精密检查，看是否犯了神经衰弱的病；若有一点不妥，非把他根本治好不可。你这样小小年纪，若得了一种痼疾，不独将来不能替国家社会做事，而且自己及全家庭都受苦痛。这件事我交给思顺替我监督着办，三个月后，我定要一张医生诊断书看着才放心的。

思成的中国宫室史当然是一件大事业，而且极有成功的可能，但非到〈到〉各处实地游历不可——大抵内地各名山，唐宋以来建筑物全都留存的尚不少，前乎此者也有若干痕迹——但现在国内情形真是一步不可行，不知何时才能有这种游历机会。思永这回种种计画都成泡影，恐以后只有更坏，不会往好处看。你回来后，恐怕只能在北京城圈内外做工作，好在这种工作也彀你做一两年了。

十二点过了，王姨干涉了好几次了，明天再写吧。

以上十二〔一〕月廿三日

你来信说武梁祠堂，那不过是美术史上重要资料罢了。建筑上像不会看出什么旧型，你着手研究后所得如何，只怕失望罢。

若亲到嘉祥县去实地用科学方法调查废址，也许有所得。

以上仍是廿三日

你们回国后，职业问题大不容易解决，现在那里有人敢修房子呢？学校教授也非易，全国学校除北京外，几乎都关门了。但没法之中，也许还是在当教书匠上想法，那么教的什么东西，不能不稍预备。我想你们在西洋美术史上多下一点工夫何如？

我想你们这一辈青年，恐怕要有十来年——或者更长，要挨极艰难困苦的境遇，过此以往却不是无事业可做，但要看你对付得过这十几二十年风浪不能。你们现在就要有这种彻底觉悟，把自己的身体和精神十二分注意锻炼修养，预备着将来广受孟子所谓"苦其心志，劳其筋骨，饿其体肤，空乏其身，行拂乱其所为"者。我对于思成身子常常放心不下，就是为此。

（以上仍廿三晚写，写到此被王姨捉去了。）

思成开美术书单甚好，一年内外，北京图书馆只能以万元（华币）购美术书，最好在此数目范围内开单，你若能代买更好，便把款汇给你（书单来后便寄款）。我现虽辞去馆长职，但馆中事还常常问我主意。

以上廿四日写

这封信写了前头那几张纸，一搁又搁下十二天了，这没有什么奇怪，因为王姨不许我晚上执笔。你们猜我晚上做什么事呢？每天吃完晚饭，总是和达达、司马懿"过桥"一点钟。（十五舅凑脚，他每天总输两三角钱。）他们上课后（八点钟上夜课），再和十五舅、王姨打"三人麻雀"一点钟，约摸十点多便捉去睡觉。但还是睡不着的时候多，因为有许多心事，（不外政治问题或学问问题，也常常想起你们。）在床上便想起，大抵十天中有两三天到床便睡着，仍有七八天展转反侧，或到狠夜深也不定。但每天总睡足八个钟头，（偶然一天不彀八钟，小便便变色。）早睡着便早起，晚睡着便晚起。所以身子保养得异常之好，一个月以来，"赤焰"几乎全熄了。

这回写信真高兴，因为接连得着思成两封长信，头一封还没有详细回答，第二封（今天到）又来了。这几天常常在我脑子里转的就是思成们结婚问题。结婚当然是回国后才办最好，这是不消说的。在徽音固然他娘娘只有他一个，应该在跟前郑重举行。即以思成论，虽然姊妹弟兄狠多，但你是长子，我还不是十二分不愿意，如此盛典不在我跟前看着办吗？前几天我替南开大学一位教授（研究院毕业生）主婚，他们夫妇都是云南人，没有一个亲属在此，我便充当两边的家长，狠觉得他们冷清清的。同时想起我的思成，若在美结婚，只怕还赶不上他们热闹哩，心里老大不自在。但是为你们学业计，非到欧洲一游不可。回国后，想在较近期间内再出去，实属千难万难。这种机会如何可以错过呢？你今天来信说的，徽音从太平洋先归省亲，虽然未尝不可，但徽音虽曾到过欧洲，经过这几年学业后，观察眼光当然与前不同，不去再看一躺，到底是可惜。况且两个人同游同看，彼此观摩，当然所得益处比一个人独游好得多。这种利益不消我多说，你们当然都会想到了。还有一层，你们虽然回国结婚，婚礼也狠难在北京举行，因为林家一时不会全眷移回北京，然则回来后，不是在天津办就是在福州办，还不是总不能十分圆满吗？所以我替你们打算，还是在美办的好。徽音乖孩子，采纳我的主张罢。（林家长亲完全和我同一主张，想也有信去了。）

我替你们出主意，最好是在阿图和办——婚礼即在那边最大的礼拜堂里举行。林叔叔本是基督教信徒，我虽不喜教会，但对于基督当然是崇拜的。既然对于宗教没有什么界限，而又当中国婚礼没有什么满意的仪式的时候，你们用庄严的基教婚仪有何不可呢？一面希哲夫妇用"中国国家代表"的资格参列，来请上该地官长和各国外交官来观礼，也狠彀隆重的了。你们若定了采用这办法，可先把日期择定，即刻写信回来（或怕赶不上则电告），到那天，我和徽音的娘当各有电报给你们贺喜并训勉，岂不是已经相当的热闹和郑重了吗？

有一件事要告诉你们：你们若在教堂行礼，思成的名字便用我的全名，用外国习惯叫做"思成梁启超"，表示你以长子资格继承我全部的人格和名誉。

你的腿能彀跪拜否？若能，则结婚后第二天，新夫妇同到领事馆向两家祖宗及父母双双遥拜，若不能屈膝，则双双鞠躬亦得。总之，行最敬礼便是了。

婚礼只要庄严,不要奢糜,不独在外国如是,即回本国举行,也不过如是。相当的婚礼衣服、约指等首饰,姊姊当然会斟酌着办。

我这几天正在忙着和你们行聘礼,大约定期在本月十八日——若聘物预备未齐,则改迟三两日,我们请的大宾是林宰平先生,林家请的大约是江翊云先生（本定翊云,后来林家因他是续婚,拟换人。）或陈仲恕先生。我们的主要聘仪是玉佩,可以佩在项间者。其佩以翡翠一方,碧犀（红色）一方,缀以小金环联结而成,约费四百元左右,系由陈仲恕先生和你二叔商量购制。我尚未看见,据来信说是美丽极了。林家的主要聘仪是玉印一方,也有翡翠,听说好极了。又据说该玉印原有两方,我不好意思请林家全买,打算我们把那一方也买来添上去。庚帖是两家公请卓君庸先生写,因为他堂上具庆,夫妇齐眉,字又写得极好,合式极了。聘礼行过后,我便请林家将双方聘物一齐汇寄到坎领事馆,要赶上你们婚期。庚帖便存在两家家长处,等你们回来才敬谨收藏。

你们结婚后的行程,我也大略一想：在坎住数日后,即渡欧归途,从西伯利亚路先回天津谒祖,我们家郑重请一次客。在津住一个月内外,思成便送徽音回福州谒祖,在福州住一个月内外。徽音若想在家多住些日子,思成便先回津,跟着我做学问及其他事业。

我现在有一个小计画,只要天津租界还可以安居（大约可以）时,等思成回来,立刻把房子翻盖,重新造一所称心合意的房子,为我读书娱老之用。将新房子卖出,大约可值四万五乃至五万,日内拟便托仪品公司代卖。卖去时,将来全部作为翻盖新房用。先将该款寄坎,托希哲经营,若能多得些赢利更好。总而言之,这部份款项全交思成支配,专充此项之用。思成,你先留心打个腹稿,一回来便试验你的新学问吧!

思成职业问题,一时还没有什么把握,但也不必多忧虑。好在用不着你们养家,你们这新立的小家庭极简单,只要徽音愿意在家里住,尽可以三几年内不用分居。（王姨是极好处的,你们都知道。）在南开当一教授,功课担任轻些,每月得百把块钱做零用,用大部分光阴在家里,跟着我做几年学问。等时局平静后,学问也大成了,再谋独立治生,机会也多着哩。

思永每次回家,和我谈谈学问,都极有趣。我想再过几年,你们都回来，我们不必外求，将就家里人每星期开一次"学术讨论会"，已经不知多快乐了。

十一点了，王姨要来干涉了，快写快写。

你们猜思永干什么？他现在住在监狱里！却是每礼拜要进皇宫三次或两次！你们猜他干吗？

好了不写了。

许多别的话要讲，留待下次罢。先把这十几张纸付邮，不然又怕要耽阁多少天了。

十二月五日　爹爹

（《梁启超未刊书信手迹》下册，中华书局 1994 年 11 月初版）